俄国现代化研究·2

Социально-экономическая
история
**русского
города.**

Вторая половина XVIII века.

18世纪下半叶

俄国 城市史

[苏] Ю.Р. 科洛克曼（Клокман Ю.Р.）

著

邓沛勇

王梓云博

荆　菁　译

社会科学文献出版社
SOCIAL SCIENCES ACADEMIC PRESS (CHINA)

目　录

前　言

　　研究俄国资本主义的起源，是苏联历史学非常紧迫的一项任务。长久以来，苏联历史学家对俄国资本主义问题展开了深入的研究。他们的研究范围甚广，涉及了众多议题，涵盖了资本主义发展这一复杂且矛盾过程的各个方面，只是对各问题研究的深度和广度各有不同。

　　研究封建社会末期城市的社会经济历史，对于解决俄国资本主义起源这一问题意义重大。随着社会经济的发展，在封建城市中逐渐形成资本主义生产关系，封建城市逐渐演变为资本主义城市。基于此，研究这一问题的重要性是毋庸置疑的。

　　城市作为特定区域的经济中心而产生，是生产力与生产关系发展和相互作用的必然产物，也是社会分工达到一定水平的结果。马克思指出：“一切发达的、以商品交换为媒介的分工的基础，都是城乡的分离。可以说，社会的全部经济史，都可以概括为这种对立的运动。”[1] 列宁的著作《俄国资本主义的发展》对于研究该问题具有重要的方法论意义，首先体现在其关于工业与农业分离、城市与农村分

---

[1]　К. МарксиФ. Эигельс. Сочинения. т. 23. стр. 365.

离的论述上①。列宁指出，这种发展最明显的标志就是城市成为地区的工商业中心。

社会分工的逐步深化和商品生产关系的逐步变革，使得工业不仅集中于城市之中，而且在城市周边地区也形成了工商业区和工商业村。"流动自由的缺乏，农民村社的闭塞状态，完全说明了俄国为什么会有这样一个显著的特征，即在俄国，有不小的一部分农村人口应被列入工业人口，这一部分农村人口靠在工业中心做工而获得生活资料，每年要在这些工业中心度过一部分时光。我们说的是所谓外出做非农业的零工。"② 这些过程（人口离开农业而转向工商业）是"资本主义发展的必要组成部分"③。列宁指出这些过程是改革后俄国社会固有的特征，但笔者认为这一过程无疑可以追溯至封建农奴时代，某种程度上发生于 18 世纪下半叶。

虽然俄国社会经历了农奴制逐步解体这一复杂且充满内部矛盾的历史进程，并在内部孕育了全新的资本主义关系，但在当时的俄国，农奴制在国民经济中依然占据主导地位。在国家制度层面，政府仍进一步巩固贵族的统治地位，强化整个帝国的警察和官僚机构。所有这一切都对城市的产生和发展具有直接影响，城市犹如一面镜子，反映了当时俄国社会经济和政治的特殊性。

18 世纪下半叶是俄国封建社会末期城市发展的一个特殊阶段。这一时期的城市已然是手工业和地方贸易的中心，当然，在封建制度

① См. В. И. Ленин. Полное собрание сочинений. т. 3. стр. 332，432 – 433，547，558.

② См. В. И. Ленин. Полное собрание сочинений. т. 3. стр. 569.

③ См. В. И. Ленин. Полное собрание сочинений. т. 3. стр. 581.

鼎盛时期亦是如此①。自 17 世纪以来，在小商品生产逐渐扩大的基础上，俄国城市作为全俄各民族的贸易枢纽，发挥着越来越重要的作用。18 世纪下半叶，随着小商品生产的持续普及，城市逐渐成为俄国制造业的中心，尤其是纺织工业，最大的纺织手工工场都集中于城市。

在俄国城市生活之中，社会秩序发生了重大转变。封建社会末期，城市已然踏上了资本主义发展的道路，但这一过程是漫长的，伴随着俄国农奴制的瓦解和终结。

笔者撰写本书的目的是研究 18 世纪下半叶俄国封建城市逐渐转变为资本主义城市这一过程。

这一过程的首要特征之一是在全国总人口中，无论是城市居民的绝对数量还是占比都有所增长。这种增长的速度远远超过了前一时期，居民增加依靠的并非自然增长率，主要是源于外来人口的不断增加，而这往往是以牺牲农民利益为代价的。

越来越多的农民涌入城市，他们在工厂尤其是纺织工厂工作，这些工厂主要集中于城市，这使雇佣劳动的普及范围越来越广。

另一特征是，城市居民越来越多地参与到工业生产、手工业和贸易之中。所有这一切都增强了城市与周边农村的社会经济联系。

封建城市向资本主义城市逐步转变过程之初，大城市周边工业区就已开始形成与发展。在 1775～1785 年的地方政府机构改革②过程

---

① A. A. Преображенскяй. Ю. А. Тихонов. Итоги изучения начального этапа складывания всероссийского рынка (XVII в.) «Вопросы истории». 1961. № 4. стр. 81-84，109.

② 叶卡捷琳娜二世时期实施了地方政府机构改革，该改革包括两部分：一是省级行政机构改革，也称为地方治理改革，其目的是建立省—县两级机构，提高行政效率；二是城市行政机构改革，也称为城市治理改革，其目的是赋予城市独立行政单位的地位。——译者注

中，这些郊区中的一部分被正式纳入城市范畴。

虽然俄国城市仍然保留着封建社会的某些复杂结构和特征，但以前那种纯军事的要塞城市和军事行政点已然消逝在历史长河之中。它们逐渐让位于新型城市，即区域的经济中心。

城市的制度也随之发生了变化。虽然存在诸多限制因素，但 18 世纪下半叶的地方政府机构改革在一定程度上削弱了农村的阶级禁锢，提升了新兴资产阶级的经济地位。富裕的商人等级在城市社会中开始占据主导地位，他们的工商业机构规模不断扩大，而这一切牺牲了生活在城市中的其他等级居民的利益。与此同时，大部分城市人口并不拥有富裕商人所享有的权利和特权。在资本主义生产关系强化的同时，俄国社会矛盾加深，城市人口中的阶级斗争也开始加剧。

为研究上述状况，笔者对俄国各个经济区域城市的社会经济状况进行了分析。

18 世纪下半叶，俄国在维护统治阶级利益的同时，迫于经济发展的压力，不得不考虑城市生活中出现的新现象，遂修订了一系列法律规范，并对城市行政制度进行了革新。改革实施了一系列重要举措，如 1754 年废除国内关税、1765 年批准了酒产品包税制度、1775 年实施税制改革，以及将城市人口划分为两个等级，即商人和市民。

1775~1785 年的地方政府机构改革对城市的发展产生了巨大影响。笔者试图阐释在这一改革的实施过程中，俄国城市居民的构成和社会经济特征发生了何种变化。

地方政府机构改革同样反映了国家经济层面的变化，尤其是城市经济的发展。

对这些问题的阐述，可以拓展我们对俄国 18 世纪下半叶社会经济发展的认知。

专著

18 世纪俄国城市的研究有待深入①。贵族和资产阶级历史学家主要关注的是改革前俄国专制制度下城市人口的法律地位、城市人口结构和城市管理等问题。他们在研究时将这些问题与城市经济及国家的社会经济发展状况割裂开来，往往仅进行孤立的研究。十月革命前的历史学家将注意力集中于城市的法律地位，他们更关注城市自身立法的重要性。同时，早期的学者，如 Л. О. 普罗辛斯基、M. 穆尔洛夫、A. 普里加拉均以具体的实例研究了政府对立法法案的解释，并表达了官方对地方政府机构改革的态度。他们的研究成果具有明显袒护政府的倾向②。

十月革命前的历史学家普遍受历史虚无主义观点的影响，刻意夸大城市的落后性，否认城市在当时立法、繁重赋税和工商业者地位低下背景下发展的可能性。他们认为，基于以上因素，在国家生活中俄国城市没有也不可能发挥任何重要作用。如 A. 科尔萨克认为，俄国城市是"出于政府的行政和军事考虑"而产生的，"只不过是居民从

---

① 作者在一篇专门文章中对十月革命前和苏联时期的文学进行了简要的史学概述，参见 Ю. Р. Клокман. Историография русских городов второй половины XVII – XVIII в. « Города феодальной Рос-син ». СПб. статей памятп Н. В. Устюгова. М. , 1966。

② Л. О. Плошияский. Городское, или среднее, состояние русского народа в его историческом развитий от начала Руси до новейших врёмен. СПб. 1852. П. Мул-ло в. Историческое обоврение правительственных мер по устройству городского общественного управления. СПб. 1864; A. Пригара. Опыт истории состояния городских обывателей в Восточной России. ч. I. Происхождение состояния городских обывателей в России и организация его при Петре Ведиком. СПб. 1868.

事农业耕作的封闭村庄",城市底层居民是"无关紧要的群体"。他在著作中强调了城市落后的面貌、结构简易的木制房屋和毫无品位的室内装饰。他认为城市经济是促使周边人口涌入城市的一个微不足道的因素。A. 科尔萨克得出的结论是,尽管俄国政府做出了许多努力,于 1785 年颁布了《俄罗斯帝国城市权利和利益诏书》,并建成了 200 多座新城市,但在俄国,"城市生活尚未普及","叶卡捷琳娜二世时期的城市中,没有几个能被称为名副其实的城市"①。

资产阶级历史学家 И. И. 迪蒂亚廷的《俄国城市的机构和管理》一书颇具价值。它是一部内容广泛的法律史研究著作,该书第一卷专门介绍了 18 世纪的俄国城市。在研究城市立法时,作者注意到城市自治机构在面对专制政府时的无能为力。他指出,1775~1785 年的地方政府机构改革尤其加强了政府对地方自治机构的控制。从那时起,省、市地方行政长官和市政厅完全变成了司法机构。至于他们的行政活动,要么被"省法规"取消,要么完全被忽视②。

И. И. 迪蒂亚廷还研究了 1775 年 3 月 17 日宣言中提出的税制改革,它根据资本规模将城市人口划分为商人和市民。他强调,相对其他等级而言,从法律层面讲,市民和商人等级是全面开放的,但"事实上,进入这些等级绝非易事","政府常常出于国家财政考虑而限制进入该等级的机会"③。需要强调的是,政府主要是为了捍卫贵族阶级的利益,其政策旨在维护和加强封建农奴制度的根基。

---

① А. Корсак. О формах промышленности вообще и о значении домашнего производства в Западной Европе и России. М. , 1861. стр. 104–108, 110.

② И. И. Дитятин. Устройство и управление городов России. т. I. Города России в XVIII столетии. СПб. 1875. стр. 390–393.

③ И. И. Дитятин. Устройство и управление городов России. т. I. Города России в XVIII столетии. СПб. 1875. стр. 398–400.

И. И. 迪蒂亚廷在其著作中对 1785 年颁布的《俄罗斯帝国城市权利和利益诏书》予以高度关注，他认为该诏书对当时国家城市结构体系产生了重大影响。城市条例最终明确了城市作为独立行政单位的法律地位，凸显了它与农村的差异。"城市社会"本身的构成也得到了扩大，涵盖了居住在城市中的所有等级居民①。

И. И. 迪蒂亚廷在其著作中主要运用了官方法律资料，并以此为基础深入研究了 18 世纪俄国城市的状况。然而，由于作者自身的局限性以及资料来源范围过小，他仍未突破以法律范畴研究城市状况这一框架。他坚持中庸的自由主义大众观点，认为人民是毫无力量的被动群体。从这一角度出发，迪蒂亚廷对 18 世纪的俄国城市进行了研究。他指出："直到 18 世纪末，我们的城市才有了真正意义上的公共生活。"② 他还说道："就其实质而言，我们城市的历史不过是最高政权对城市工商业人口进行管理和改造的历史。这些变革的进程取决于最高政权对国家利益的看法。"③

И. И. 迪蒂亚廷聚焦俄国城市发展的薄弱环节。他认为，行政管理机构的脆弱性是 18 世纪俄国城市"处于悲惨境地"的原因，而城市的经济状况则更为糟糕。"绝大多数城市的面貌和发展状况与农村无异。"④

И. И. 迪蒂亚廷在历史与法律研究中，并没有对国家尤其是城市

---

① И. И. Дитятин. Устройство и управление городов России，т. I. Города России в XVIII столетии. СПб. 1875. стр. 415–431.

② И. И. Дитятин. Устройство и управление городов России，т. I. Города России в XVIII столетии. СПб. 1875. стр. 218，220–221.

③ И. И. Дитятин. Устройство и управление городов России，т. I. Города России в XVIII столетии. СПб. 1875. стр. 109.

④ И. И. Дитятин. Устройство и управление городов России. т. I. Города России в XVIII столетии. СПб. 1875. стр. 371，373.

的经济生活展开分析。正因如此，他对 18 世纪俄国城市衰落的论证出现了偏差。他（和其他资产阶级历史学家一样）将城市的概念扩大到所有的军事行政点，片面地将城市问题归结于城市法令的颁布时间。这与他关于叶卡捷琳娜二世人为推动城市发展，导致城市迅速消失的错误且偏颇的论断有关①。

这种片面地阐释俄国城市历史的观点在十月革命前的史学研究中颇为盛行。

1767 年法典编纂委员会城市训令的作者 B. 谢尔盖耶维奇也对 18 世纪俄国的城市发展状况进行了分析，他也认为城市经济较为薄弱，其观点与之前的学者大同小异。他在该出版物的序言中指出，俄国城市的居民"既没有市民的权利，也没有市民的职业"②，他们和农村居民没有区别。继 И. И. 迪蒂亚廷之后，他也将俄国城市的落后现象放在显著位置，并在个别事实的基础上进行了广泛的概括。B. 谢尔盖耶维奇特别强调了俄国城市的落后现象，认为在 18 世纪下半叶，许多城市仍然保留着农业面貌，与农村并无差异③。他强调："在法典编纂委员会的城市训令中，经常可以发现一些条款，这些条款足以表明城市和农村几乎没有区别。"作者引用了卡尔戈波尔市、昆古尔市、亚兰斯克市、赫雷诺夫（维特卡）市的法令，认为在这些城市中许多居民都从事农业生产，且他们居住在城市范围之外。

---

① И. И. Дитятин. Устройство и управление городов России，т. I. Города России в XVIII столетии. СПб. 1875. стр. 375.

② «Сборник Русского исторического общества»（далее-Сб РИО）. т. 107. Предисловие. стр. V.

③ «Сборник Русского исторического общества»（далее-Сб РИО）. т. 107. Предисловие. стр. VI–VII.

事实上，18 世纪中叶，这些居民依然居住在城市以外的农村地区。但如果认为所有这些"城市农民"仅仅从事农业生产，那就大错特错了。实际上，情况要复杂得多。他们中许多人的职业集农业、贸易和工业于一体。在很大程度上，这些城外工商业区居民的农业生产具有商业性质。城市农民种植粮食，拥有菜园和果园，与其说是为了"自用"，不如说是为了将产品销售至市场。因此，农业与工商业一样，均是他们的职业。需着重强调的是，"城市农民"具有特殊的法律地位。在任何情况之下，都不能将他们与农民同日而语。事实上，在法律上，城市的土地被视为所有城市居民的共同财产，不能转为个人财产，这对"城市农民"的经济地位产生了重要影响。

B. 谢尔盖耶维奇将市民的繁重劳役视作"17 和 18 世纪城市生活和中产阶级发展有限"的缘由①，这样的论断同样难以令人信服。毫无疑问，18 世纪各种赋税和徭役的施行对工商业者的生产和生活都造成了负面影响。然而，封建制度虽然抑制了城市经济的发展，但并不能完全遏制社会发展的走向。此外，18 世纪下半叶，俄国政府对富有的商人实行了差别化待遇，政府赋予了他们新的特权，免除了他们沉重的赋税和徭役。

20 世纪初，即便此时是资产阶级历史学的危机时期，依然有很多学者对俄国城市进行了研究，最具代表性的是 А. А. 基塞韦特②。与 И. И. 迪蒂亚廷一样，А. А. 基塞韦特主要对城市组织和城市管理

---

① РИО，т. 107. стр. IV.

② А. А. Кизеветте р. Посадская община в России XVIII ст. М.，1903；онже. Городовое положение Екатерины II 1785 г. Опыт исторического комментария. М.，1909；онже. Русский город в XVIII ст. В ки. «Исторические очерки». М.，1912.

结构等问题兴趣盎然，在他所有的作品之中，最重要的是《18 世纪俄国的城市公社》一书，作者旨在找出"当时城市社会生活的真实情况"①。

为了完成这项任务，А. А. 基塞韦特搜集了大量的档案资料，并首次将这些资料引入学术研究领域。这些资料涵盖首都和众多地方城市行政长官的档案、财政部与商业委员会的档案、18 世纪前三次人口普查的材料，以及现存于俄罗斯中央国家古文档案馆中的其他档案文献。

作者对城市立法、城市公社的状况、城市居民的社会结构与分化、居民的职责与服务体系、农村公社自主管理活动等方面进行了研究。А. А. 基塞韦特指出，18 世纪城市公社的结构极其复杂。通常，一小撮富商与绝大部分城市居民——小商贩、手工业者等相互对立。后者在经济上严重依赖于地位崇高的或"最优秀"的商人。为此，А. А. 基塞韦特得出的结论是，在很大程度上，城市公社的自主管理受到农奴制的制约，其目的是满足"国家的财政需求"②。

《18 世纪俄国的城市公社》一书将 А. А. 基塞韦特具有很大阶级局限性的社会和政治观点表露无遗。1905～1907 年俄国革命期间，他公然倒向立宪民主党，即当时俄国帝国主义资产阶级的主要政党。此后直至 1917 年 10 月，А. А. 基塞韦特积极参与该党活动，并担任该党领导职务。后来，流亡在外的 А. А. 基斯韦特承认，他研究城市公社的目的是在 18 世纪俄国的城市自治中探寻"国家立宪机构"的历史原型③。他回忆道："一个既符合我的科学理论兴趣，又符合我的社

① А. А. Кизеветтер. Посадская община в России XVIII ст. Предисловие. стр. IV.

② А. А. Кизеветтер. Посадская община в России XVIII ст. Предисловие. стр. 797-798.

③ А. А. Кизеветтер. На рубеже двух столетий (поспоминания 1881 - 1914). Прага. 1929. стр. 268.

会政治兴趣的主题出现在我的面前。"这位立宪民主党人兼历史学家正在寻觅"农村公社经济和行政管理中真正的社会自治原则"①。1905~1907年革命后，А. А. 基塞韦特同样是为了寻找"国家立宪机构"的历史原型，才对叶卡捷琳娜二世时期颁布的《俄罗斯帝国城市权利和利益诏书》展开了研究。

А. А. 基塞韦特关于18世纪俄国城市的论述总体上具有思想反动倾向，他试图通过俄国历史证实其片面的君主立宪思想是多么完善。这无须赘言。1905~1907年，革命浪潮日益汹涌，这在很大程度上满足了当时俄国资产阶级的社会诉求。

诚然，当涉及俄国城市历史，尤其是城市自治问题时，А. А. 基塞韦特不可能从其研究中得出任何重要结论。他在《18世纪俄国的城市公社》一书中，也在一定程度上承认了其研究缺乏必要的结论②。

1912年，А. А. 基塞韦特发表了一篇同名文章《18世纪俄国的城市公社》，在文章中对其研究俄国城市史的成果进行了总结。他不得不承认18世纪俄国城市自治的缺陷，并据此否认当时俄国城市没有任何发展。

А. А. 基塞韦特随意解读某些史实，夸大了18世纪俄国经济的落后性，尤其是城市的经济。他宣称，18世纪的俄国缺乏城市发展的有利条件，当时的俄国城市"是一个脆弱的、经济上薄弱的、没有滋养土壤的有机体"③。他歪曲了历史事实，继 И. И. 迪蒂亚廷之后，再次论述了18世纪俄国城市的普遍衰退。

---

① А. А Кизеветтер. Исторические очерки. стр. 244.

② А. А. Кизеветтер. Исторические очерки. стр. 244.

③ А. А. Кизеветтер. Исторические очерки. стр. 243.

关于十月革命前历史学对俄国城市发展问题的阐释，著名立宪民主党人 П. Н. 米留科夫的结论与之前学者有所不同。他指出，俄国与西欧城市的历史发展截然相反。他认为，与欧洲城市不同的是，俄国城市"并非国家内部经济发展的自然产物"[1]。城市是政府人为创造的，没有经济增长的基础，因而变得死气沉沉。因此，他认为当时俄国的城市治理改革是徒劳无益的[2]。

事实上，当时的俄国，尤其是中部地区，城市经济有了显著的发展。然而，一些老旧的或新设立的政府主导下的城市军事行政点，由于缺乏发展所需的经济基础，正在逐渐衰落。相反，在条件有利、有计划地成为经济中心之后，新建的城市在获得行政意义的同时，也成了其所在区域的经济中心。

十月革命前的历史学家没有具体研究城市经济，而是纠结于城市落后的个别事实，普遍歪曲了 18 世纪城市的状况。资产阶级历史学家们认为，18 世纪的城市立法并非源自俄国国内发展的需求，这一结论与历史规律不符。

现在，众多国外资产阶级历史学家沿袭了十月革命前俄国史学家的观点[3]。他们重申了关于 18 世纪城市治理改革毫无用处以及当时俄国缺乏城市经济发展条件的论断。这些论断大多是基于对西欧城市

---

[1] П. Милюков. Очерки по истории русской культуры. ч. I. СПб. 1909. стр. 241.

[2] П. Милюков. Очерки по истории русской культуры. ч. I. СПб. 1909. стр. 242-243.

[3] V. Gitermann. Geschichte Russlands. Bd. I - 3. Zurich-Hamburg. 1944 - 1949；B. Gille. Histoire economique et sociale de la Russie du Moyen age au vingtieme siecle. Paris. 1949；V. L. Ta pie. L'Europe Centrale et Orientale de 1689 a 1796. v. I-III. Paris. 1962-1963；Valentine B111. The For-gotten Class. The Russian Bourgeoisie from the Earliest beginning to 1900. New York. 1959；Gesse D. KIa rk so n. A Iistory ol Russia from the Ninth Century. New York. 1961 и др.

结构的错误理解，将它们视为包括俄国在内的所有国家都必须效仿的经典模式。他们认为，没有这种模式，城市发展就无从谈起。然而，18世纪的西欧城市并非一个单一的整体；相反，西欧各国的城市都具有各自的特征和独特性。例如，法国城市与德意志城市的发展水平各异，与意大利城市相比英国城市更具有内部的多样性，等等。

研究俄国城市时，切忌采用千篇一律的方法。我们不能忽视历史发展的普遍规律，还必须考虑到当时俄国人民发展所面临的政治、社会经济和其他方面的特殊条件。专制制度的强化、封建农奴制度在俄国的持续统治，所有这些都限制了城市制度和城市自治的发展。

即便如此，俄国城市经济生活的实际状况往往也比现代资产阶级史学家所描述的更加生动和丰富。俄国的经济和政治发展进程在城市发展过程中均有所体现。随着商品生产、工业和贸易的发展，以及社会分工的进一步深化，城市的性质逐渐发生了转变。城市作为周边地区的经济中心，其重要性日益凸显，在国家经济和社会生活中的作用也在不断增强。

国外的资产阶级历史学家不断重申18世纪俄国城市经济疲弱的观点，以此证明当时俄国城市的整体落后，而这一切又反过来印证了他们观念的狭隘性，即忽略俄国城市发展的独特性，他们只是在广义上将俄国城市与西方城市的发展进行对比。

所以，揭露如今外国历史学研究的狭隘观点是苏联历史学最重要的任务[1]。

---

① Ю. Р. Клокман. Русский город XVIII в. а современной буржуазной историографии. «Критика буржуазных концепций истории России периода феодализма». М., 1962.

＊　　＊　　＊

与资产阶级历史学研究不同的是，苏联历史学家更加注重城市的社会经济生活。这方面的科学研究足以揭示城市在国民历史发展中的重要地位。

首先，笔者可以列举出一大批苏联历史学家的著作，其中最负盛名的是《苏联史纲：封建主义时期》。在该著作中，我们可以看到 18 世纪俄国城市发展的景象，尤其是 18 世纪下半叶城市的发展状况。在此时期，新兴的工业和贸易中心不断涌现，城市在国民经济中的作用不断增强。考虑到城市生活和人口中出现的新现象，18 世纪下半叶俄国政府修订了一系列法律法规，还对城市制度进行了改革①。

苏联历史学界的一项伟大成就是编撰了多卷本的莫斯科和圣彼得堡史著作。В. И. 扎奥杰尔斯卡雅、Б. Б. 卡芬加乌茨和 В. В. 库舍娃指出，18 世纪莫斯科成为俄国轻工业的中心，这里既有小生产，也有大工业生产，同时它在国内贸易中继续发挥着重要作用，是新兴的全俄市场的中心②。А. Е. 苏克诺瓦洛夫和 В. И. 马卡洛夫指出，18 世纪，圣彼得堡发展迅猛，很快成为俄国最大的工业和商业中心之一，成为俄国最大的国际贸易港口③。

总体而言，在有关这两个城市历史的著作中，有关 18 世纪社会经济生活的信息都是概括性的。

---

① Б. Б. Кафенгауз. Город и городская реформа 1785 г. «Очерки истории СССР. Период феодализма. Россия во второй половине XVIII ». М. , 1956. стр. 151-163.

② «История Москвы». т. II. М. , 1953. стр. 7-54，233-304.

③ «Очерки истории Ленинграда». т. 1. Л. 1955. стр. 52-93，251-293.

　　П. Г. 雷德琼斯基描述了 18 世纪末俄国城市社会经济生活的主要阶段。他在《改革前俄国的城市公民权》一书的第一章专门探讨了这一问题。他指出，18 世纪末 19 世纪初，在大多数俄国城市中商人等级都占据着主导地位。然而，随着工业的发展和农产品商品率的提升，在城市经济中商人等级的影响力开始逐渐减弱。资本主义制造业逐步发展起来，但这"只是一种主导趋势，而不是俄国工业的主导状态"[1]。在城市中，小规模商品生产占据主导地位。П. Г. 雷德琼斯基在谈到当时俄国庄园制度中城市公民的法律地位时指出，尽管封建农奴制带来了各种限制，但"在法律上和经济生活实践上，城市居民的财产权要比农民，特别是地主农民的财产权强大得多"。这首先体现在城市居民的动产和不动产不受侵犯。正是出于这一原因，农民们才寻求在城市定居[2]。

　　П. Г. 雷德琼斯基在他的另一部著作《18 世纪末俄国新城市》中论述了与本研究有关的另一个重要问题。这是一部关于 18 世纪末俄国新兴城市的专著[3]。他用具体史料驳斥了资产阶级历史学家关于 18 世纪七八十年代俄国新城市建立的毫无根据的论断，以及关于这些城市只具有行政意义的谬误。除个别不合理的农村居民点转变为城市的情况外，绝大多数城市经济发展的根本原因是规模壮大。他认为，18 世纪最后几十年"大规模"的新城市建设，"是由于之前的城市形成

---

① П. Г. Рындвюнский. Городское гражданство дореформенной России. М., 1958. стр. 26.

② П. Г. Рындвюнский. Городское гражданство дореформенной России. М., 1958. стр. 46.

③ П. Г. Рындзюнский. Новые города России конца XVIII в. « Проблемы общественно-политической историй России и славянских стран». СП6. статей к 70-летию академика М. Н. Тихомирова. М., 1963. стр. 359, 370.

过程受到了抑制"①。他总结道,新城市的建立证明了当时各地区经济专业化的加强,以及俄国国内市场的扩大。与此同时,一些城市的经济呈现落后的特征②。

《封建时代的俄国城市》一书中更是涵盖了广泛而多样的问题。城市的历史贯穿了俄国封建社会发展的整个阶段,它是一本论文集,当时在苏联的历史文献中尚未有类似的文集。文集中的一些文章提出了一些重要议题,关于城市历史的文章也颇为重要,它们总结了十月革命前和苏联文献中对城市历史的研究。其中最引人关注的是 B. K. 亚聪斯基有关俄国封建城市研究方法的论述。从专业历史角度撰写的文章也为学术研究带来了许多新成果。Г. Д. 卡普斯季娜和 E. И. 英多娃关于 18 世纪粮食市场的文章就很有价值。E. И. 英多娃关于莫斯科工商业区的文章,以及 Г. И. 斯列萨尔丘克关于俄国古都工业的著作也颇具参考价值。E. П. 波江波尔斯卡雅关于城市下层居民参与布拉温起义的文章和 A. A. 普列奥波拉任斯基关于乌拉尔城市阶级斗争的文章均论述了 18 世纪城市中的阶级斗争问题,之前很少有学者关注这一问题。M. Д. 库尔马切娃和 A. И. 安德鲁先科的著作论述了1773~1775 年农民战争中伏尔加河中游地区城市和伊尔比特贸易区的作用③。

许多著作致力于研究城市社会经济史的某些方面。Ф. Я. 波良斯基在《18 世纪俄国的城市手工业和制造业》一书中探讨了俄国

① П. Г. Рындзюнский. Новые города России конца XVIII в. «Проблемы общественно-политической историй России и славянских стран». СПб. статей к 70-летию академика М. Н. Тихомирова. М., 1963. стр. 359.

② П. Г. Рындзюнский. Новые города России конца XVIII в. стр. 370.

③ «Города феодальной России». Сб статей памяти Н. В. Устюгова. М., 1966. стр. 563.

制造业发展史中城市手工业的作用。作者使用了专门为俄国中部各省土地测量而提交的"经济注解"数据。城市成为重要的手工业生产中心,而手工业往往发展成为工场手工业。另一方面,作者认为城市手工业者在补充 18 世纪工业所需人员方面的作用微乎其微①。这些观点相互矛盾,正如科学评论中论述的那样,Ф. Я. 波良斯基提出了一个重要且未得到充分研究的问题,但他本身并没有完全解决这个问题②。

Ф. Я. 波良斯基在他的著作中非常关注 18 世纪俄国城市的总体状况,他将当时的俄国城市分为三种类型:行政型、新建型和完全成熟型。其中,完全成熟型城市指的是经济发达的城市。他认为,由于城市类型的差异,部分城市由军事行政点而成为所在地区的经济中心,反映了"城市形成的不同阶段"的论断③。

然而,城市发展问题的范畴不应局限于经济方面。除促进新城市形成的经济条件外,还必须考虑到当时俄国封建制度和农奴制度的影响,以及政府在城市建设方面的政策效果,而 Ф. Я. 波良斯基的专著并没有涉及这些问题。

为了证明俄国到处都有农业、园艺业和畜牧业发展较好的城市,而手工业只是妇女从事的副业,Ф. Я. 波良斯基列举了一些在城市治理改革过程中刚刚建立起来的城市,以其为例进行论证。

在伏尔加河流域,17 世纪末以农业为主业的城市中,作者列举了辛比尔斯克省的阿尔达托夫和布因斯克、萨拉托夫省的阿特卡尔斯

① Ф. Я. Полянский. Городское ремесло и мануфактура в России XVIII в. М., 1960. стр. 169-170, 199.

② А. Л. Сидоров. Некоторые проблемы развития российского капитализма в советской исторической вауке. «Вопросы истории». 1961. № 12. стр. 37.

③ Ф. Я. Полянский. Указ. соч. стр. 57.

克和巴拉绍夫、下诺夫哥罗德省的佩列沃兹和波钦奇①。但他忽略了
一点，即所有这些城市都是在 1779~1780 年才正式成为城市的，在
此之前，它们只是普通的村镇或者城郊的村庄，它们均是根据沙皇
政府的决定才转为城市的。在雅罗斯拉夫尔省的农业城市中，他根
据 1778~1785 年的"经济注解"数据，以彼得罗夫斯克和梅什金为
例②，阐释了城市发展历程。这类因政府行政因素将农村升级为城
市的例子不胜枚举，它们足以体现政府将农村转变为城市的政策。
这些城市的存在并不能说明 18 世纪末俄国城市手工业的总体发展
水平。

М. Я. 沃尔科夫对 17~18 世纪城市资产阶级的形成进行了研究。
他重点阐述了几个关键问题，即资产阶级产生和发展的经济与社会根
源、资产阶级在经济和社会政策方面的需求，以及沙皇专制制度对这
些需求的态度。在研究这一复杂且矛盾的过程时，М. Я. 沃尔科夫将
城市资产阶级的形成分为两个时期，时期的划分与当时俄国国家制度
的变化密切相关。作者强调资产阶级形成和发展的第二阶段发生在专
制主义时期。

他指出，在第二阶段，城市资产阶级合并为一个阶级，即商人等级。
与大部分城市人口相比，政府赋予了他们一定的特权。由于 18 世纪七八
十年代的一系列改革，城市资产阶级成为专制制度的支柱之一③。

城市贸易的发展是国内市场扩大的最关键指标。提到这一问题，
首先需要提到的是 Н. Л. 鲁宾斯坦的著作《18 世纪的俄国展销会》，

①　Ф. Я. Полянский. Указ. соч. стр. 60-61，69-70.

②　Ф. Я. Полянский. Указ. соч. стр. 67.

③　М. Я. Волков. Формирование городской буржуазик в России XVII - XVIII ва.
　　 《Города феодальной России》.

该书指出了展销会在俄国广泛开展，并逐渐转变为城市中常设的贸易机构，这一点在俄国中部地区表现得尤为明显。展销会贸易是全俄市场形成过程中的一个重要方面①。在有关城市贸易的著作中，Г. Л. 瓦尔塔诺夫的文章也颇具价值，他在一篇文章中论述了莫斯科和其他省份城市展销会的发展，在另一篇文章中论述了 18 世纪下半叶俄国中部地区商人和贸易农之间的竞争②。Н. Л. 鲁宾斯坦在《18 世纪下半叶俄国的对外贸易和俄国商人》一文中指出，莫斯科、图拉、卡卢加、沃洛格达、大乌斯秋格和其他城市等一些大型贸易中心在国际市场上非常活跃③。

值得一提的是，学者们对 18 世纪下半叶莫斯科阶级斗争历史的研究尚有不足。П. К. 阿列菲连柯对 1771 年莫斯科鼠疫暴动这一重大事件进行了研究④。

В. Н. 别尔纳德斯基对 18 世纪下半叶城市中的阶级斗争进行了研究。他指出了这场斗争的四条主要脉络：整个工商业区反对贵族地主；城市最贫困居民反对富裕阶层；无订单工场主反对有特权的企业

---

① Н. Л. Рубийштейн. Русская ярмарка XVIII в. «Учепые записки Московского обл. ни-та им. Н. К. Крупской». вып. 1. М.，1939.

② Г. Л. Вартанов. Городские ярмарки в центральной части Европейской России во второй половине XVIII в. «Ученые записки Лепинградского гос. пед. ин-та им. А. И. Герцена». т. 194；он же. Купечество и торгующее крестьянство Центральной части Европейской России во второй половине XVIII в. Там же. т. 229；он же. Московское и иногороднее купечество во второй половине XVIII в. Там же. т. 278. 1965.

③ Н. Л. Рубинштейн. Ечешняя торговля России и русское купечество во второй половине XVIII в. «Исторические записни». т. 54.

④ П. К. Алефиренко. «Чумный бунт» в Москве в 1771 г. «Вопросы истории». 1947. № 4；«История Москвы», т. Ⅲ. стр. 368–377.

主；劳动人民反对企业主①。

Б. Д. 格列科夫在 1929 年出版的著作《18 世纪经济问卷调查研究》是研究 18 世纪下半叶俄国城市状况最早的尝试之一。作者通过对 18 世纪 60 年代经济问卷调查材料的研究，特别是对沃罗涅日省城市状况的研究，得出了一个十分有趣的结论，即城市逐渐成为本区域的经济中心，沃罗涅日和奥斯特罗戈日斯克的发展尤为突出。与此同时，莫尔桑斯克和基尔萨诺夫等新城市也在崛起。它们经济增长的基础是不断扩大的粮食贸易。在这些城市的周边，也有一些城市与之相反，正在落寞和衰败。这些城市大多属于旧城市，曾经是重要的防御工事地和要塞，但因各种原因逐渐衰落，最重要的原因是经济衰退。这些城市包括别尔哥罗德（白城）防御线的大部分城市——罗曼诺夫、别洛科洛德斯克、科斯坚斯克、维尔霍索森斯克等。Б. Д. 格列科夫指出，这类城市被淘汰的过程是商品货币关系发展和该地区经济专业化的自然结果，该地区在 18 世纪中叶成为俄国的主要粮仓②。

Б. Д. 格列科夫的《18 世纪经济问卷调查研究》介绍了白城沿线城市的历史命运，以及在改革期间，随着 18 世纪下半叶该地区经济的快速增长，这些地区内出现的一些新经济中心③。Ф. И. 拉波对农

---

① В. Н. Бернадский. Очерки по историр классовой борьбы и общественно-политической мысли Россин в третьей четверти XVIII в. «Ученые записки Леннинградского гос. пед. ин-та им. Л. И. Герцена». т. 229. 1962. стр. 72.

② Б. Д. Греков, Избранные труды, т. II. М., 1900. стр. 225–280.

③ Ю. Р. Клохман. Города Белгородской черты в губернской реформе 1775 г. «Вопросы социально-экономической истории и источниковедения дериода феодализма в России». Сб. статей к 70 – летию А. А. Новосельского. М., 1961.

奴制解体时期库尔斯克市的状况进行了研究。他指出，18 世纪中叶，库尔斯克失去了军事意义，到 18 世纪末，库尔斯克成了一个手工业发达的大城市，在某些领域，小生产转变为工场手工业，贸易也十分活跃①。В. И. 萨姆索诺夫介绍了 18 世纪下半叶库尔斯克展销会在全俄市场中的作用②。

И. А. 布雷金描绘了 18 世纪下半叶奔萨省各城市的社会经济面貌。他揭示了该省城市居民点的农业特征，城内大部分居民是农民。在此过程中，城市中贸易和手工业人口的比重稳步上升，只是人口增长速度颇为缓慢。И. А. 布雷金还注意到了部分商人资本逐渐向工业转移的过程。18 世纪末 19 世纪初，本地出现了大企业（亚麻制造厂等）。不过，商人的主要活动仍然是贸易。最富裕的商人等级开始向中部地区大规模地供应粮食③。

值得一提的是，很多研究成果关注中部工业区的城市状况。首先要提及的是 Э. А. 涅尔谢索娃的著作《18 世纪 60 年代莫斯科省和科斯特罗马省的经济状况：基于经济调查的研究》。这两个省份是俄国中部工业区的重要组成部分。作者从资本主义生产关系在封建生产关系土壤上形成的角度探讨了上述省份的经济发展，还注意到了这一进程中城市作用的具体表现。值得一提的是，科斯特罗马和涅列赫塔成为使用雇佣劳动的大型制造业（纺织业）中心，城内从事贸易和手

① Ф. И. Лаппо. Курск в период разложения крепостных отношений（вторая половипа XVIII вёка）. «Курск. Очерки из истории города». Курск. 1957. стр. 46–81.

② В. И. Самсонов. Курская Коренная ярмарка. «Ученые записки Курского гос. пед. ин-та», вып. 2. Курск. 1949.

③ И. А. Булыгин. Об особённостях городов Среднего Поволжья во второй половине XVIII в. «Города феодальной России».

工业活动的居民数量也在不断增加①。

A. M. 拉兹贡研究了 18 世纪下半叶弗拉基米尔省工商业区的形成状况，指出它们形成于村庄之上。他指出，该省的许多农民定居点，如伊万诺沃、维亚兹尼基、杜尼洛沃、加夫里洛沃等都取得了显著的经济成就，而且实际上履行了本区域经济中心（城市）的职能。作者认为，这是当时俄国资本主义起源的一个重要表现。但是，在农奴制下的俄国，并非所有经济发达的定居点都可成为法律意义上的城市。私人定居点和村庄没有被正式认定为城市。他指出，封建制度和农奴制长期的统治地位拖延并扭曲了俄国城市经济的发展过程②。

C. И. 阿尔汉格尔斯基研究了 17~19 世纪下诺夫哥罗德工人阶级的形成过程，其研究成果的第三章专门讨论了 18 世纪的状况，笔者最感兴趣的是他在这一章中直接谈及城市本身的经济发展。C. И. 阿尔汉格尔斯基描述了 18 世纪末下诺夫哥罗德的经济发展水平，指出了小商品生产在该地的普及，以及制造业的兴起。与此同时，下诺夫哥罗德作为伏尔加河中游地区的主要区域市场，其贸易的重要性也在提升。作者展示了城市人口社会构成的变化以及新移民（主要是农民）的迁入过程。这是资本主义生产关系在封建生产关系土壤中形成的具体表现之一③。

---

① Э. А. Нерсесова. Экономическое состояние Костромской провинции Московской губернии по хозяйственным анкетам 1760 годов. «Исторические записки». т. 40.

② А. М. Разгон. Промышленные и торговые слободы и села Владимкрской губернии во второй половине XVIII в. «Исторические записки». т. 32.

③ С. И. Архангельский. Очерки по истории промышленного пролетариата Нижнего Новгорода и Нижегородской области XVII - XIX вв. Горький. 1950. стр. 60-73.

笔者曾撰写文章专门研究了雅罗斯拉夫尔省的城市网络因 18 世纪下半叶的地方政府机构改革而发生的变化①。

Х. Д. 索林娜撰写了一系列关于 18 世纪下半叶特维尔省各城市及相关城市状况的文章②。她从资本主义生产关系形成的角度对这些俄国城市的社会经济史进行了研究，致力于展示特维尔省各城市的特殊性，以及 18 世纪下半叶每个城市发展过程中资本主义生产关系的特殊作用。她指出，必须对每个城市进行单独研究，这样才能真正了解当时经济发展的本质，这一点至关重要。但 Х. Д. 索林娜不能有效鉴别文件和史料，导致她得出的结论有待商榷。例如，根据 1764 年各城市向商业委员会提交的一份声明，作者就确定了 18 世纪下半叶俄国城市的类型，她将它们分为手工业城市、贸易中介城市，以及贸易和手工业城市③。

很多文献均指出了这一资料的不足之处。А. А. 基塞韦特指出，它是"根据各种并不总是令人满意的材料汇编而成的"④。Ф. Я. 波良斯基特别强调，1764 年声明中的数据"不能准确反映各城市手工业

---

① Ю. Р. Клокман. Учреждение городов в Ярославской губеркии по областной реформе 1775 г. «Проблемы общественно-политической истории России и славянских страк».

② Х. Д. Сорина. Очерк социально-экономической истории г. Тверп в 50 – 60х годах XVIII века. «Ученые записки Калининского гос. пед. ин-та». т. 26. 1962; она же. Очерк социально-экономической истории г. Вышнего Волочка во второй половине XVIII и начале XIX века. Там же, т. 35. 1963; она же. К вопросу о процессе социального расслоения города в связи с формированием капиталистических отношений в России в XVIII – начале X1X и. （г. Тверь）. Там же, т. 38. 1964.

③ Х. Д. Сорина. Очерк социально-экономической истории г. Твери в 50 – 60х годах XVIII в. стр. 88-90.

④ А. А. Кизеветтер. Посадская общпна в России XVIII ст. стр. 112.

的发展水平"①。

使用未经核实的数据导致作者得出了令人遗憾的结论。也正因如此，她不合理地将勒热夫与伏尔加河上游地区的其他城市，如特维尔和托尔若克进行了对比。她认为勒热夫是贸易中介城市，特维尔和托尔若干是贸易和手工业城市。事实上，所有被作为研究对象的城市都位于伏尔加河畔，它们在工业发展方面也有许多共同之处，但将勒热夫仅仅定性为贸易城市有待考证。

在判断某个城市的经济面貌时，应考虑整个地区的工业专业化程度。

在以特维尔为例研究城市的社会分化过程时，X. Д. 索林娜指出："并没有观察到商人和手工业者的减少现象。相反，由于手工业者的加入，商人的数量迅速增加，以前无业居民或新落户城市的居民开始从事航运工作。"②

如果我们将特维尔居民的社会分化视为一个过程，那么这一过程不可能在 17 世纪 60 年代忽然停止，也不可能从这一时刻忽然开始，它是一个渐进式的过程，这一点是毋庸置疑的。特维尔的经济崛起也不能保证商人等级和部分手工业者不会被历史淘汰。与之相反，在俄国各地的商人等级中，有许多人仅仅在法律层面属于这个等级，但实际上，由于其生产活动的性质，他们与商人等级并无关联。这在 1775 年的税制改革中表现得尤为明显，当时，商人等级中的破产者被淘汰。在特维尔，3203 名商人中只有 356 人仍留在商人等级，剩

---

① Ф. Я. Полянский. Указ. соч. стр. 83.

② X. Д. Сорина. К вопросу о процессе социального расслоения города в связи с формированием капиталистических отношений в России' в XVIII – начале XIX в.（г. Тверь）. стр. 283.

下的 2847 人被纳入了市民等级①。

　　Х. Д. 索林娜曾对 18 世纪中叶俄国西北部城市的社会经济发展状况进行研究。她在《18 世纪至 19 世纪初城市社会分化过程问题——以特维尔为例》一书中分析了城市的形成过程，阐明了很多新城市在贸易村、手工业村镇和城郊村庄的基础上兴起和发展的条件。这些新城市逐渐成为周边地区的经济中心，随后在法律上获得了城市的权利。书中揭示了这些地区资本主义起源的一系列问题，以及它们在 18 世纪俄国经济生活中具有的特殊地位②。

　　К. Н. 谢尔滨娜在研究成果中介绍了 16 ~ 18 世纪季赫温工商业区的历史。作者介绍了季赫温如何从一个小贸易点逐渐发展成为一个工商业区，进而演变成一个城市，最终成为周边地区经济中心的过程③。

---

①　ЦГАДА，ф. Госархива，р. XIX，д. 319，л. 76.

②　Ю. Р. Клокман. Очерки социально-экономической истории городов Северо-Запада России в середие XVIII в. М.，1960。国内外均已发表过这本书的书评：А. П. Пронштейн. «История СССР». 1961. №4. стр. 193–198; P. Hoffmann. *Zeitschrift fur Geschichts Wissenschaft*. Berlin. 1961. H1, 9, № 5. S. 1200; J. H. *Ceskoslovensky casopis Historicky*. Praha. 1961. r. 9. № 2. S. 300–301; V. R. *Studii. Revista de Istoric*. Bucuresti. 1961. an. 14, M. 5. S. 1337–1339; J. M. Hitle. *Kritika. A Review of Current Soviet Books on Russian History*. Cambridge. Massnchusetts. Fal. l. 1964. vol. № 1. pp. 15–22。笔者想评述一下 Hitle 的书评。这位美国历史学家总体上对这部作品持积极态度，并指出与革命前的文学作品相比，它对描写这座城市的历史做出了贡献。与此同时，Hitle 指责作者忽视了城镇居民的社会文化生活等问题。但对这些问题的研究不属于专著作者的责任范围。该作品的目的是 "探索 18 世纪中叶俄国资本主义结构形成条件下，从贸易定居点和渔业定居点形成新城市的过程"。对这个问题的研究是以西北地区为例进行的，该地区在 18 世纪的俄国经济生活中占有特殊的地位。该专著重点研究了以下问题：至 18 世纪中叶俄国西北地区的经济专业化和城市化；非农产业的发展；贸易和渔业定居点以及新城市的形成；城市的社会矛盾。

③　К. Н. Сербина. Очерки из социально-экономической истории русского города. Тихвинский посал в XVI-XVIII вв. М. Л.，1951.

许多著作都对当时正在形成的俄国城市郊区的历史进行了研究。

Е. И. 德鲁日尼娜指出了 18 世纪最后几十年黑海北部沿岸新城市的出现。作者阐释了该地区建立新城市的具体状况，它们不久前还是军事战场，被并入俄国后开始迅猛发展。这些地区毗邻黑海和亚速海，其重要的战略意义在城市发展中得以体现。这些城市最初主要是作为要塞、军事据点以及俄国陆海军基地。它们邻近出海口和入海口，便利的地理位置、优越的自然条件促使其转变为国家粮仓，而这一系列条件均推动了新城市的经济发展。尤其值得关注的是赫尔松、尼古拉耶夫、叶卡捷琳诺斯拉夫、马里乌波尔、亚历山德罗夫斯克、塞瓦斯托波尔和敖德萨。这些城市的发展始于 18 世纪，发展速度很快，其中一些城市成为重要的经济中心①。

Л. Е. 伊奥夫在他的著作中从经济和地理角度探讨了封建时期乌拉尔的城市历史。他认为，大型冶金工业是乌拉尔地区许多城市诞生的基础，并就此阐明了这些城市的地理位置特点②。

事实上，乌拉尔地区最大的城市之一叶卡捷琳堡就是在冶金工业的基础上发展起来的。18 世纪上半叶开始的如火如荼的冶金工厂建设影响了乌拉尔地区其他城市的发展。但这种影响不应被夸大。工厂居住区的城市人口主要由工匠、商人和逃亡者（所有与工厂工作无直接关系的人）组成。

正如 П. Г. 雷德琼斯基所强调的："乌拉尔冶金工业中强迫劳动的普遍存在导致了这样一个事实，即刺激城市发展的不是工厂工作本

---

① Е. И. Дружинква. Северное Причерноморье в 1775－1800 гг. М. , 1959. стр. 79－83, 247－259 и др.

② Л. Е. Иофа. Города Урала. ч. I. Феодальный период. М. , 1951.

身，而是众多工厂人员从事贸易和手工业。"①

М.А.戈尔罗夫斯基对18世纪下半叶叶卡捷琳堡人口的社会构成进行了研究。他注意到该市工商业人口的增长，并得出结论：封建阶级的解体和新阶级（资产阶级和无产阶级）②的诞生始于18世纪的最后几十年。М.А.戈尔罗夫斯基指出了叶卡捷琳堡作为乌拉尔矿业工厂行政中心的特殊性。工厂的管理部门将其权力扩大到城市的所有居民，包括工商业区的居民。这阻碍了叶卡捷琳堡经济的发展，限制了城市人口的补充，尤其是限制了外来人口加入商人等级。他声称只有在1785年《俄罗斯帝国城市权利和利益诏书》颁布后，这方面才发生了一定的变化，商人等级的发展更加迅猛，但这种说法是错误的。实际上在1785年前，商人等级的发展已有成效③。

地方政府机构改革对叶卡捷琳堡经济发展的影响远远大于1785年颁布的《俄罗斯帝国城市权利和利益诏书》。正是在向新的行政区划过渡的过程中，叶卡捷琳堡从矿业管理部门的管辖范围中抽离出来，成为1775年立法法案规定的城市机构。

Н.Г.阿波洛娃研究了18世纪奥伦堡边疆区内城市出现和发展的情况。这里的城市最初是作为要塞出现的，主要是为实现俄罗斯帝国

---

① П. Г. Рындзюнский. Города. «Очерки истории СССР. Период феодализма. Россия во второй четверти XVIII в.» М. , 1957. стр. 190.

② М. А. Горловский. Социальный состав населения Екатеринбурга во второй половине XVIII в. «Из истории рабочего класса и революционно-го движения». СБ статей памяти академика А. М. Панкратовой. М. , 1958.

③ М. А. Горловский. Социальный состав населения Екатеринбурга во второй половине XVIII в. «Из истории рабочего класса и революционно-го движения». СБ статей памяти академика А. М. Панкратовой. М. , 1958. стр. 121.

在这片广袤的边疆区进行军事-封建殖民的目的。同时，随着该地区经济的发展，一些要塞变成了与哈萨克斯坦和中亚的贸易点。与此同时，城市的社会结构也逐渐发生了变化，城市附近出现了手工业者和商人的定居点。奥伦堡变得尤为重要，不仅成为该地区的行政中心，也成为贸易中心。特罗伊茨克和佩特罗巴甫洛夫斯克在与塔什干和布哈拉的商品交换中也发挥了重要作用。整个 18 世纪，奥伦堡边疆区的要塞城市越来越积极地参与到全俄市场之中[1]。

Р. М. 卡波的著作专门研究了西西伯利亚的城市。与 Л. Е. 伊奥夫对乌拉尔城市的研究类似，这部著作具有经济和地理性质。作者研究了 16 世纪末至 19 世纪中叶西西伯利亚城市的出现、分布和发展过程。Р. М. 卡波指出，18 世纪，出现了普列斯诺格里科夫斯基、喀尔齐斯、科勒瓦诺-沃斯科列谢斯基和库兹涅茨克碉堡线，建造了木制边防堡垒要塞，其中一些要塞后来成为城市。在这些城市中，伊希姆、鄂木斯克、塞米巴拉金斯克、库兹涅茨克尤其值得一提[2]。

М. М. 格罗梅科的著作《18 世纪西西伯利亚》对 18 世纪西西伯利亚西部城市和城市人口的社会经济特征进行了专门研究，其中有一章研究了俄国人口迁移和西西伯利亚土地开发的历史。作者展示了俄国边疆城市发展的特殊性。这些城市是作为军事行政中心建立的，并在大多数情况下保留了这一主要功能。与此同时，在一些经济和地理条件便利的地方，城市逐渐变成了手工业和贸易中心（如托博尔斯克）或朝这个方向发展（如秋明）。18 世纪，西西伯利亚许多城市

---

① Н. Г. Апполова. Особенности возникновения и развития городов Оренбургского края в XVIII в. «Города феодальной России».

② Р. М. Кабо. Города Западной Сибири. М. , 1949. стр. 96–112.

经济都带有农业经济的性质①。

在地方史中，有诸多关于各城市历史的著作。总体而言，这些著作多是面向大众读者的科普读物和小册子，它们不追求研究的完整性，只是让读者了解某个城市从诞生到现在的主要历史事件。

苏联历史学在研究 18 世纪下半叶俄国城市方面取得了一定成就，但总体而言，对当时社会经济史的研究不够充分。例如，对大小城市的工业生产、城市在内外贸易发展中的作用等方面的研究相对较少。18 世纪城市阶级斗争的历史，包括城市居民在 E. И. 普加乔夫领导下参与农民战争的情况，仍有待研究。18 世纪的城市立法、当时政府对城市和城市人口的政策等问题也需要研究。

史料

这项工作基于对已出版文献资料和档案文献资料的研究。

所选的史料大多源自俄罗斯中央国家古文档案馆。

从参议院第一基金会中摘录的关于城市若干问题的回答非常有价值。这些资料揭示了 18 世纪下半叶许多城市的经济状况和全俄城市人口的社会经济生活，足以体现政府对相关城市立法政策的阶级本质。

国家档案馆第 16 批次卷宗揭示了省级行政机构改革的具体实施情况，以及直接建立新城市（省和县的中心）的情况。对这些广泛

① M. M. Громыко. Западная Сибирь в XVIII в. Новосибирск. 1965. стр. 50 – 87; она же. Развитие Тюмеки как ремесленно-торгового центра в XVIII в. «Города феодальной России». см. также А. Л. Кондрашенков. Западносибирский посад в конце XVIII в. –Там же.

资料的分析使我们确信，俄国政府的主要决策因素不是工商业区的经济发展利益，而是对治安和财政秩序的考量。与此同时，也不能忽视旧制度与国家经济生活之间的矛盾，为此政府不得已将一些经济发达的工商业村庄和城郊的村庄改造成城市，并使其居民成为市民。这就解释了为什么在 1775～1785 年地方政府机构改革过程中建立的许多城市在外观上存在很大差异，其中一些只是行政管理点，而另一些则成为周边地区的经济中心。

与此同时，国家档案馆第 19 批次卷宗中有大量资料揭示了 1775～1785 年地方政府机构改革前后城市的经济状况，其中还包含关于城市的工业和贸易、城市之间的经济联系以及纳税人口数量等信息，颇具参考价值。

这些资料是本书的主要文献来源。

笔者还研究了总市政长官（文件 291）、地方市政长官和市政厅的档案。

这些资料在内容和完整性方面各有不同。总市政长官的档案主要包含商人数量、商人的法律地位及其在工商业区注册情况的信息。地方市政长官的资料或多或少涉及相同的问题，但更详细地介绍了一些城市的经济状况。

然而，新的城市条例于 1785 年生效后，总市政长官这一职位被取消，而地方市政长官的职权也在 1785 年的城市行政机构改革中受到极大限制。此后，这一职位成为等级管理机构。当然，这一情况也对很多档案的内容产生了影响。此外，俄罗斯中央国家古文档案馆中保存的市镇行政长官资料仅涵盖到 1775 年，也就是地方政府机构改革开始之时，甚至更早一些。

将这些资料与参议院、商会和其他中央机构的资料相结合，有助于揭示 18 世纪下半叶俄国城市社会经济生活的总体状况。

为了呈现 17 世纪 60 年代俄国早期城市的经济特征，笔者收集了商业和关税委员会的收藏资料（卷 397）。这些资料中包含了 1764~1766 年城市行政长官和市政厅提交给该委员会的报告。这些史料极大地丰富了当时俄国 69 个城市手工业者和贸易人口的数量、财产状况以及职业等方面的数据，可增加我们对这些问题的了解。

《给省土地测量委员会提及的经济注解》（文件 1355）中的很多资料含有 1775 年地方政府机构改革后城市人口的社会构成、工业企业的存在情况、房屋、商店、交易会以及相关城市经济状况的数据。

米勒数据库中含有 18 世纪 70 年代城市工业的诸多数据（文件199）。1775 年 3 月 17 日税制改革后有关商人和资产阶级状况的补充数据源自国家档案馆第 19 批次卷宗。为确定 18 世纪下半叶俄国的纳税人口数量，他们使用了修订版的纳税人口花名册档案（文件355）。

俄罗斯中央国家古文档案馆还有其他一些档案文献颇具参考价值，如新规章编纂委员会档案（文件 342）。笔者对一个专门成立的"关于普通人"的私人委员会的档案，以及该委员会起草的"关于一般城市法"的草案进行了研究。这些史料可揭示它们与1785 年《俄罗斯帝国城市权利和利益诏书》主要条款之间的直接关联。

除俄罗斯中央国家古文档案馆档案外，笔者还使用了其他档案馆的一些档案。

在俄罗斯中央国家军事历史档案馆中，含有一些对各省经济和地形描述的档案，它们也很有价值。在一定程度上，这些史料是对俄罗斯中央国家古文档案馆类似文件资料的补充。

在苏联国家图书馆暨列宁图书馆的手稿中有 37 份涉及莫斯科省 132 个城市和其他一些城市的文稿。

1765 年自由经济学会的经济调查问卷材料也被收录其中，其档案的原件保存在圣彼得堡的苏联中央国家历史档案馆①。笔者所使用的这一资料来源于苏联科学院历史研究所列宁格勒分所的第 75 号副本。对自由经济学会问卷调查材料的研究，可极大地丰富我们从已公布的问卷答复中获得的有关俄国各城市工业和贸易、贸易路线、农民小手工业生产和农民非农业副产品的信息②。

1760~1766 年收集的科学院和陆军士官学校的问卷数据在一定程度上补充了自由经济学会的问卷数据。这些经济问卷的资料由 Л. И. 巴克梅斯杰尔整理并出版③。Б. Д. 格雷科夫在上述著作中首次将 18 世纪 60 年代经济调查问卷的数据引入学术领域。

对我们而言，最有意义的是俄国历史学会在 1868~1910 年出版的莫斯科、圣彼得堡、诺夫哥罗德和喀山省的城市法令汇编（截至 1775 年）。这些资料刊登在俄国历史学会资料的第 8~9 卷中④。其中很大一部分史料从当时俄国经济最发达地区的城市居民手中收集而来。这些城市法令体现了商人等级的利益，反映了商人等级垄断贸易

---

① 笔者在撰写本专著的过程中对有机会使用这些资料而向 Н. М. 德鲁日宁院士、В. К. 雅苏伊斯基教授和 И. В. 列多斯卡娅研究员表示感谢。

② См. «Труды Вольного экономического общества к поощрению в России земледелия и домостроительства»（далее-Труды ВЭО）. т. I - II. СПб. 1766；т. VI-VII. СПб. 1767；т. VIII, X. СПб. 1768；т. XI-XIII. СПб. 1769；т. XXIII. СПБ 773；т. XXVI. СПб. 1774.

③ Л. И. Бакмейстер. Топографические известия. служащие для полного географического описания Российской империи. ч. I-IV. СПб. 1771-1774.

④ СБ РИО. т. 93. т. 107.

和工业活动的权利，以及进一步强化和扩大特权的愿望，同时也含有许多有趣的经济数据，涉及城市及其周边农村地区工业和贸易的发展情况，农民工商业者日益增强的作用，以及他们在国内许多城市成功地与商人等级开展竞争的情况。

本书还大量使用了 18 世纪的立法资料，这些资料后来被收录在《俄罗斯帝国法律全集》中。在该法律全集第一版（1830 年）的 42 卷中，有 12 卷涉及 18 世纪下半叶。对立法的研究揭示了政府有关城市和城市（城外工商业区）人口的政策。立法反映了官方将村庄和城郊农村居民点的居民转变为城市居民的观点①。

同时，在《俄罗斯帝国法律全集》序言中收录了大量经济方面的宝贵资料（关于城市人口的贸易、手工业、贸易路线和国内物流等）。

18 世纪 60 年代末 70 年代初的大量旅行游记中也含有关于各城市地理位置、经济状况、人口数量及其活动的有趣数据。

《从特维尔到德米特里耶夫斯克的伏尔加河地理描述》是在圣彼得堡编纂的，作为叶卡捷琳娜二世著名的伏尔加河航行的参考资料，它对伏尔加河水路上各地点的状况进行了概述。除这些数据外，我们还可在其中找到一些有关伏尔加河沿岸城市经济状况的有趣信息。在陪同叶卡捷琳娜二世旅行期间，B. Г. 奥尔洛夫伯爵在他的笔记中记录了伏尔加地区的城市状况②。

---

① 例如，参见关于科斯特罗马、沃洛格达、辛比尔斯克和奔萨等地建立新城市以及同时将前农村居民纳入市民等级的文件（ПСЗ，т. XX，№ 14792，14973，15060，15061）。

② В. Орлов-Давыдов. Биографический очерк графа Владимира Григорьевича Орлова. т. I-II. СПб. 1878.

И. П. 法里克、Н. П. 雷奇科夫、И. И. 列佩辛和 И. Г. 格奥尔吉的著述中提供了相关城市的信息①。这些旅行者的游记增加了我们对当时城市的了解。

① И. П. Фальк. Записки путешествия. «Полное собрание ученых путешествий по России, изд. Академией наук». т. 6 - 7. СПб. 1824 - 1825; «Журнал или дневные записки путешествия капитана Рычкова по разным провикциям Российского государства, 1769 и 1770 году». СПб. 1770 и «Продолжение журнала…» СПб. 1772; «Дневные записки путешествия доктора и Академии наук адъюнкта Ивана Лепехина по разным провинциям Российского государства в 1768 - 1771 г.». ч. I - II СПб. 1771 - 1780 (далее-И. И. Левехин. Дневные записки). П. С. Паллас. Путешествие по разным провинциям Российской империи. ч. I-III. СПб. 1773-1788.

第 1 章　18 世纪 60 年代改革前夕的城市状况

18 世纪中叶，在俄国社会经济生活中资本主义生产方式逐步发展，与封建农奴占主导的生产关系发生冲突。这一过程的表现特征之一就是城市和城市人口数量的增加，以及社会成分的逐渐变化。

研究这个问题颇为复杂，因为在 18 世纪中叶及更早之前，参与贸易的居民仅占城市（工商业）人口的一部分。在确定俄国城市纳税人口规模时，只有直接隶属于乡镇社区、从事手工业或贸易并缴纳一定税赋的居民才会被正式纳入其中。

自第二次人口调查（1743～1747 年）以来，城市男性人口仅增加了 1.6 万，到 1769 年男性人口的总数则达到 22.8 万[1]。总体而言，这仅相当于调查中俄国人口总量的 3.1%（据第二次人口调查数据，则为 3.2%）。18 世纪中叶，城市人口的占比大致保持在同一水平。

俄国境内城市人口分布不均。1769 年俄国部分省份城市人口状况具体见表 1-1[2]。

---

[1]　ЦГАДА. ф. Госархива. р. X. оп. 3. д. 41. лл. 2–50.

[2]　ЦГАДА. ф. 248. Сенат. км. 105/3676. лл. 761–783.

表 1-1　1769 年俄国部分省份城市人口数量和占比

单位：人，%

省份	人数	占比	省份	人数	占比
莫斯科	73265	32.1	下诺夫哥罗德	7055	3.1
诺夫哥罗德	29665	13.0	阿斯特拉罕	4858	2.1
贝尔戈罗德	25546	11.2	奥伦堡	3062	1.3
喀山	21747	9.5	圣彼得堡	2517	1.1
沃罗涅日	14826	6.5	西伯利亚	24136	10.6
阿尔汉格尔斯克	11888	5.2	合　计	227967	100
斯摩棱斯克	9402	4.1			

注：表中统计的城市人口为男性人口。

大多数城市人口集中于俄国中部地区，如曾属于莫斯科公国的各省份，这些省份在 1775 年之前就已属于俄国，它们覆盖了中部工业区的大部分城市，在这里生活着全俄 1/3 的商人和行会手工业者，他们需缴纳 40 阿尔滕税①。即使是在莫斯科省，城市人口的分布也很不均衡。总的来说，俄国大部分城市居民分布在莫斯科省，以及雅罗斯拉夫尔省和科斯特罗马省，长期以来这些地区的工商业颇为发达。

就城市人口数量而言，排名第二的是诺夫哥罗德省，而就城市人口在全国人口总量中的占比而言，诺夫哥罗德省的城市人口占比略高于全俄水平（3.1%）。1766 年，该地仅商人就有 29636 人，占总纳税人口的 3.5%②。

俄国城市人口的占比随着与国家中部地区距离的增加而减少，在阿斯特拉罕、奥伦堡和西伯利亚等省份，城市人口占比非常低。

俄国城市人口地域分布的差异源自城市本身的分布不均，这又印

---

① 其他数据显示，当时莫斯科省有 33.2% 的人口属于商人等级和行会（ЦГАДА，ф. Госархива，р. X，оп. 3，д. 41，лл. 2-13）。

② ЦГАДА，ф. 248，кн. 105/3676，л. 773-773 об.

证了俄国不同地区经济发展水平各异的论断。这在中部工业区，尤其是在莫斯科地区表现得尤为明显。在 1775 年地方政府机构改革开始之前，全俄 350 个城市中有 52 个分布在莫斯科省[①]。

18 世纪中叶，俄国依旧保留了复杂的城市结构。尽管城市的模式多样性特征显著，但可分为两种主要类型，即区域经济中心型城市和军事行政点型城市。这是城乡分离进程尚未完成的结果。同时，经济发达城市在面貌上也有很大差异。

笔者首先关注的是那些被称作制造业中心的城市。很多学者均注意到 18 世纪中叶纺织工业开始普及。如果说在 18 世纪 20 年代，亚麻制造业只存在于俄国的 6 个区域，其中包括 3 个城市，即莫斯科、圣彼得堡、雅罗斯拉夫尔，那么仅仅不到半个世纪后，亚麻制造业就已遍布俄国，分布于 33 个不同地区。谢尔普霍夫、科洛姆纳、卡卢加是莫斯科省纺织业的中心；在伏尔加河上游地区，除雅罗斯拉夫尔外，纺织业中心又增加了科斯特罗马、基内什马和涅列赫塔。在俄国北部地区的亚麻种植区内，沃洛格达建立了一家亚麻纺织厂。18 世纪 60 年代纺织业的另一个重要分支呢绒工业已分布在俄国 14 个县城。除莫斯科外，呢绒工业的中心还有沃罗涅日和喀山[②]。当时的呢绒手工工场[③]

---

① A. Щекатов. Картина　России，изображающая　историю　и　географию хронологически，генеалогически и статистически со включением обозрения по духовной，военной и гражданской ее частям，ч. II. M.，1807. стр. 157.

② Е. И. Заозерская. Рабочая сила и классовая борьба на текстильных мануфактурах в 20-50 гг. XVIII в. M.，1960. стр. 104.

③ 书中多处出现了"工厂"和"手工工场"，甚至二者混合使用，为与原著内容更加贴切，译者在翻译过程中保留了原意。但此时俄国工业革命并未开启，很多工业机构实际上不能被称为"工厂"。当时，规模较大且使用机器的工业机构可称为"手工工场"，大部分工业机构按规模而言，仅能称为"手工作坊"。——译者注

只有 42 家，其中 26 家位于莫斯科，9 家位于阿斯特拉罕①。其中一些大型的企业，如阿斯特拉罕呢绒工厂的雇佣工人多达 1200 名②。

雇佣劳动力在纺织工业中发挥着主导作用。就这个意义上而言，纺织工业比冶金工业更具有资本主义生产方式的特征，当时冶金工业中强迫劳动仍占主导。正是由于这种特殊性，绝大多数冶金工业位于城市以外。另一方面，在冶金工业中，莫斯科附近的图拉和乌拉尔地区的叶卡捷琳堡等城市的作用不断提升③。

在这种经济基础上形成的城市无疑是有重要意义的。

然而，当时主导俄国城市工业的不是大工业生产，而是手工业生产。据 Ф. Я. 波良斯基的统计，18 世纪 60 年代，除莫斯科和圣彼得堡外，至少有 39 个城市是大型手工业生产中心④，这里的大型企业家有数百人之多。这些城市包括伏尔加河上游地区的特维尔、托尔若克、雅罗斯拉夫尔、科斯特罗马和基内什马，西部地区的斯摩棱斯克、维亚济马、多罗戈布日，中部工业区的卡卢加、苏兹达尔、佩列亚斯拉夫尔-梁赞、别廖夫、博尔霍夫。伏尔加河中部地区的阿尔扎马斯、喀山、萨兰斯克、辛比尔斯克、塞兹兰，手工业尤其发达。如果说北方城市是手工业的代表，那么笔者应该提及的是卡尔戈波尔、大乌斯秋格和沃洛格达。在中部黑土区的省份中，沃罗涅日、库尔斯

① Е. И. Заозерская. Рабочая сила и классовая борьба на текстильных мануфактурах в 20 - 50 гг. XVIII в. М. 1960. стр. 104 - 105；П. Г. Любомиров. Очерки по истории русской промышленности. М. , 1947. стр. 638-639.

② Ответы на Анкету ВЭО по Астраханскому уезду. лл. 15 об. , 25 об.

③ Н. И. Павленко. История металлургии в России XVIII в. М. , 1962. стр. 71, 347, 471 и др.

④ Ф. Я. Полянский. Городское ремесло и мануфактура в России XVIII в. М. , 1960. стр. 91.

克、特鲁布切夫斯克和谢夫斯克以手工业发达而闻名。在乌拉尔地区，大型手工业生产中心是昆古尔，西伯利亚的手工业生产中心是索利卡姆斯克、托木斯克、托博尔斯克、秋明等。

笔者发现，在手工业生产得到快速发展的城市中，也不乏制造业集中的城市，这也在一定程度上体现了当时的经济情况，即小生产和大生产之间存在有机联系。

通常，城市中小规模商品生产的形式颇为多样。正是由于这种多样性，在一些特定的城市中，有部分行业脱颖而出，成为主导产业，并决定了该城市的经济面貌。

例如，博罗夫斯克有两家亚麻制造厂，但小手工业的分布更为广泛。皮革、制鞋和锻造手工业同样发达。羊毛袜和手套都是在这里编织的，农民就像喜鹊一样不停地工作[1]。

下诺夫哥罗德成为大型的绳索生产中心。除此之外，该市还拥有众多的肥皂厂、制革厂、造船厂以及各种其他工业部门。同样的状况也发生在喀山，这里拥有大型呢绒手工工场[2]。

在别廖夫市，除了锻造和皮革等普通手工业外，市民们还擅长制作餐刀，这座城市也以刀具生产而闻名。Ф. A. 波鲁宁指出，博尔霍夫有不少皮革厂，这座城市因其制鞋和手套生产而闻名。除此之外，这座城市的编织羊毛袜也十分畅销[3]。在卡申市有大量从事金属制造业和金属加工业的居民[4]。在这里，居民们主要锻造农具。这个城市

① Ф. A. Полунин, Г. Ф. Миллер. Географический лексикон Российского государства. М., 1773. стр. 36.

② Ф. A. Полунин, Г. Ф. Миллер. Географический лексикон Российского государства. М., 1773. стр. 36.

③ Ф. A. Полунин, Г. Ф. Миллер. Указ. соч. стр. 34, 43.

④ Тракт от Твери до Углича. Город Кашия [б. г.], страницы не нумерованы.

还以生产白色涂料而闻名，这里的涂料质量上乘，商人们将其运往俄国各城市销售①。在雅罗斯拉夫尔、科斯特罗马及其郊区基涅什马和涅列赫塔，以及佩列亚斯拉夫尔-扎列斯基，制造业发展的同时，皮革加工、制鞋、造船和金属加工等手工业部门也得到了快速发展②。

许多城市的经济性质颇为特殊，城市支柱经济具有多样化特征，如巴拉赫纳和切博克萨雷兼具贸易和渔业的特征。巴拉赫纳的制鞋业、金属锻造业和造船业很普遍。这里的商人在从事粮食贸易的同时，还向伏尔加河上游地区的城市运盐。切博克萨雷是运粮河船商队的聚集点之一，此处装载的粮食大多发往工业颇为发达的城市③。

不断发展的工业成为当地城市贸易发展的基础。与纺织工业一样，皮革工业发挥了重要作用。托罗佩茨市的经济基础是皮革生产，其皮革产品大量供应国内市场，甚至销售至国外市场④，只因该市皮革工业十分发达。在从事皮革加工业的工匠之中，专业工匠的数量不多，他们中很多人身兼数职，集制革商、生皮制造商、手套制造商及鞋匠于一身⑤。托罗佩茨市位于河流沿岸，优越的地理位置有利于贸易的发展。托罗普河流入西德维纳河，从莫斯科和圣彼得堡通往俄国西部边境的陆路均经过托罗佩茨，这也是推动该地区工商业发展的重要因素。中部地区重要的皮革生产中心是阿尔扎马斯和乌拉尔地区的昆古尔。

---

① Ф. А. Полунин, Г. Ф. Миллер. Указ. соч. стр. 130.

② Ответы на Анкету ВЭО по Костромской провинции, Шуйскому и Юрьев-Польскому уездам. лл, 253 об 327 об., 397; Сб РИО, т. 93, стр. 167, 170-173, 338, 340, 522-523; т. 107, стр. 124-130, 149-150.

③ ЦГАДА, ф. 397, д. 445/65. ял. 23-27.

④ М. Семовский. Великие Луки и Великолукский уезд. СПб. 1857. стр. 84.

⑤ П. Иродионов. Исторические, географические и политические известия до города Торопца и его округа касающиеся. 1778. стр. 35.

在部分地区，城市经济增长的基础是采矿业，尤其是制盐业。长久以来，盐矿开采和食盐贸易决定了旧俄罗斯地区、索利卡姆斯克以及巴拉赫纳的经济发展方向。

很多学者认为，索利卡姆斯克和旧俄罗斯地区制盐业的资本主义生产关系起源于 17 世纪①。18 世纪下半叶，这些地区的制盐业无法与伏尔加河下游地区相竞争。

俄国许多城市并没有发达的工业。18 世纪 60 年代，俄国大多数城市拥有的工匠数量不超过 200 人，有的甚至仅有几十人②。在一些城市之中，手工业与农业、园艺和蔬菜种植业相辅相成，此类城市的代表是弗拉基米尔。弗拉基米尔是一个相当大的城市，是弗拉基米尔省的行政中心。这里有几家制革厂和肥皂厂，富裕商人从事粮食贸易。Л. И. 巴克曼斯坦认为，很多居民出售小商品，在作坊和菜园工作，并从事田间劳动③，"他们规模最大、最常见的贸易是在樱桃园内"④，弗拉基米尔的樱桃主要运至莫斯科出售。

穆罗姆是一个小手工业相对发达的城市，这里的皮革加工和肥皂制造业最为知名，商人们也会采购和出售粗麻布。"除此之外，所有居民的共同产业就是黄瓜园。"穆罗姆的蔬菜种植具有商业性质，同样的情况也发生在韦雷亚市。"商人和其他等级的居民靠出售粮食、洋葱和大蒜为生，他们种植了大量这些作物，"

---

① Н. В. Устюгов. Солеваренная промышленность Соли Камской в XVII в. М., 1967; Г. С. Рабинович. Рынок сбыта соляных промыслов Старой Руссы во второй половине XVII в. (к вопросу о влиянии всероссийского рынка на местный рынок). «Научные доклады высшей школы. Исторические науки». 1961. № 3.

② Ф. Я, Полянский. Указ. соч. стр. 91.

③ Л. И. Бакмейстер. Топографические известия, служащие для полного географического описания Российской империи, ч. II. СПб., 1772, стр. 120.

④ И. И. Лепехин. Дневные записки, ч. I. стр. 12.

Л. И. 巴克曼斯坦说，"商人们运来大麻籽油、各种粮食作物、大麻、猪油、自家种植的作物和乌克兰的羊绒，然后运到其他城市销售。"当地居民还有一个职业，就是编织渔网和围网①。

在舒雅，制皮、制皂、染色等手工业颇为发达。尽管如此，正如资料中所指出的那样，居民们"还从事农业生产"②。不过，农业生产是城市居民中最贫穷的那部分人所从事的工作。

18 世纪中叶，城市工业的发展相对薄弱。贸易在城市的经济中占有很重要的地位，俄国各个地区的贸易都具有自己的独特性，对城市经济的影响也各不相同。笔者按照 П. Г. 雷德琼斯基的意见将贸易形式进行分类，主要分为两种贸易类型，即批发贸易和零售贸易。批发贸易又分为中转贸易和收购贸易。中转贸易的特征是商人们沿途收购大量商品并运往遥远的目的地销售。收购贸易的特征是在附近地区以差价收购商品，随后运至其他城市批发转售。零售贸易也有两种类型，最常见的一种是在自己的城市销售从其他遥远城市带来的商品，这种贸易对城市的经济状况影响不大。第二种零售贸易则发挥了完全不同的作用，即将从农村地区购买的商品运送到城市销售。这种贸易有助于将城市转变为该地区的经济中心，同时加强了城市与该地区农村的经济联系。当然，П. Г. 雷德琼斯基的分类具有一定的随意性。有时，两种类型的贸易相互结合，或在某些贸易业务中很难区分开。但是，这样的分类仍然可涵盖当时城市中大部分贸易活动③。

---

① Л. И. Бакмейстер, Указ. соч, ч. 1. стр. 84；ч. II. стр. 131–132.

② Л. И. Бакмейстер, Указ. соч, ч. 1. стр. 154.

③ П. Г. Рындзюнский. Новые города России конца XVIII в. «Проблемы общественно-политической историки России и славянских стран». М., 1963. стр. 862–363.

中转贸易十分普遍。位于重要贸易路线交叉地的大城市无疑是开展这类贸易的典型代表，如伏尔加河沿岸的大城市阿斯特拉罕、萨拉托夫、辛比尔斯克。粮食、鱼、盐等商品从这些城市销往俄国国内市场①。И. И. 列佩欣在强调辛比尔斯克商业重要性时指出，除了莫斯科，与其他城市相比，这个城市"建设得更好"②。

伏尔加河中下游地区城市的商业重要性取决于它们在国内货物运输周转中所发挥的作用，而下诺夫哥罗德和喀山这两个省级城市，除贸易繁荣外，还以制造业和手工业同时发展而闻名③。

在伏尔加河上游的城市中，有些城市是工场手工业发达的城市（如雅罗斯拉夫尔、科斯特罗马）。这里的贸易，尤其是过境贸易，虽然在经济发展中也十分突出，但并没有发挥决定性作用。这些城市是伏尔加河上游广大地区的经济中心。

自古以来，特维尔、托尔若克和勒热夫等城市的贸易就颇为发达。18 世纪中叶，这些城市在俄国中心城市与边疆城市之间、圣彼得堡与国际市场之间的贸易中发挥了重要作用。粮食、大麻、皮革、亚麻、肉、鱼、亚麻布和许多其他商品的贸易是这些城市早期商人的主要业务④。

随着过境贸易的发展，小手工业生产在托尔若克、特维尔和勒热夫日益普遍。这里有许多从事亚麻、大麻、皮革初级加工的企业，它们生产的麦芽、油脂和猪油运往圣彼得堡销售，发达的过境粮食贸易

---

① Ответы на Анкету ВЭО по Астраханскому, Саратовскому и Червоярскому уездам. лл. 20 об., 23–25；И. И. Ле пехин, Дневкые записки, ч. 1. стр. 433.

② И. И. Лепехин. Дневные записки, ч. I. стр. 119.

③ ЦГАДА，ф. 397，д. 445/30. лл. 2–9，45–50.

④ ЦГАДА，ф. 397，Там же，д. 445/55. л. 39，45，57－59；д. 441，л. 32；Сб. РИО，т. 107. стр. 328，412，414，415.

推动了这些企业的存在①。在该地，勒热夫市和祖布兹基市是伏尔加河上游地区的造船中心。

伏尔加河是俄国最重要的河运贸易通道，在推动贸易发展的同时，还促进了伏尔加河沿岸各城市的经济发展，扩大了它们与俄国许多地区的经济联系。尽管如此，贸易在伏尔加河沿岸各城市经济结构中所占的分量却截然不同。

与运输密切相关的是采购贸易。例如，西北部的亚麻种植中心是大诺夫哥罗德和普斯科夫两个城市，它们经济发展的基础是亚麻初级加工，以及将大麻原料和制成品送往圣彼得堡和其他波罗的海港口的贸易。据普斯科夫市议会提供的资料，18 世纪 60 年代中期普斯科夫亚麻和大麻（向国内港口和边境海关）的出口总额达 14 万卢布以上②。这项贸易对普斯科夫和大诺夫哥罗德的经济意义重大，这里的工业微不足道，只有皮革手工业有所发展③。亚麻和大麻贸易对普斯科夫省的奥波奇卡市也具有类似的意义。在这里，商人们少量地购买这些商品，然后运至纳尔瓦和里加的市场上进行转售，这逐渐成为当地商人的"主要贸易方式"④。

采购贸易是中部黑土地区大城市的典型贸易，它是在农业市场化不断增强的基础上发展起来的，其中，粮食贸易最为发达。沃罗涅日的经济也取得了较大的成功。除制造业外，在这些地区，粮食和牲畜产品贸易也发挥了重要作用。每年都有大量牛群穿过沃罗涅日，然后

① Тракт от Тверн до Углича. Город Тверь；ЦГАДА. ф. 397，д. 441，л. 31 об.；д. 445/55，лл. 11-15，42-45.

② ЦГАДА，ф. 397，д. 445/41. лл. 3-6 об.

③ Там же. л. 5；И. В. Мешалин. Промышленность г. Новгорода в XVIII в. «Новгородский исторический сборник». вып. 7. Новгород.，1940，стр. 44.

④ Сб. РИО. т. 107，стр. 271.

被驱赶到俄国北部。部分谷物直接在沃罗涅日被磨成面粉，并以面粉形式再次转售到其他地区①。

粮食贸易在中部黑土区西部的奥廖尔市具有重要的作用，使该市成为邻近地区的经济中心。奥廖尔市是大型的谷物市场，每年大量的粮食、大麻、黄油、蜂蜜从奥廖尔市沿奥卡河运往莫斯科和卡卢加，还有一部分产品从此运往雷布纳亚斯洛博达，然后通过陆路运往格泽特码头②。

除奥廖尔市，姆岑斯克、谢夫斯克、特鲁布切夫斯克、布良斯克等地的粮食和大麻贸易也极为发达。

18 世纪中叶，库尔斯克市的经济取得了重大发展。随着著名的库尔斯克展销会的营业额大幅增加，其经济增长速度加快，在全俄市场上该地展销会的意义不断增强。

列别姜市因贸易发展而闻名，这里曾举办过著名的马匹交易会。

需要强调的是，在中部黑土区的所有城市中，展销会贸易非常普遍。展销会在不同的地点举办，本地商人、来自莫斯科及其附近城市的商人，以及俄国南部城市的商人都积极参与展销会。

在乌拉尔地区，展销会贸易的中心是奥伦堡、特罗伊茨克和伊尔比特工商业区。但是，在伊尔比特，展销会结束后贸易几乎就会完全停止。而在奥伦堡和特罗伊茨克，在展销会举办后的其余时间里，贸易仍会进行，只是贸易额与展销会期间有所区别。

在俄国其他地区展销会贸易也颇为流行，除大型展销会外，还有

---

① ЦГАДА. ф. 397, д. 445/10. лл. 11–13; Ответы на Апкету ВЭО по Воронежской провинции. лл. 181–184 об.

② Ф. А. Полунин, Г. Ф. Милллр. Указ. соч., стр. 226–227.

许多小型展销会和集市。展销会贸易占主导也可表明当时俄国的贸易规模相对有限。

俄国大部分商人是第三基尔德商人，他们从事小额贸易。城市的商铺数量不断增加。18 世纪 70 年代初期，苏兹达尔的男性人口为 2228 人，有 184 家商铺；奥多耶沃的男性人口为 680 人，有 40 家商铺；穆罗姆的男性人口为 2599 人，有 162 家商铺①。如果加上女性人口，苏兹达尔每家商铺服务 24 名居民，奥多耶沃每家商铺服务 34 名居民，穆罗姆每家商铺服务 32 名居民，这些都是没有大工业的城市。

在当时已成为制造业生产中心的许多城市，也出现了类似情形。根据第三次人口调查，在谢尔普霍夫，第三基尔德商人的数量为 2233 人，该地有 157 家商铺，但只有 2 家是石制建筑商铺，其余的都是木制建筑商铺。在谢尔普霍夫，每 14 名男性人口就有 1 家商铺。当时科洛姆纳有 2467 人，商铺 370 家，换言之，每 6 ~ 7 人就有一家商铺为他们服务②。

显然，如此大量的商铺超出了城市居民本身的需求，它们多为来访的生意人或为该地的农村人口服务。

商铺主要从事小额贸易，此处出售的商品清单足以证明这一论断。清单上提到进口工业品和城市本地工业制品中数量最多的是各种纺织品（丝绸、亚麻布等），然后是各种餐具（水晶、玻璃、铜制、锡制餐具），还包括"一小部分"茶、糖、咖啡，最后是各种各样的

---

① ЦГВИА, ф. Военно-ученого архива （далее – ВУА）, д. 18860. Описание Московской губернии городов 1776 года. лл. 117–117 об., 59–60, 65–65 об.

② ЦГВИА, ф. Военно-ученого архива （далее – ВУА）, д. 18860. Описание Московской губернии городов 1776 года. лл. 25–27, 37–38.

普通家居用品。对于城市和农村居民而言，这些商铺也提供肥皂、帽子、手套、腰带、鞋子、席子、绳索、"各种木雕"和"各种食品"①。这些都是当地小手工业生产的产品，在一定程度上，销售者就是商品生产者本身。

然而，在一些城市，商铺贸易已出现了专业化特征。例如，18 世纪 70 年代初，佩列亚斯拉夫尔-扎列斯基有 71 家商铺②，其贸易信息详见表 1-2。

表 1-2　佩列亚斯拉夫尔-扎列斯基的商品种类和商铺数量

单位：家

商品种类	商铺数量	商品种类	商铺数量
丝绸和织物面料、披肩、纱线、围巾以及各种手工艺品等	10	亚麻和下摆帆布等	4
		夹子、缰绳等	6
肥皂、丝袜、手套等	7	姜饼、茶、糖、苹果、坚果、鱼、鱼子酱等	10
帽子等	2	葡萄饮品等	2
鞋子等	5	黑麦和小麦粉、荞麦和碎粒小米等	6
用于制作鞋子的软皮革等	2	咸鲜牛肉和羊肉等	15
锁、煎锅、钉子和其他小铁制品等	2	总计	71

正如我们所看到的，一些商铺出售进口工业品，主要是纺织品和小百货。在绝大多数情况下，商店出售最多的货物是当地居民生产的手工艺品。佩列亚斯拉夫尔-扎列斯基的商人中，有许多专门制造鞋子的工匠，还有铁匠、裁缝和制绳匠。基于此，这些居民同时充当商

---

① ЦГВИА，ф. Военно-ученого архива（далее － ВУА），д. 18860. Описание Московской губернии городов 1776 года. лл. 25-27，37-38.

② ЦГВИА，ф. Военно-ученого архива（далее － ВУА），д. 18860. Описание Московской губернии городов 1776 года. лл. 44-45.

品生产者和商品销售者。在其他城市也可观察到类似的现象。这既表明 18 世纪中叶城市中小型贸易的发达，也表明小商品生产在经济中的重要地位。

与此同时，在某些情况下，生产者和消费者之间缺乏中介，这表明社会化分工水平仍然很低。这与城市中大量商铺内的商品生产者同时充当商品销售者密切相关。

随着城市经济的发展，18 世纪中叶俄国的许多城市仍是军事行政中心。它们分布在俄国的不同地区，它们的规模通常不大，农业生产是该地居民唯一的生计来源。

从表面上看，俄国南部黑土区的城市大多是农业城市。在某些情况下，还辅以小手工业和雇佣工作。18 世纪 60 年代的经济调查数据显示，叶列茨有制革商和铁匠，城内还有当地商人彼得·齐科夫于 1757 年建造的钢铁"工厂"。但总体而言，这个城市还继续保留着农业面貌，因为绝大多数人口仍依靠农业生活[1]。1758 年，阿列克谢·米留科夫在克伦斯克成立了亚麻厂，每年在该市还举办两次展销会。正如经济调查所显示的，城市居民没有从事任何特殊行业以谋生，他们从事运输、充当雇佣劳动力，最重要的是"务农"[2]。在奔萨省，继奔萨市之后的第二大城市是萨兰斯克，1768 年访问这个城市的科学家兼旅行家 П. С. 帕拉斯指出："这是一个无名之地，除了少数工匠和商人外，只有农民在这里居住。"[3]

随着商品化农业的发展，中部黑土区开始转变为俄国的粮仓，18

---

①　Б. Д. Греков. Избранные труды，т. III. М.，1960. стр. 263.

②　Б. Д. Греков. Избранные труды，т. III. М.，1960. стр. 272.

③　П. С. Паллас. Путешествие по разным провинциям Российской империи，ч. I. СП6.，1773. стр. 96.

世纪下半叶部分城市人口的主要职业即农业和畜牧业也呈现越来越明显的商业化特征。

伏尔加河中游地区的许多小城市也具有农业特征，如位于苏拉河岸的库尔梅什。И. И. 列佩欣指出："库尔梅什市的经济十分落后，实际上这里几乎没有市民，少数商人充当雇佣劳动力来养活自己。"正如其所言，这个城市的大部分人口由"弓箭手、哥萨克和其他以农业耕种为生的军人"组成①。同样的事情也发生在下诺夫哥罗德省的省会城市阿拉蒂尔。"阿拉蒂尔的商人并不十分富裕，他们从事小商品贸易，大部分口粮来自农业生产。"②

在大多数情况下，只有部分城市居民从事农业生产，而最富裕的那部分居民则从事贸易工作。斯塔夫罗波尔③的情况就是如此。城里的富商从事粮食、鱼和牲畜产品贸易，而对于城市贫民而言，农业是他们唯一的收入来源。И. И. 列佩欣证实，居住在城内的哥萨克也是"农业居民"。除服兵役外，哥萨克们还从事驿站和邮政工作④。

斯塔夫罗波尔也有"军人"驻守。斯塔夫罗波尔位于 18 世纪初建立的扎卡姆斯克防御工事线的后方，因前方防御工事的建立，它不再发挥之前的军事功能。随着俄国边境进一步向东南部地区推进，这条防线以及斯塔夫罗波尔的防御重要性明显降低。

伏尔加河畔的德米特里耶夫斯克市仍然保留着重要的军事意义。И. И. 列佩欣写道："它的防御功能仍在发挥作用，部分年久失修的旧防御工事被新的防御工事所取代。"⑤ 与此同时，这个城市的经济

---

① И. И. Лепехин. Дневные записки, ч. I. стр. 96.
② И. И. Лепехин. Дневные записки, ч. I. стр. 104.
③ 该城市位于伏尔加河流域。——译者注
④ И. И. Лепехин. Дневные записки, ч. I. стр. 233-234.
⑤ И. И. Лепехин. Дневные записки, ч. I. стр. 399-400.

也逐渐发展。德米特里耶夫斯克是从埃利通湖陆路运盐的转运点之一，盐业码头是德米特里耶夫斯克的"最大优势"，也正因如此，它吸引了大批"外来者"来此。И. И. 列佩欣指出，除食盐之外，粮食、鱼和牲畜等产品也从德米特里耶夫斯克运至俄国国内市场，每年，当地居民与卡尔梅克人的牲畜贸易额就有数十万卢布①。

还有一些城市保留了行政功能，莫斯科省附近就有类似的城市。例如，在兹韦尼哥罗德，"商人除了农业之外不从事任何手工业或副业，且从事副业居民的数量很少"②，而在鲁扎，"居民通过买卖粮食和其他生活必需品以及务农为生"③。

莫斯科附近城镇因农奴制生产关系较为薄弱，农业的作用开始降低，从事农业生产的居民数量不多。即使如此，在莫斯科附近一些工商业欠发达，且距离贸易线路较远的城镇之中，农业在居民生活中的作用仍不容忽视。

莫斯科南部和西南部地区的城市都是当地的行政中心，其居民的唯一生活来源往往是农业。这些城市包括普龙斯克、克拉皮夫纳、季赫温、米哈伊洛夫等④。这里以往的居民主要是服务业人员，主要为炮手和领工等，18 世纪中叶，他们的后代主要从事农业生产。

与此同时，18 世纪中叶，在俄国的城市居民区中，有许多甚至不具有军事行政意义，它们主要位于俄国的前边境地区，西北部地区的此类城市包括维尔夫、韦列、沃罗涅奇、杜布科夫、维什哥罗德、科比耶、伊兹博尔斯克、科波列、伊万哥罗德等。随着俄国西北边境

① И. И. Лепехин. Дневные записки, ч. I. стр. 488.
② Л. И. Бакмейстер. Указ. соч. , ч. I. стр. 7.
③ Л. И. Бакмейстер. Указ. соч. , ч. I. стр. 11.
④ ЦГАДА, ф. 291, Главный магистрат, оп. 3. д. 10359, л. 30, 31, 33, 35.

向波罗的海沿岸推进，此处修建了很多新的堡垒，这些城市失去了以前的军事意义，加上这里的工商业也并不发达，它们日渐衰落。

同样的情况也适用于曾经的别尔哥罗德防御线，该防御线建于 18 世纪中叶，旨在保卫俄国的南部边疆①。

随着国家疆域的扩大，这些要塞城市逐渐失去了防御意义，由于没有发展工商业的经济基础，它们逐渐年久失修、衰败不堪。在沃罗涅日省（1775 年之前的俄国边界），这类城市的代表是乌塞德、奥尔尚斯克、维尔霍索森斯克、乌里夫、罗曼诺夫、别洛科洛茨克、杰姆辛斯克、科斯坚斯克、索科尔斯克、奥尔洛夫、卡拉梅舍沃、多布罗伊等。在很多城市的建立过程中，经济因素的作用不大，如霍特梅日斯克、沃尔尼、涅热戈尔斯克、卡尔波夫、米罗波列、波拉托夫、波普勒、亚布洛诺夫、博尔霍韦茨、奥列什尼亚、萨尔托夫，白城等城市之前就是要塞堡垒。

就生产活动的性质而言，这些小城市的居民与周围农村居民几乎没有什么不同。18 世纪中叶，这种居民点虽然仍被官方视为城市，但它们的没落已不言而喻。

俄国北部的城市非常独特，因为这里的城市罕见，而且规模普遍较小。

亚伦斯克和索尔维切戈茨克东北部，以及从卡尔戈波尔以北到白海海滨的广阔地区一般没有城市居民点。

欧俄北部为数不多的小城市无法成为周边数百俄里范围内人口的经济生活中心。在很大程度上，这些地区的工商业活动是在城市之外

---

① A. A. Новосельский. Борьба Московского государства с татарами в первой половине XVII в. М. Л.，1948. стр. 293-307.

独立进行的。基于此，18 世纪中叶，这些地区的城市居民往往更愿意居住在城外的农村地区，卡尔戈波尔、奥洛内茨和昆古尔等城市就是这种情况①。

在乌拉尔和西伯利亚地区，拥有军事行政意义的城市在数量上仍然占主导。它们主要是沙皇军事殖民的据点，在人口调查时它们依然保留这一作用，在西伯利亚要塞城市（设防居民点）仍占主导。

18 世纪中叶，俄国的经济发展表现形式有二：一是一批老城市复兴；二是出现许多因农村工业和贸易而崛起的新城市。这一切是社会分工和商品生产增长的自然结果，亦是俄国某些地区经济专业化进一步深化的结果。

列宁指出："不仅在俄国，而且在一切国家，资本主义的发展都引起了未被正式列为城市的新工业中心的形成。"② 在改革后的俄国，列宁将这种"居民几乎都不从事农业"的定居点和村庄视为"工商业性质"的定居点③。

随着 18 世纪中叶商业和工业在村庄和定居点数量的增加，它们的经济水平接近城市，这是资本主义生产关系起源的重要表现。这些定居点的工商业日渐发达，这使它们在经济上赶上了城市。这些定居点首先是因经济发展在事实上获得了城市地位，然后政府赋予了其法律上城市的地位，城市的数量增加。这一切均证实当时俄国正在发生工业与农业分离的过程，在一定程度上，有关贸易、工业和定居点以及一切非农产业状况的数据比关于城市人口规模的官方信息发挥着更

① Сб. РИО，т. 115. стр. 123，140，147，272；т. 107. стр. 444，524 – 525；ЦГАДА. ф. 397，д. 445/33. л. 49.

② В. И. Ленин. Полное собрание сочинений，т. 3. стр. 568.

③ В. И. Ленин. Полное собрание сочинений，т. 3. стр. 432.

大的作用。

佩列亚斯拉夫尔-扎列斯基、苏兹达尔、舒亚、尤里耶夫-波里斯克等城市均可以划入一个大的经济区域之内，在该区域，不但大纺织工业，小纺织手工业也颇为发达，在农村地区，维亚兹尼基和伊万诺沃的纺织业尤为突出①。科赫马村是重要的亚麻生产中心②。丝织产品在罗戈热的驿站村（如今的博戈罗茨克市）和帕夫洛夫沃赫纳皇村销售③。

许多经济发展水平接近城市的定居点位于伏尔加河上游地区。制鞋业和鞋类贸易的主要中心是卡欣县的基姆里村。该地区近一半的居民，尤其是基姆里村和梅德韦季茨基村的居民，在自由经济协会的调查问卷中均表示自己的职业是鞋匠④。除在自己的居住地从事制鞋业外，鞋匠们还到城市内工作，秋冬季节他们在莫斯科工作，有些鞋匠甚至连夏天都待在那里⑤。例如，1742 年，有 264 名男性离开了库姆罗斯，同年有 79 名女性也离开了该地⑥，合计占该村人口总量的 16.8%。

随着时间的推移，在基姆里村的经济中制鞋业发挥着越来越重要

---

① Е. И, Заозерская. Рабочая сила и классовая борьба на текстильных мануфактурах в 20 - 60 гг. XVIII в., стр. 90; А. М. Разгон. Промышленные и торговые слободы и села Владимирской губернии во второй половине XVIII в. «Исторические записки», т. 32. 1950. стр. 137-146.

② В. Борисов. Село Кохма в Шуйском уезде Владимирской губернии. «Владимирские губернские ведомости», 1856. № 12. стр. 92.

③ И. В. Мешалин. Текстильная промышленность крестьян Московской губернии в XVIII в. и первой половине XIX в. М., 1950. стр. 78, 79.

④ Труды ВЭО, т. XXVI. стр. 70.

⑤ Там же, стр. 70, 75.

⑥ П. К. Алефиренко. Крестьянское движение и крестьянский вопрос в России в 30-50-х годах XVIII в. М., 1957. стр. 49.

的作用，并逐渐取代了农业①。

特维尔省的皮革和制鞋业也十分发达。奥斯塔什科夫定居点成为该省重要的皮革生产中心。在当时，这些定居点皮革工业的主要组织形式仍然是小手工业生产。通常，皮革鞣制是在特殊的制革小屋中进行的②。

奥斯塔什科夫定居点也是重要的金属加工中心。奥斯塔什科夫农民主要制造铁制农具部件，此外还生产钉子、斧头、锚、马蹄铁和家庭用具等③。

特维尔省米哈伊洛夫斯科耶村和瓦西里耶夫斯科耶村的居民专门从事制钉业。这些村庄内的居民几乎全部是铁匠，当地生产的钉子在特维尔、莫斯科等地广泛销售④。

钉子生产和销售的主要中心是伏尔加河畔的诺尔斯克工商业区，这里距雅罗斯拉夫尔 12 俄里。第三次人口调查数据显示，当地的214 名居民中，有 99 人从事锻造钉子和捕鱼工作。他们购买各种类型的铁制成钉子，然后销往莫斯科、圣彼得堡和其他城市⑤。

下诺夫哥罗德省巴甫洛夫村的金属加工业亦十分普及，当时，该

---

① Ю. Р. Клокман. Очерки социально-экономической истории городов: Северо-Запада России в середине XVIII в. М. , 1960. стр. 115–116.

② Ю. Р. Клокман. Торгово-промысловая деятельность крестьян Осташковской слободы в середине XVIII в. «О первоначальном накоплении в России». М. , 1958.

③ Ю. Р. Клокман. Торгово-промысловая деятельность крестьян Осташковской слободы в середине XVIII в. «О первоначальном накоплении в России». М. , 1958.

④ Ю. Р. Клокман. Очерки социально-экономической истории городов Северо-Запада России в середине XVIII в. стр. 81–82.

⑤ Сб. РИО, т. 93. стр. 298–300.

村的居民已不再从事农业生产，而是生产锁、刀和剪刀等家用铁制品，部分居民甚至还生产枪支①。金属加工业颇为发达的另外一个居民点是同省的沃尔斯马村。

在一些地区，农村经济增长的基础是贸易，特别是过境贸易。首先，必须提到雷布工商业区，由于它是俄国重要的粮食市场，故许多载有大量谷物的驳船和平底船从伏尔加河下游城市来到这里，在这里，货物从吃水较深的船转运到适合在伏尔加河上游和上沃洛乔克运河航行的小型船只。许多农民来到了雷布工商业区，并担任马匹向导、船夫和工人等。雷布工商业区还是从伏尔加河上游地区和莫洛加浮运木材的转运点②。因地理位置优越，雷布工商业区的经济发展推动了此地造船业的发展③。

鲍里索格列布斯克工商业区位于雅罗斯拉夫尔省，同样处于伏尔加河下游，虽然经济发展水平不如雷布工商业区，但在河流转运贸易中仍发挥了一定的作用。Ф. А. 伯努宁和 Г. Ф. 米勒指出，鲍里索格列布斯克工商业区"因居住着很多富有的俄国商人，并以大量的谷物贸易而闻名"④。除粮食贸易之外，在当地，羊皮、毛皮大衣和其他当地手工业品的贸易也很活跃，在所有工业部门中，皮革生产、制鞋和制锁等行业较为突出⑤。

该定居点最贫穷的那部分居民到伏尔加河上游的船上工作，或从

---

① 《Нижегородский краеведческий сборник. Труды Нижегородского пед. ин-та», т. I. Нижний Новгород，1925. стр. 137.
② Труды ВЭО，т. XXVI，стр. 68 - 60；ЦГАДА，ф. Госархива，р. XVI. ч. I. д. 1012，л. 10.
③ ЦГАДА，ф. 397，д. 445/43. лл. 14，20-21.
④ Ф. А. Полунин，Г. Ф. Миллер. Указ. соч.，стр. 35.
⑤ Сб. РИО，т. 107. стр. 172-173.

事捕鱼以及其他卑微的工作①。

柳比姆县下辖的丹尼洛夫斯科皇村的经济取得了显著发展，此处的大多数居民从事贸易和手工业。法典编纂委员会下达给柳比姆商人的训令足以体现丹尼洛夫斯科皇村贸易的发展规模，里面写道："他们有商店，出售锦缎和其他丝绸商品，大量购买不同类型的粗麻布，并将这些粗麻布运往港口和其他城市出售，他们这一行为给商界带来了极大的混乱。"②

与此同时，柳比姆的商人们"非常贫穷"③。即使是在城市内，他们也经历了来自农民工商业者的激烈竞争④。总的来说，这个城市的部分居民，甚至是"相当多的居民"从事农业⑤。

18 世纪中叶，在中部地区的许多定居点和村庄中，小规模商品生产和贸易颇为普遍，其中的一些定居点和村庄后来转变为城市。

地方手工业，尤其是炼铁、皮革和制鞋、木材加工、造船和航运等行业，在俄国各省的经济中变得越来越重要。随着城市人口数量的增加，越来越多的农民，特别是那些居住在水路贸易路线附近的农民，也参与到了这些经济活动中。例如，高等经济协会调查问卷中指出，1765 年，科斯特罗马省向农民发放了 6632 张身份证，以便他们"从事各种工作"，1766 年，政府发放了"更多的身份证"。此外，在冬季，该省在工厂工作的农民数量"超过 2000 人"；在夏季，工厂内农民的数量也高达 1500 人⑥。

---

① Л. И. Бакмейстер. Указ. соч., ч. IV. СПб., 1774. стр. 298.

② Сб. РИО, т. 93. стр. 215.

③ Л. И. Бакмейстер. Указ. соч., ч. IV. стр. 326.

④ Сб. РИО, т. 93. стр. 215-217, 219.

⑤ Л. И. Бакмейстер. Указ. соч., ч. IV. стр. 326.

⑥ Ответы на анкету ВЭО по Костромской провинции. л. 256 об.

手工业和非农业副业的发展加强了农民与城市（某个地区的经济生活中心）的社会经济联系。

亚麻、大麻的初级加工业，以及这些商品的贸易在许多村庄变得普遍。在俄国中部地区，苏赫尼奇村脱颖而出。梅绍夫的商人抱怨说，这个村子内的农民工商业者像商人一样[1]，有"大麻采收场"，这里的贸易与小商品生产直接相关。

上沃洛乔克是西北部地区的贸易和渔业中心。它位于从俄国内陆到圣彼得堡的重要陆路和水路贸易路线交汇处，这里的航运和交通运输业尤其发达。贸易和手工业刺激了博罗维奇村和瓦尔代村的经济增长。博罗维奇村所在的河流是上沃洛乔克水路前往圣彼得堡水路的重要节点之一。瓦尔代村则位于连接莫斯科和圣彼得堡的重要陆路商路之上。这决定了两个村庄居民的贸易和渔业性质。

展销会贸易的中心是诺夫哥罗德省的维谢-埃贡斯卡亚村[2]。

贸易，尤其是粮食贸易，是中部黑土区许多农村定居点经济增长的基础。坦波夫省莫尔沙村是重要的贸易中心之一。它位于坦波夫下方可通航的茨涅河上。大量的粮食储存在这里，这里的粮食可通过河流运到伏尔加河沿岸的城市，再往北可运至圣彼得堡。18 世纪 60 年代经济调查数据显示，每年从莫尔沙码头发出的装载粮食的内河平底船至少有 100 艘，总装载重量 30 万俄石或更多[3]。

粮食贸易的增长刺激了内河造船业的发展。内河平底船大多在莫尔沙村的码头上制造。每年春天，多达 2.5 万名工人聚集在这里[4]。

①　Сб. РИО，т. 107. стр. 118–119.

②　Ю. Р. Клокман. Очерки социально-экономической истории городов Северо-Запада России в середине XVIII в. стр. 167–169.

③　Б. Д. Греков. Указ. соч. стр. 256–257.

④　Б. Д. Греков. Указ. соч. стр. 257.

莫尔沙村运来的货物（以粮食为主）不断增加，后来这里也出现了工业企业①。

坦波夫省的重要贸易中心是皇村，即后来的基尔桑市。该村的创始人是农民基尔桑·祖巴欣，它位于伏尔加河通往莫尔尚斯克、沙茨克、莫斯科的贸易线路上，从此处向南，可行至顿河码头，居民主要从事农耕和粮食贸易。基于此，该村及其周边地区产生了许多粮食加工企业，这一点并非巧合，而是经济发展的必然结果②。

斯图德内茨河沿岸的斯帕斯科村也具有贸易定居点的特征，这里的居民从事毛皮、皮革、猪鬃手工业，部分居民还从事这些商品的贸易③。

在俄国，虽然各城市经济基础不同，但城市经济均有所发展，在这种多样性中依然可确定某些总体趋势。在所有因素中，必须关注大工业的作用。毫无疑问，当时俄国拥有大工业的城市仍然相对较少。到 18 世纪中叶，制造业，特别是纺织业，在俄国工业中心的许多城市向其他地区开始扩散，这一事实足以说明城市逐渐成为大工业的生产中心。

当时，小商品生产非常普遍，这对城市的经济发展非常重要。

很大一部分城市的经济状况取决于国内外贸易的发展，位于重要水路和陆路贸易路线上的城市就是该类城市的代表。商品生产的发展

---

① Ю. Р. Клокман. Города Белгородской черты в губернской реформе 1775 г. «. Вопросы социально-экономической истории и источниковедения периода феодализма в России». М.，1961，стр. 161.

② «Известия Тамбовской ученой архивной комиссии »，вып. XIX. Тамбов.，1888. Прилож. 4，стр. 27.

③ И. И. Дубасов. Очерки из истории Тамбовского края，вып，I. М.，1883. стр. 165–166.

和社会分工的加强刺激了贸易的进一步繁荣。

俄国商人的数量亦是衡量城市贸易发展的重要指标。俄国商人在国内贸易，尤其是国际贸易中仍占首要地位，即便如此，他们依然面临着来自农民工商业者日益激烈的竞争。从事贸易的农民并不将业务局限于当地市场，有时他们会携带商品到俄国偏远的城市销售。

旧基尔德商人的衰弱可能与城市的衰落有关，18 世纪下半叶，这些城市的经济状况主要取决于贸易的发展（如大诺夫哥罗德和普斯科夫）。但基尔德商人的贫困和一些贸易城市的衰落并不是一成不变的，部分地区的城市贸易也会再次繁荣。

另一方面，当地商品生产和贸易中心的出现、手工业和工商业村的发展成为 18 世纪最后几十年许多新城市发展的基础。

有些城市的命运则完全不同，长久以来，它们只有军事和行政功能，工商业发展水平有限。这类城市大多位于俄国以前的边界线上（沿以前的西北边界和南部的别尔哥罗德线）。这些城市变得越来越虚弱，并走向衰败，这种状况一直延续到 18 世纪中叶。

在当时，并不是所有的要塞城市都失去了战略重要性。西伯利亚和俄罗斯帝国的其他偏远地区都存在着作为军事行政中心（堡垒）的城市。其中一些城市的经济逐步增长，另一些城市则逐步衰退，仅仅作为专门的军事行政中心而存在。

第2章 18世纪60~80年代俄国
城市法律和专制政府政策

　　资产阶级历史学家在不关注城市经济生活的情况下研究俄国城市法律有些片面，基于此，苏联历史学家进行了重新探讨。一般而言，帝俄时期的历史学家错误地将"城市"的概念延伸到军事行政中心，而忽视了新的经济中心。

　　从社会经济史的角度研究城市立法，可反驳资产阶级历史学家关于18世纪下半叶的城市行政机构改革毫无价值的判断，同样可驳斥它们没有满足内部需求的观点。事实上，俄国政府的城市及其人口政策是由历史发展的客观性决定的，同样具有一定的阶级特征。

　　专制主义以贵族的经济利益为出发点，专制政府致力于在城市内保持农奴制生产关系。劳动的社会分工和商品经济的发展刺激了城市经济的发展，与此同时，更多的居民转向贸易和工业活动。城市经济的发展破坏了市民等级的阶级封闭性，在这种情况下，俄国城市现有的法律关系不可避免地与其经济发展发生冲突。因此，为维护农奴制，政府被迫考虑商人的利益，同时意识到城市在国家经济生活中日益增加的重要性。毫无疑问，这些措施并没有触及贵族阶级的统治基础。但是，政府鼓励工业和贸易发展的措施，以及旨在加强封建专制国家经济基础的重商主义和关税保护主义政策，符合俄国新兴资产阶级的利益，从这个角度而言，政府在立法中不可避免地损害了贵族的经济地位。

1775 年之前城市居民的法律地位

农奴制、立法特征，以及政府对城市和工商业居民的政策极大地限制了城市经济增长的可能性。

农奴制生产关系的束缚，最明显地体现在市民对土地的不安全感上。

毫无疑问，1649 年取消城市私有土地所有权的法律规定，对俄国城市的进一步发展产生了重大影响。1649~1652 年的城市改革，以及俄国领土的扩张，将不同类型的城市纳入了进来，导致 17 世纪下半叶以及整个 18 世纪，部分城市长期依附于地主。此类城市常见于乌克兰、白俄罗斯和立陶宛，它们大多位于波兰割让给俄国的领土之上①。总的来说，这并不能完全反映俄国城市的状况。1649 年城市规章颁布之后，私人拥有城市的状况一去不复返。

18 世纪前几十年，君主专制制度在俄国建立，这种政治制度确保了贵族阶级的统治地位。随着工业和贸易的发展，重商主义和关税保护主义政策均增强了商人在国家经济中的影响力。在俄国城市中，

---

① 例如，斯塔罗比霍夫市是莫吉廖夫省的城市之一，该省是在第一次瓜分波兰时并入俄国的领土上形成的。它属于萨佩加亲王。在俄国开始加强对西部边境城市的管理后，叶卡捷琳娜二世政府出于不想侵犯其专有权利的目的，于 1782 年与萨佩加亲王就买下这个城市或者给予他另一个城市作为补偿而进行谈判。参见 ПС3，т. XXI，№ 15349。

商人等级的重要性增强，社会矛盾的加剧促使彼得一世政府实施了新的城市改革，改革始于 1699 年 1 月 30 日。这一天，政府颁布了关于在莫斯科建立市政管理局，在其他城市建立市政管理局地方自治署的法令①。该法令将城市的管理权集中于市政管理局，设置该机构的目的之一是更好地向工商业居民征收税费。

与此同时，工商业居民不再服从于军政长官，而是服从于负责管理城市居民的新机构，即市政管理局和市政管理局地方自治署。这些机构均是通过选举产生。

彼得一世在给予城市自治权的同时，并没有将选举产生的机构从沙皇的统治之中解放出来。统治阶级继续监控城市的目的是征收现金税，迫使市民履行多项劳役。

1708 年之后，市政管理局不再是负责向全国市民征收税费的中央机构。莫斯科市政管理局和其他城市的市政管理局地方自治署的权力被转移给省长或总督。彼得一世政府并没有放弃将"分裂的"城市行政规划系统与商界团结起来的尝试。这一任务由 1720 年创建的市政总署来完成，它取代了之前的市政管理局，成为城市最高领导机构②。城市行政长官隶属于市政总署。市政总署被视为城市中所有公民的首脑和领导机构，但被排除在总督或省长的管辖范围之外。城市的纳税人口主要分为两大类别，即"正规"市民和"非正规"市民。第一和第二基尔德商人的成员被视为"正规"市民。他们的归属与其说是由职业差异决定，不如说是由财产资格决定的。"非正规"市民包括"从事雇佣工作和卑微工作"的城市居民。法律规定的所有

---

① ПСЗ, т. III, № 1674, 1675.

② ПСЗ, т. VI, № 3708.

正规和特权居民只属于市民中的富裕等级，其中最重要的一点是，这些居民均享有选举权和被选举权，可成为城市行政长官或担任其他领导职务①。

选举机构依然由政府把持。尽管如此，市政总署和市政公署的建立促进了商人阶级的壮大，并刺激了城市工商业的进一步发展。

18 世纪最后 20 余年，俄国专制政府的城市政策加重了封建农奴制和官僚主义的负面影响。根据 1727 年 2 月 24 日的法令，为"更好地保护市民"，市政总署的权力重新隶属于总督或省长。基于同样的原因，1728 年，市政总署也被撤销②。然而，到 1743 年，在圣彼得堡和其他城市，市政总署恢复，其他城市则恢复了市政公署，但它们只是官方上被称为城市自治机构，只因其权力仍依附于总督或省长③。当市政公署官员没有及时履行征税职责时，沙皇政府的行政权力会尤其强烈地显现出来。在这种情况下，总督或省长可以逮捕市长，直到其完成征税职责为止④。沙皇政府将市政府机构变成地方政府的附属机构，并下令"市政总署和市政公署必须服从总督或省长"⑤。

毫无疑问，在漫长的封建农奴制度统治下，所有这些措施都进一步延缓了俄国城市经济的发展。

在封建国家与城市人口的关系中，土地发挥着非常重要的作用。1764 年进行的修道院土地世俗化改革消除了城市（季赫温、奥斯塔什科夫等地）中最后的宗教土地所有权残余。18 世纪下半叶，市民

---

① ПСЗ，т. VI，№ 3708.
② ПСЗ，т. VII，№ 5017；т. VIII，№ 5302.
③ ПСЗ，т. XI，№ 8734.
④ ПСЗ，т. XII，№ 9149；т. XIII，№ 9765.
⑤ ПСЗ，т. XIII．№ 9765.

依旧对土地非常热衷。俄国南部大多数城市的经济本质上就是农业经济。蔬菜栽培、果树种植、肉类加工和牲畜养殖成为俄国非黑土区城市大部分居民的经济活动基础。1767 年，法典编纂委员会收集了很多有关城市的训令，都充满了对缺乏土地的抱怨，这并非巧合。

工匠、从事工商业的商人也需要土地来安置他们的企业、店铺和仓库等。经常进行大规模粮食和大麻贸易的奥廖尔商人也抱怨缺乏"开展贸易所需的建筑物"。他们指出，这是奥廖尔商人"非常正常的要求"，在俄国许多其他城市，没有像奥廖尔市那样的码头和"谷物、大麻和其他产品"①。

雷布工商业区的商人也经常抱怨缺乏土地。这里的码头集中了许多内河船只，这些船只在重新装货之后，就沿伏尔加河航行。部分被运至雷布工商业区的谷物被磨坊加工成面粉。在拥有众多谷仓和其他各类仓库的码头旁边，人们砍伐木材建造驳船。与此同时，住宅区的占地面积很小，人们挤在"小房屋里"。商人们写道："院子和院子之间极其拥挤，周边农村属于私人所有，限制了工商业区的发展，工商业区与农村无异，它们并排而立，均建立在公共地界之上。"②

卡拉切夫的商人"为了扩大贸易规模"而不得不在修道院的土地上建造商店、谷仓和其他公用设施，修道院对此收取了租金。1764 年的修道院土地世俗化改革并没有给卡拉切夫商人带来救赎，曾属于修道院的土地划归经济委员会管辖。商人不得已开始支付双倍费用：一是来自租赁的房屋，二是来自为了贸易而修建的设施（建筑）③。

---

① ЦГАДА，ф. 397. д. 445/35，оп. 1. лл. 6，12.
② Сб. РИО，т. 107. стр. 138.
③ Сб. РИО，т. 8. стр. 186–187.

巴拉赫纳市也有修道院的土地①，1764 年的改革并没有增加城市的土地面积，只是将以前属于修道院的财产转移到经济委员会名下。

图拉商人的报告也证明了他们对土地的需求。报告称，这个城市"以一种极快的方式扩张"，其建筑（大部分是木质建筑）的拥挤程度也在加剧。商人请求增加城市土地面积，其目的是"用于自身居住和饲养牲畜，并不是用于建造工厂，也不是用于建造专门的花园、菜园和池塘"②。

奥斯塔什科夫工商业区同样缺乏土地，这里的工业，特别是皮革生产③，从 18 世纪中叶开始迅速发展，但这里没有足够的土地用于手工业生产，甚至不能满足居民的居住需求。当地市政公署指出，许多商人"由于建筑物的拥挤"而不得不离开奥斯塔什科夫，因为他们需要"支付相当高的费用"④，因没有生产建筑，他们只能从不同的土地所有者那里租用土地来建造工商业设施。当地商人代表科兹马·伊万诺夫的儿子列兹沃伊试图说服立法委员会为奥斯塔什科夫工商业区的市民扩大土地使用面积，但没有成功⑤。

城市对封建政权的依赖性表现为市民的土地不足。这一点对俄国黑土区城市居民的影响尤其严重，这些城市的绝大多数居民从事农业生产，因缺乏土地，他们被迫从政府各部门或从当地土地所有者的手中租用土地。例如，商人叶皮凡从当地政府租用了 200 俄亩土地，在

---

① Сб. РИО，т. 8. стр. 332.

② Сб. РИО，т. 93. стр. 105–106.

③ Ю. Р. Клокман. Очерки социально-экономической истории городов Северо-Запада России в середине XVIII в. М.，1960. стр. 205–207.

④ ЦГАДА，ф. 397. д. 445/37. лл. 1 об. 3.

⑤ Сб. РИО，т. 107. стр. 433.

政府进行土地测量时发现这块土地与城市的距离较远①。而季赫温的居民必须赶着牛群穿过 Т. И. 谢尔巴托夫亲王的草地②，才能到达奥卡河的饮水处。"由于缺乏居住用地"，梅霍夫斯克的居民生活在"巨大的压力"下。城市周边各类土地纵横交错③。

地主农民或国家农民通常生活在城市郊区，也有部分居民生活在城市之内。例如，18 世纪 70 年代沙茨克的 2663 名居民中，有 1103 名是地主农民④。卡希纳商人曾提及，在卡希纳市，"在工商业区及其附近地区，有经济委员会和其他部门的土地"。在这里，和"商人一起"居住着经济农民共 344 人⑤。第二次人口调查数据显示，卡希纳的男性人口数量为 1117 人⑥。同样，在特维尔的工商业区中也混住着农民，这里有谢尔盖圣三一修道院和其他修道院，其土地后来也归经济委员会管辖。商人们要求将农民从城市驱逐出去，"这样他们就不能以任何方式干扰商人"⑦。

很多时候，市民不得不与拥有城市土地的封建所有者进行斗争。例如，大卢克的商人们抱怨道，该城市大量的肥沃土地被地主 И. П. 奇里科夫、С. Ю. 卡劳洛夫和 К. 米宁等人"强行接管"⑧。早在 17 世纪，莫萨尔斯克市的部分土地就属于地主和修道院。"之前的所有人仍然掌控着土地，只是他们在这些土地上没有建筑物"，当地的商

---

① Сб. РИО, т. 107. стр. 4.

② Сб. РИО, т. 107. стр. 92-93.

③ Сб. РИО, т. 107. стр. 115-116.

④ ЦГАДА, ф. Госархива, р. XVI, д. 636. лл. 10-11.

⑤ Сб. РИО, т. 93. стр. 475, 479.

⑥ А. А. Кизеветтер. Посадская община в России XVIII ст. М. , 1903. стр. 106.

⑦ ЦГАДА, ф. 397, д. 445/55. лл. 42, 43.

⑧ Сб. РИО, т. 107. стр. 350.

人抱怨道，"他们蔑视法令，并仍然占有土地。"① 同样，在切博克萨雷市，"贵族和其他地主们占有了大量土地，他们将土地分给自己的农民，使其成为农民的土地和菜园"②。

政府始终站在封建领主一边，坚决奉行强化贵族土地所有权、赋予地主专有权的土地政策。商人、市民和其他类别的居民被剥夺了拥有土地的权利③。土地普查加强了贵族对土地所有权的垄断。结果到 18 世纪下半叶，许多以前由沙皇政府授予的，后来被地主没收的土地从城市中分离了出来④。

与此同时，在省级行政机构改革中建立的新城市和一些成为行政中心的老城市，按照"常规计划"获得了一定量的土地用于发展经济。然而，新的城市往往是通过拆除房屋和其他建筑物，在城市现有的土地面积内形成的⑤。如果在城市范围内或附近有属于封建土地所有者的世袭土地，政府通常会从其手中买回土地（如下诺夫哥罗德、

---

① Сб. РИО，т. 107. стр. 31.

② Сб. РИО，т. 107. стр. 585.

③ ПСЗ，т. XII. № 9267.

④ 奥多耶夫市的商人在向法典编纂委员会提交的训令中指出，在 1756 年对城市居民使用土地情况进行普查时发现，扎赫莱文纳亚工商业区（总共 94 俄亩土地）毗邻 И. Е. 齐宾中将的别墅。"现在，在齐宾的这片土地上，"我们在训令中看到，"继承人拥有扎赫莱文纳亚工商业区的土地并在上面耕种，居民们在那里受到巨大的压迫，马和牛被禁止放牧并被驱赶，这就是为什么奥多耶夫的商人和居民会陷入极度疲惫并被彻底毁灭。"（Сб. РИО，т. 93，стр. 513.）

⑤ 例如，总督 Р. И. 沃龙佐夫于 1781 年访问了科斯特罗马，当时的科斯特罗马刚刚成为省级行政中心，他在报告中写道，他"发现居民极度焦虑"。"该市有一项计划，根据该计划，将拆除许多房屋，甚至包括石头建筑，以修建城市广场。除此之外，还有另外 6 个广场也在计划中，该修建计划涉及近半个城市。""根据居民的要求，"沃龙佐夫总结道，"我对这些修建计划进行了一些缩减，这样所有的石头建筑都可以保留下来而无须拆除。"（ЦГАДА，ф. Госархива，р. XVI，д. 638，ч. 1. л. 9 об.）

奥廖尔、瑟切夫卡等地）。

随着时间的推移，在不断发展的同时，城市变得越来越拥挤。许多城市居住区甚至没有达到 1766 年 5 月 25 日法令所规定的标准，即周长两俄里①。因此，18 世纪最后几十年里，居民们越来越多地要求按照法律规定确定土地数量。1781～1783 年，弗拉基米尔、亚历山德罗夫、苏多格达和梅林科夫等地的居民就多次提出过类似申请②。苏兹达尔市加夫里洛夫工商业区的居民试图将他们的工商业区转移到一个镇内，同时也要求"向他们提供扩大工商业区所需的土地"③。但上述城市，以及弗拉基米尔省的其他新城市，都是在全面土地普查之后建立的。如果政府要根据具体的情况分配额外土地，则需要颁布专门的法令，且这种法令通常很难通过。

1783 年 10 月 13 日，政府颁布了一项法律，根据该法律，商人和市民可从私人所有者那里购买土地，但不能作为他们的个人财产，而是以整个城市的名义，"为了共同利益"而购买。同时，只有"所在城市没有足够的土地"且城市总面积不超过国家规定的标准时，才可以通过购买的方式获得土地。按照政府规定，这个标准即周长两俄里④。

沙皇政府就是这样解决市民的土地分配问题。俄国政府在土地普查期间从城市中划出了很大一部分土地，并赋予市民购买土地的权利，但购买的土地并不是个人私有，而是成为供所有市民共同使用的土地。

---

① ПСЗ，т. XVII，№ 12659，гл. VIII. стр. 743.

② ДА，ф. Госархива，р. XVI，д. 638，ч. 2. лл. 109，113-114.

③ ДА，ф. Госархива，р. XVI，д. 638，ч. 2. л. 110.

④ СЗ，т. XXI. № 15848.

　　毫无疑问，市民对土地的索取具有封建性质，这表明城市仍然与封建经济有着密切的联系。尽管如此，也有必要区分市民对牧场、耕地和菜园用地的需求，这与他们对工业企业、商店和仓库用地的需求完全不同。后一种情况表明了城市经济的显著增长。1783 年 10 月 13 日颁布的法律在一定程度上推动了对城市土地的征用。这项法律主要针对的是商人等级中的富裕精英，他们找到了绕过为所有市民的利益而提供土地的法律条文，并决定在土地上建立私营企业和商业场所。

　　农奴制的统治意味着俄国城乡纳税人口的地位完全不一样。研究改革前俄国城市公民身份的 П. Г. 雷德琼斯基指出，尽管农奴制下存在着各种限制，在法律上和实际上市民的财产权要比农民强得多。法律中最重要的条款是市民的不动产和动产不受侵犯①，在缴纳了应缴税款并履行国家劳役后，市民可根据自己的情况从事手工业或贸易。市民不受封建地主的束缚，这促使很多无权的农民寻求成为市民的机会。

　　布良斯克武装斗争事件就证明了人们坚持离开要塞村庄前往城市的愿望。它反映了 18 世纪中叶布良斯克复杂的社会矛盾。当时的布良斯克是一个边境城市，俄国与波兰的边境就穿过这里。许多新移民，包括逃亡者，涌入了布良斯克市和附近的农村。为追求更好的生活，他们从这里移居到国外，并希望在那里能摆脱封建农奴制的束缚。

　　布良斯克是一个大型工商业城市，在这里，与农业原材料加工相关的小生产十分普遍。每年在距离该城市 4 俄里的地方会举办著名的

---

① П. Г. Рындзюнский. Городское гражданство дореформенной России. М., 1958. стр. 46. 61.

斯维尼斯克展销会，这也证明了该地贸易的发展。城市的郊区也展现了城市的工商业面貌。所谓的"波索普"工商业区有两处，一处位于苏德卡河边，另一处位于白井河边。工商业区毗邻城市，这里的居民与布良斯克居民直接接触。正如布良斯克地方行政长官所说，工商业区的绝大多数居民是工匠和商人，甚至还有部分居民是这里的蜡厂和制革厂的所有者。这两处工商业区共有 300 户居民，其中只有 10 户居民从事农业生产①。第二次人口调查数据显示，这两个工商业区的男性农民人数为 1065 人②。

这两处工商业区属于私人所有。1747 年，两处工商业区被贵族商人 A. A. 冈察洛夫收购，他是小雅罗斯拉夫尔韦茨和梅什霍沃区亚麻纺织厂的所有者。他招募工商业区居民到他的工厂工作，对于工人们而言，这种工作是一种严重的徭役，所以两处工商业区的居民都逃离了 A. A. 冈察洛夫的属地，他们中的许多人在布良斯克找到了庇护所。由于他们的职业具有工商业活动的某些特征，一些逃亡者被布良斯克商人们接纳。1748 年，104 名工商业区居民成为商人。

为抓捕逃亡者并检查商人登记的合法性，应 A. A. 冈察洛夫的要求，总督派出了一支由准尉 B. 尤什科夫率领的军事小队。但逃入城内的农民并没有坐以待毙，他们于 1748 年 12 月 31 日夜间袭击了准尉 B. 尤什科夫下榻的庭院。B. 尤什科夫报告说："不知道是谁，他们至少有 200 人步行或骑马，并携带各种武器……爬上来，打破大门，扔木头和棍棒，并大喊大叫。"③ B. 尤什科夫派了一名士兵向总

---

① ЦГАДА，ф. 713. Брянский городской магистрат. д. 121，л. 3.

② А. Г. Пупарев. Брянская смута 1747 – 1757 гг. «Труды Орловской ученой архивной комиссии». вып. I. Орел. 1890. стр. 9.

③ А. Г. Пупарев. Брянская смута 1747 – 1757 гг. «Труды Орловской ученой архивной комиссии». вып. I. Орел. 1890. стр. 16.

督请求增援，他和他的队伍奋力还击，战斗持续了一夜，直到黎明才结束。战斗的喧嚣被城市的守卫们听到，他们却没有给军队提供任何帮助①。

总督派出的调查暴动的军官认出在袭击 B. 尤什科夫准尉庭院的人中，有许多是布良斯克的商人，以及从冈察洛夫逃亡的农民，他将这一切报告给了市政长官，但他并没有接受移民的请愿书，"没人知道他为什么不接受"请愿书。总督进一步补充道："众所周知，从冈察洛夫家族逃亡出来的聚集在工商业区的农民和商人已达 500 人。"②

由于无法应对，B. 尤什科夫准尉前往格卢霍夫市寻求增援。

冈察洛夫试图限制农民进一步逃离布良斯克工商业区，1748 年 3 月他将农奴工人在亚麻手工工场内登记注册，其目的是让农奴工人留在"固定的工厂"工作③。

冈察洛夫的做法并不限于此，他还派管家 M. 扎伊采夫（M. Зайцев）带人前往布良斯克。他们与逃亡者间的激烈冲突在城市街头屡屡发生。工人们成群结队地聚集在一起，携带武器在城市中行走，居民们纷纷为他们提供帮助。

1748 年 10 月，一支由 B. 戈尔布诺夫少校带领的，由二等兵组成的军事小队抵达布良斯克。小队负责搜查和突袭并寻找逃亡者。在郊区的扎廷纳亚工商业区内，冈察洛夫的农民米哈伊尔·什利科夫家中发现了多达 50 名逃亡者，正如军事指挥官指出，农民们进行了顽强抵抗，并拒绝投降④。

---

① ЦГАДА，ф. 713. д. 118，л. 4.

② А. Г. Пупарев. Указ. соч.，стр. 17.

③ А. Г. Пупарев. Указ. соч.，стр. 18.

④ ЦГАДА，ф. 713. д. 31，л. 9.

由于逃亡的农民得到了当地居民的支持，B. 戈尔布诺夫的队伍也没有完成任务，只能寻求新的增援。不久，梁赞的一支军队在马霍夫上尉的指挥下出发前往布良斯克。

逃亡的农民们聚集在工商业区内，并在科罗斯蒂纳亚街的一个街区内设防。农民们称自己的会议为"委员会"①，并拒绝了马霍夫上尉的劝降。士兵们包围了他们，准备发起攻击。此时，居民们再次前来援助被围困的人，士兵们试图推倒邻近庭院的栅栏，方便他们的行动，但布良斯克居民坚决反对这一做法，他们只是口头上宣称将共同打击逃亡者。马霍夫在报告中称，他在戒备森严的庭院里看到了约 50 名逃亡者，他们身后的花园里站着多达 300 名居民（手持木棍），"其他人则站在街道和屋顶上，气焰嚣张，扬言要打死军队"②。马霍夫注意到这种"居民与逃亡者之间的联系"，不得已放弃进攻行动并撤退，随后他只能在逃亡农民区巡逻。

布良斯克事件在参政院广为人知。A. A. 冈察洛夫抱怨说，他的逃亡农民正在布良斯克市民家中避难，而地方当局却无法采取有效措施打击他们。参政院甚至要求"加大抓捕逃亡者的力度"。于是在 1751 年 8 月，梁赞的一支新军队在安吉拉尔中校的带领下抵达布良斯克。即便如此，农民们仍奋力抵抗，后因实力不济，运动被镇压，双方都遭受了较大损失③。

于是一场残酷的屠杀开始了。与被俘的冈察洛夫农民一起，布良斯克的一些逃亡分子也被判处死刑，39 人被处以鞭刑，逃到波兰的

---

① А. Г. Пупарев. Указ. соч., стр. 43-45.
② А. Г. Пупарев. Указ. соч., стр. 44-45.
③ А. Г. Пупарев. Указ. соч., стр. 44-47.

人数多达 70 人①。

布良斯克事件不仅仅是逃亡农民的反封建行动，市民们也积极参与其中。这种情况赋予了整个行动特殊的力量和凝聚力，为长期抵抗政府军提供了可能性②。

需着重强调的是，脱离地主土地并逃到布良斯克两个工商业区的农民并不是广义上的普通逃亡农民。就他们从事的手工业和贸易活动的性质而言，在本质上他们与布良斯克的当地居民没有太大区别。由此可知，18 世纪中叶的布良斯克具有明显的城市特征。

布良斯克事件表明，即使有武力支持，农奴制禁锢下的农民想要移居到城市并获得城市公民权也是困难重重。从另一角度而言，尽管封建农奴制设置了种种障碍，但农民向城市进军的历史进程不可逆转。

工商业居民的法律地位是由封建农奴制度的框架决定的。18 世纪中叶，虽然具有封闭特征的工商业市民公社仍然存在，但逐渐被工商业区所代替。工商业居民被分配到一个特定的社区之内（多为郊区）。1744 年，俄国政府才颁布了法令，允许他们从一个社区迁移到另一个社区，即便如此，每个移居申请也都需要得到市政总署的批准③。

沙皇政府拒绝将市民分配到特定的工商业区，且不允许他们自由迁徙，同时以牺牲其他类别的纳税人口利益为代价从外部补充工商业区的人口，导致工商业村社的形成。这为后期工商业村社居民等级封

---

① А. Г. Пупарев. Указ. соч. стр. 53–54.

② П. Г. Рындзюнский. Города. «Очерки истории СССР. Период феодализма. Россия во второй четверти XVIII в.». М. , 1957. стр. 196–197.

③ ПСЗ, т. XVI. № 9001.

锁的解除和社会环境的扩展奠定了基础。

从一个社区迁移到另一个社区需要经过复杂的程序。工商业村社警惕地确保其成员的数量，特别是不允许富有的商人去其他工商业村社，因为这违反了实物税和货币税的征收规定。关于某人试图改变与工商业社区隶属关系的案件常常会经历多次审理，但人们对其是否会有积极结果从来不抱信心。

市民的行动自由受到限制，即使是暂时离开城市范围超过 30 俄里也必须持有护照，而且只有在付清所有税费，并证明其在履行职责时没有债务，市政总署或市政公署才会签发护照。除此之外，还可设立担保人，担保人有义务为申请人缴纳他应缴的税款①。但这一切并没有免除申请人的经济责任，而且还使他对提供担保的人产生了依赖。毫无疑问，这样的命令使市民离开城市变得更加困难，对于最贫困的那部分人口来说最为艰难，因为他们主要的谋生手段就是离家外出务工。

18 世纪中叶，专制政府正式将过去遗留下来的市民封建依附形式合法化，这就是所谓的"做工抵偿"，即破产的债务人被转移到债权人那里工作以偿还债务和利息。1736 年 7 月 19 日的法令②对"做工抵偿"做出了最全面的规定。根据该法令，所有被关押在中央和地方监狱的囚犯，若同意服劳役或"做工抵偿"，则可抵其刑罚，根

---

① «Инструкция московского купечества первой, второй и третьей гильдии старшинам и старостам с товарищи». 19 января 1742 г., пп. 17 - 18 （ПС3, т. XI, № 8504. стр. 565）; указ 8 марта 1744 г. «О даче ямщикам и купечеству, по желанию их, паспортов из тех мест, где они ведомы» （ПС3, т. XII, № 8889. стр. 37 - 38）; указ 4 июня 1744 г. «О выдавании паспортов купцам, отъезжающим для торговли на ярманки и к портам, из магистратов или из ратуши» （ПС3, т. XII, № 8955. стр. 132）.

② ПС3, т. IX. № 7013.

据其刑罚轻重做工期限也不同。与此同时，债务人应该对该"劳役"
负责，一旦逃脱后被捕，他们将被流放并"永远从事苦役"。一年的
工资估计为 24 卢布，其中一半用于偿还债务，另一半用于支付人头
税和债务人本人的生活费。

В. В. 库舍娃是第一个研究这种形式债务（主要是在萨拉托夫市
和谢夫斯克市）的学者，她指出"做工抵偿"的工作时间差异很大，
从几个月到 50 年甚至更长。对于一个需要工作的债务人来说，这意
味着终身被奴役①。

18 世纪下半叶，城市人口的这种封建依附性继续存在。阿尔扎
马斯市就是代表。当地商人佩列热金在佩雷沃兹市附近的皮亚纳河边
租赁了一家国有磨坊，并因此欠款 849 卢布。由于未能支付这笔欠
款，根据 1736 年 7 月 19 日的法令，他被判处流放第聂伯河防线从事
"国家工作"。1783 年 5 月，少校哈尼科夫同意收留他，并为其支付
了每年 24 卢布的费用②。基于此，他"做工抵偿"的期限是 35 年。
同年，阿尔扎马斯的另一位商人比斯特罗夫也被移交给债权人用来偿
还他的私人债务，本地城市行政长官向省长办公室申请，但因此事本
来就为行政长官的"分内之事"，于是长官受到上级责罚③。

笔者还可以列举这种束缚形式的其他典型案例。1776 年，巴拉
赫尼商人瓦西里·特鲁布尼科夫破产，他和他的儿子伊万欠下了 590

---

① Е. Н. Кушева. Одна из форм кабальной зависимости в России XVIII в. В кн.
«Академику Борису Дмитриевичу Грекову ко дню семидесятилетия». Сборник
статей. М., 1952. стр. 252-253.

② «Действия Нижегородской учёной архивной комиссии» (далее-ДНУАК),
т. III. Нижний Новгород., 1898. стр. 169.

③ «Действия Нижегородской учёной архивной комиссии» (далее-ДНУАК),
т. III. Нижний Новгород., 1898. стр 181.

卢布的债务，为此需要为扎莱斯克商人伊万·斯捷潘诺夫·扎伊采夫斯基"做工抵偿"12 年零 3 个半月①。1778 年，下诺夫哥罗德布拉戈维申斯卡亚工商业居民尼古拉·瓦西里耶夫·洛巴诺夫欠莫斯科商人戈尔斯基 200 卢布，需要"做工抵偿"10 年②。1788 年，下诺夫哥罗德地方行政长官派 20 名镇民到巴拉赫纳市的盐田干活，以偿还461 卢布的欠款，但其中 4 人很快就逃走了。1779~1794 年，下诺夫哥罗德的破产者名单中，有 16 人"正在挣钱"以偿还债务。根据债务的数额，他们被奴役的时间从 6 年到一个绝对令人难以置信的数字，即 1197 年 1 个月零 28 天③。

根据 1736 年 7 月 19 日的法令，除"做工抵偿"之外，还有一种自发的奴役形式。1767 年法典编纂委员会发出的训令就证明了这一点。谢尔普霍夫市炮兵工商业区的居民绝大多数是铁匠，根据 1760 年参政院法令，他们被排除在商人等级之外，并与黑犁农民的人均工资（1 卢布 70 戈比）相同，而之前他们每人的工资是 1 卢布 10 戈比。在训令中提及，与农民不同的是，他们没有获得"耕地、草地或者任何其他土地"，"仅靠铁匠工作维持生计"，"其余的人由于缺乏技术而不知道如何工作"。他们接受培训，与不同类型的商人生活在一起，他们以沉重的负担换取所需的工资，由此陷入了极度贫困之中，许多人在各地流浪，他们没有家园，其根源是谢尔普霍夫缺乏土地，也不允许他们拥有土地④。

这就是谢尔普霍夫工商业居民的处境，他们要么被迫依赖于他

---

① ДНУАК, т. VI, Нижний Новгород., 1905. отд. II, стр. 62.
② ДНУАК, т. I, вып. 11. Нижний Новгород., 1894. стр. 563.
③ ДНУАК, вып. 15, т. II, Нижний Новгород., 1895. отд. II. стр. 6, 9.
④ Сб. РИО, т. 93. стр. 204-205.

人，要么被迫乞讨。

直到 1834 年 10 月 8 日，债务人"做工抵偿"的法令才被正式废除①。

不仅破产的债务人受到农奴制的影响，很多其他居民也不能幸免于难。1736 年 1 月 7 日的法令规定，那些被手工工场雇佣的自由工人，他们会被"永远"分配给工厂②。1744 年的法令又强化了这一措施，根据该法令，1736~1737 年在手工工场内工作的自由工人也被固定在工场之中，成为领有工人③。

后来，工厂主有更多的机会奴役受雇于其企业的市民。城市里的纳税人，特别是市民，经常到工厂工作，以逃避兵役。为了结束这种情况，俄国政府颁布了一项法令（1759 年 5 月 6 日），规定在工厂内工作的雇佣劳动力并不能免除兵役，同时它还赋予工厂主从工厂中招募新兵的权利。在这种情况下，市民也永远依附于手工工场④。

为满足工厂主日益增长的劳动力需求，政府不停地将市民分配到工厂工作。工厂的扩建往往伴随着市民的重新安置，这在西伯利亚地区表现得尤为明显。根据 1759 年 10 月 13 日的法令，居住在托木斯克和其他地区的市民被重新安置到尼布楚的手工工场内工作⑤，科雷瓦诺-沃斯克列先斯克手工工场的工人中也有商人和市民⑥。

18 世纪中叶，和以前一样强制市民搬迁的状况也出现了，最常

---

① II ПСЗ，т. IX，отд. 2. № 7443.

② ПСЗ，т. IX. № 6858.

③ ПСЗ，т. XII. № 9004.

④ ПСЗ，т. XV. № 10950.

⑤ ПСЗ，т. XV. № 10993.

⑥ ЦГАДА，ф. Госархива，р. XIX，д. 90. л. 54；ф. 248，кн. 4297. л. 653 об.

见的是与新城市（如奥伦堡和其他城市）的建立有关①。

封建制度对城市的影响鲜明地体现在为了履行各种劳役（除了缴纳人头税和其他费用之外），市民会被运送到城内外各地，有时他们甚至会被送到很远的地方。履行各种劳役需要相当长的时间，这对手工业和贸易均产生了负面影响。所有这些都是 18 世纪城市的特征，即存在市民劳役等封建制度。

1754 年俄国政府废除了国内关税，取消了微不足道的赋税，酒产品赎买制度的确认（根据 1765 年 8 月 1 日的法令）使市民的劳役有所减少②。即使如此，劳役对市民而言仍然是沉重的负担。特别是在国家售盐期间，各类劳役十分沉重，商人们向商业委员会提出的大量投诉，以及 1767 年法典编纂委员会的训令都证明了这一点③。

对于城市的纳税居民而言，连续不断的兵役是非常沉重的。18 世纪，正规军的数量急剧增加。军队一般在城市中驻扎，除了极少数士兵驻扎在军营之中，其他大多数士兵直接驻扎在民房里。贵族、神职人员，以及承担国家差役的商人、手工工场主均被免除这项义务，这项劳役最终落在工商业区劳动居民的肩上。工商业区的上层人士也

① ПСЗ，т. XII，№ 8906；А. А. Кизеветтер. Посадская община в России XVIII ст.，стр. 51–55.

② ПСЗ，т. XIII，№ 10164；т. XVII，№ 12444；М. Я. Волков. Таможенная реформа 1753 – 1757 гг. « Исторические записки ». т. 71. 1962. стр. 142 – 143；А. А. Кизеветтер. Посадская община в России XVIII ст.，стр. 215–216，254–270.

③ 参见奥廖尔省和斯摩棱斯克省地方法官的报告以及阿尔汉格尔斯克商人等提交给商业委员会的报告（ЦГАДА，ф. 397，д. 445/35，лл. 9 - 15；д. 445/48，лл. 5–6；д. 445/3，л. 5），以及莫斯科、图拉和科斯特罗马等城市的商人向立法委员会提交的报告（Сб. РИО，т. 93，107）。

经常因为滥用职权以优先安置宿营而加剧矛盾。此外，宿营的军人，特别是官员，被允许对工商业区的居民任意妄为，要求他们提供各种服务，谢尔普霍夫市立法委员会向市民发出的命令就充分证明了这一点。"而参谋和大副们，"商人们写道，"他们想要多少房屋，只要主人有多余的，他们就会占据，他们随意从一家搬到另一家，既不给钱，也没有任何限制，至于柴火，他们想烧多少就烧多少……他们任意改造占用的房间，修新的隔断，把没有门的地方打通。这些房屋的主人本来有从事商业和贸易的自由，但现在继续陪伴着他们的只有猎犬，他们平静的生活被打破了。"①

对于市民中的贫困居民而言，潜在的征兵劳役绝非易事，因为需要提供用于转移征兵人员、运输军事货物以及满足政府行政命令的其他必需品。

市民与农民一样需要服兵役。1776 年，政府终于同意了市民们的要求，允许他们以金钱来代替服兵役。最初的费用为每人 360 卢布，后来涨至 500 卢布②。由支付金钱代替提供兵役，已是俄国城市沿着资产阶级发展道路前行的一步。

政府对城市和城市居民政策的所有表现均与地方当局和贵族地主的无限专断相辅相成。18 世纪中叶，市政总署和地方市政公署的大量材料都证明，与统治阶级的代表相比，在法律上，市民的地位低下，且基本没有权力。

地方政权很少尊重城市的行政长官，即使是在与后者的职权直接相关的事务上也是如此。例如，叶卡捷琳堡市政公署于 1764 年 9

---

① Сб. РИО，т. 93. стр. 190.
② ПСЗ，т. XX，№ 14509；т. XXI. № 15721.

月 24 日向商业委员会投诉，称位于叶卡捷琳堡的乌拉尔矿业的管理部门不允许当地商人参与城内的贸易，市政公署指出，"工厂管理办公室没有按照法令的要求，将贸易管理权移交给市政公署等相关部门"，并且"超出其职权范围来介入贸易事务，他们正在剥夺叶卡捷琳堡商人的零售贸易权"①。工厂管理机构却以当初为叶卡捷琳堡的商人等级分配农民到工厂工作这一事实来证明其专断是正确的②。

乌拉尔采矿工厂的行政机构认为，应该将"做工抵偿"等法令推广到所有居民身上。事实上，商人在法律上并不隶属于工厂行政机构，他们可以独立处理内部事务。这就是 18 世纪中叶俄国城市封建农奴关系的表现之一。

城市发展和新经济中心的形成伴随着居民中阶级分化的加剧，反之又导致 18 世纪中叶俄国城市社会生活中阶级斗争的加剧。

我们可以观察到封建农奴制度内资本主义关系的发展所造成的社会矛盾加剧状况。人们为摆脱封建依附关系而进行斗争，18 世纪下半叶，各类居民的反抗对城市居民的法律地位产生了相当大的影响。与此同时，大多数小商品生产者与商人间的斗争也逐步加剧，商人试图加强他们在工商业区的权力，且统治其他等级的市民。

奥廖尔发生了市民的反政府起义，加上各商人团体的内部斗争，情况变得更加复杂。1750 年 3 月 30 日，奥廖尔商人尼古拉·库兹涅佐夫与当地总督西多尔·杰尼索夫之间的冲突开始③。总督强行霸占了一名商人的房屋作为自己的家。商人和总督互相指责对方对自己实

① ЦГАДА，ф. 397，д. 445/15. л. 15 об. 16.
② ЦГАДА，ф. 397，д. 445/15. л. 1 об.
③ ЦГАДА，ф. 248，Сенат，кн. 2587，д. 464. л. 10.

施了暴力。这种现象在当时的城市生活中很常见，调查拖了很长时间，直到 1753 年 7 月尼古拉·库兹涅佐夫和总督西多尔·杰尼索夫才握手言和①。

与此同时，市民间爆发了一场因市长选举而引起的斗争。以商人德米特里·杜布罗文为首的富商们寻求连任地方行政长官的方法。他曾担任奥廖尔市地方行政长官多年。但很多居民并不认同，正如一份请愿书中所说，他在任职期间，对工商业区的大部分居民进行"巨大压迫"，可谓"抢劫和谋杀"。后来杜布罗文的不诚实和贪污行为得到证实，最终他被解除了职务。

尽管杜布罗文"被免职"，但他仍然"武断地统治着这个地区"②。杜布罗文从他的支持者中挑选了一群武装人员对付竞争对手。笔者在一份文件中读到，"今天，武装分子仍然像以前一样，人数众多"，他们手持上膛的枪支和棍棒，残害所有与他们意见不合的人③。

富商尼古拉·库兹涅佐夫当选为新的地方行政长官，杜布罗文开始报复。他派遣其手下将库兹涅佐夫新建的库兹涅佐夫布料厂摧毁，工厂的工人也遭到殴打，并最终被驱散④。

后来，事情发生了转变，政府派出了三一胸甲骑兵团前往奥廖尔。热利亚布日斯基参议员的一项调查也证实，奥廖尔商人之间的"分歧"源于"争吵和特殊骚乱"⑤。他们认为对这群病态的奥廖尔商人应处以严厉的惩罚，他们应被永远流放到西伯利亚。

然而，参政院并没有按照热利亚布日斯基参议员的建议进行判

① ЦГАДА，ф.248，Сенат，кн.2587，д.464.лл.11，19-20，51，69，108.
② ЦГАДА，ф.Госархива，р.XVI，д.562.л.12 об.
③ ЦГАДА，ф.Госархива，р.XVI，д.562.л.13.
④ ЦГАДА，ф.Госархива，р.XVI，д.562.л.12 об.
⑤ ЦГАДА，ф.Госархива，р.XVI，д.824.л.2-2 об.

决。参政院特别委员会进一步澄清了奥廖尔骚乱的情况，承认除了"特定的争吵"之外，城市行政长官高层与普通群众之间产生"分歧"的一个重要原因是当地政府的一些错误行为①。考虑到这种情况，加上"如此之多的人"受到严厉的惩罚和永远流放到边远地区，可能会对该城市经济造成严重损害的事实，参政院特别委员会决定大幅减刑，并将结果告知叶卡捷琳娜二世。1765 年 4 月 27 日，最终的处罚结果只是不同数额的罚款而已②。

工商业区内部的斗争在 18 世纪下半叶的俄国城市生活中占有重要地位，其重要原因之一是城市人口结构复杂、商贾众多、居民们等级差异巨大。资产阶级正在形成。商人等级中的精英统治着城市，他们不顾小商品生产者（城市主体居民）的利益。

不同等级商人之间为争夺城市政府机构的主导权进行着持续而激烈的斗争，有时甚至持续数年。18 世纪 60 年代，雅罗斯拉夫尔就是这种激烈斗争的样例。1764 年，小商人团体成功地选举了他们的代表担任市政公署负责人。但应第一基尔德商人的要求，参政院否决了选举结果并任命了新的代表。1765 年 1 月，雅罗斯拉夫尔市政公署行政长官是一小群（27 人）富商选举的代表。同年 12 月，在一次集会上雅罗斯拉夫尔一群"负担较轻"的居民罢免了他，并选举商人维库林为市政公署负责人。第一基尔德商人称"低收入、不安分和贫穷的人，现在不仅参加选举，而且在委员会中任职，且不用负担任何劳役"。第一基尔德商人开始到处投诉维库林和市政公署的官员们。他们武断地说："现在，我们没有好的合作伙伴，到处没有善良可信之

① ЦГАДА，ф. Госархива，р. XVI，д. 824. л. 10.

② ЦГАДА，ф. Госархива，р. XVI，д. 824. лл. 1-9.

人，最卑鄙和最不安分的人被选为行政长官，其中一人是铁匠，他甚至是文盲。"① 最后，"为了保障雅罗斯拉夫尔工商业区的稳定"，市政公署负责人解散了全体行政长官。新的选举虽然举行，但并没有给这个城市带来预期的"沉默"。

1767 年选举议会代表期间，雅罗斯拉夫尔的第一基尔德商人和小商人之间的斗争仍在继续。最后虽然第一基尔德商人获得了胜利，正如另一方报道的那样，小商人们通过"无礼且大声喧哗"来表达了对选举结果的不满②。

18 世纪 60 年代，商人中的精英阶层与大部分工商业纳税居民之间展开了激烈的斗争。在阿尔汉格尔斯克，在 y. M. 波利亚科夫的文章中描述了斗争事件以及当地工商业区的困难局势③。作者采用了阿尔汉格尔斯克市居民 B. B. 克雷斯季宁的笔记和档案材料来证实该事件。

长期以来，阿尔汉格尔斯克工商业区一直处于"有权有势的富人的统治"之下。为首的是商人安东·巴尔明，他的同伙是另一位知名商人瓦西里·普谢尼岑和前官员巴尔明，他提名格里戈里·奥乔奇为地方行政长官。正如 B. B. 克雷斯季宁所写，这导致了"巴尔明三巨头暴虐权力"的诞生。这三巨头"将民事、世俗事务的决策权都掌握在手中，他们按照自己的意愿管理工商业区"，他们甚至使用暴力迫使工商业区居民按照他们的意愿行事。根据他们的命令，"城

---

① А. А. Кизеветтер. Посадская община в России XVIII ст. М. , 1903. стр. 771-772.

② С. В. Вознесенский. Городские депутатские наказы в Екатерининскую комиссию 1767 года. «Журнал Министерства народного просвещения». 1909. № 12. стр. 261-262.

③ У. М. Полякова. В. В. Крестинин и общественная борьба в Архангельском посаде 60-90-х годах XVIII в. «История СССР». 1958. № 2.

市低级官员们聚集在一起，并将普通居民锁在一个小屋里，他们亲自看守，被锁的居民代表的是一个由 20 或 30 人组成的公民委员会"。但事实上，在被看守了两周、三周、四周，甚至更久之后，这些人"只能签字表示顺从，并结束会议"，巴尔明在家里就已经做出了决议。高层滥用权力，对市民进行肆意勒索。被选举出的行政机构人员如果地位较低，甚至较为贫穷，那么选举对他们而言就是负担。克雷斯季宁曾提及，在阿尔汉格尔斯克的街道上，人们经常可以看到脖子上挂着铁链的小长官①。

以商人拉特曼·拉蒂舍夫和"以诚实著称"的商人伊万·福明为首的一群商人公开反对巴尔明及其同伙的统治。他们斗争的主要手段是向市政总署和参政院请愿。经过阿尔汉格尔斯克广大商界人士的共同努力，1766 年，阿尔汉格尔斯克工商业区的权贵巴尔明及其帮凶的势力终于被清除了②。

18 世纪下半叶，俄国许多地区都发生了市民反对地方行政当局和政府机构的抗议活动。斯摩棱斯克省（格扎茨克、维亚济马）、黑土区南部的库尔斯克和雷利斯克、西北部的城市卡尔戈波尔和季赫温都出现了抗议活动。但这些抗议活动在本质上是无关紧要的，而且抗议的范围也相对较窄。尽管如此，笔者认为 C. M. 索洛维耶夫的结论仍十分正确，他简要概述了这些事件并写道："城市里并不平静。"③

城市里确实是躁动不安。1771 年莫斯科起义最清楚地证明了这

① В. В. Крестинин. Краткая история о городе Архангельском. СПб., 1792. стр. 17-19, 23.
② У. М. Полякова. Указ. соч., стр. 84.
③ С. М. Соловье в. История России с древнейших времен, кн. XV. М., 1966. стр. 121.

一点。П. К. 阿列菲连科的著作详细介绍了这次起义①。他对革命前有关这一问题的文献进行了批判性的评估，详细描述了起义的过程及其驱动力，确定了这一事件在莫斯科人民运动历史和社会政治生活中的地位和意义。

阿列菲连科关于鼠疫骚乱的著作在不同时期出版，其间他对这一问题的观点也进行了修正。1947 年，他在《历史问题》杂志上发表了一篇文章，该文对消息来源、同时代人的证词表示怀疑，认为他们对 1771 年莫斯科事件的看法是错误的，提出了工厂工人为起义主角的结论。阿列菲连科在文章中表示，"正确的答案是通过对起义参与者的调查得出的"②。从调查材料来看，大多数工人是在农民起义被镇压时被捕的，然后农民（皇室农民和经济农民）也被捕。基于此，作者断言，他们"事实上构成了起义的主力"③。于是，阿列菲连科强调了这场运动的反封建本质。

笔者认为，我们没有理由怀疑当时的证词和事件参与者的记录。顺便说一下，作者并没有对他们进行批判性的分析，但调查材料确实会误导研究者，因为沙皇当局在镇压起义时的惩罚带有随意性，他们逮捕并惩戒了很多人，其中有许多人其实并没有参加这次起义，但他们还是受到了警察的严厉惩戒④。

---

① См. ее работы. «Чумный бунт в Москве в 1771 г.»—«Вопросы истории». 1947. № 4；«История Москвы». т. II. М. , 1953. стр. 368–377.

② П. К. Алефиренко. Чумный бунт в Москве в 1771 г. —«Вопросы истории». 1947. № 4. стр. 87.

③ П. К. Алефиренко. Чумный бунт в Москве в 1771 г. —«Вопросы истории». 1947. № 4. стр. 84.

④ П. К. Алефиренко. Чумный бунт в Москве в 1771 г. —«Вопросы истории». 1947. № 4. стр. 86.

1953 年出版的《莫斯科史》第二卷中，在描写 1771 年莫斯科起义时阿列菲连科采取了较为正确的立场。他不再质疑消息来源的正确性。相反，基于这些材料，作者写道："根据叶罗普金的同一个报告（他之前否定了其证词的可靠性），可以相当准确地确定起义者的阶级属性。"他引用了叶罗普金的话，"贵族的人（地主奴仆）、商人、职员和工厂工人都犯下了罪行"①。同时他参考调查材料之后，仍将这场运动的主导角色归结于地主奴仆②。和以前一样，在 1771 年的起义中，作者只看到了它的反封建性质，作者指出，尽管运动的影响有限，且起义分子缺乏政治诉求，但莫斯科起义包含了明显的反封建特征。起义是叶梅利扬·普加乔夫领导下酝酿的农民起义战争的预兆。作者在同一篇文章中列举了许多军事指挥官残酷对待莫斯科市民的例子③。

事实上，1771 年莫斯科起义中最突出的角色是工厂的劳动人民，即所谓的工厂工人。当时莫斯科各工厂的工人数量多达 7.5 万人④。瘟疫暴发期间，工厂工人和地主奴仆陷入了最困难的境地。杰米多夫驻莫斯科办公室指出，莫斯科起义者包括"各级人员，但主体是工厂工人"⑤。叶罗普金将军、首席警官巴赫梅季耶夫的报告和其他同时代人的证词也证明了这一点⑥。莫斯科大学神学教授阿列克谢耶夫大祭司是事件的目击者之一。他将起义描述为"来自邪恶暴徒、工

---

① 《История Москвы》，т. II. стр. 373.

② 《История Москвы》，т. II. стр. 374.

③ 《История Москвы》，т. II. стр. 376–377.

④ 《История Москвы》，т. II. стр. 501.

⑤ 《История Москвы》，т. II. стр. 501.

⑥ ЦГАДА，ф. Госархива，р. VI. д. 410 и др.

厂工人、奴隶、商人、退役士兵和其他平民"的反抗①。

笔者认为，B. H. 贝尔纳德斯基的说法更为准确："1771 年的九月起义是一场工人运动，也是一场城市平民和农奴的运动。"②

基于此，1771 年莫斯科鼠疫骚乱本质上不仅仅是一场反封建运动，这是一场城市起义，其主力是制造业工人，即莫斯科市纳税人口中的下层居民。

在 1773~1775 年农民起义之前，这是 18 世纪下半叶俄国城市中最重大的起义③。

综上所述，18 世纪中叶俄国城市中存在的法律规范是由当时占主导地位的社会政治经济制度决定的，农奴制在城市中的影响仍然非常大。土地的无保障阻碍了城市生产力的发展，对城市人口的权利产生了负面影响，市民的兵役、固定劳役和隐藏劳役尤其繁重。政府还将市民分配到工厂之内，这往往与市民的强制迁移相结合。封建依附的典型形式是"做工抵偿"，这是由 18 世纪中叶的法律所决定的，其严重后果主要体现在工商业区的贫困居民身上。贵族和行政官员的专断行为加剧了这一切，他们经常对城市的纳税居民使用粗暴和专横手段。

尽管如此，在城市农奴制的影响要小于农村，城市的日常生活实践使居民背离了一些法律规定。例如，很快人们就发现不可

---

① 《Русский архив》，1863，№ I. стр. 491.

② В. Н. Бернадский. Очерки по истории классовой борьбы и общественно-политической мысли России в третьей четверти XVIII в. —《Ученые за-писки Ленинградского гос. пед. ин-та им. А. И, Герцена》. т. 229, 1962. стр. 96.

③ 作者在这里没有将城市人口参与 18 世纪俄国大规模阶级斗争的问题考虑进去，即 Е. И. 普加乔夫（Е. И. Пугачев）领导下的第一次农民战争。因为这一问题必须在农民战争（1773~1775 年战争）这一总体问题的研究框架内解决。

能禁止市民从一个城市搬到另一个城市，再加上政府以牺牲其他阶层纳税居民为代价来充实城市人口，这一切都有助于逐步消除社会各等级的隔离状况，还有利于扩大居民生活的社会环境。

在这种情况下，政府被迫放松管制，为市民提供更大的行动自由，从而推动了工商业的发展。对于不同等级的公民来说，法律规范并不相同。与最贫困的城市人口相比，商人享有许多特权。随后，商人们的特权进一步增加，但这是以牺牲城市大部分纳税居民的利益为代价的。这导致了社会矛盾的激化和市民等级矛盾的激化，呈现出多种斗争形式。

农奴制的沉重束缚使得城市发展的进程变得复杂，但并不能完全阻止它。基于社会分工的深化，城市在国家经济和社会生活中的重要性日益增强。

1767年法典编纂委员会的城市训令

18 世纪 60 年代初，叶卡捷琳娜二世政府进行了一系列内政改革，这些政策被称为"开明"政策。这尤其体现在女皇颁布诏令成立立法委员会。

1766 年 12 月 14 日，《建立法典编纂委员会的诏令》发布。该诏令赋予贵族在每个县选举一名代表的权利，赋予市民在每个城市选举一名代表的权利，每省选举一名耕地士兵、退役军人和独院小地主代表。此外，每省选举一名黑犁农民、缴纳实物税农民、在册农民和经济农民代表，哥萨克军队也选派自己的代表。但占全国人口一半以上的地主农民却被剥夺了选举代表的权利。

这次共选举出 564 名代表，其中城市代表 208 名①。每位代表都肩负着选民的期望，其中包含了特定社会阶层的需求和愿望。

城市训令主要反映了商人等级的利益，因为其他等级的城市人口所占的比例相对较小。城市训令的主要目的是保护和加强商人等级的特权，首先保护他们进行贸易和建立工商业机构的权利。因此，图拉的法令规定"商人等级应在城市拥有工厂、商店、旅馆和其他工商业建筑"②。科斯特罗马的法令直言不讳地要求不向贵族授予"商业权"，并禁止他们完全拥有"工厂和工场"，他们只能"将领地中产出的东西"进行贸易③。谢尔普霍夫、柳巴、基内什马、喀山和其他城市的法令也提出了类似的要求④。

当然，这些都是不切实际的。俄国政府根本无意剥夺贵族的工商业权利。然而，这种客观上维护贵族和商人特权的法令本身就证明了一部分新兴资产阶级对现状的不满。

商人等级更加坚决地反对来自农民工商业者的竞争。商人们要求，根据当时的有效立法，将农民贸易限制为"仅限农货"和"他们自己的产品"，这些产品必须是"在他们土地上产出的"和"用于家庭开支的"⑤。总的来说，商人们坚持完全禁止农民进行贸易和从

---

① В. Н. Латкин. Законодательные комиссии в России в XVIII ст., т. I. СПб., 1887. стр. 250. 最新数据显示，工作期间参加大会和商业委员会的代表共有 766 人，其中商人和工厂主为 233 人。参见 М. Т. Белявский. Крестьянский вопрос в России накануне восстания Е. И. Пугачева. М., 1965. стр. 178。

② Сб. РИО，т. 93. стр. 102.

③ Сб. РИО，т. 93. стр. 164.

④ Сб. РИО，т. 93. стр. 203, 214; т. 107. стр. 123, 516-517.

⑤ 例如，舒亚、沃洛科拉姆斯克和莫洛加的商人以及鲁扎和其他城市居民的请愿。参见 Сб. РИО，т. 93. стр. 358, 376-377; т. 107. стр. 73-74, 76。

事商业活动①。

从这个角度而言，商业活动并没有超越狭隘的等级利益，商人试图阻止富裕农民从事贸易和商业活动，但事实上许多商人和企业家就是源于富农阶层。

正如莫斯科居民所认为的那样②，他们提出了"在欧洲城市的土壤上"建立一个城市民事法院的议题，内容是赋予市政公署及其官员审查公民所有法律案件的专属权力，但"重大国家事务"除外③。这一要求旨在限制城市行政管理中的任意性。

商人反对赋予工厂主特权，即免除繁重的关税、劳役，以及各种税费。科斯特罗马的法令包含了工厂主与商人间平等权利的要求④。人们抱怨商业税的繁重，市民希望摆脱劳役，并以货币税取而代之。

商人和农民一样，都承担着沉重的人头税。在莫萨尔斯克市的训令中就曾提及"俄国商人"，与"其他欧洲城市市民相比，特权阶层非常蔑视商人，这就是贵族为什么这样轻视俄国商人，他们称呼俄国商人为庄稼汉，只因俄国商人缴纳人头税"⑤。对当前法律的抱怨几乎可以在 1767 年法典编纂委员会的所有城市训令中找到。

在俄罗斯帝国的等级阶梯中，商人的地位仅次于贵族。奥多耶夫的训令就直接指出："商人比其他平民更有优势。"⑥ 商人不断要求免除人头税和体罚，这也证明了他们以各种方式确认自己的地位，以求

---

① 奥多耶夫、莫萨尔斯克、别热茨基韦尔赫商人的请愿尤其证明了这一点。参见 Сб. РИО，т. 93，стр，513；т. 107. стр. 33，57。
② Сб. РИО，т. 93. стр. 126.
③ Сб. РИО，т. 93. стр. 329.
④ Сб. РИО，т. 93. стр. 170–172.
⑤ Сб. РИО，т. 107. стр. 33–34.
⑥ Сб. РИО，т. 93. стр. 507.

从广大纳税阶级中脱颖而出。他们在请愿中要求，侮辱商人要受到惩罚，甚至要求授予一流商人像贵族一样的佩剑权。商人还希望获得被选举为市政公署成员和担任军官的权利①。一系列请愿都提出了允许顶级商人购买农奴的要求，以便他们在某种程度上向"贵族"靠拢。

无须证明，在这种条件下，商人和贵族在剥削农奴劳动的权利上不可能平等。在专制制度下，俄国工商业的发展根本没有为新兴资产阶级带来政治权利。相反，在 18 世纪最后 30 年，俄国专制政府立法改革的目标是进一步加强贵族在国家经济和社会政治生活中的主导地位。

与此同时，商人在向 1767 年法典编纂委员会提交的请愿中所表达的一些愿望也反映在当时的立法行为中。例如，这些请愿包括将商人等级中的富裕阶层从人头税中解放出来，并赋予他们其他权利和特权，使其能够在城市社会中占据主导地位。向立法委员会提交的请愿是研究 18 世纪 70~80 年代政府对城市和城市人口政策的重要史料。

法典编纂委员会对城市各种请愿书的讨论同样颇为有趣。专门讨论这一问题的会议于 1767 年 9 月 25 日开始，并持续至同年 11 月 20 日，中间有一段时间中断。法典编纂委员会全体会议上所讨论的、引起最大争议的是关于个别等级的工商业活动、商人的权利及扩大他们的特权、增加一些关税以及用货币取代劳役等问题。

贵族和商人等级在贸易领域的矛盾愈发尖锐。

正如请愿中所述的那样，商人主张完全禁止贵族拥有工厂，他们只能交易"他们庄园生产的"产品。渔村商人代表阿列克谢·波波

---

① Сб. РИО，т. 107. стр. 29，34，338 и др.

夫在为这一立场辩护时表示，"贵族拥有自己的权利，其中已蕴藏着巨大的优势"。因此，贵族根据其等级从事各种行业的情况并不常见①。

雅罗斯拉夫尔贵族代表 M. M. 谢尔巴托夫大公强烈反对阿列克谢·波波夫的意见。他说，土地以及农奴所有权是贵族的特权。正是因为有了这个特权，他们才能开展工商业活动。贵族杜绝任何侵犯其特权的可能，M. M. 谢尔巴托夫坚决地表示："如果同意他们的意见，贵族不但不能获得任何（新的）权利，反而可能会失去已拥有的所有权利！"②

贵族坚持工业和贸易的完全自由。他们反对商人垄断所有贸易并成为农产品唯一的采购方。在这方面，贵族们并不限制农民从事贸易，并支持农民在国内市场上成为商人的竞争者，农民工商业者的代役租为土地所有者（贵族）带来了更高的收入。M. M. 谢尔巴托夫大公在提及商人希望通过立法来压制农民贸易的愿望时说："不应该针对这样的情况制定法律，因为它难以避免。"③

沃罗涅日省罗曼诺夫市代表叶戈尔·杰米多夫等人要求"平民永远不得从事任何贸易和转包，这样就不会给从事贸易的商人造成混乱和破坏"④。谢尔佩斯克市代表罗迪恩·格林科夫表示："在不将农民从贸易活动中剔除的情况下，商人希望那些想要进行贸易的人能够在贵族地主的许可下注册为商人，并且与他们一样，缴纳各种税款并承担所有民事劳役。"⑤ 由于必须缴纳市民税，商人试图吸引尽可能

---

① Сб. РИО，т. 8. стр. 41.

② Сб. РИО，т. 8. стр. 59.

③ Сб. РИО，т. 8. стр. 62.

④ Сб. РИО，т. 8. стр. 315.

⑤ Сб. РИО，т. 8. стр. 92.

多的富裕农民来到城市中来。但正是这些通过贸易致富的"资本主义"农民，贵族地主通常不会放过他们，并行使他们封建世袭所有者的权利。

商人要求将农民工商业者纳入市民范畴，尽管这一切需要以地主的同意为条件，但依然与政府旨在最大限度地限制农民进入城市的政策相矛盾。

法典编纂委员会的全体成员会议非常关注商人的法律地位。M. M. 谢尔巴托夫在这个问题上讲得很透彻。他提议将以前单一的商人等级分为两部分，即商人本身和市民。加入商人等级的主要标准应是从事贸易活动，或者为贸易活动提供相关服务。M. M. 谢尔巴托夫认为，商人本身应该分为三类，每类都有自己的权限。第一类商人享有批发权和对外贸易权，"他们可以有自己的商店"；第二类仅可从事商店零售贸易业务；第三类包括为其他商人担任管家、办事员等的居民。

市民等级由不属于上述三类商人者组成。M. M. 谢尔巴托夫说："市民与商人不同……虽然城市里的每个居民都可以被称为市民，但这还不构成市民等级。"市民又分为两个类别：第一类包括"那些靠自己的收入生活的人，如经营客栈或出租房屋，在自己的土地上拥有商店、锻造厂、菜园等的居民"；第二类由工匠组成，"他们靠自己的手艺过活"[1]。

综上所述，M. M. 谢尔巴托夫认为，商人和其他市民之间仍然没有明显的区别。除了商人本身之外，M. M. 谢尔巴托夫还准备将那些为商业活动服务的人视为商人，如管家、职员，即受雇于商人的居

---

① Сб. РИО，т. 8. стр. 66-67.

民。另一方面，在市民等级中，除了工匠之外，还应包括客栈老板、酒馆老板，以及商店老板。同样，市民内部的差异也尚未明确界定。

尽管如此，M. M. 谢尔巴托夫的看法还是很有趣的，他的想法是将市民分为两个不同的等级，即商人和市民。但从中可知，商人等级中有许多人的职业与工匠和雇佣工人没有任何区别。于是有人建议将商人公社中这些不富有的成员归入市民阶级，但这一建议有争议。

西伯利亚哥萨克代表费多尔·安齐费罗夫提议将那些与农民一起耕种土地的商人剔除出商人等级，那些"被雇佣为运盐者、粗鲁的酒保、看守、代理人、信使、更夫"或从事村里小生意的人同样如此[1]。其他代表指出，一些城市不存在普遍意义上的商人。例如，利夫尼县代表叶戈尔·奥弗罗西莫夫在报告中说，利夫纳赫市"没有一个商人，几乎都是农民"[2]。沙茨克省独院小地主代表米哈伊尔·涅韦任指出，叶列茨的商人只存在于叶列茨市内，即便如此，他们"也主要是铁匠或从事其他手艺"[3]。沃罗涅日省的切尔纳夫斯克、诺沃西尔、叶夫列莫夫、丹科沃、泽姆良斯克等城市，以及别尔哥罗德省也出现了类似的情况[4]。

与此同时，许多代表指出，农民贸易活动日益活跃，俄国各省份存在大量贸易村庄和工商业区。屯田兵代表伊万·热格列布佐夫将莱斯科沃、拉博塔、巴甫洛沃、沃尔斯马、戈罗杰茨、穆拉什金诺和克尼亚吉诺列为下诺夫哥罗德省的"著名村庄"。巴拉赫纳市的一名代表指出，博罗夫斯卡亚工商业区的居民"由于缺乏耕地，开始从事

① Сб. РИО，т. 8. стр. 252.
② Сб. РИО，т. 8. стр. 233.
③ Сб. РИО，т. 8. стр. 267.
④ Сб. РИО，т. 8. стр. 213，267.

贸易"①。

柳比姆的贵族代表尼基福尔·托尔马切夫的提议值得关注。他提议将"与现有城市分离且经常进行贸易行为的村庄"改造成城市，"在其中设立地方行政长官和市政公署"，并赋予其居民"市民的权利"②。

叶卡捷琳娜二世政府随后回应了贵族代表在法典编纂委员会中提出的大部分要求。例如，将不富裕的成员从商人等级中分离出来，形成一个新的市民阶级。在地方政府机构改革过程中，一些衰落的城市被清理，并在工商业区或工商业村基础上建立了新的城市。

法典编纂委员会大会上讨论的"关于城市"和"关于中产阶级"的材料被移交给特殊委员会。特殊委员会花了大量时间来起草有关城市及其居民权利的新法规，其中包括《中产阶级居民权利法（草案）》和《公共市民法》③。

第一份文件涉及的问题范围受到了严格限制，它定义了当时俄国社会一个等级的构成，即"中产阶级居民"。这一等级并不涵盖一般的市民，主要涵盖那些生活在城市中并"从事艺术、科学、航海、贸易和手工艺"的居民④。

因此，"中产阶级"比工商业村社的组成更广泛，因为除了商人和工匠之外，还包括科学家、艺术家以及水手。他们都被称为广义上的市民等级，但不包括居住在城市的其他社会等级的居民（贵族、

---

① Сб. РИО，т. 8. стр. 230，237.

② Сб. РИО，т. 8. стр. 35.

③ «Проект законов о правах среднего рода государственных жителей»（Сб. РИО，т. 36. стр. 179-232）；«Об общем градском праве»（ЦГАДА，ф. 342，Уложенная комиссия，оп. 1，д. 259. лл. 1-14）.

④ Сб. РИО，т. 36. стр. 179.

农民等）。

"中产阶级"主要分为三个部分：一是"从事科学和服务的人"；二是"从事贸易的人"；三是"从事各种适合市民工作的人"。

最后两类是我们最感兴趣的内容。其中之一是"贸易商人"群体，它由商人、企业家（工厂主和制造商）以及"海船和河船的老板以及船员"组成①。

这是"中产阶级"中相当杂乱的一部分。尽管如此，人们仍然可以注意到这是划分社会等级的第一个尝试。虽然表达尚不清楚，但试图根据财产原则来进行区分。例如，商人根据财产被分为三个群体或等级。方案中将这三个群体分别定义为"批发商人"、"商铺商人"和"小商人"。第一种商人在国内外市场上进行大规模的批发贸易，第二种商人在商店里进行贸易，第三种商人在小屋、柜台和橱窗里进行零售贸易②。根据他们的财产状况，"批发商人"和"商铺商人"被赋予了更多的权利③。

另一部分"中产阶级"从事"资产阶级的各种工作"，也被分为三类，即工匠、"普通资产阶级"和"自由人"④。

从狭义上来说，"普通资产阶级"一词可以等同于"市民"这一旧概念⑤。

《中产阶级居民权利法（草案）》在一定程度上打破了市民的阶级

---

① Сб. РИО，т. 36. стр. 179-180.

② Сб. РИО，т. 36. стр. 202.

③ Сб. РИО，т. 36. стр. 202-206.

④ Сб. РИО，т. 36. стр. 180.

⑤ 《中产阶级居民权利法（草案）》指出，"资产阶级"就是那些没有参加任何上述生产活动，仅靠上述小资产阶级行业生活在城市中并且登记为市民阶级的人。他们也分享了城市居民拥有的利益。参见 Там же. стр. 229.

隔离，将居住在城市中的一些其他类别的人纳入其中。但制定草案的法典编纂委员会成员却不敢超出现有立法的框架，将居住在城市的各等级代表都纳入"城市公社"。这一点在后续的立法中得到了体现，草案的不一致之处还在于对市民的定义非常不明确，并为这一类市民提供了广义和狭义的阐释。

"中产阶级"的工商业分类值得关注。正如基泽维特认为的那样，此处的要点不仅在于贸易额的多寡。尽管在这个定义中，资本规模没有区别，但按照财产状况划分这群"中产阶级"的原则很重要，这点的表现仍很明显。即使它并没有明确地表达出来，但这是资产阶级商人等级原则的表现。在随后的立法即 1785 年的《俄罗斯帝国城市权利和利益诏书》中，在指定某些类别的城市人口时，资产阶级的财产原则已经得到了相当明确的阐述。因此，基塞韦特否认《中产阶级居民权利法（草案）》与 1785 年《俄罗斯帝国城市权利和利益诏书》之间的联系是错误的[①]。

之后，法典编纂委员会开始关注更普遍的城市立法问题。在这项工作准备的过程中，委员会使用了已经编纂好的《中产阶级居民权利法（草案）》。然而，新文件"关于一般城市法"中的"城市公社"不仅没有重复之前的说法，而且对城市人口的构成及其权利进行了更详细的表述。

新文件将城市定义为"特殊的市民公社"，在政府的监督下，人们"从事为工商业提供服务的各种行业"。相反，如果一个工商业区没有"任何手工业和活计"，并且居民"不从事"任何作为市民生计来源的手工业，则这个工商业区不能被视为城市，这些村民不能

---

① А. А. Кизеветтер. Городовое положение Екатерины II 1785 г. М. , 1909. стр. 286.

"给自己一个市民身份"。城市里"生活着各种身份的人",但主要是
"不属于贵族等级的居民,也包括从事艺术、科学、航海、贸易和手
工业的居民"①。

对此,新文件重申了《中产阶级居民权利法(草案)》的规定,但
对城市公民本质的理解有一些新的解释出现。所有居民,无论其社会
出身(来自"贵族阶级、中产阶级还是下层阶级"),只要在城市永
久或暂时居住,拥有房屋或其他不动产,或"以从事城市贸易"作
为生存来源,一般都被称为"人民所理解的居民或公民"②。

这标志着扩大市民等级的成分又迈出了一步。城市居民包括永久
和暂时居住在其中的所有人口。但最重要的是,除之前必须从事贸易
或手工业的要求外,又提出了一项属于城市公民的新标准——房地产
所有权。

贵族也首次被纳入城市人口的范畴之中,但仍是笼统的表现形
式。该文件明确规定,居住在城市中的贵族在任何情况下都不得与其
他居民混居。贵族"仅需考虑他们的财产和警察机构,涉及维护良
好秩序、安全和卫生"③。除此之外,贵族不需要在城市中履行任何
职责或担负任何劳役。

新文件的编写者欲确保城市人口中最富裕的与最贫困的等级分
开。文件强调,尽管城市中可能存在"各种身份的人",但"他们只
能被视为偶然",而不是"城市的重要成员"。我们所说的"偶然"
是指城市人口中的新移民——农民工人,他们来到城市临时工作,一

---

① ЦГАДА,ф.342,оп.1,д.259.л.2-2 об.

② ЦГАДА,ф.342,оп.1,д.259.л.2 об.

③ ЦГАДА,ф.342,оп.1,д.259.л.7.

年中只在城市待上一段时间，没有任何合法权利，无法成为城市公民①。他们"永远不被允许拥有市民的权利，因为他们要么是国家农民，要么是地主农民"。但在获得市政当局的适当许可后，他们被允许留在城市并在那里从事"简单的工作"。他们在城市期间必须"服从市政府的管理"②。该条款的目的是建立城市当局对新移民的控制，将他们引入"官方合法性"的框架内。

与"偶然"的公民相反，城市中有"准确的"或"真正的公民"。他们是那些"代表所在城市内居住的重要社会成员并享有城市权利"的人，其中包括商人、工匠以及所有在城市中担任"公共职务"的人（如市长、法官、公务员、神职人员、医生等）。

要成为"真正的公民"或"城市社会"的一员，必须达到如下条件：一是拥有"自然的自由"，即除了"臣服于政府"，不"受雇于任何个人"；二是从事贸易、手工业或担任"城市公共职务"；三是进入所谓的"公民名单"；四是宣誓；五是执行或担任特定城市"由于各种情况和属性而产生的某些一般或特殊职位"。

尽管如此，那些被纳入"真正的公民"行列的人仍享有既定的"城市特权"③。"城市公文"或"特许状"为市民提供了公共或特殊的优势，"这种特权既体现在他们的社会地位上，也体现在他们的贸易特权上。"

根据城市的规模、居民的数量以及他们"赖以生存的工业"④，市民将获得应许的土地，但承诺并没有兑现。居民不仅没有得到更多

---

① ЦГАДА，ф. 342，оп. 1，д. 259. л. 4.
② ЦГАДА，ф. 342，оп. 1，д. 259. л. 6 об.
③ ЦГАДА，ф. 342，оп. 1，д. 259，. л. 4-4 об.
④ ТЦГАДА，ф. 342，оп. 1，д. 259. л. 3.

的土地，反而因为土地测量损失了很多以前提供给他们的土地。

"城市特权"进一步保留了市民对贸易和手工业的垄断，并将其他等级排除在外。此时城市建立最重要的目的是"发展工商业，并使其达到繁荣状态"，那么其前提是所有"城市成员都应该享有城市居民的权利"。而"远离城市"的居民"在任何情况下都不应被允许从事此类贸易活动，也不应被允许享有市民的权利"①。

商人向法典编纂委员会抱怨农民工商业者与他们之间的竞争关系，他们试图借助官方立法来消灭竞争对手。

商人所提出问题的实质是赋予城市自治权，建立一个专门机构来解决与城市结构、内部生活和公民日常生活有关的问题，这个机构必须由选举产生。它是从城市公民和"法律规定有能力"的人中选出的②。城市自治机构的主导作用是赋予城市公民最高决策权，他们拥有诸多权利和特权。当时审议的草案中有一项规定写道："真正的公民是城市社会的重要组成部分，应当比所有其他市民享受更多的权利。"③

1767 年法典编纂委员会的这些材料无疑对后来的城市立法产生了重要影响，它们与 1785 年《俄罗斯帝国城市权利和利益诏书》中的一些条款有直接的关系④。

法典编纂委员会大会上对城市立法的讨论，以及私人委员会起草的城市新条例草案，都反映了 18 世纪中叶城市社会秩序的转变。

随着商人等级的日益强大，他们提出了扩大和加强等级权利的要

---

① ТЦГАДА, ф. 342, оп. 1, д. 259. л. 3.

② ЦГАДА, ф. 342, оп. 1, д. 259. л. 3 об.

③ ЦГАДА, ф. 342, оп. 1, д. 259. л. 5.

④ ЦГАДА, ф. 342, оп. 1, д. 259. л. 5–5 об.

求，这导致其在工商业领域与贵族的矛盾日益激化。商人等级提出了以牺牲农民贸易中的富裕阶层为代价来补充其成员数量。

法典编纂委员会材料显示，随着财产分布不均的矛盾不断加深，工商业区居民也发生了分化。商人等级中有很多人只是法律上隶属于该等级，他们所从事的生产活动均与商人等级关系不大，他们时常和农民一起耕地，成为雇佣劳动力。

于是出现了将商人等级中最贫穷的那部分居民与富有的那部分居民逐步分裂的局面。随着该趋势的逐步明显，政府制定了关于城市及其居民权利的新法规。一项根据城市人口的财产状况赋予其权利和特权的新法规正在酝酿出台，尽管有些内容还不够明确。该法规计划以牺牲包括贵族在内的其他社会等级为代价来扩大城市公民的范围。城市社会的属性由不动产的所有权决定，这实质上是资产阶级的原则。

在随后的立法中制定了某些特定城市人口类别的资产阶级原则。

政府还考虑了各地城市经济发展不均衡的情况，以及将贸易和工商业区转变为城市并赋予其居民市民权利的建议。这些建议在 1775~1785 年的省级行政机构改革中得到了实施。

税制改革

17 世纪六七十年代，俄国反封建斗争浪潮不断。在普加乔夫的领导下，革命浪潮达到了顶峰，城市居民也参与其中。专制政府在镇压了人民起义之后，采取了一系列强化封建农奴制度和贵族统治地位的措施。

与此同时，沙皇为了巩固自己的地位，防止新一轮起义的爆发，对城乡纳税居民做出了一些让步，但这些让步并不影响贵族的特权。

1775 年 3 月 17 日颁布的诏书尤其体现了这一特征①。影响该诏书出台的因素有二：一是 1768～1774 年的俄土战争；二是 1773～1775 年的农民战争②。

叶卡捷琳娜二世用了一些"为了人民的利益"之类的浮夸言辞，保证她对忠诚臣民的爱"甚至体现在有助于减轻人民负担的细节上"③。政府首先取消了 1768～1774 年俄土战争期间向商人和行会成员征收的 80 戈比的特殊税，此外还取消了他们必须缴纳的 40 阿尔滕税。取消了工厂车床税，每个人"无需其他许可就可以生产各种手工艺品"。允许在村庄内自由建立铁匠铺，以前这一切均是禁止的，除此之外，买卖铁和铁制品也不受限制。诏书取消了养蜂、染厂、蜡厂、酿酒厂、制革厂、肥皂厂、榨油厂、啤酒花和麦芽加工厂以及谷仓、锻造厂、旅馆和浴室的税费。同时，此前在某些城市或地区征收的其他小额税收也被取消④。

与此同时，政府开始实施税制改革和商人等级的重组工作。1775 年 3 月 17 日颁布的诏书规定，只有拥有 500 卢布以上资本的居民才能被视为商人。所有达到该资本额的商人都被纳入市民等级，破产商人也包括在内⑤。

该诏书的颁布旨在清除商人等级中无力偿债的成员。在曾经的要线城市，尤其是小城市（如扎奥克斯卡亚和别尔哥罗德等），商人等

---

① ПСЗ，т. XX. № 14275.

② Н. И. Павленко. Идеи абсолютизма в законодательстве XVIII в. «Абсолютизм в России（XVII - XVIII вв.）». Сб. статей к 70 - летию Б. Б. Ка-фенгауза. М.，1964. стр. 406.

③ ПСЗ，т. XX，№ 14275. стр. 83.

④ ПСЗ，т. XX，№ 14275. стр. 84-85.

⑤ ПСЗ，т. XX，№ 14275，п. 47. стр. 86.

级包括了许多早已不再进行大规模贸易的居民，虽然他们已失去了往日的荣耀，但在城市中找到了自己存在的价值，如做小生意、从事手工艺，甚至干脆受雇于人干"各种粗活"。政府材料显示，在同一个工商业区之中，那里有"足够的土地"，贫穷的商人从事农业生产，"我们纠正了对农民有利的立场"①。显然，这些破败不堪、一贫如洗的居民与商人等级不再有任何共同点，他们名义上还属于商人等级，但他们已完全达不到应有的资本金额。

1775 年 3 月 17 日颁布的诏书将商人分为三个基尔德，但没有指出它们之间的区别。

新法律规定，达到既定纳税条件后，市民可以自由过渡到商人等级。另一方面，破产的商人又回到了市民等级，同时也失去了身为商人等级所拥有的所有特权。其中最重要的特权是免除商人等级的人头税，这是他们于 1767 年向法典编纂委员会提交的请愿中不懈追求的目标。作为免除人头税的回报，商人们每年须缴纳"他们申报或提交资本"的 1%。相反，市民等级仍然需要"缴纳曾经的各种税赋"②。

在政府对城市居民政策领域，这项税制改革具有重要意义。根据新法律，占城市人口大部分的前纳税阶层被分为两个城市等级，即商人和市民。市民在财产状况和经济活动上与商人具有本质区别。每个城市等级的法律地位不同。所有的优惠和特权都提供给了曾经作为社会上层的商人，但他们需要按照新的资产标准进行纳税。虽然很多数据不完全，但新法通过后商人等级的构成也发生了变化，

---

① ЦГАДА，ф. 248，кн. 4585，д. 12. л. 294-295.

② ПСЗ，т. XX，№ 14275，п. 47. стр. 86.

从很多数据中均可看出这一特征。第三次人口调查数据显示，在俄国的城市中，共有 222767 名男性商人。1775 年 3 月 17 日诏书颁布后，只有 24470 名男性属于商人等级，根据政府数据，应有 194160 名男性居民属于市民等级①。

以上是专制政府对商人向法典编纂委员会所提出请愿的回复。沙皇政府将商人从侮辱其"尊严"的人头税中解放出来，但尽可能地限制了享受这一特权的人数。

政府宣布取消商人的人头税后，就开始了具体的税制改革。税制改革可分为两个阶段，税制改革对封建专制国家来说是非常重要的。起初，他们试图建立一个从全国商人那里收取的"总体纳税名录"。1775 年 4 月 6 日，参政院颁布法令，命令市政公署"根据新法规对商人征税"，莫斯科被选为第一个试点。在莫斯科，"短时间内"需要进行"商人和市民的划分工作"，即将商人分配为基尔德等级，并确定税额②。法律规定不像以前那样征收人头税，征税标准是商人本身的情况，按照现有标准，"莫斯科商人支付的税额是以前的 10 倍，根据新法规，很多原有的税额也被保存"③。

最初的数据源自 1767 年莫斯科商人的税额簿。税额簿中列出了 567 家商户，人头税额总计为 7151 卢布 40 戈比。现在，商人必须支付这个税额的 10 倍即 71514 卢布④，政府认为这个税额仍在商人的可承受范围之内。政府认为，自 1767 年以来莫斯科的商人数量有所增

---

① 其他消息来源称，第三次人口调查显示俄国有 221573 名商人。根据新法律，其中登记在行会的人数为 27000 人，"由于贸易规模较小甚至没有"，还有超过 194000 人仍留在市民等级中。参见 ЦГАДА，ф. 248，кн. 4585，д. 12. л. 296。

② ЦГАДА，ф. 248，кн. 4585，д. 12. л. 177–177 об.

③ ЦГАДА，ф. 248，кн. 4585，д. 12. л. 178 об.

④ ЦГАДА，ф. 248，кн. 4585，д. 12. л. 177 об.

加，所以税收的规模也应相应增加。根据参政院的计算，预计税收能增加至少 3.6 万卢布。因此，政府根据莫斯科商人"彼此所知的交易额和资本情况"来指定税收金额。莫斯科地方行政长官根据他们提供的具体数据确定实际可征收的税额，以便确定总体的纳税征收额①。

1775 年 5 月 25 日，莫斯科市政总署颁布了一项"关于取消商人人头税，收取申报资本的 1% 税额，并将其摊派至不同基尔德商人头上"的新法令②。之前地方行政长官确认的 4 月 6 日法令"失效"，并宣布了一项新的人口征税原则③。政府放弃了依据旧税额簿征税（这本身就是一件非常困难的事情），而采取了对留在或加入商人等级的居民提高纳税额的纳税方针。法令中指出，取消人头税和劳役的愿望将成为其他等级居民向商人等级过渡的充分动力——与市民等级相比，商人是城市阶级的特权阶级，所以他们必须为此付出代价。1775 年 5 月 25 日的法令规定，第一基尔德商人只包括资本超过 1 万卢布的商人，第二基尔德商人由资本为 1000~10000 卢布的商人组成，第三基尔德是拥有资本为 500~1000 卢布的商人④。根据政府的计算，1775~1776 年商人和市民的纳税额应比税制改革前至少增加了11.3 万卢布⑤。

新征收系统满足了政府的财政需求。1775 年 5 月 25 日法令确立的对商人和市民征税的原则，一直保留到 18 世纪末。此外，加入商

---

① ЦГАДА，ф. 248，кн. 4585，д. 12. лл. 178 об. -179.

② ПСЗ，т. XX. № 14327.

③ ЦГАДА，ф. 248，кн. 4585，д. 12. л. 184.

④ ПСЗ，т. XX，№ 14327. стр. 146.

⑤ ЦГАДА，ф. Госархива，р. XIX，д. 319. лл. 2-33.

人等级后所需缴纳的税赋一再提高，1794 年已经提高到 2000 卢布①。与此同时，工商业区居民的人头税也有所增加：从 1722 年的 1 卢布 20 戈比增加到 1797 年的 3 卢布。

值得一提的是，进入商人等级的居民的"申报资本"不一定与其实际财富相符，在绝大多数情况下，二者完全不同。任何申请商人等级者申报的资本，仅仅意味着他同意缴纳一定数额的税费，以换取商人的权利。此外，还应该考虑到 18 世纪下半叶加入商人等级的纳税资格提高和人头税的增加，其中很大一部分原因是大量发行纸币所造成的货币贬值。因此，1775 年税制改革前后，希望加入商人等级的居民所需的资本名义价值与实际货币价值并不相同。

农民涌向城市

税收是政府控制商人等级构成的最重要手段，它限制了其他社会等级，尤其是农民进入商人等级。

在封建制度下，农民要么按照法律规定进入城市，要么通过非法手段——逃离村庄——进入城市。以雇佣劳动为生的贫农大多采用第二种方法进入城市。尽管法律残酷地迫害通过非法手段进城的农民，但正是由于这些非法进入者，城市及其工商业区的人口才得到了补充。

农民为了正式合法地过渡到城市，需要从事贸易或手工业，换句话说，需要拥有必要的资金。众所周知，当时，非城市公社居民是被断然禁止在城市内从事贸易的，只有富裕农民可获得城市市民的特

---

① ПСЗ，т. XXIII．№ 17223.

权，但这一切的前提是他们拥有人身自由。

这就是封建农奴制度消极作用的体现。商权的正式登记要求农民在城市扎根并取得不动产，但这是非常困难的。18 世纪上半叶成为商人的最低资本为 300~500 卢布。即使达到这个标准，每个登记在案的居民也必须"通过行政长官的亲自确认"①。

政府尽可能地限制农民进入城市和商人等级。为此，他们提高了加入商人等级的门槛。

获得商人资格的一个严重障碍是企业注册所需的复杂法律程序，以及现行的税收惯例。

农民要进入城市，首先需要得到"农民大会"即村社的同意，相对而言这个程序比较简单。症结在于想要加入商人等级的农民需要支付一定数额的补偿，补偿的数额是在农民大会上确定的。村社不愿富有的成员离开，基于此，村社严格执行这一补偿条件，并且坚决镇压所有企图违反这一条件的资格申请人。让我们举一个例子，1793 年，下诺夫哥罗德省马卡里耶夫县伊格里斯基村的农民奥西普·费多罗夫未经农民大会同意，决定成为一名商人。当他去城里正式递交申请时，农民们召开了一次会议，他们在会议上残酷地殴打了奥西普·费多罗夫的妻子费奥克拉，并说："你会记住如何在未经农民大会许可情况下妄图悄悄进入商人等级的代价。"然后她就被戴上脚镣，铐了整整一天。费奥克拉被告知，只有在"他们拿走了她丈夫的所有财产"后，"他们才会允许她丈夫拥有商人身份"②。

但农民大会只是农民进入商人等级漫长而充满荆棘的"合法"

---

① ПСЗ, т. XII. № 9372.

② ДНУАК, т. I, вып. 8. Нижний Новгород., 1890. стр. 375.

道路上的第一步。获得户口所在地相关部门的许可要困难得多，最难的是获得地主的许可。接下来，还必须争取当地商人的支持，并由当地商人村社证明其职业性质，向城市相关部门提交必要的文件，然后提交给省行政长官批准。如果一切顺利，申请人还需等待政府机构批准申请。

加入商人等级的申请需要经过众多机构审核，由于针对不同类别纳税人的法律有时存在模糊性和矛盾，官员们经常向希望加入商人等级的居民索贿。例如，科斯特罗马省卢霍夫斯基县金迪亚科瓦皇村的农民费奥多尔·斯捷潘诺夫就曾遇到过这种情况。1781 年，他抱怨被政府部门索要钱财。总督 Р. И. 沃龙佐夫建议科斯特罗马市行政长官查明"是谁索贿，为什么向他索要钱财，并将索贿的人解雇"。但正如大家所料，并没有人受到惩罚。为抑制可能的敲诈勒索行为，Р. И. 沃龙佐夫认为有必要警告科斯特罗马的地方行政长官，并告知当费奥多尔·斯捷潘诺夫成为商人等级一员时，"除了他自己宣布的资本，不会以任何其他方式向他征税"①。

加入商人等级的农民必须像商人一样缴纳新税，但农民身份时的旧税也得交，直到下一次人口调查为止。不仅是那些新进入商人等级的农民，所有加入城市（工商业）等级的居民一般都会被要求支付双重税额。

许多成为商人的农民由于无法承受双重征税的负担而退出。例如，总督沃龙佐夫报告说，从 1778 年弗拉基米尔省成立到 1783 年的 5 年内，有 428 名皇室农民和经济农民在不同城市注册成为商人，但他们被收取双重税额，很多人无力支付，因此他们要求要么像以前的

---

① ЦГАДА，ф. Госархива，р. XVI，д. 638，ч. 1. л. 4-4 об.

农民一样免除人头税和退租，要么再次转变为最初的"农民等级"①。

根据政府的计划，商人注册程序的复杂性以及进入这一等级的财产要求不断提高，即使不能完全阻止，也应限制农村人口向城市的进入。但是，尽管在官方立法中存在种种障碍，农民仍然继续涌入城市。第三次人口调查期间，有 1000 多名农民登记为商人②。1776 年，莫斯科有 400 户农民纳入市民等级，雅罗斯拉夫尔的数量大致相同，圣彼得堡约有 300 户，谢夫斯克有 84 户③。

1777 年 7 月 25 日颁布的一项法令规定，在"各地关于商业机构福利的一般性规定"发布之前，将征收双重税赋作为一项临时措施，之后，进入城市的农民数量大增。法令还指出，如果未来的法律因某种原因不适合那些加入商人等级的农民，那么他们可再次回到"原来的等级"④。

农民们急于利用这部法律，希望在获得作为商人"既得利益"的同时，在不久的将来获得双重税额的豁免权。参议员 М. Ф. 索伊莫诺夫于 1779 年 1 月 19 日向参政院报告："被分配到奥洛涅茨矿厂的所有农民都要求加入商人和市民的行列，他们是希望通过这种方式完全摆脱工厂工作。彼得罗扎沃茨克市政府也追求同样的目标。"他愤慨地补充道："不再区分法律规定的商人和市民头衔所包括的内容，以及注释应以什么顺序执行，而只想着增加公民的数量，还不在

---

① ЦГАДА，ф. Госархива，р. XVI，д. 638，ч. 2. л. 106.

② Н. Л. Рубинштейн. Уложенная комиссия 1754 – 1766 гг. «Исторические записки». т. 38，1951，стр. 215.

③ Е. И. Индова，А. А. Преображенский，Ю. А. Тихонов. Классовая борьба крестьянства и становление буржуазных отношений в России. «Вопросы истории». 1964. № 12. стр. 38.

④ ПСЗ，т. XX. № 14632.

意他们目前的地位如何。"①

沙皇政府采取紧急措施限制奥洛涅茨矿厂的农民进入城市。1780
年 3 月 11 日法令显示，彼得罗扎沃茨克市的市民等级由奥洛涅茨矿
厂的在册农民组成，人数为 771 人，于是彼得罗扎沃茨克市市民等级
的进一步补充被禁止②。政府担心工厂可能会因此而失去所需的劳动
力③。如果考虑到彼得罗扎沃茨克市周边地区的主要居住者就是奥洛
涅茨矿厂的农民，那么该地市民等级数量增加的可能性几乎就被完全
抑制了。因此，叶卡捷琳娜二世统治下的政府人为地限制了奥洛涅茨
地区城市人口数量的增加，这无疑阻碍了其经济发展，特别是贸易和
当地手工业的发展。

当时，在俄国其他地区也可以观察到类似的情况。1782 年 7 月 7
日，卡卢加总督 M. H. 克雷切特尼科夫向叶卡捷琳娜二世通报大量
农民涌入城市，卡卢加最为严重。克雷切特尼科夫认为这是一种危害
社会的现象。他指出，卡卢加的地主奴仆数量过多，其中许多"只
是名义上拥有自由，实际上地主可以干预他们的生活"。他们主要属
于皇室农民、经济农民和地主农民，克雷切特尼科夫强调，"他们没
有权利成为市民"。他在报告里还写道，这些地主奴仆及其家人应该
被驱逐到"他们被分配的"土地上去。在卡卢加省的其他地区也观
察到农民向城市渗透的过程。克雷切特尼科夫认为，在季赫温，"就
有 35 名经济农民，他们的土地与城市共有"。在科泽尔斯克，有 22
名这样的农民④。

---

① ЦГАДА，ф. 291，оп. 4，д. 1969. л. 1–1 об.

② ПСЗ，т. XX，№ 14991. стр. 921，923.

③ ЦГАДА，ф. 271，Берг-коллегия，кн. 2159. лл. 1370，1393，1397，1412 об.

④ ЦГАДА，ф. Госархива，р. XVI，д. 729，ч. 1. лл. 13，79 об.

总督认为"农民居住在城内"是不可接受的①。对此,在他看来,现行法律并没有阻止农民进入城市。1780 年 7 月 17 日,克雷切特尼科夫在报告中写道,一些农民"拥有进入商人等级的办法,但他们只关心与商人头衔相关的福利,除此之外他们没有任何优点"。

地方行政当局对愿意加入城市等级者的控制得到了加强。即使进行了更细致的选择,主要表现在仔细确定申请人的资本规模,以及确定他们所提交文件的真实性,农民(包括穷人)也会被要求离开城市。克雷切特尼科夫本人最终不得不遗憾地承认,他在卡卢加、图拉和梁赞等地采取的额外限制措施只是在一定程度上阻止了"没有任何优点的农民进入商人等级"②。

1782 年 7 月,参政院谴责沃洛格达总督政府允许大量农民登记为市民。报告中指出,该举措"与政府的初衷相悖,它导致国家收入减少,且没有给城市带来任何好处"。新登记的市民明显贫困,总督的章程本身就证明了这一点,这就是为什么有必要"在这种情况下始终极其谨慎地行事"③。

同年 11 月,参政院颁布法令,完全禁止农民加入市民等级。参政院没有批准普斯科夫总督政府提交的关于将霍尔姆地区经济农民彼得·伊万诺夫登记为市民的申请。该法令称,"没有其他规定表明农民可登记为市民等级,进入商人等级的唯一途径是申报资本和承担税赋"④。

基于此,农民进城的程序不但没有得到简化,反而变得更加复

---

① ЦГАДА, ф. Госархива, р. XVI, д. 729, ч. 1. л. 13.
② ЦГАДА, ф. Госархива, р. XVI, д. 729, ч. 1. л. 226-226 об.
③ ПСЗ, т. XXI, № 15459. стр. 623.
④ ПСЗ, т. XXI, № 15578. стр. 742.

杂。专制制度规定了加入商人等级的资格，首先限制农民加入市民等级，然后全面禁止农民加入市民等级。已经成为商人的农民摆脱双重税赋的希望并没有实现。1782 年 7 月 2 日的法令明确规定他们需要承担双重税赋①。

应该强调的是，所宣布的城市公民权利并不总是在法律生效后立即得到落实。许多市民不得已进行了长期斗争，以摆脱他们以前作为农民所承受的封建劳役，并反对政府对他们从事贸易和手工业活动的限制。在这种情况下，曾在 И. Г. 切尔尼雪夫伯爵所属的安宁斯基和尤戈夫斯基铜冶炼厂工作的农民于 1761 年加入了索利卡姆斯克市的商人等级。据当地行政长官称，25 名农民商人的登记是在检查了他们的证明和财产状况后，按照规定的手续进行的。那些想加入商人等级的农民拥有必要的贸易资本（300 卢布及以上），并在他们居住的城市购买了自己的房屋。尽管如此，这些农民移居城市也是在 3 年之后。伯爵的律师、军士列昂蒂·雅科夫列夫开始将他们与"其他农民一起送到工厂"。那些拒绝的人遭到残酷的殴打，然后强制被送去工作，"恶棍警卫跟在后面，他们脚上戴着脚镣"。其他人则被关押在索利卡姆斯克切尔尼雪夫家中的一个监禁小屋里，在那里他们遭到殴打，而工厂不得不用雇佣工人代替他们②。

政府对希望成为商人的农民进行更严格的控制，在对申请人进行资本审查时十分严格，还检查他们的兵役履行情况。所有这些都是为了尽可能地减少申请者的数量。后来这一条件扩展到所有类别的农民。1796 年的法令规定农民在兵役结束后才可以加入商人等级，而

---

① ПСЗ，т. XXI. № 15459.
② ЦГАДА，ф. 397，д. 445/49. лл. 17–18.

农民正是希望通过进入城市来摆脱服兵役的义务。

18 世纪末，政府颁布了一系列法律，使农民向城市的移民变得更复杂，限制更多。政府宣布在下次人口调查开始后禁止提交申请，这极大地侵犯了想要加入商人等级的农民工商业者的利益①。

农民向城市移民的程序复杂性揭示了俄国专制主义立法的等级保护性。诚然，政府在这个问题上的政策并不总是直截了当的。而且，政策有时是不一致和互相矛盾的。政府提高了加入商人等级所需的税收要求，并固定对注册资本征收 1% 的税。与此同时，旧基尔德商人也发生了重组，伴随着新的城市纳税等级，即市民等级的分离，这些事件都具有资产阶级性质。此后，俄国政府颁布了 1777 年 7 月 25 日法令，出台对新加入商人等级的农民征收双重税赋的临时措施，并承诺未来会重新审视现行的税收方案。

然而，在封建农奴制背景下，为保障贵族特权，政府重新审核双重税赋方案的许诺并未兑现。1782 年 7 月 2 日法令再次宣布恢复征收双重税赋，进一步限制了农民进入商人等级。

1775~1785 年的地方政府机构改革

1775~1785 年的地方政府机构改革对城市及其人口产生了重大影响。各省设立了省级、县级和市级地方政府机构。根据地方政府机构改革措施，市成为一个独立的行政单位，首都则设立了警察总长职位。在城市，市长履行行政和监管职能，甚至可调查军队②。

---

① ПС3，т. XXIII. No 17357.

② ПС3，т. XX, No 14392, гл. XIX. стр. 256-259.

根据地方政府机构改革措施，城市的政府机构被保留。它们由两名民选的市长和四名市议会议员组成，轮流执行公务。城市行政长官的成员由商人和市民选举产生，一般每 3 年选举一次。在人口少于500 人的小城市中，行政长官制度被取消，取而代之的是一名市长和两名市议会议员①。

市政公署和市政局不仅扮演着法院的角色，而且是市政机构，尽管它们的活动在实践中受到行政部门的极大限制。从这个角度来说，地方政府机构改革实际上并没有改变全国城市机构的组织结构。

在一定程度上，地方政府机构改革的最重要意义体现在 18 世纪下半叶俄国城市构成的变化中，即在村庄和工商业区建立新城市，它们是地区的经济中心。它们的居民主要是曾经的农民、车夫，现在成为市民。研究地方政府机构改革期间及之前制定的法律规范具有重要意义，这有助于更好地了解当时政府有关城市和城市人口政策的性质。

前文提及，商人等级中的每个新成员都必须承担双重税赋，直到下一次人口调查为止，但在原农村工商业区建立的新城市的原住民可以免于缴纳双重税赋。根据 1772 年 4 月 2 日的法令，瓦尔代村、上沃洛乔克村、博罗维奇村和奥斯塔什科夫村成为所在县城的行政中心。这些以前村庄和工商业区的原住民，在居住地转变为城市后，立即成为市民或商人，并相应地只需承担一份税赋。指定城市的新移民人口在登记为商人时，按照旧制度（无论是商人还是农民）都需要缴纳税款和其他费用，直到下一次人口调查为止②。

---

① ПС3, т. XX, № 14392, гл. XX. стр. 259, ст. 278 и 280.

② ПС3, т. X1X. № 13780.

　　随后，在正式将农民转化为城市公民时，这一法令被反复提及。该法律适用于地方政府机构改革期间建立的许多新城市的居民。因此，"在诺夫哥罗德省新城市的基础上"建立了城市工商业区，其居民被转移到科斯特罗马、沃洛格达、辛比尔斯克、奔萨和总督管辖区下其他省份[①]。

　　但并非所有地方都是如此。例如，1778 年弗拉基米尔省并没有像诺夫哥罗德省那样，根据 1772 年 4 月 2 日的法令创建新城市[②]。梅伦基、基尔扎奇、波克罗夫、苏多格达、科夫罗夫和亚历山德罗夫等城市内新加入商人等级的居民开始承担双重税赋。弗拉基米尔总督做出了一些让步，新居民可以按照曾经的农民身份缴纳人头税和代租役（暂时免除了双重税赋的压力）。他提请政府注意这样一个事实："在许多其他省份，建立新城市之初，只向注册为商人的居民征收货币税，而免除人头税和代役租。"[③]

　　但是，弗拉基米尔省新城市商人的税收困境直到下一次即第四次人口调查完成后才得到缓解。毫无疑问，这反映了沙皇政府的独断专行，尽管有现行立法，但并没有免除弗拉基米尔省原农村居民点（后来成为城市）原住民缴纳双重税赋的义务。

　　有时，有些法令甚至直接规定，某个特定工商业区就算转变为城市，也不能享受 1772 年 4 月 2 日法令规定的福利。例如，关于在诺夫哥罗德省建立一个名为克列斯齐的新城市的法令中，明确规定克列斯齐"不能享受与本省其他新建城市一样的福利"[④]。为给莫斯科一

---

①　ПСЗ，т. XX. № 14792，14973，15060，15061；ЦГАДА，ф. 248，кн. 4585. д. 12，л. 314.

②　ПСЗ，т. XX. № 14787.

③　ЦГАДА，ф. Госархива，р. XVI，д. 638，ч. 1. л. 18-18 об.

④　ПСЗ，т. XX. № 14500.

圣彼得堡沿途不间断地提供驿站服务，克雷斯特茨克-亚姆斯克工商业区就以其中一个驿站为基础而建立。后来该工商业区被设立为城市，名为克列斯齐。包括农民和车夫在内，只有 500 名男性注册为这个新城市的商人和市民①。毫无疑问，这成为他们进入市民等级不可逾越的障碍。

所有上述例外都证实了农民和车夫在新建城市中正式转移到市民等级的程序复杂性。

但也有另一种例外。例如，外来农民可以登记为基里洛夫市的市民，基里洛夫市是在基里洛-别洛焦尔斯基修道院的下修道院工商业区旧址上创建的，这里的居民无须承担双重税赋。但这一政策只有那些在经济委员会任职并在工商业区自有房产中居住过一段时间的农民才能享有②。这样做的目的是巩固新城市的地位，并尽可能多地吸引富裕的经济农民。

一般而言，在建立城市的过程中，政府也采用了强制农民入城的方式。例如，斯捷潘诺夫斯科耶村和滕科娃村的经济农民就遇到这种情况，他们被迫违背自己的意愿，被纳入卡德尼科夫市的市民等级，该市后来成为沃洛格达省的中心。农民向参政院提出了申诉。应政府要求，沃洛格达总督 А. П. 梅尔古诺夫报告说，在新创建的卡德尼科夫市，由于人口不足（只有 31 名男性人口），政府允许周边村庄的 136 人登记为市民，并给予他们暂时在城外居住的权利，还承诺他们可以回到"原始状态"，即回到农村③。从这个案例可清楚地看出，卡德尼科夫地区的农民无疑受到了当地政府的压力，他们不想成为市

---

① ПСЗ，т. XX. № 14672.

② ПСЗ，т. XX. № 14500.

③ ЦГАДА，ф. Госархива，р. XVI，д. 1012，ч. 1. лл. 96–98.

民等级的一部分。

有时，政府也会对农民施加压力，鼓励他们成为市民。巴拉绍夫市就是一例，它建在萨拉托夫省同名皇村的旧址上。此地共有 87 户人家，只有 19 户同意加入市民等级，其余的人都坚决拒绝。萨拉托夫省省长 И. 波利瓦诺夫少将在报告中指出，他不止一次地亲自"号召他们，并千方百计地劝说他们"，并且后来不止一次"派顾问到那个村子去"。尽管他们付出了一切努力，但都无法让巴拉绍夫的居民"不再从事农业"。当地行政官员对此表示担忧，如果允许巴拉绍夫的人口继续保持农民身份，"那么在其他城市"，那些"现在已经毫无怨言地习惯了新头衔的市民也会提出同样的要求"。"这种不情愿并非出于其他原因，"他指出，"而是出于恐惧，是一种对土地被剥夺的担心。"①

1781 年 2 月，萨拉托夫总督区的所有机构正式运转②。巴拉绍夫的居民从农民"改名为"市民，据波利瓦诺夫少将报告，"由于他们十分贫困，特别是他们已养成了耕作习惯，不想成为市民"，于是他们开始抵抗。在第四次人口调查期间，新城市的人们"不想成为新的等级"，波利瓦诺夫指出，"他们不断地来请求我，允许他们用旧方式生活，回归农民身份"。鉴于巴拉绍夫居民顽固地不愿加入市民等级，总督府甚至提议将巴拉绍夫重新变回农村，甚至有官员提出建立巴拉绍夫市的"地点不便"。当地行政长官在 1782 年 9 月 30 日的报告中问道："你想摧毁巴拉绍夫市和附近列普诺耶村的亚萨什农民吗？那里有不同类型的居民，有些居民善于从事贸易，他们已形成了

---

① ЦГАДА，ф. Госархива，р. XVI，д. 918，ч. 2. л. 25–25 об.

② ПСЗ，т. XXI. № 15126.

一个聚落，那里俨然已成为一个城市。"① 然而，政府认为没有必要改变其决定，巴拉绍夫居民依然被强行登记为市民，他们继续从事农业生产，专门种植瓜类②。

当政府出于监察和财政的目的把农村变为城市时，即使后者与普通村庄无异，情况还是发生了改变。

如果这些行为在某种程度上影响了俄国政府或贵族的利益，那么政府在个别时期并不对新城市的居民进行正式的登记，将他们记录为市民。

在许多情况下，地方政府机构改革中新建城市中的居民不得不在紧张的斗争中捍卫自己作为城市公民的权利。

随着大规模工业的普及，特别是冶金工业的发展，阶级斗争愈发激烈。这并不奇怪，因为该工业部门使用农奴强制劳动。在城市人口增长这一重要问题上，农奴制的负面作用表现得尤为突出。

彼得罗扎沃茨克就是一个例子。在这个新城市，商人和市民为彻底摆脱采矿劳役进行了长期的斗争，他们以前是奥洛涅茨采矿工厂的在册农民。即使在他们加入市民等级之后，工厂的管理部门也试图将采矿责任分配给他们。

彼得罗扎沃茨克和奥洛涅茨省其他县的农民，即使登记为商人和市民，他们中的大部分人仍留在以前的村庄和居住地，并没有搬到城市，这一事实使问题变得更加复杂。

工厂管理部门不承认一些在册农民已转入商人和市民等级的事实。工厂主仍继续将彼得罗扎沃茨克的商人和市民（以前的在册农

---

① ЦГАДА, ф. Госархива, р. XVI, д. 918, ч. 2. л. 33 и 33 об.

② На гербе Балашова изображались два арбуза, означавшие «изобилие города таковыми плодами» (ПСЗ, т. XXI. № 15215).

民）纳入生产部门，并认为他们与所有在册农民一样需要履行采矿劳役，还需缴纳人头税和其他税赋。彼得罗扎沃茨克的新商人和市民在获得城市公民权后，立即感受到了来自工厂管理部门的压力。1778年 7 月 30 日，他们在市民登记表中并没有正式改变阶级属性，以至于 9 月 24 日，奥洛涅茨采矿工厂办公室发出命令，要求来自当地商人等级的总共 32 人"到工厂工作"，根据命令，他们应将货物从位于彼得罗扎沃茨克的粮食商店运送到城市码头①。与此同时，居住在城外的彼得罗扎沃茨克的商人和市民以及在册农民，被派去从事其他工作，如砍伐木材和烧煤、"开采岩石"、"装卸矿石"及"修理高炉"。仅在奥斯特雷琴斯基·波戈斯特，这样的商人和市民数量就达59 人②。

　　这是封建农奴关系的典型表现。在这种情况下，世袭地主，即奥洛涅茨采矿工厂办公室代表的是国家，要求人们履行劳役，即使根据当时的立法，这些人已进入市民等级而应免除劳役。政府故意决定限制当地城市人口的贸易和手工业活动，理由是奥洛涅茨采矿工厂劳动力短缺。1778 年 12 月 20 日，参政院颁布法令，要求所有加入商人和市民等级的在册农民像以前一样在工厂工作。从此以后，这些在商人和市民等级中的在册农民只有在特别许可下才能进行相关活动。他们长期以来一直受贝格委员会的管辖③。

　　彼得罗扎沃茨克的商人和市民抗议中央和地方政府当局的行为，因为这些行为限制了他们的个人自由，并损害了他们的贸易和手工业活动。早在 1778 年 10 月，下士雅科夫·登克曼就向奥洛涅茨采矿工

---

①　ЦГАДА，ф. 271，кн. 2159. л. 1234.

②　ЦГАДА，ф. 271，кн. 2159. л. 1407.

③　ЦГАДА，ф. 271，кн. 2159. л. 1250.

厂办公室报告说，在册农民（现已登记为商人和市民）拒绝从事在各个乡镇砍伐木材和烧煤的劳役，他们中的许多人表示，这是他们最后一次为工厂工作①。

事实上，以前的在册农民后来成了彼得罗扎沃茨克的商人和市民等级，他们拒绝履行他们之前的采矿劳役，导致 1779 年春天向工厂运送煤炭的时间被推迟。正如当地地方自治局当年二月报道的那样，威利卡古不斯基德兰旗村强烈抵制工厂的管理，许多成为市民的农民不想缴纳人头税和其他税，并且没有和其他村民一起去工厂工作。地方自治局同时补充说："在没有法令支持的情况下，对已登记为城市商人和市民的人征收人头税和其他税以及要求他们继续在工厂工作，这本身就是危险的。"② 1779 年 3 月，奥洛涅茨采矿工厂的负责人 A·亚尔佐夫在向参议员 М. Ф. 索伊莫诺夫提交的报告中写道，居住在威利卡古不斯基德兰旗的商人和市民"开始不服从命令，存在叛乱的危险"③。同样，以前奥斯特雷钦斯基的在册农民，在加入了商人和市民等级之后，"变得不听话"，拒绝为奥洛涅茨采矿工厂准备煤炭④。

于是亚尔佐夫制造出一种紧张的局势，威胁要关闭工厂，试图影响彼得罗扎沃茨克市市政公署的决策，但没有任何结果。市政公署负责人回答说，他不知道该怎么办，答复十分模糊："要么强迫商人和市民转向农民工作，要么纠正他们的商业活动。"在政府没有明确同意的情况下，亚尔佐夫已跳过政府，直接强迫商人和市民进入矿厂劳动，这一点不但违背了政府法令，而且"非常危险"⑤。

① ЦГАДА，ф. 271，кн. 2159. л. 1242.
② ЦГАДА，ф. 271，кн. 2159. л. 1294.
③ ЦГАДА，ф. 271，кн. 2159. л. 1293.
④ ЦГАДА，ф. 271，кн. 2159. л. 1406.
⑤ ЦГАДА，ф. 271，кн. 2159. лл. 1294 об.，1354.

彼得罗扎沃茨克商人和市民反抗涉及的范围越来越广。贝格委员会主席 M. Ф. 索伊莫诺夫向参政院报告此事，询问应采取什么措施来制止"曾经是在册农民的商人和市民"①的行动。

参政院邀请索伊莫诺夫和诺夫哥罗德总督 Я. E. 西弗斯进行必要的调查，并要求将调查结论提交。参政院认为，两位管理者在解决这一问题时应关注的重点是"工厂不能停产"②。

于是，中央政府在一定程度上达成了较为妥协的解决方案。根据方案，彼得罗扎沃茨克的商人和居住在该市的市民完全免除采矿税，以及作为在册农民应缴纳的所有其他税赋。对于那些转入城市等级而依旧居住在城外或者农村的商人和市民，则必须继续缴纳针对农民的税赋，并承担与之相应的各种劳役。除此之外，为彰显公平，"城市公社"的成员需在城市内缴纳税赋并承担相应的义务③。

然而，这并没有缓和彼得罗扎沃茨克市民的窘境。正如我们所知，城市的绝大多数商人和市民仍然留在农村，他们都需要履行采矿劳役。因此，在奥洛涅茨省各村庄的 764 名商人和市民中（数据截至1779 年 5 月），当年有 220 人被送往工厂工作，占总数的 1/3 左右④。

显然，这给主要从事贸易和手工业的居民带来了沉重的负担。对他们而言，雪上加霜的是奥洛涅茨采矿工厂办公室禁止他们雇用农民来代替他们工作⑤。长期的采矿作业，给商人和市民带来毁灭性的灾难，于是他们继续逃避自己的劳役。任何威胁性的命令以及派出士兵

---

① ЦГАДА，ф. 271，кн. 2159. л. 1524.

② ЦГАДА，ф. 271，кн. 2159. л. 1524 об.

③ ЦГАДА，ф. 271，кн. 2159. л. 1355.

④ ЦГАДА，ф. 271，кн. 2159. л. 1521.

⑤ ЦГАДА，ф. 271，кн. 2159. л. 1583.

去抓捕那些躲藏的人并没有起到作用①。因此，当地政府认为最好不要再让居住在城外的彼得罗扎沃茨克商人和市民参与采矿工作。但这仅适用于那些在 1779 年 7 月之前已成功正式进入新等级并受城市行政长官管辖的居民。

在册农民占彼得罗扎沃茨克商人和市民登记总人数的 50% 以上。据诺夫哥罗德总督西弗斯的命令，从 1779 年 7 月起，他们所有人都被免除了作为前在册农民应缴纳的税赋和采矿劳役。从此，他们只保留"市民身份"，"城市权利属于商人和市民"②。

彼得罗扎沃茨克的商人和市民花了整整一年的时间才摆脱了工厂管理部门试图强加给他们的封建采矿劳役，并最终捍卫了自己作为市民的权利。

在失去了要求彼得罗扎沃茨克市的商人和市民履行采矿职责的权利后，奥洛涅茨采矿工厂办公室并没有放弃进一步奴役他们的尝试。

彼得罗扎沃茨克市地方法官向诺夫哥罗德总督西弗斯抱怨说，奥洛涅茨采矿工厂的管理部门"希望让商人和市民进入他们的工厂，强迫他们工作，迫使他们使用工厂分配的手推车和船只将人员和货物运送到不同的地方"。工厂管理部门拒绝将城市的土地分配给想要在彼得罗扎沃茨克定居的外地商人和市民，也不允许他们砍伐森林来建造房屋，认为这一切都是工厂的财产。西弗斯指出，这严重违反了有关城市人口的现行立法，他责令奥洛涅茨采矿工厂管理层注意这一事实，即"它不应吸纳西弗斯登记在册的商人和市民到工厂工作"③。

正是因为诺夫哥罗德总督西弗斯的直接干预，才结束了奥洛涅茨

---

① ЦГАДА，ф. 271，кн. 2159. лл. 1353 об.，1354，1397 об.，1428-1429.
② ЦГАДА，ф. 271，кн. 2159. л. 1583 об.
③ ЦГАДА，ф. 271，кн. 2159. л. 1583-1583 об.

采矿工厂管理部门对那些已成为彼得罗扎沃茨克市商人和市民的前在册农民的骚扰。

所有这些均表明奥洛涅茨的在册农民通过斗争合法地进入了商人和市民等级。他们的顽强抵抗克服了封建农奴关系的阻碍，正是这种阻碍人为地抑制了城市人口的增长。

在另一个冶金工业中心叶卡捷琳堡，城市居民采取了另外一种方式反对封建制度。这个城市的地位特殊，它受乌拉尔采矿厂的管辖。叶卡捷琳堡的人口主要分为两大类，即工人和市民，其中前者明显占主导地位。И. И. 列佩欣指出："叶卡捷琳堡的居民几乎都是不同等级的工厂工人。"[1] 18 世纪 60 年代，叶卡捷琳堡共有 1228 户居民，其中只有 52 户居民属于市民[2]。

工厂当局对 18 世纪 50 年代建立的地方市政公署毫不在意，甚至否认叶卡捷琳堡工商业区的存在，认为"该地不是一个城市，只是一个人口稠密的社区"，应该受到"特殊管辖"。"考虑到它与其他城市的不同"，厂方甚至直接干涉商人的贸易事务，它武断地将当地的交易场所"纳入"工厂，干预贸易行为，损害了商人的利益[3]。

叶卡捷琳堡市政公署向省市政公署长官以及其他政府部门提出投诉，但没有任何结果。这种状况一直持续到 1781 年。直到地方政府机构改革，叶卡捷琳堡像其他城市一样建立了市行政规划系统，城市人口也脱离了工厂当局的管控。与此同时，工厂雇用的部分工匠和在册农民也转移到商人和市民等级[4]。

---

① И. И. Лепехин. Дневные записки，ч. 2. СПб.，1772. стр. 195.

② ЦГАДА，ф. 397，д. 445/15. л. 18–18 об.

③ ЦГАДА，ф. 397，д. 445/15. лл. 7 об. –8，15–18.

④ 《Труды Пермской ученой архивной комиссии》，вып. III. Пермь.，1897. отд. 2，стр. 36.

这进一步证明了俄国以冶金工业为基础的城市人口的形成经历了复杂且艰难的道路。工厂雇佣关系的封建依赖性阻碍了城市人口的增长。

我们在 1775～1785 年地方政府机构改革期间形成的许多新城市中也观察到了类似现象。

因此，地方政府机构改革提高了城市的重要性，使其成为一个独立的行政单位。改革加速了已成为城市的村庄和工商业区的居民向市民等级的过渡进程。然而，现有的法律规范和政策限制了城市人口的增长。

城市法规

18 世纪最后几十年，专制政权无法忽视国家经济、城市发展和城市人口所发生的变化。为了捍卫贵族等级的利益，专制政府不得不采取满足资产阶级发展需要的个别举措，其中包括制定新的城市法规。

这项改革的准备工作早在 17 世纪 70 年代就开始了，当时采用了新的税收制度。1775 年 5 月 25 日颁布的法令规定对商人申报的资本征收 1% 的税，并将其划分到不同的基尔德，同时法令规定设立一个专门机构"来确定商人和市民的国家义务"①。但参政院很快得出结论，如果不适当"调整每个基尔德商人的利益"而发布"最终决议"，就不可能完成如此特殊的任务，之所以需要制定这样的法案，原因如下：一是以往的立法只涉及商人的基尔德划分，而对贸易秩序

---

① ПСЗ，т. XX，№ 14327，п. 7. стр. 146.

和规则以及各基尔德的"优势"几乎没有提及；二是在实践中，在执行 1775 年 3 月 17 日关于将先前统一的商人等级划分为商人和市民等级的法令期间，在确定各基尔德商人的权利时出现了"许多复杂案件"；三是参政院并不完全了解事实，即"除酒馆外，还有多少商户从事哪些岗位"①。

在收集了必要的信息后，参政院制定了一份《关于商人和市民利益与地位的计划》。正如新法律草案的解释性说明所述，参政院"试图规定每个基尔德商人和市民的利益和贸易地位，这样不仅商人不会受到同行的压迫，而且可以一种轻松的方式，鼓励市民加入商人等级，或者鼓励商人从一个基尔德转移到另一个基尔德，可以宣布他们真正的资本"。

该法律分别对商人、市民等级和各基尔德商人的权利和义务进行了明确规定。"商人的第一个特权"是"根据以前的所有法律"在俄国从事"任何类型的贸易"。没有注册成为商人，任何人都无法进行交易。1767 年立法委员会制定的城市相关法律称，只有商人"有权在所有城市和村庄以及交易会上购买商品"，在港口和各地批发销售，在自己城市的小商店出售商品②。批发贸易的要求旨在保护本地商人免受外地商人的竞争，这也在许多提交给立法委员会的商人请愿书中有所体现。商人有权与政府签订合同和签订外包合同；他们可以"合法地要求建立各种工厂"，"建造私有船只和供出租的船只"。商人分为不同的基尔德，受各自地方法官和市政公署的管辖，并且只受其管辖。在商人受到侮辱时，他们有权从犯罪者处获得相应赔偿，侮

---

① ЦГАДА，ф. 248，кн. 4585，д. 12. л. 293-293 об.

② ЦГАДА，ф. 248，кн. 4585，д. 12. лл. 293-293 об.，296，298-298 об.

辱他们的妻子和儿子是双倍赔偿，侮辱他们的女儿是四倍赔偿。

商人不用服劳役，出售盐和酒也可免税，同时可免除摊位费和印花税。商人还有一项重要特权，即可用货币赎买兵役①。

除一般权利外，各基尔德商人还享有不同的特权。按照 1775 年 5 月 23 日的法律规定，第一基尔德商人的最低申报资本为 1 万卢布，第二基尔德商人为 1000 卢布，第三基尔德商人为 500 卢布。因此，给予前两个基尔德商人的特权最多，他们可开展国内外贸易和出国旅行。

除了贸易上的优势，法案还为第一基尔德商人提供一些特权，这在一定程度上拉近了他们与贵族等级的距离。他们被允许夫妻共同乘坐马车，并参加宫廷宴会。申报资本为 3 万卢布以上的商人有权佩剑，这也是商界人士向立法委员会提出的诉求之一。新法案考虑到了商人的这些愿望，并在其中添加了其他一些类似的要点。当资本达到 8 万卢布时，商人能"使用马车"，相当于八品官员。5 年内与国外进行贸易且贸易额在 5 万卢布以上的商人，还能获得"荣誉商人"的称号，相当于七品官员②。

与第二基尔德商人相比，第一基尔德商人可以获得更高的职位（地方行政长官、市长、法官），而第二基尔德商人可获得比第三基尔德商人更高的职位③。

就市民等级而言，他们还包括艺术家和科学家，以及工匠和手工业者。市民可以"在城市中进行小额贸易，即各种水果、蔬菜、食品、化妆品和化学制品的交易"，他们还可经营小酒馆、地窖、理发

---

① ЦГАДА，ф. 248，кн. 4585，д. 12. лл. 298 об. –299 об.

② ЦГАДА，ф. 248，кн. 4585，д. 12. лл. 303 об. –304.

③ ЦГАДА，ф. 248，кн. 4585，д. 12. лл. 304 об. –306.

店，等等。市民等级有权成为商人的保姆和职员，并从事各种"卑贱的工作"。

与商人不同的是，所有市民必须纳税，他们还须服兵役。在城市之中，他们应该"为商人提供最基本的服务"，包括履行看门人、勤务兵和信使的职责，以根据他们的技能从中选拔甲长、工头等。"只有城市里没有商人"，或者商人数量不够，市民才能担任"其他重要职位"。

总而言之，"破产商人，以及从地主那里释放出来的其他自由人"也可加入市民等级，他们获得了市民的权利，但没有办法成为商人①。

参政院制定的《关于商人和市民利益与地位的计划》考虑了商人的重点要求，这些要求在 1767 年向立法委员会发出的申请中得到体现（如贸易垄断、佩剑权，以及第一基尔德商人享有的其他特权，等等）。同时，该计划对各基尔德商人的权利也做了非常详细的规定，为其富有的精英提供了最大的利益。该计划规定，第一基尔德商人担任市政府的主要领导职务，市政府中的低级职位则全部交给市民。总体而言，该计划是 18 世纪最后几十年政府对城市和城市人口政策的进一步发展。该计划与立法委员会起草的"国家中产阶级居民"法律草案、"公共城市法"草案一样，是制定 1785 年《俄罗斯帝国城市权利和利益诏书》的重要参考。

然而，参政院并不急于讨论该计划。直到 1778 年底，参政院才对它进行讨论。在此期间，《全俄帝国各省管理条例》出版。国家进行地方政府机构改革，改变了省市边界，撤销一些旧的城市，设立了

---

① ЦГАДА，ф. 248，кн. 4585，д. 12. лл. 306 об. -307 об.

一些新城市，城市人口构成和规模都发生了重大变化。在该计划出台之前，参政院决定从地方总督那里收集信息。1778 年 12 月 5 日的法令指出，当设立"相当多的总督职位"时，形势已然不同，有人提出"新城市充满了市民和商人"。因此，与参政院之前制定的方案相比，"商人的利益"必然会发生变化。参政院决定询问总督们"考虑到各省的状况，什么措施对商人和市民有好处"。参政院还感兴趣的是，应采取哪些有效措施来明确哪些人是确实符合商人标准的，而哪些人只是为了商人头衔带来的利益，"是否每个人都可以任意注册为商人，而无须具备适当的优点"。在此过程中，参政院还想要查明在城市新设立时，在商人登记过程中相关机构是否存在任何"滥用职权"的行为①。

1779 年 1 月 19 日，参政院向各省发出了类似内容的询问函②。至 1780 年 5 月 12 日，参政院收到了沃罗涅日、波洛茨克、莫吉廖夫、下诺夫哥罗德、喀山、奥伦堡和阿尔汉格尔斯克等省区部分省长的答复③，虽然很多与答复相关的资料已无法找到，但作者找到了卡卢加、图拉和梁赞省总督 M. H. 克列切特尼科夫于 1780 年 7 月 17 日的答复。

克列切特尼科夫答复说，他认为"商人和市民的利益和优势"主要取决于城市的现有状况。在他看来，卡卢加、图拉和梁赞省的大部分城市"是为了销售农产品而存在的"④。事实上，在上述省份的许多城市中，粮食、大麻、猪油和其他农畜产品贸易颇为活跃。

① ЦГАДА，ф. 248，кн. 4585，д. 12. лл. 310–311.
② ЦГАДА，ф. 291，оп. 4，д. 1969. л. 1–1 об.
③ ЦГАДА，ф. 248，кн. 4585，д. 12. л. 316.
④ ЦГАДА，ф. Госархива，р. XVI，д. 729，ч. 1. л. 219.

但是，城市贸易繁荣的背后却是许多城市商人的业务受到了贸易农的竞争。克列切特尼科夫认为有必要禁止农民进行贸易和从事手工艺，他指出，除此之外，还应该禁止在村内组织拍卖会和展销会。他指出，后者"并不完全符合新城市的利益"，日兹德拉和斯帕斯克都是如此，甚至在这些城市建立之前，"在它们的附近"，村庄里就有展销会，"在目前的情况下，它们将夺走这些城市的一部分资源"①。

克列切特尼科夫向参政院提出了一个问题，难道总督自己不能在城市内组织展销会吗②？他坚信，只要选择一个合适的城市，那里的贸易一定会发展起来。事实上，农村交易会上的交易只会对那些没有一定经济基础而建立的新城市产生冲击。同样，克列切特尼科夫坚持以禁止农民贸易作为改善商人经济状况的手段，也只是反映了商人本身的观点。商人试图通过一切手段（包括行政措施）来保护自己免受农民贸易的竞争。但这与政府旨在发展自由贸易的总路线背道而驰，而贸易自由是 18 世纪下半叶政府的重要政策。

克列切特尼科夫还谈到了农民在市民等级中登记的问题。在他看来，农民过多地"挤占"了城市，且现行立法的有效性也很弱。为压制这一激进现象，他认为有必要为所有希望成为城市公民的居民安排公开考试。他说，除之前的法律有关知识要求外，委员会还必须"特别注意"每个人的贸易知识和能力，委员会"就商业社会新成员的利益得出结论"之后，他们才可以成为市民③。

克列切特尼科夫认为，市民等级首先应该被地主释放的奴仆所拥有，他们可以加入"城市仆人的行列"，也可以成为神职人员，因为

---

① ЦГАДА，ф. Госархива，р. XVI，д. 729，ч. 1. л. 221-221 об.
② ЦГАДА，ф. Госархива，р. XVI，д. 729，ч. 1. л. 222.
③ ЦГАДА，ф. Госархива，р. XVI，д. 729，ч. 1. л. 226-226 об.

他们掌握这些技能。"在我看来，一般意义上的农民，无论他们是哪类农民，都不应该被归类为市民等级。"他说。总督只允许国家农民在"城市所需的工艺或手工业"方面取得成功后加入市民等级。他总结说，"如果没有这些能力"，农民大量进入城市之后，只会给社会带来负担①。

克列切特尼科夫凭借自己的权力，在他所管辖的卡卢加、图拉和梁赞省制定了类似的规章，将非城市居民转变为商人和市民等级，这甚至超出了现行法律的规定。此外，他还提议将此类规章扩展到整个俄国。

他对参政院提出的"商人和市民的利益"问题有独到的见解。这位领导俄国中部三个省份行政事务的总督正确地理解了政府城市和城市人口政策的意图，且其意见具有普遍性。

由于担心新城市建立后市民数量会显著增加（与前一时期相比），叶卡捷琳娜二世政府越来越倾向于尽可能限制穷人进入城市，尤其是限制农民进城。

1782 年 7 月 2 日颁布的一项法律明确，加入商人等级需要支付双重税赋，这并非巧合。同年 11 月，参政院颁布法令，完全禁止农民加入市民等级。18 世纪最后几十年，俄国城市立法正是沿着这个方向进行的。与此同时，生产力的发展客观上迫使专制政府考虑城市及城市生活中产生的新现象，被迫进行城市行政机构改革，以提升不断增加的俄国城市资产阶级的经济地位。

18 世纪 60 年代俄国的城市立法揭示了政府在这一重要问题上政策的复杂性，这反映在当时城市体系的演变之中。1785 年 4 月 21 日

---

① ЦГАДА，ф. Госархива，р. XVI，д. 729，ч. 1. л. 227.

《俄罗斯帝国城市权利和利益诏书》颁布①，预示着新的城市行政机构改革开启。它与授予贵族特权的宪章同时颁布，确认了维护贵族的权力和利益居于首要地位，所有这一切均是建立在被奴役农民之上的②。

1785 年的城市法规起源于以前俄国的城市立法，并从中发展而来。1767 年立法委员会的材料在很大程度上是 1775 年《关于商人和市民利益与地位的计划》的来源。这首先涉及城市公民的组成问题。新的城市行政机构改革使之前提出的扩大乡镇村社、吸纳其他社会等级代表进入城市的立场合法化。从现在起，"城市公社"由所有居住在城市、在城市居民簿中登记、在城市拥有房产或从事城市服务的人组成③。"城市公民"中也包括贵族，但后者凭借"贵族尊严"，免征人头税和免除劳役④。

城市公社的所有成员都纳入了城市居民簿，该册由六个类别组成。第一类只包括"真正的城市公民"，即那些在城市拥有房产的人⑤。第二类是第一、第二和第三基尔德商人。与 1775 年的标准相比，成为基尔德成员的标准甚至更高。成为第一基尔德商人的资本额为 10000~50000 卢布，成为第二基尔德商人的资本额为 5000~10000 卢布，成为第三基尔德的资本额为 1000~5000 卢布⑥。

值得一提的是，上述法律规定加入第三基尔德商人所需的资本额增加，使得这个等级与市民等级完全分裂。从现在开始，若市民想要

① ПСЗ，т. XXII,. № 16188.
② ПСЗ，т. XXII. № 16187.
③ ПСЗ，т. XXII，№ 16188. ст. 77. стр. 365.
④ ПСЗ，т. XXII，ст. 13. стр. 360.
⑤ ПСЗ，т. XXII，ст. 63. стр. 363.
⑥ ПСЗ，т. XXII，ст. 64. стр. 364.

成为商人，那么他必须拥有双重资本额（其标准是 1775 年税制改革要求的资本额）。从第三基尔德到第二基尔德的过渡也变得更加困难。

这样做的目的是尽可能限制低收入者进入商人等级。

城市市民簿中的第三类居民包括工匠和手艺人。第四类包括在城市内从事工商业的非本地居民和外国人。第五类市民由知名公民（后期的荣誉市民）组成，包括拥有超过 5 万卢布资本的居民、批发商、船主、科学家、艺术家和音乐家。第六类是由工商业居民组成的"原住民，还包括在该城市通过手工业或担任雇工养活自己的人"①。

市民属于何种类别，与其说是由职业决定，不如说是由财产多寡决定的。

城市法规明确界定了城市贸易和手工业居民的权利。诏书所宣称的所有"利益和优势"都倾向于顶级商人。只有第一基尔德商人才能从事海外贸易，在 1775 年的草案中，这一权利也被授予第二基尔德商人②。根据新的立法，后者与第一基尔德商人一同被允许进行国内的批发和零售贸易，且"不被禁止拥有或开办工厂"。第一基尔德商人可以拥有海洋贸易船只，第二基尔德商人可拥有内河贸易船只。前两个基尔德商人都免于服兵役③。第三基尔德商人可在全俄"市县内"进行小额贸易，开办酒馆、客栈，也可以从事手工业。根据与城市宪章同时发布的手工业条例，行会工人可"根据自己的技能从事各种工作"。只要拥有适当的最低标准资本，就可以自由地实现从

① ПСЗ，т. XXII，ст. 65–68. стр. 364.

② «План о выгодах и должностях купечества и мещанства». ЦГАДА，ф. 248，кн. 4585，д. 12. л. 304 об.

③ ПСЗ，т. XXII，№ 16188，ст. 102–113. стр. 368–369.

市民到商人的转变①。

以上法令是法典编纂委员会材料中所述原则的进一步发展，确定居民所处等级的标准是城市贸易和手工业人口的财产状况，以及他们是否拥有特权。

然而，专制政府拒绝了许多市民在请愿中所表达的对手工业生产垄断的申请，但城市法规承认了农民自由从事手工艺和销售其手工艺产品的权利②。

《城市条例》规定各基尔德商人的权利，以及各基尔德商人的特权并没有超出经济性质的范畴。商人不得不告别获得爵位和佩剑的梦想，这些都是以前申请材料，特别是《关于商人和市民利益与地位的计划》中所讨论的重要问题③。笼统地说，在每个基尔德之中，"申报资本额多的居民优先于申报资本额少的居民"④，这主要涉及城市机构的职位填补问题。

赏赐诏书授予了"城市原住民"自治权，但自治的内容十分复杂。新立法规定设立以下机构：城市联合会、城市杜马和六头杜马（根据城市人口中各类别的具体数量来决定）。

从形式上看，城市联合会是一个由特定城市所有居民组成的机构，不分阶级和财产资格，但只有年满 25 岁并拥有至少 5000 卢布资本的人才有权被选举担任相关职位⑤。

实际上，这意味着城市联合会是最富有商人的团体，只有第一和

---

① ПСЗ，т. XXII，№ 16188，ст. 114-122. стр. 369.

② ПСЗ，т. XXII，№ 16188，ст. 24. стр. 360.

③ ЦГАДА，ф. 248，кн. 4585，д. 12. лл. 303 об. -304.

④ ПСЗ，т. XXII，№ 16188，ст. 103，109，115. стр. 368-369.

⑤ ПСЗ，т. XXII，№ 16188. ст. 49-51. стр. 362.

第二基尔德商人才被允许参加选举。仅此一点就表明它并不像 A. A. 基泽维特尔所声称的具有全等级特征①。在这里，根据公民的财产状况赋予他们最大权利的资产阶级原则得到了贯彻。

城市联合会每三年在冬季召开一次，但须"得到总督的许可，或在他的命令之下召开"。它由城市联合会负责人、市长、市政公署议员、市政公署行政机构代表、司法官员，以及选出的市民代表组成②，城市联合会可就"他们的公共需求和利益"向总督提出相关要求③。

城市杜马由常驻市民组成。它的选举并不是在城市联合会上进行的，而是根据所划分的居民类别进行的。事实上，商人在城市杜马中也拥有绝对权力，他们提名的候选人可进入六头杜马，六头杜马由市长和城市联合会各类别的六名代表组成，它参与市政府的日常事务。

与此同时，行政长官（市级和省级）继续在城市工作。行政长官与司法官员一样，也履行行政职能。在当时，很难将他们的活动与六头杜马职权范围内的事务区分开来。法律要求他们在执行公务时"互相帮助"，"维持秩序与和谐"④。事实上，1785 年的城市行政机构改革大大削弱了行政长官的作用和重要性。从现在开始，法官主要履行司法职能，最终成为市政机构中的一员。

总体而言，新的城市法规引入的城市机构并没有获得官方声称的独立性，它们受政府行政机构的控制，并依附于政府行政机构。

至于城市机构本身的内部结构，它确保了顶级商人的主导地位。

---

① А. А. Кизеветтер. Городовое положение ЕкатериныII 1785 г. стр. 275.

② ПСЗ, т. XXII, № 16188, ст. 29–33, 54. стр. 361, 363.

③ ПСЗ, т. XXII, № 16188, ст. 36. стр. 361.

④ ПСЗ, т. XXII, № 16188, ст. 178. стр. 383–384.

此时，提高的财产标准、房地产所有权和有关资产阶级财产的其他原则，都是决定"城市公社"成员地位的因素。这揭示了商人在日益发展的经济中的重要性，18 世纪末的专制政府不得不为他们提供更多的致富机会，以加强对绝大部分城市居民的剥削。

与此同时，1785 年的城市法规在某些方面比之前的城市法规更加保守。例如，它规定向新加入商人等级的居民征收双重税赋①。与 1777 年 7 月 25 日的法律相比，该法律将双重税赋视为临时措施，这意味着让步。1785 年城市行政机构改革引入的手工艺规定将行会制度扩展到整个俄国，虽然这项制度在西欧已然不再适用，但俄国依然控制着波罗的海诸国。沙皇政府试图将其应用于俄国各城市，而俄国城市的发展条件与西欧城市完全不同。至于波罗的海地区，虽然在 18 世纪已成为俄国的一部分，但其城市结构在很大程度上保留了以前的特殊性，这种特殊性在俄国内地并不存在。无条件地采用手工业行会制度不可能为 18 世纪俄国城市经济的发展做出贡献。

18 世纪 60~80 年代，俄国专制政府下城市的立法过程非常复杂。政府进行城市行政机构改革，是为了巩固现有的社会政治系统。为实现这一目标，专制政府的城市政策必须考虑到城市在国家经济中日益增强的作用，以及商人等级实力的增强。政府开始修订一些法律规范，并进行城市行政机构改革，但其做法十分谨慎，而且做法并不是始终如一。

城市立法，特别是《城市条例》，尽管在许多方面有其局限性甚至是具有保守主义色彩，却提升了不断壮大的俄国资产阶级的经济地位，并加强了他们在国家公共生活中的影响力。

---

① ПСЗ，т. XXII，№ 16188，стр. 139. стр. 381.

我们可以注意到俄国专制政府的城市人口政策：政府不再像以前那样赞助高级商人（以及为数不少的客商），而是越来越多地运用根据财产状况划分城市人口的原则，并为最富裕的精英阶层提供特权。1767 年立法委员会的材料中已经假设"中产阶级公民"的商业和工业群体将根据其财产状况进行划分。《公共市民法》草案提出了一种新的、本质上是资产阶级的、属于城市公民的原则，即房地产所有权。此后的立法（1775 年 3 月 17 日的宣言和 1775 年 5 月 23 日的法令）确立了更准确且标准更高的财产资格，从而使商人等级摆脱了破产的成员，而后者形成了一个新的城市纳税人口类别，即市民等级。与商人相比，这个词有了不同的含义和内容。与商人不同的是，市民等级的生计来源是手工艺或雇佣工作。

城市中的阶级斗争主要有两个方向：一是全市纳税居民反对封建依附关系；二是绝大多数市民（小商品生产者）与上层等级进行斗争。在日常城市生活实践中，这两个方面常常交错，一切均反映了当时俄国城市社会矛盾的复杂性。

1775～1785 年的地方政府机构改革提高了城市的重要性，它成为一个独立的行政单位。城市行政机构改革促进了城市人口的增加，但代价是村庄和工商业区的居民转变为市民，即便政府政策的阶级保护性质限制了这一过程，但也逆转不了该过程。

1785 年颁布的城市诏书强化了资产阶级的财产原则，再次大幅提高了加入商人等级的最低资本额，并进一步明确了商人等级的基尔德划分，概述了其成员的权利和特权。商人中的富裕阶层有机会在城市社会中占据主导地位，获得诸多特权。1785 年的城市诏书扩大了市民等级的成员构成，包括居住在城市中的其他类别居民，除此之外，还包括贵族和神职人员等免税等级。改革正式确立了在城市拥有房产的资产阶级原则，将其作为获得城市公民身份的先决条件。

这就是城市资产阶级形成和俄国城市发展的客观过程，但该过程因俄国农奴制和专制主义占主导而变得复杂。

第3章　1775～1785年地方政府机构 改革的城市网变化

苏联历史文献中将18世纪下半叶俄国的地方政府机构改革看作俄国政府对1773～1775年农民起义的回应，该观点在苏联高校最新版本的历史教科书中有更为清晰的论述。我们在教材中看到："农民起义期间俄国行政系统的弱点暴露无遗。地方政权无法依靠自身的力量镇压人民群众的反封建运动。因此，在镇压起义之后，俄国政府决定立刻加强帝国的警务力量，使它能更好地实现国家机器的相关功能，即稳住农民并让其认命。出于该目的，俄国政府进行了地方政府机构改革。"[①]

以上解释不但过于片面，而且没有揭示1775～1785年俄国地方政府机构改革的真正原因。实际情况要复杂得多。

众所周知，改革具有明显的保护贵族等级特权的性质。在镇压1773～1775年农民起义后，俄国政府就立刻实施了此次改革。叶卡捷琳娜二世政府实施地方政府机构改革的最主要目的是维护农奴专制国家的机器，加强贵族等级在地方的专制统治。1727年前俄国政府进

---

① 《История СССР》，т. 1. М.，1956. стр. 531（изд. 2. М.，1964，стр. 514）.

行的地方行政区划已与政府的警察 – 财政目标不符，也不能兼顾积极
参与地方事务的贵族地主的利益。

与此同时，随着国内矛盾的激化，在某种程度上，俄国政府不得
不对旧的行政机构做出改革，使之符合国家经济生活的需求，这一点
在 18 世纪下半叶变得尤为重要。事实上，18 世纪下半叶，不但整个
俄国人口明显增长，而且在中部地区，因工商业快速发展，人口密度
更高。在这些地区，大工场手工业快速发展，同时小手工业也在蓬勃
发展。在俄国日益扩大的领土之上，出现了不同类型的手工工场，它
的作用日渐突出。南部的土地被集中开发，很多居民迁移至此，这里
成为俄国重要的产品生产基地。劳动分工的日渐明确和商品生产的快
速发展促进了各经济区的生产专业化，强化了各地区间的经济联系，
促进了全俄市场的进一步发展。毫无疑问，此时从事专业化生产的地
区仍然很少。即便如此，在一些地区内仍逐渐出现了能代表该地区经
济发展特征的主导产业，这决定了该地区在国家经济生活中的作用。

18 世纪下半叶，俄国经济之所以快速恢复和发展，得益于在封
建生产方式内部滋生了资本主义的生产关系，这一点在城市中表现得
尤为突出。一方面，俄国众多城市的经济快速发展，并形成了具有自
身特色的经济模式，很多乡村定居点发展为新的经济中心；另一方
面，一部分城市因诸多原因经济落后，逐步走向衰落。后一类城市的
代表是之前的边境城市，长期以来它们只具有军事和行政的功能，在
其存续期间，工商业并没有得到发展。十月革命前的资产阶级历史学
家颇为关注这些城市，并以此描述了 18 世纪俄国城市的总体状况。

实际上，某些城市的发展和另一些城市的衰落是历史发展的必
然，只是这时的一些工商业城镇，虽然按照经济发展水平来说已与城
市无异，但在当时并没有正式被纳入城市之列，这一切足以揭示在封

建农奴制度下俄国的城市状况颇为复杂。在一定程度上，1727 年所划分的省城和县城并不能揭示俄国当时城市的真实状况，以及它们在 18 世纪下半叶国家经济生活中所发挥的作用。

城市管理机构的作用与半个世纪以来俄国城市人口的发展路径不相符，这主要取决于这一时期俄国工商业的快速发展。

经济的快速发展迫切地要求政府改变城市管理机构，重新进行行政区域划分。因此，地方政府机构改革的实施并非源于 1773～1775 年的农民起义，这次农民起义只是加速了改革的实施。地方政府机构改革有着更深层次的原因，是俄国数十年社会经济发展的结果。

1775 年 11 月 7 日，叶卡捷琳娜二世颁布《全俄帝国各省管理条例》，正式宣布进行省级行政机构改革①。根据该条例，俄国废除了旧的省—州—县三级行政划分系统，取消了中间的州级行政机构，引入了新的省—县两级行政机构划分系统。之前疆域较大的省份和地区被分解为全新的或更小的行政区域单位。部分新设省、县行政区往往与之前的经济区重合，因为这些区域拥有发达的工业和贸易城市。

根据 1775～1785 年的改革方案，政府在建立省—县两级行政机构的基础上制定了一个原则，即只考虑各地纳税人口的数量，而不是各地的经济联系、自然地理特征和居民的民族构成。一般而言，每个省约有 30 万～40 万名税丁，每个县城大约有 2 万～3 万名税丁②。

叶卡捷琳娜二世时期实施的地方政府机构改革捍卫的是贵族等级的利益，在进行地方政府机构改革时主要关注警察-财政职能，推动各地区的经济发展并不是其首要目的。如果经济发展需求与沙皇政府

---

① ПС3，т. XX. № 14392.

② ПС3，т. XX，гл. 1，§ 1. стр. 231；§ 17. стр. 232.

的警察−财政目标相矛盾，那么前者就会被忽视。

　　1775~1785 年的地方政府机构改革引入了比较有效的行政区划单位，这一措施在俄国一直被沿用，直到伟大的十月社会主义革命之后才发生变化。在谈到 20 世纪初俄国的情况时，列宁将其称为"中世纪的农奴制国家官僚分裂"①。

　　到 1795 年，俄国政府共创建了 48 个省②。此后，政府在俄国新占领的土地上继续建省。

　　1775~1785 年的地方政府机构改革使俄国城市的结构发生了重大变化，一些城市消失了，同时出现了一些新的城市居住点。政府新建部分城市作为新的县级行政中心。只有彼尔姆从一开始就拥有了省城的职能，更是总督区行政机构所在地。

　　当时政府对城市设置的解释为，"凡是当地利益需要或周边居民的聚集区，都会建立城市"③。

　　新城市的建立过程，以及整个地方政府机构改革的实施过程颇为复杂。在总督设立之前，需要先召开贵族会议并选举各省的贵族自治机构。1775 年《全俄帝国各省管理条例》规定，在县和城市建立的开幕式上，省政府的代表，甚至总督本人都会出席。正如斯摩棱斯克总督 Д. В. 沃尔科夫所言："这样做的目的是让大家看到，城市的建立不仅仅意味着它从此被公认为城市，更是因为公共需求。"④ 总督的态度很容易理解，他在地方政府中推广相关政策，给百姓营造一种专制政府"关心人民福祉"的形象。

---

① 　См. В. И. Ленин. Полное собрание сочинений，т. 24. стр. 147.

② 　В. Ф. Желудков. Введение губернской реформы 1775 г. —«Ученые за писки Ленинградского гос. пед. ин-та им. А. И. Герцена»，т. 229，1962. стр. 203.

③ 　ПСЗ，т. XXII，№ 16188. стр. 358−359.

④ 　ЦГАДА，ф. Госархива，р. XVI，д. 949. л. 31 об.

事实上，俄国政府在组建城市时仍然奉行原有的等级政策，这在当时地方政府机构改革中表现得尤为明显。弗拉基米尔总督 P. И. 沃龙佐夫伯爵的报告可清楚地体现这一状况。1779 年 6 月，在建立县级行政机构时，他向叶卡捷琳娜二世汇报："我并没有过多地观察每个地方的常住人口数量，而是确保每个区域都有足够数量的贵族可到县级和地方自治机构中任职，同时确保一名地主的村庄不会被划分在不同的县域，着重关注一个县可以划归多少名地主，才能够保证中央规定的税丁数量（2 万~3 万名）。"①

新城市建立最主要的依据是政府的行政需求，首要决定因素是警察–财政功能。俄国中央政府曾宣布，应选择地理位置最为便捷的村镇作为新城市②。此时在城市建立过程中一个因素必须重点关注，即成为城市的定居点必须属于国家财产，而不是属于私人所有。为了不影响贵族的利益，或影响贵族的村庄所有权，政府通常不会将地主的村庄改造成城镇，即使这些村庄的经济发展水平很高，甚至明显高于周边国有农民的居住地。地方政府的这一举措也符合中央政府的利益需要，可避免为赎回贵族所有的村庄而产生不必要的费用。

只有在特殊的情况下，即政府必须在地主的村庄上建立城市，政府才会考虑从贵族地主手中购买村庄。

与此同时，专制政府也不能忽视许多工商业村镇和工商业区经济地位与法律地位不相符的情况，在此情况下，政府不得不将一些经济发达的定居点转变为城市，其居民也自然成为城市公民。即便如此，政府设置城市的首要因素也并不是某个定居点的经济发展程度，而是

---

① ЦГАДА，ф. Госархива，р. XVI，д. 636. л. 16 об.

② ПСЗ，т. XX，№ 14792. Указ об учреждении Костромского наместничества 5 сентября 1778 г.

警察–财政需求。

毫无疑问，所有这些因素都反映在改革的过程之中，但在一定程度上，改革的结果和最初的目标设定存在矛盾。

地方政府机构改革准备
——诺夫哥罗德省行政改革规划

叶卡捷琳娜二世继位不久就开始准备地方政府机构改革。1763年 12 月 15 日女皇就确认了新的人员编制，因此俄国所有中央和地方机构中官员的数量大幅增加。1764 年 10 月 11 日的法令加强了各地省长的权力[①]。

在改革的实际实施过程中，政府首先对西北部地区诺夫哥罗德省的行政机构进行了变更。1775 年之前，该省的边界线很长，绵延数百俄里，区域面积很大，其辖区包括普斯科夫省、大卢基省、特维尔省、白湖省和诺夫哥罗德省自身。

上述土地的城市分布十分不均衡，大多数城市分布在这一区域的边缘，仿佛它们将众多土地包裹在一个大环之中，环内几乎没有城市。特别是，在洛瓦季河以东至伊尔门湖及沃尔霍夫河至乌斯秋日纳和别热茨克的广阔土地上都没有城市。从北部的大诺夫哥罗德到南部的托尔若克和特维尔的圣彼得堡大道和上沃洛乔克水路沿线也没有城市。相较于 18 世纪中叶西北部地区的其他土地，在这些与圣彼得堡大道和上沃洛乔克水路毗邻的地区，定居人口的数量要多得多。

生产力的增长使诺夫哥罗德地区形成了新城市和城市村镇，它们

---

① ПС3，т. XVI. № 12259.

由大型工商业村镇、工商业区和一系列新工业中心逐渐发展而来。这一过程的基础是小商品生产和区域内社会劳动分工的发展①。

很显然，这里沿用的 1727 年行政区域划分已过时，当时城市建制时根本没有考虑到该地区接下来半个世纪中会发生的经济变化。基于小商品生产和贸易的发展，该地区形成了并不逊色于其他城市的村镇和聚居地，尽管它们没有得到官方认可。

西北部地区城市分布不均使它们的经济发展不平衡特征更加明显。并非所有 18 世纪中叶在官方文献中列出的城市居住点，都可在经济发展层面真正使用"城市"这个词。西北部大多数地区位于边疆地带，在这里设置城市的第一目标是防卫，它们首先作为一个堡垒、一个坚固的行政点而出现。这种陈旧的观念一直延续到 18 世纪中叶，此时国家对西北部地区的总体定位发生了变化，波罗的海出海口为其经济增长开辟了广阔的市场。

以上状况可以说明，在一定程度上，1775~1785 年地方政府机构改革之前，诺夫哥罗德省就已开展了新的区域规划工作。这一政策的结果之一就是一系列旧行政区域的分解和新城市与县城中心的出现。在之前的普斯科夫省、大卢基省以及俄国占领的部分波兰土地上，形成了一个全新的普斯科夫省。

即便如此，诺夫哥罗德省的面积仍过于庞大，该省两个西北部城市（诺夫哥罗德和白城）的边界已经延伸到了罗普斯基-波戈斯特和白海。仅新诺夫哥罗德一个县就容纳了之前大诺夫哥罗德 5 个区的所有居民。18 世纪中叶，这个县内居住着 20 万多名男性农奴，男女农

---

① См. Ю. Р. Клокман. Очерки социально-экономической истории горо-дов Северо-Запада России в середине XVIII в. М. , 1960. стр. 45–47, 120–185.

奴的总体数量超 50 万名①。对于当时的一个县来说，这样的人口数量无疑是太多了。

出于警察-财政等方面因素的综合考虑，以省长 Я. Е. 西弗斯为代表的当地政府经过深入研究后得出结论，鉴于诺夫哥罗德地区的广大面积和庞大的人口基数，管理一个大的行政区并不方便。基于此，西弗斯提议将该地分割成几个较小的分区，并为每个分区指定一个定居点作为县城中心。在提出这一改革方案时，西弗斯特别强调了新城应尽可能位于其所在地的中心，以便更好地辐射和管理周边地区。同时，这些新城的人口宜在 3 万人左右，以确保其经济和社会发展的活力。此外，人们居住的地区也不应离新城太远，以便于日常生活和行政管理②。1769 年 4 月 29 日，西弗斯提出了在诺夫哥罗德地区建立拉多加、季赫温、诺沃拉多加、瓦尔代、维什涅沃洛茨克、奥斯塔什科夫和乌斯秋日纳新县城的规划。原本是诺夫哥罗德省偏远边疆区的奥洛涅茨地区，也被考虑作为独立的行政区划单位③。

在原有的城市基础之上建立一个新的行政中心并不困难。但需要强调的是，在特殊情况下，还需考虑经济发展的需要。例如，西弗斯提出把拉多加建成县城，主要考量是它优越的地理位置，它"处在全俄最通畅的道路上"，位于从阿尔汉格尔斯克和西伯利亚通往圣彼得堡最重要的陆上贸易路线上④。由此可知，从经济发展层面来看，旧拉多加比不上新拉多加。西弗斯认为，旧拉多加的经济发展落后，只能作为行政中心（军事办公点）存在，但建立新县城时必须考量

---

① ЦГАДА，ф. 248，кн. 369/3940. л. 3.

② ЦГАДА，ф. 248，кн. 369/3940. л. 3 об.

③ ЦГАДА，ф. 248，кн. 369/3940. лл. 3 об. -6.

④ ЦГАДА，ф. 248，кн. 369/3940. л. 3 об.

经济因素。

建立新的县城，特别是在诺夫哥罗德省广袤的领土之上建立新城，工作非常复杂，尤其是从西部的诺夫哥罗德和旧鲁萨到东部的乌斯秋日纳和季赫温之间数百俄里的区域内，"没有能够被划分和命名"为行政中心的城市。

但在这片广阔的空间内，尤其是在从内陆地区通往圣彼得堡最重要的水路和陆路线路上，有许多贸易聚居点和工商业村，其经济发展水平并不逊色于诺夫哥罗德省的大城市，诸如博罗维奇、瓦尔代、上沃洛乔克、奥斯塔什科夫，等等。上述地区手工业发达，贸易颇为繁荣。

这些聚居点的居民，特别是他们中的富裕群体，积极争取贸易自由和创办工业企业的权利，在一定程度上已过渡为城镇居民。早在1744年，博罗维奇村和瓦尔代村的401名富裕农民，就在木材商人亚伯拉罕·科洛博夫的带领下，向首席行政长官提出请求，要求将他们全部纳入工商业区，并建立一个"与其他城市管理类似的特别市政厅"[1]。然而，这一请求遭到了博罗维奇村和瓦尔代村所属艾弗斯基修道院的强烈反对。当时地方政府完全支持修道院。1745年8月5日参政院颁布决议，博罗维奇村和瓦尔代村的农民"不能登记为商人等级"[2]。根据现行立法，农民必须单独提出加入商人等级的请求，只有这样才符合程序。政府认为，这样做的目的是防止那些"并不

---

① М. Д. Чулков. Историческое описание российской коммерции, т. VI, кн. 1. М., 1786. стр. 72.

② М. Д. Чулков. Историческое описание российской коммерции, т. VI, кн. 1. М., 1786. стр. 74.

真正拥有商人财富还试图脱离修道院的人"被纳入城镇居民①。

在新城市形成过程中，封建农奴制度的消极作用暴露无遗。

在奥斯塔什科夫就可看到社会矛盾错综复杂地交织在一起。1745~1752 年贸易农多次向参政院申请自由地从事贸易和手工业，且登记为商人。这遭到了约瑟夫-沃洛科拉姆斯克修道院的强烈反对，奥斯塔什科夫聚居点隶属于该修道院，为其世袭领地。最终，根据 1753 年 6 月 17 日参政院法令，最富裕的 589 名农民被登记为商人，登记的理由是"缺乏耕地、草地和其他土地"②。政府政策的动机颇为有趣，数百名农民并不是因缺乏土地转而从事工商业活动。与此同时，政府允许奥斯塔什科夫"愿意学习工匠技能的居民"根据意愿进行登记③。奥斯塔什科夫聚居点也仿效其他工商业区的做法，为商人和工匠建立了市政厅④。

即便奥斯塔什科夫的地位逐渐凸显，世袭领主对它的限制依然存在。奥斯塔什科夫居民所居住的土地仍是约瑟夫-沃洛科拉姆斯克修道院的财产。世袭领主继续向已登记为商人和工匠的居民征收代役租，这是他们之前作为农民时需要缴纳的税费。修道院还多次尝试让这些居民履行各种义务。城镇居民不得不与封建世袭领主进行长期的斗争，世袭领主不想失去"之前的农奴"，这必然会影响到聚居点向城市转变的进程⑤。

---

① М. Д. Чулков. Историческое описание российской коммерции, т. VI, кн. 1. М., 1786. стр. 74-75.

② ЦГАДА, ф. 291, оп. 2, д. 7425. л. 1.

③ ЦГАДА, ф. 291, оп. 2, д. 7425. л. 1.

④ ЦГАДА, ф. 397, д. 479. л. 57.

⑤ Ю. Р. Клокман. Очерки социально-экономической истории городов Северо-Запада России в середине XVIII в. стр. 124-149.

市政厅的建立，以及商人和工匠行会的部分居民登记为城镇人口，是新城市建立的重要一步。这样的举措为商人和工匠的工商业活动创造了更好的条件，使他们在聚居点的影响力大幅提升。

值得一提的是，并非所有人都欢迎商人组织成立和奥斯塔什科夫市政厅的建立。在这个聚居点的一部分居民，即最贫困的那部分居民，强烈反对政府的这一做法。那些不想成为城镇居民的奥斯塔什科夫人，已看到了城市转型对他们的小商品生产造成了威胁，这也是为什么在奥斯塔什科夫市的建立过程中，聚居点的大部分手工艺和贸易居民在为自由从事贸易的权利而进行激烈的斗争，他们强烈地反对商人的垄断，只因商人否定了他们自由贸易的权利。这场斗争以当地政府机构和市政厅被富有的商人等级占据而告终，在聚居点中他们占据了绝对优势①。

奥斯塔什科夫商人等级和行会组织的形成以及市政厅的建立，证明了该聚居点总体经济的增长，以及 18 世纪中叶居民中发生的社会变革。需着重强调的是，奥斯塔什科夫聚居点的法律地位完全与其作为城市定居点的实际状况相符。

从某种程度而言，政府对当地情况也有所了解，所以 1753 年才能建立市政厅，并赋予聚居点的居民"凭借贸易和技能"登记成为商人和工匠的权利。当地商人的队伍不断扩大。至 1770 年，奥斯塔什科夫聚居点的 1720 名男性居民中，有 1388 人登记为商人和工匠②。

---

① Вопрос о социальных противоречиях среди населения Осташковских слобод рассматривается там же, стр. 186-210. населения.

② Ю. Р. Клокман. Торгово-промышленная деятельность Осташковской слободы в середине XVIII в. —— «О первоначальном накоплении В России XVII-XVIII вв.». М., 1958. стр. 401.

　　然而，奥斯塔什科夫聚居点，以及博罗维奇村、瓦尔代村和上沃洛乔克村的法律地位问题，是在 18 世纪 60 年代末 70 年代初西弗斯重新规划诺夫哥罗德省行政区划时才得到解决。西弗斯提议将所有这些村庄转变为城市，同时将它们作为县域的行政中心①。

　　西弗斯首先考虑到它们与城市村镇的距离。距博罗维奇村和瓦尔代村较近的城市是诺夫哥罗德、特维尔、托尔若克、旧鲁萨、乌斯秋日纳，其距离为 150~300 俄里。同时西弗斯还考虑到上沃洛乔克、博罗维奇和瓦尔代这些村庄位于全俄重要贸易路线上，它们的经济作用不容小觑。此外，从地方政府的安全角度来看，有必要建立更贴近民众的新型行政管理机构。西弗斯强调道："新的区域规划将让这些偏远地区城市的内部秩序变得更好，消灭小偷和强盗的工作将大获成功。"②

　　在奥斯塔什科夫市的建立过程中，保证贵族等级的利益仍然是首要和决定性因素。西弗斯表示，奥斯塔什科夫聚居点应被指定为新县城，该聚居点距大诺夫哥罗德以南 300 多俄里，在去往勒热夫的方向上"根本没有任何管理机构"，为"维护该地区的和平与安宁"，从政府层面而言这样完全不行③。

　　因此，政府考虑到，作为通往圣彼得堡航线上的大型工商业中心和过境贸易点，很多定居点的重要性日益增加。西弗斯向参政院报告说，"奥斯塔什科夫的人口数量超过了大诺夫哥罗德的商人"，它位于塞利格尔湖畔，是最有可能开展各种贸易的地方④。对于博罗维

①　Ю. Р. Клокман. Очерки социально-экономической истории городов Северо-Запада России в середине XVIII в. стр. 174–179.

②　ЦГАДА，ф. 248，кн. 3940. лл. 4 об. –5.

③　ЦГАДА，ф. 248，кн. 3940. л. 5；ф. Госархива，р. XVI，д. 785. л. 108 об.

④　ЦГАДА，ф. 248，кн. 3940. л. 5.

奇，他写道："那里的耕地和草场很少，农民更多地依靠工商业过活。"① 博罗维奇对面、姆斯塔河对岸博戈罗茨克村农民的生产活动也类似。

1769 年，这两个村庄内的纳税人口达到了 792 人。西弗斯指出，这个数字"已经超过了很多城市"，因此，应该在这里建立一个城市，即博罗维奇②。

正如政府法令所述，瓦尔代以"其定居点宽广"而著称③。1770 年数据显示，这里的 957 人只拥有 2262 俄亩各类耕地，人均耕地数量不足 2.4 俄亩④。这仅是诺夫哥罗德省其他地区农民土地的 1/3 ~ 1/2⑤。上沃洛乔克的重要性体现在它位于通往圣彼得堡的水路和陆路交汇处。

将博罗维奇、瓦尔代、上沃洛乔克和奥斯塔什科夫工商业区改造成城市的提议获得批准。1770 年 5 月 28 日叶卡捷琳娜二世颁布法令，这些村庄变成了城市，其居民也转为市民⑥。这些新城市的经济基础是小商品生产（上沃洛乔克、奥斯塔什科夫工商业区）或者过境贸易（博罗维奇和瓦尔代）。

至于西弗斯在上述城市设立县中心的提议，并没有立即通过。参政院给出的初步指示是，与当地贵族讨论建立县城问题，"在取得贵

---

① ЦГАДА，ф. 248，кн. 3940. л. 5.
② ЦГАДА，ф. 248，кн. 3823. л. 4.
③ ПСЗ，т. XIX. № 13780.
④ ЦГАДА，ф. 248，кн. 3823. л. 163.
⑤ В. И. Семевский. Крестьяне в царствование имп. Екатерины 11，т. 1. СПб.，1903. стр. 22.
⑥ ПСЗ，т. XIX. № 13468.

族们一致同意后才能制定县城建立时间表"①。

考虑到贵族的利益，政府决定在实践中尝试，未来县城建立过程中有多少贵族才能支撑当地行政机构，毕竟他们是各类行政机构的中坚力量。就政府角度而言，这种想法理所当然。当地的贵族代表，别热茨克的警卫队长克瓦勒丁和勒热夫的警卫队长恰普林都支持西弗斯的提议，很快在这些地区建立了新县城②。

诺夫哥罗德的贵族非常满意，政府将庞大的诺夫哥罗德地区分解为几个较小的行政单位，这就意味着能够获得在当地建立自己等级的选举机构的机会（自 1767 年法典编纂委员会成立以来，已在俄国的几个省份建立了贵族自治机构）③。1772 年 4 月 2 日，参政院批准在诺夫哥罗德省建立瓦尔代、上沃洛乔克、博罗维奇和奥斯塔什科夫县城，它们还是当地的行政中心④。

这些城市正式设立了治安官、办事处和其他行政机构⑤。新建城市的居民主体是农民和车夫，他们现在成为市民。他们可自行决定加入商人或市民等级，他们不但无须缴纳双重税赋，还可立即成为城镇居民（根据当时的法律，农民想成为城镇居民必须缴纳双重税赋）⑥。但这一政策仅适用于居住在村庄和定居点的原住民。新居民如果登记为商人，在下一次人口调查之前，他们一直拥有"双重身份"，也须缴纳双重税赋。

---

① ЦГАДА，ф. 248，кн. 369/3940. л. 9.

② ЦГАДА，ф. 248，кн. 369/3940. л. 9-9 об.

③ С. А. Корф. Дворянство и его сословное управление за столетие 1762–1855 гг. СПб. , 1906. стр. 136–139.

④ ПСЗ，т. XIX，№ 13780. стр. 469–471.

⑤ ЦГАДА，ф. 291，оп. 3，д. 17196，лл. 1–11；оп. 4，д. 17016. лл. 9–12.

⑥ ПСЗ，т. XIX，№ 13780. стр. 459.

随后，这一政策扩展到所有新的城镇居民。基于此，很多其他省份都参考"诺夫哥罗德省新城市规章"建立新城镇居民点，根据该规章，科斯特罗马、沃洛格达、辛比尔斯克、奔萨的很多居民都变成了城镇居民①。

由此可见，在广阔的诺夫哥罗德省，甚至在 1775 年推行地方政府机构改革之前，一些地区就已被重新划分，在一些地区内建立了新的城镇，这些城镇也成为该地区的行政中心。这种省内分区的经验被推广到俄国地方政府机构改革工作中。

西部地区

随着 1775 年《全俄帝国各省管理条例》的颁布，俄国西部地区开始进行地方政府机构改革，斯摩棱斯克省改革就颇具代表性，政府还在中部地区建立了新的省份，即特维尔省。1775 年 11 月 25 日颁布的法令宣布这些省为"模范省"②。

政府计划在斯摩棱斯克省建立 12 个县城③。为此，除原有的县城多罗戈布日、维亚济马、罗斯拉夫尔、别雷和省城斯摩棱斯克外，还应指定另外 7 个新县城。最初被确定的县级行政中心为波雷奇耶、叶利尼亚、瑟乔夫卡、卡斯普利亚、克拉斯诺耶、鲁波索沃经济村、格扎茨克工商业区和格扎茨克码头。格扎茨克码头后来归属于莫斯科省④。

① ПСЗ, т. XX. № 14792, 14973, 15060, 15061.
② ПСЗ, т. XX. № 14400.
③ ЦГАДА, ф. Госархива, р. XVI. д. 947, л. 18.
④ ПСЗ, т. XX. № 14437.

此外，由 Д. B. 沃尔科夫领导的地方行政部门提议将杜霍夫希纳皇村和多苏戈沃村转为工商业区[1]。

斯摩棱斯克各地经济发展水平的差异可从其登记为商人和市民等级的人口规模，以及商人缴纳的税费来衡量（见表 3-1）。

表 3-1 斯摩棱斯克各地商人和市民数量及商人所缴税费

单位：人，卢布

地名	商人	市民	商人所缴税费
斯摩棱斯克	184	1727	1920
维亚济马	406	2948	2033
罗斯拉夫尔	81	1127	246
别雷	—	1145	—
格热利斯基	72	60	640
沿河区	71	802	355
多罗戈布日	57	1898	178
克拉斯诺耶	32	240	380
杜霍夫希纳	29	138	913
多苏戈沃	14	192	160
瑟乔夫卡	9	112	75
叶利尼亚	3	175	5
卡斯普利亚	3	64	5
鲁波索沃	—	40	—
合　计	961	10668	6910

资料来源：ЦГАДА，ф. Госархива，p. XVI，д. 947. лл. 11，12。

正如我们所看到的那样，地方政府机构改革实施过程之中，并非该省的所有城市都准备好成为本地区的行政中心和经济中心。

在西部地区，最重要的城市是斯摩棱斯克和维亚济马。斯摩棱斯克是该省的行政中心，在地方政府机构改革之前，它一直是一个边境

---

[1] ЦГАДА，ф. Госархива，p. XVI，д. 947. л. 10 об.

城市，在 18 世纪下半叶俄国领土扩张过程中具有重要的战略地位。这里长期驻扎着一支强大的卫戍部队，很多手工业生产都与军事供货相关，促进了食品供应、服装制造和武器装备行业的发展。与此同时，斯摩棱斯克和维亚济马位于俄国内地通往波罗的海国家和波兰的贸易路线上，其优越的地理位置促进了过境贸易的发展。

罗斯拉夫尔和多罗戈布日的经济发展水平较低，但它们仍然是本地区工商业中心。在地方政府机构改革之前，别雷是斯摩棱斯克所有城镇中经济实力最弱的一个。诚然，这里只有一个河运码头，对于向里加运送大麻纤维和粮食具有重要意义①，但是，这些商品的出口业务几乎是由外国商人完成的。本地商人由于资金不足，大多从事手工业和小贸易，1775 年 3 月 17 日诏书颁布之后，他们全都变成了市民等级。

新城镇如波雷奇耶、克拉斯诺耶，特别是格扎茨克的经济快速发展。大量粮食和大麻纤维从波雷奇耶运往里加，从格扎茨克码头运往圣彼得堡②。

相反，鲁波索沃、叶利尼亚、卡斯普利亚、瑟乔夫卡在类似的农村聚居区中并不突出。它们的经济实力欠佳，不能完全满足作为各县行政中心的条件。这一点很快就被发现了。参政院否决了斯摩棱斯克总督区将杜霍夫希纳和多罗戈布日建成工商业区的决定。参政院指出，地方政府机构改革并没有提到"在农民居住的村庄建立新工商业区的决定"③。

事实上，法律只谈到了在城镇中设立市政厅（选举市政公署的

---

① ЦГАДА，Ф. Госархива，р. XVI，д. 949. л. 31.
② ЦГАДА，Ф. Госархива，р. XVI，д. 951. л. 67–67 об.
③ ЦГАДА，Ф. Госархива，р. XVI，д. 947. л. 21.

城市除外），并没有提及新城镇的建立方案①。参政院确认了政府有关城市和城市人口的相关政策。俄国政府不允许以牺牲农民为代价来增加城镇居民数量，这点十分不可取。新城市居住点的建立仅与新县行政中心的建立相关。

得知参政院的决议之后，斯摩棱斯克总督 Д. B. 沃尔科夫亲自视察杜霍夫希纳和多罗戈布日，以及其他居住点。调查结果表明，一些新城市的建立并不是很成功。在鲁波索沃和瑟乔夫卡不可能设立市政公署，因为“在这些城市，只有极少数的商人和资产阶级报名参加选举”，他们中“几乎没有一个人识字”②。

最初，斯摩棱斯克省政府打算采取折中的措施，允许鲁波索沃和瑟乔夫卡例外，可“从贵族、学者、官员或平民知识分子中”选出市政公署成员③。然而，意外情况出现了，证实了鲁波索沃、卡斯普利亚和瑟乔夫卡完全不适合作为县域的行政中心。鲁波索沃“只有一个教区”，且只有 5 户人家。总督的报告指出，鲁波索沃本身“位于偏远的地区，没有任何道路与之相邻。司库员在那里住了 3 个月，没有见到一名旅客或路人”④。

的确，在这个新的县城中心，没有可以容纳行政机构的地方。在总督的报告中提及，在距离鲁波索沃 60 俄里的格扎茨克市设置了县法院和贵族监护机构。初级地方自治法院在距离县域中心 30 俄里的“一个背负着巨额欠款的村庄内”，市长则住在鲁波索沃。司库员“住在一个小而贫穷的村庄里，条件非常简陋，以至于他的团队成员

---

①　ПСЗ，т. XX，№ 14392，ст. 278. стр. 259.

②　ЦГАДА，Ф. Госархива，р. XVI，д. 947. л. 20.

③　ПСЗ，т. XX，№ 14490. стр. 403.

④　ЦГАДА，ф. Госархива，р. XVI，д. 947. л. 20.

无法与他住在同一住宅之内，而是被安置在附近的其他村庄之中"。总督承认，"在这里完全没有找到地方行政机构"①，鲁波索沃根本不存在城市自治机构。

在瑟乔夫卡也可看到类似的情况，但后者的地理位置比鲁波索沃优越得多。瑟乔夫卡位于瓦祖扎河沿岸，这条河比格扎特河深得多。从斯摩棱斯克到特维尔、托尔若克以及圣彼得堡的大道会经过此处。瑟乔夫卡曾开展大规模的粮食贸易。该村居民中，有 7 人进入商人等级，111 人进入市民等级。但是，正如总督报告中提及的那样，"他们中确实不存在商人或企业主，所有贸易都是由外来商人掌控"②。在这种情况下，总督不能在鲁波索沃和瑟乔夫卡宣布参政院法令，允许其居民"从外来的平民知识分子和学者中选举一名地方市政公署工作人员也颇为荒诞"③。

鲁波索沃和瑟乔夫卡，以及卡斯普利亚不适合成为县行政中心，更不用说它们在经济方面与城市差距较大，政府不得已寻找新的居住区来取代它们。

沃尔科夫提议在尤赫诺夫修道院的附属区建立一座城市，而不是在鲁波索沃。这一地区与鲁波索沃同样位于乌格拉河上，但它在下游，通航条件十分便利。人们沿着乌格拉河用小船将盐带到尤赫诺夫，在这里盐被装车并运往整个斯摩棱斯克省。沃尔科夫表示这里的盐还可运往白俄罗斯④。在尤赫诺夫，有 40 多间房屋"比普通农民的房子豪华得多"。沃尔科夫认为，这里的居民都是企业主，他们

---

① ЦГАДА，ф. Госархива，р. XVI，д. 949. л. 40 об.
② ЦГАДА，ф. Госархива，р. XVI，д. 949. л. 42 об.
③ ЦГАДА，ф. Госархива，р. XVI，д. 949. л. 41.
④ ЦГАДА，ф. Госархива，р. XVI，д. 949. л. 41–41 об.

可成为市民。沃尔科夫在报告中还指出，更为重要的一点是，"在这个地区，经过奥卡河沿岸和白城省的所有道路，以及经过省长区所有旧城市的道路都汇聚于此，所以该地有很多旅馆，光是酒馆就有 8 家"①。

卡斯普利亚被杜霍夫希纳工商业区所取代，但同样遭到了参政院的反对。

杜霍夫希纳的经济发展水平超过了斯摩棱斯克省所有新建的城市，仅略逊于多罗戈布日。因此，如果无法将杜霍夫希纳村转变为工商业区，当地政府将毫不犹豫地表示支持承认杜霍夫希纳村为城市。此时，瑟乔夫卡的情况变得更为复杂。沃尔科夫发现很难解决"瑟乔夫卡市是否建立的问题"。该问题的本质是瑟乔夫卡村是半私有的，并不是像之前想象的那样，全部属于皇村。该村的一部分属于参政院参政员纳雷什金。沃尔科夫还在报告中说，这个村子内地主和农民混居在一起，"几乎没有几户居民连住在一起，他们居住得颇为分散"。以上状况让事情变得更为复杂，更加困难的是之前瑟乔夫卡村的农民刚刚成为城镇居民，甚至还没有来得及享受市民的权利，就被立即追加了额外的、非常沉重的税赋，称为宿营费。与此同时，他们以前的同村居民，即那些地主农民不需要缴纳宿营费，于是，瑟乔夫卡市民开始要求回到之前，仍然回到农民等级②。

地方政府不知道如何摆脱这种窘境。由于没有找到更合适的地区并将其改造为城市，他们也没有提出任何有建设性的意见，导致瑟乔夫卡能否成为城市居住区的问题悬而未决③。

---

① ЦГАДА，ф. Госархива，р. XVI，д. 949. лл. 41 об. -42.

② ЦГАДА，ф. Госархива，р. XVI，д. 949. л. 43-43 об.

③ ЦГАДА，ф. Госархива，р. XVI，д. 949. л. 32.

然而，地方政府机构改革已刻不容缓。早在 1777 年 2 月，叶卡捷琳娜二世就颁布法令，授权建立尤赫诺夫市（代替鲁波索沃市）和杜霍夫希纳市（代替卡斯普利亚市）。至于瑟乔夫卡的状况，总督沃尔科夫提交了相应报告，报告中指出"由于这座城市交通十分不便，建议在附近指定另一个交通便利的地方"，并提交给参政院批准①。

随着时间的流逝，斯摩棱斯克总督被替换，大公爵 H. B. 列普宁取代沃尔科夫成为总督。在没有更好解决方案的情况下，新任总督请求参政院保留瑟乔夫卡县级行政中心的地位，赎买这个村庄的所有居民，最终，参政院通过了这个请求。叶卡捷琳娜二世允许斯摩棱斯克赎回居住在瑟乔夫卡、属于地主 A. И 纳雷什金的 133 名男性农民的土地。"连同所有建筑物、土地和其他附属物在内，政府支付的金额共计 1.5 万卢布。"瑟乔夫卡不再为私人所有，根据 1778 年 3 月 15 日法令，它被批准为城市，该地区的全部居民转化为市民②。

因此，尽管瑟乔夫卡当时还不具备成为城市所需的经济基础，但它仍是该地区的行政中心。

基于此，在斯摩棱斯克省建立的新城市中，在政府看来不具备成为城市条件的居民点被清理了，一些则被设立为县城中心，所有这一切均证明了地方政府机构改革实施的仓促性。斯摩棱斯克总督不得不承认："这些城市的设立速度如此之快，以至于在距离斯摩棱斯克周边 5 俄里的地方就开始建立卡斯普利亚，维亚济马也是如此。城市分布不合理导致以前很多人步行 10 俄里就能到达城市，现在不得不步

① ПСЗ, т. XX. № 14584.
② ЦГАДА, ф. Госархива, p. XVI, д. 950. л. 5.

行 70 俄里。而从莫斯科省梅晓夫斯克市划入的 5000 人没法归于任何地区，因为他们与斯摩棱斯克省之间隔着整个谢尔佩斯市。"①

地方政府机构改革的匆忙实施是由特定的历史条件决定的。1773～1775 年农民起义的战火平息之后，政府害怕强大的群众运动重演，急于推行新的行政区划，而这种行政区划本应更好地服务于统治阶级的国内政策，并加强政府在各地，尤其是边疆地区的权力。

以斯摩棱斯克省为例，政府急于在实践中验证 1775 年法案的效用，故没有特别关注细节。斯摩棱斯克省地方政府机构改革过程中的部分问题在之后的工作中得到了纠正。

但问题的关键并不在于此。在地域范围相对较小的斯摩棱斯克省建立 7 个新城市并非源于经济增长的需求。在当时，斯摩棱斯克省不但没有足够数量的居民点，甚至居民数量不能达到城市经济发展的需求，以至于很多地区的居民数量不足以使它成为行政中心。

这些地区的生产力发展水平还不能为城市重组奠定经济基础。然而，政府并没有将行政中心的建立与经济发展水平相适应，对政府而言，警察-财政因素才是考虑的重点，斯摩棱斯克省以及国内其他地区的地方政府机构改革都清楚地证明了这一点。

综上所述，斯摩棱斯克省新城市的设立更能满足经济发展的需求。新设立的 7 个城市中至少有 5 个不仅是其所在县的行政中心，而且还是经济中心，如波雷奇耶、克拉斯诺耶、格扎茨克、杜霍夫希纳、尤赫诺夫，后来瑟乔夫卡和叶利尼亚的经济也得到了发展。

---

① ЦГАДА，ф. Госархива，p. XVI，д. 949. л. 44.

中部工业区

另一个"模范省"即特维尔省是在原特维尔省的基础上建立的。此外，诺夫哥罗德省的上沃洛乔克县城、莫斯科省的卡申县城和别热茨克县城也被并入其中①。

特维尔是一座农产品加工业发达的城市，也是伏尔加河流域的一个大型港口，这也是它成为省城的原因。特维尔之所以能够晋升为省城，与其在该地区经济生活中日益凸显的作用密不可分。

韦西耶贡斯克、卡利亚津、科尔切瓦和克拉斯尼霍姆都成为特维尔省的新城市。首先要提及的是位于莫洛加河右岸的维西–埃戈恩斯克经济村，它是特维尔省最东北部的贸易中心②。这里设有一个贸易码头，来自四面八方的货物都在此转运，转运之后船只沿河而上。伏尔加河畔的莫洛加市则定期举办展销会，展销会举办期间这座城市热闹非凡。

卡利亚津的名字源于两个前修道院分院，即卡利亚津和尼科尔，这两个分院位于伏尔加河两岸，在特维尔的下方③。卡利亚津很快成为当地手工业的中心，这里锻造手工业快速发展，粮食过境贸易也颇为繁荣。

就经济基础而言，科尔切瓦和克拉斯尼霍姆并不具备成为城市的条件。它们只是经济委员会管理下的普通村庄，相较于伏尔加河上游地区的其他农村居民点并无优势可言。然而，出于行政因素的考量，

---

① ПСЗ，т. XX. № 14400.
② ПСЗ，т. XX. № 14420.
③ ПСЗ，т. XX. № 14400.

这两个地区仍被划为县城。究其原因是政府机械地拆分卡申和别热茨克县城，这两个县的居民数量远远超出了规定的 2 万~3 万人标准。据 1775 年 11 月 25 日参政院法令，这两个县被划分为 4 个几乎相等的区域①。根据特维尔和诺夫哥罗德省省长西弗斯的决定，克拉斯尼霍姆和科尔切瓦成为新的县城行政中心，同时被提升为城市。

　　在提及科尔切瓦时就不得不提到它附近的基姆里村，这里是伏尔加河上游的制鞋和鞋类贸易中心，它的行政与经济地位间的差异更为明显。尽管科尔切瓦的经济发展水平已接近城市，但由于它的私有特性，并没有被归入城市的范畴。这也反映了政府在设立城市时的等级保护政策。波戈雷洛·戈罗迪什切市因完全衰败而被撤销，这也证实了俄国政府对城市发展的严格监管。在新的行政领土划分时，上沃洛乔克和奥斯塔什科夫及其辖区也被纳入了特维尔省。

　　在地方政府机构改革前夕和改革过程中，特维尔省成功地建立了 6 个新县城，在这些新县城之中，就经济发展水平而言，奥斯塔什科夫、维什涅沃洛茨基、韦西耶贡斯克和卡利亚津已成为各自区域内的手工业和贸易中心。特维尔省的城市村镇数量也明显增加，由原有的 6 个增加到了 13 个，增长了 1 倍多。这是 18 世纪中叶特维尔省经济发展的必然结果。

　　除了特维尔省，中部工业区还包括之前的莫斯科省。

　　1775 年之前，中部工业区由 11 个省组成，分别是莫斯科省、卡卢加省、图拉省、佩列亚斯拉夫尔-梁赞省、弗拉基米尔省、科斯特罗马省、雅罗斯拉夫尔省、乌格里奇省、苏兹达尔省、佩列亚斯拉夫尔-扎列斯基省和尤里耶夫-波尔斯基省。

---

① ПСЗ，т. XX. № 14400.

根据地方政府机构改革方案，在原莫斯科省的基础上，设立了 7 个新的省份。这些省份包括莫斯科本部，以及卡卢加省、图拉省、雅罗斯拉夫尔省、弗拉基米尔省、科斯特罗马省和梁赞省。

卡卢加省成立得最早，卡卢加这个工商业发达的大城转变为新的省级行政中心，这符合它经济发展的实际需求。

卡卢加省由 12 个县城组成，政府首先将原卡卢加省的县城均划入了新成立的卡卢加省之中，诸如卡卢加、奥多耶夫、沃罗廷斯克、梅绍夫斯克、莫萨利斯克、普热梅希尔、季赫温、科泽利斯克和谢尔佩伊斯克等县城。小雅罗斯拉韦茨和塔鲁萨这两个县城原本属于莫斯科省，后来加入了卡卢加省。1776 年 8 月 24 日法令还提及建立卡卢加省的第 12 个县城，也是最后一个县城，但并没有指出具体的称谓，只是简单提及 "新成立的城市仍沿用之前的称谓" ①。

正如大家所认为的那样，这个大纲确实只是一个初步的划分框架，卡卢加省的行政区域划分和具体县城构成没有得到政府的最终确认。作为卡卢加总督，克列切特尼科夫担负着澄清和说明这些问题的重任。参政院命令他亲自检查卡卢加省所有县城，并要充分考虑相关因素，既要符合改革方案，也要便于后期的管理②。

在视察期间，克列切特尼科夫依据在圣彼得堡大致规划的 12 个县城，有条不紊地展开了一系列检查工作。1776 年秋天，克列切特尼科夫开始了他的实地考察之旅。他 "尽可能地采用多种方式考察了主要城市及其辖区，以及分配给卡卢加省的其他城

---

① ПСЗ，т. XX. № 14498.

② ПСЗ，т. XX. № 14498.

市"①，他还亲自驾车在各个地区旅行，甚至前往那些他人很少关注的村庄。

在 1776 年 10 月 15 日的报告中，克列切特尼科夫提到了此次考察工作的结果，报告中首先强调了建立卡卢加省的重要意义。报告中提到，卡卢加作为一座商业城市，已经拥有相当多数量的商人，随着时间的推移，卡卢加将吸引更多的富裕居民，进一步推动城市的繁荣与发展②。

克列切特尼科夫提议，为彰显公平，将前地区中心科泽利斯克、普热梅希尔和小雅罗斯拉韦茨纳入城市名单③。这一提议主要源于科泽利斯克在前卡卢加辖区卓越的经济地位，它不仅是手工业生产中心，还汇聚了麦芽、制革、制砖和陶罐等小型工业企业④。科泽利斯克临河而建，地理位置极为优越。奥卡河为普热梅希尔市粮食和大麻纤维贸易的崛起做出了卓越的贡献⑤。至于小雅罗斯拉韦茨，虽然城市经济以农业为主，但小额贸易也颇为发达⑥，只是这些并不足以支撑其成为卡卢加省的重要城市。

克列切特尼科夫的报告对奥多耶夫、季赫温、梅绍夫斯克、谢尔佩伊斯克和莫萨利斯克的特征给予了更为客观的评价。克列切特尼科夫明确指出，这些所谓的"城市"实际上并不符合城市的建立标准，

---

① ЦГАДА，ф. Госархива，p. XVI，д. 729，ч. 1，. л. 9 об.

② ЦГАДА，Ф. Госархива，p. XVI，д. 729，ч. 1. л. 10.

③ ЦГАДА，Ф. Госархива，p. XVI，д. 729，ч. 1. л. 10.

④ ЦГВИА，ф. ВУА，д. 18860. Описание городов Московской губ. 1776 г. л. 112.

⑤ Государственная библиотека СССР им. В. И. Ленина，Отдел рукописей（далее ГБЛ ОР），ф. 37，д. 132. л. 106 об.

⑥ ЦГВИА，ф. ВУА，д. 18860. л. 31 об.

它们的面貌更接近于村庄。报告详细地描述了这些地区内居民的状况，指出居民人数普遍较少且十分贫困。这些地区缺乏贸易活动，居民们甚至难以找到改善生活的机会。农业是大多数居民的主要职业，因此，克列切特尼科夫将他们形容为"穷商和坏农"①。这样的描述清晰地展现了奥多耶夫、季赫温、梅绍夫斯克、谢尔佩伊斯克和莫萨利斯克的农业面貌。

尽管如此，当地行政官员仍坚持认为可将上述地点设立为城市。他们的理由是在卡卢加省行政区域划分时，这些所谓的"城市"能够"更方便地突出自己的特征"。这一决策似乎更多地受到了圣彼得堡制定的"示范时间表"的影响②。这一情况再次凸显了1775年地方政府机构改革的状况，无论是中央层面，还是地方层面，改革主要着眼于行政和财政的便利性，而非某一地区经济的长远发展。

克列切特尼科夫提出了一个计划，即在梅丁斯科耶·戈尔迪什经济村的原址上建立一个新的城市，称之为梅登。这个新城市的定位是成为县城中心，其男性农民的数量为 281 人③。

关于塔鲁萨市的评估，克列切特尼科夫得出了负面结论。这座城市的人口稀少，仅有 188 人。克列切特尼科夫在报告中指出塔鲁萨位于谢尔普霍夫和阿列克辛之间，这里十分偏远，既没有大型道路通过，也没有经常性的集市，更不属于码头城市。这样的条件使得塔鲁萨市难以展现出大型城市的风貌④。沃罗廷斯克市的状况大同小异，这座城市有461名居民，不但人口数量不多，且土地规模有限。它位

---

① ЦГАДА，Ф. Госархива，p. XVI，д. 729，ч. 1. л. 10.
② ЦГАДА，Ф. Госархива，p. XVI，д. 729，ч. 1. л. 10 об.
③ ЦГАДА，Ф. Госархива，p. XVI，д. 729，ч. 1. л. 10 об.
④ ЦГАДА，Ф. Госархива，p. XVI，д. 729，ч. 1. лл. 10 об. –11.

于卡卢加和普热梅希尔附近，城内没有贸易活动，也没有重要的道路。克列切特尼科夫认为沃罗廷斯克市与塔鲁萨市有着相同的命运，两地居民都陷入了绝对贫困的境地。他提议清理这些城市，并将其居民转移到梅登，但其前提是参政院批准梅登成为城市①。

克列切特尼科夫并未选择该地作为新城市所在地，而是选择了地理位置更为优越、经济状况更好的地点，即伊林斯和奥夫奇尼诺经济村。他认为这两个经济村可以成为新城市。这两个村庄间的距离非常近，相距不超过 1 俄里，加上附近的农村居民，总人口达到了 1500人，其中有 1000 人可以被归类为市民，克列切特尼科夫提议将这座新城市命名为"新塔鲁萨"。值得强调的是，新塔鲁萨位于莫斯科至卡卢加的大道上，距卡卢加的距离为 62 俄里②。

因此，卡卢加省共有 11 个城市。笔者认为，第 12 个是博罗夫斯克。需要强调的是，当时博罗夫斯克并不属于卡卢加省，尽管该地距卡卢加省的边界仅有 3 俄里。克列切特尼科夫力主将博罗夫斯克划出莫斯科省，转到卡卢加省名下。克列切特尼科夫指出，在卡卢加省的辖区之内，很难再找到一个具备城市功能的村庄。这也就意味着，就行政区划和行政管理而言，卡卢加省可能面临一些不便③。

将博罗夫斯克纳入卡卢加省的管辖范围确实更为有利，这主要是因为它是当地重要的经济中心。此前，在莫斯科省和卡卢加省划界时，这一地区被人为地分开。博罗夫斯克的工场手工业，特别是亚麻工业，相当发达，小手工业也发展迅速，博罗夫斯克还是莫斯科省附

---

① ЦГАДА，Ф. Госархива，р. XVI，д. 729，ч. 1，л. 11.
② ЦГАДА，Ф. Госархива，р. XVI，д. 729，ч. 1，лл. 11 об. −12.
③ ЦГАДА，Ф. Госархива，р. XVI，д. 729，ч. 1，л. 12.

近粮食、大麻纤维和亚麻的贸易中心之一①。

克列切特尼科夫关于卡卢加省城市行政区划的很多建议都得到了采纳。根据1776年10月26日法令规定，新城市梅登建立，同时，沃罗廷斯克县城被撤销，沃罗廷斯克市本身则转变为工商业区。参政院也批准博罗夫斯克及其辖区从莫斯科省转移到卡卢加省②。

尽管克列切特尼科夫提出了取消塔鲁萨市的建议，但参政院出于增加新城市数量的考量，并未采纳这一建议。它仍然是该地区的行政中心。

卡卢加所属城市的构成基本维持了之前的设想。1777年，在划定辖区边界的过程中，出现了一些变动和调整。最初克列切特尼科夫建议将尤赫诺夫从斯摩棱斯克省划入卡卢加总督区③，但后来他改变了想法，否决了这一提议。相反，他坚持将别雷及其辖区划入卡卢加省，还认为应将奥多耶夫镇划入新成立的图拉总督区④。这一建议得到了斯摩棱斯克总督沃尔科夫的支持。根据经济发展状况，沃尔科夫提出了将别雷并入卡卢加省的建议具有一定的根据。沃尔科夫指出，在卡卢加省南部，没有一个城市能够有效地参与国内外贸易，而别雷是这一地区唯一的贸易城市，更为重要的是，在卡卢加省盐运业务中该地颇为重要。他指出，没有别雷，卡卢加省就没有大型的运盐码头，虽然该地盐产品贸易的季节性特征显著，但其发展潜力仍不容忽视⑤。

---

① ЦГВИА，Ф. ВУА，д. 18860. лл. 22–23.

② ПСЗ，т. XX. № 14525.

③ ПСЗ，т. XX. № 14525.

④ ЦГАДА，ф. Госархива，р. XVI，д. 726. л. 31.

⑤ ЦГАДА，ф. Госархива，р. XVI，д. 949. л. 50–50 об.

当地行政官员的话语具有一定的深意。别雷不仅是当地小商品生产中心，在南北贸易路线上的作用更是举足轻重。别雷坐落于河边，这使它在商品转运方面拥有得天独厚的优势。奥卡的地位明显高于季赫温。在黑土区省份向中部工业区运输粮食的过程中，奥卡河也发挥了至关重要的作用。

需着重强调的是，在历史上别雷市从未归属于卡卢加省。

直到 1777 年 9 月，图拉省成立之后，别雷及其辖区，连同奥多耶夫一同被划归为卡卢加省管辖范围之内。与此同时，卡卢加省新成立了日兹德拉县城。这个新县城的行政中心是日兹德拉市，它建立在通往布良斯克的大道上，它是在原有的同名经济村旧址之上建立的①。

按照政府最初的规划，卡卢加省最终将划分为 12 个县城。政府确定县城数量是基于一种数学方法，其基础是税丁的数量。在设置这些县级行政中心时，政府的首要考量是尽可能地将辖区内的税丁均匀分配，且要符合警察-财政方面的需求，相较而言，各地区的经济发展特征和潜力则是次要因素。

在卡卢加总督区成立之初，除卡卢加本身，各县城中仅有博罗夫斯克、科泽利斯克和普热梅希尔展现出了经济增长的势头。梅登和日兹德拉这两个新城市的设立并非基于经济因素，而是"源于它们在各自县城内的地理位置十分优越"。当然，之所以选择这些地区，除了便利的地理位置之外②，还因为它们隶属于经济委员会，并非属于私人所有，所以无须向地主购买土地。因此，政府在设立这些城市时

---

① ПСЗ. т. XX, № 14665；ЦГАДА, ф. Госархива, р. XVI, д. 729, ч. 1. л. 44.

② «Топографическое описание Калужского наместничества». СПб. , 1785. стр. 2.

成功避免了额外的支出。值得注意的是，这些新设立的城市实际上只是普通的村庄，但由于行政需要，政府决定在这里建立城市，当地的居民也自然地被纳入了城市居民的范畴。尽管成了城市居民，但这些新市民并没有放弃农业生产①。很明显，这些城市更多的是作为所在地区的行政中心而存在。

日兹德拉县城的经济中心并非日兹德拉，而是位于梅绍夫斯克以南 30 俄里处的苏希尼奇村。这个村庄周围全部是"盛产大麻的地方"，大麻贸易成为苏希尼奇村居民的主要职业。来自卡卢加、图拉等多个城市的商人纷纷聚集于此，开展贸易活动。据克列切特尼科夫描述，这样的贸易活动每周进行两次，为当地居民带来了可观的收入。在苏希尼奇村，一些居民积累了相当可观的财富，拥有 4000～5000 卢布，甚至 10000 卢布的资金②。对于这些贸易农而言，农业生产已不再是他们主要的收入来源。他们经营着"麻场"，可以被称为商人③。梅绍夫斯克的商人在提交给法典编纂委员会的申诉书中抱怨，这些贸易农不仅在苏希尼奇村的商店里进行交易，还在县里大量购买麻、油和其他商品，然后批发和零售给外国商人。贸易农的业务对梅绍夫斯克的商人造成了不小的冲击，使他们的贸易活动受到"犯罪、讨价还价和骚乱"等事件的干扰，以至于无法进行大额交易。

为了改善经济状况，梅绍夫斯克商人提出了一个要求，即禁止农民从事贸易④。克列切特尼科夫也支持这一观点，他认为苏希尼奇村

---

① «Топографическое описание Калужского наместничества». СПб.，1785. стр. 60，65.

② ЦГАДА，ф. Госархива，р. XVI，д. 729，ч. 1. л. 221.

③ Сб. РИО，т. 107. стр. 119.

④ Сб. РИО，т. 107. стр. 119.

附近的城镇，如果从一开始就受到这种贸易活动的冲击，现在的经济状况肯定会大不相同。他认为，苏希尼奇村的贸易对新建日兹德拉市的负面影响尤为显著。正因为苏希尼奇村的贸易活动，日兹德拉市失去了很多贸易机会和资金支持①。

　　克列切特尼科夫认为，贸易中心位置不佳是当地经济状况不佳的主要原因。他提出，这些贸易中心应当迁移至新的城市，以促进城市经济的全面发展，实现"百花齐放"的局面②。然而，实际情况却与预期大相径庭。区域中心往往位于经济发展较为落后或受经济发展影响较小的地区，这在一定程度上阻碍了城市的经济增长。同样的状况也出现在政府清理沃罗廷斯克等衰败城市的过程之中。虽然沃罗廷斯克名义上仍是一个城市，但实际上它的居民多为普通农民或临时工，他们在其他城市为商人提供各类商业服务③。沃罗廷斯克被清理，且转为村镇的原因并非出于经济考量，而是出于警察－财政因素的考虑。具体而言，因为沃罗廷斯克的地理位置不佳，它又靠近卡卢加和佩雷米什尔这两个地区，最终的命运可想而知④。因此，政府在行政和区域规划上的考量成为影响当地经济发展的重要因素。

　　卡卢加总督区成立之初设立的大多数城市主要是该地的行政中心，它们中很多还没有成为区域的工商业中心。

　　在卡卢加建省之后，图拉省也宣告成立。根据 1777 年 3 月 9 日法令，卡卢加总督克列切特尼科夫要根据圣彼得堡制定的初步计划，亲自视察新成立的图拉省。此次视察的主要目的是详细考察图拉省新

---

① ЦГАДА，Ф. Госархива，p. XVI，д. 729，ч. 1. л. 221.

② ЦГАДА，Ф. Госархива，p. XVI，д. 729，ч. 1. л. 221 об.

③ ЦГВИА，ф. ВУА，д. 18860. л. 109.

④ «Топографическое описание Калужского наместничества». стр. 32.

的行政区域划分状况，以及城市的组成和分布①。

这项工作在 6 个月内完成，1777 年 9 月 19 日，俄国政府颁布了建立图拉省的法令。根据法令，新成立的图拉省包括了之前图拉省的大部分县城，代迪洛夫县城及其中心代迪洛夫市被撤销。其余的县城包括图拉、阿列克辛、克拉皮文、博戈罗季茨克、维尼耶夫斯克和埃皮范斯克。此外，奥廖尔省的别雷、切尔恩和诺沃希尔及其辖区划归为图拉省，莫斯科省的卡希尔及其辖区划归图拉省，叶列茨基省的叶夫列莫夫及其辖区划入图拉省。在此之前，卡卢加总督区的奥多耶夫斯克县城也划归图拉省。在新的行政区划中，博戈罗季茨克被确立为新城市②。

图拉作为图拉省的核心城市，其地位无疑是最为重要的。这座城市不仅完成了从普通城市到省级城市的转变，在中部工业区经济生活中的作用也日渐凸显。图拉不仅是俄国重要的工场手工业中心和小手工业中心，更是一个具有广泛影响力的大型地区市场。图拉还曾拥有一座闻名全俄的军工厂。

别雷、阿列克辛和卡希尔等城市以贸易和小手工业生产而闻名。这些城市位于奥卡河畔，以粮食、大麻纤维、皮革等商品的生产和贸易而闻名，这些商品通过奥卡河运往莫斯科和圣彼得堡等大城市③。

图拉省南部的城市，如诺沃希尔、叶夫列莫夫和切尔尼，以及中部的埃皮范斯克，最初都是作为军事要塞而建立的，其目的是抵御鞑靼人的袭扰。然而，18 世纪 70 年代，这些城市已经完全失去了军事功能，经济也没有得到快速的发展，仍然只是"指定"地区的行政

---

① ПСЗ，т. XX. № 14594.

② ПСЗ，т. XX. № 14652.

③ ЦГАДА，ф. 397，д. 445/5，лл. 6–8；ф. Госархива，р. XVI，д. 949. л. 50–50 об.

中心。

与通常做法不同的是，新城市博戈罗季茨克建立在一个村庄的旧址之上。为实现这一目标，政府决定购买博戈罗季茨克村。克列切特尼科夫指出，该村居民大多从事贸易和手工业。博戈罗季茨克村位于新建地区的中心地带，它优越的地理位置同样不容忽视。在城镇土地和私人土地的划分过程中，政府主要考量的是之前该村所属地主的利益。克列切特尼科夫在报告中明确指出，要在一个交通便利的位置建立城市，需要向土地所有者提供大量的资金。克列切特尼科夫下令在城市和地主的房屋之间划界。具体而言，石头建筑所属的部分，包括房屋、教堂和面包店等，都被划归地主所有①。

博戈罗季茨克新城共有 89 名商人和 794 名居民②。

在图拉总督区成立之初，布良斯克—图拉线以南的广大地区，其城市居民的主要营生均是农业。显然，经济生活中农业的比重因地而异，即便如此，农业仍是许多城市居民生产活动中不可或缺的一部分。此外，政府将黑土区南部各县划入图拉省，更多的是出于对该省人口总体发展的考量。

再往东是梁赞省，它由 12 个县组成。1778 年 8 月 8 日，克列切特尼科夫视察了新成立的梁赞省，并就梁赞省各县城及其中心的构成提出了自己的想法。他指出，前佩列亚斯拉夫尔-梁赞省的梁赞、扎兰斯克、米哈伊洛夫、普龙斯克、萨波若克，从前坦波夫省的里亚日斯克、沙茨克省的卡西莫夫，以及叶利钦克省的丹科夫，完全不符合1775 年的法律方案，但它们有潜力成为其所在县城的中心。相比之

---

① ЦГАДА，Ф. Госархива，р. XVI，д. 729，ч. 1. л. 78 об.

② ЦГАДА，Ф. Госархива，р. XVI，д. 729，ч. 1. л. 49-49 об.

下，佩切尔尼基的情况则有所不同。这里的居民主要是屯田兵，克列切特尼科夫认为，将其变为城市颇为不便，他建议将佩切尔尼基变为一个工商业区①。

事实上，梁赞省各城市的经济状况要比克列切特尼科夫报告中所述的复杂得多。梁赞省的北部地区，即图拉—梁赞一线，以及奥卡河下游至卡西莫夫一带，均是工业区，而南部地区则是典型的农业区。1775 年的地方政府机构改革使梁赞省和图拉省的行政规划向南扩展，这可能是出于经济发展的需要。但对中央政府而言，这主要是出于警察–财政方面的考量。

上述状况也是梁赞省城市的特征所致，每个区域的特征各不相同。在梁赞和卡西莫夫，小手工业都得到了快速发展，粮食和其他农产品贸易普遍发展。扎拉伊斯克的工商业颇为发达。梁赞省南部的部分城市，居民主体仍是屯田兵和其他类别的军人。他们绝大多数从事农业生产，米哈伊洛夫、普龙斯克和萨波若克就是代表②。与克列切特尼科夫所述的佩切尔尼基一样，格列米亚乔夫的居民多数是屯田兵③。由于这些城市的经济与真正的城市相去甚远，所以在地方政府机构改革期间，它们都被转划为农村。

为保障梁赞省有"规定数量居民的真正的县城"（12 个），克列切特尼科夫打算建立斯科平、卢嫩堡、叶戈里耶夫斯克和斯帕斯克等新城市。前两个原本是皇村，后两者则是经济村。

据克列切特尼科夫提供的信息，在斯科平居住着 1128 名农民。克切特尼科夫在报告中指出，这些农民已不再从事传统的农业生产，

① ЦГАДА，Ф. Госархива，р. XVI，д. 729，ч. 1. л. 85 об.

② ЦГВИА，ф. ВУА，д. 18860. лл. 85，87–89，91–92.

③ ЦГВИА，ф. ВУА，д. 18860. лл. 93–95 об.

而是转向市民特有的各种职业，甚至部分居民有商人的资本①。

因此，克列切特尼科夫建议将这些农民划为斯科平市民，并将那些已经申报资本的居民进一步更名为商人。克列切特尼科夫还指出斯帕斯克和叶戈里耶夫斯克的居民有潜力成为城市居民。斯帕斯克位于奥卡河畔，有一个大型的码头，这使它成为梁赞省南部附近城市运盐船只的主要卸货点。此外，据当地行政长官所言，斯帕斯克的居民还能用从粮食贸易中获得的收入购买生活必需品②。在叶戈里耶夫斯克，大麻纤维和啤酒贸易颇为发达③。据克列切特尼科夫所述④，卢嫩堡的市民们每周都会进行布匹、纸张、酒类等商品的交易，其中最为发达的是粮食和羽绒交易。该新城位于通往阿斯特拉罕的大道之上。克列切特尼科夫指出，根据现行的法律标准，卢嫩堡居民已拥有市民称号。

克列切特尼科夫的建议最终被采纳并实施，他指定的地方顺利转型为城市⑤。就经济发展水平而言，这些新城市丝毫不逊色于梁赞省之前存在的许多城市。从经济角度而言，斯科平、卢嫩堡、叶戈里耶夫斯克和斯帕斯克等城市的建立是极其合理的。这些新兴城市逐渐取代了某些衰落的城市，成为其所在地区经济生活的中心。

与梁赞省相比，弗拉基米尔省的经济发展水平较高。弗拉基米尔省于 1778 年建立，由莫斯科省下辖的弗拉基米尔州、苏兹达尔州、尤里耶夫-波利斯克和佩列亚斯拉夫尔-扎列斯基州组成。弗拉基米

---

① ЦГАДА，ф. Госархива，p. XVI，д. 729，ч. 1. л. 85 об.

② ЦГАДА，ф. Госархива，p. XVI，д. 729，ч. 1. лл. 224 об. -225.

③ ЦГАДА，ф. Госархива，p. XVI，д. 729，ч. 1. л. 225.

④ ЦГАДА，ф. Госархива，p. XVI，д. 729，ч. 1. л. 225.

⑤ ПСЗ，т. XX. № 14786，14918.

尔省成立时，共有 9 个县城，其中 2 个县城（卢赫和罗斯托夫）很快被纳入其他省份。后来，只剩下 7 个县城，包括前省城弗拉基米尔、苏兹达尔、尤里耶夫-波利斯克、佩列亚斯拉夫尔-扎列斯基，以及穆罗姆、戈罗霍韦茨和舒亚。后来，政府增加了新的城市，其代表是梅连基（前皇村）、基尔扎赫、波克罗夫、苏多格达、科夫罗夫（前经济村）、维亚兹尼基（之前的国家工商业区）和亚历山德罗夫（以前皇宫马厩办公厅下属的工商业区）①。

弗拉基米尔被政府指定为省城，它是一座非传统的大城市，这里的皮革和皮革制品加工、缝纫、金属加工等手工业均快速发展。城市居民的主要职业是园艺，他们将种植的水果拿到市场上销售。夏季，城市及其周边地区被众多著名的樱桃园所包围。水果贸易便在此基础上发展起来。软革和其他"弗拉基米尔制造"的商品被销往圣彼得堡和附近各省，大量樱桃汁也被装入桶中销往莫斯科②。

笔者认为，不能轻易断言弗拉基米尔的经济优于其他省城，如卡卢加或图拉，但作为行政中心，弗拉基米尔的经济意义无疑超过了其他县城。在弗拉基米尔省，曾经作为省城的佩列亚斯拉夫尔-扎列斯基的经济也快速发展，这里有一家麻纺织手工工场，其各种手工业的发展程度不亚于弗拉基米尔。从莫斯科到雅罗斯拉夫尔，再到阿尔汉格尔斯克的大道经过佩列亚斯拉夫尔-扎列斯基市，为该地贸易的发展提供了极大的便利③。

省城建立之初，两个前省会城市苏兹达尔和尤里耶夫-波利斯克的经济水平超过了弗拉基米尔。在这两个城市之中，除了手工业生产

① ПСЗ，т. XX. № 14787.

② ЦГВИА，Ф. ВУА，д. 18860. лл. 54—55.

③ ГБЛ ОР，ф. 37，д. 132. лл. 43—45.

普及之外，还有大型手工工场。尤里耶夫-波利斯克的经济也快速发展。舒亚市的纺织工业也快速发展，这里建立了大型纺织手工工场。

弗拉基米尔市之所以被选为该省的行政中心，最重要的原因是它优越的地理位置。它位于弗拉基米尔省的中央，与所有偏远县城的距离几乎相同。当然，政府也考虑到弗拉基米尔市有一条通往西伯利亚的陆路大通道，即著名的"弗拉基米尔大道"。

弗拉基米尔省还有另外两个县城，即穆罗姆和戈罗霍韦茨。它们的经济也快速发展，其中皮革加工、制鞋和麦芽糖生产手工业颇为发达①。

弗拉基米尔省新建城市的贸易均颇为发达。维亚兹尼基工商业区是该省重要的工商业中心之一，此处帆布生产颇为发达。此外，维亚兹尼基的手工业也颇为发达，其代表是纺织、皮革加工、木材加工等工业部门②。

因手工业生产发展迅速，维亚兹尼基的贸易也逐渐繁荣。尽管这里每年生产的亚麻布和皮革（红色软革）"数量不等"，但这些商品仍被运往博罗维奇，随后沿着上沃洛乔克水路运往圣彼得堡。维亚兹尼基有一个大型河运码头，交通运输颇为发达。维亚兹尼基的商人从维亚兹尼基出发，沿着克利亚济马河和奥卡河，将亚麻、大麻、亚麻籽和坚果油等商品运往伏尔加河下游的城市。商人在返回途中，会带回食盐和其他商品。此外，许多人还从事果树种植，他们将收获的水果在市场销售。

维亚兹尼基从定居点转变为城市的最主要原因是其工商业快速发

---

① ГБЛ ОР，Ф. 37，д. 132. лл. 56-60.

② Е. И. Заозерская. Рабочая сила и классовая борьба на текстиль ф. 37. д. 132，д. 55-55 об.

展。新城内共有商人 63 人，村民 831 人①。

梅连基和科夫罗夫的经济发展水平稍逊色于其他城市，当被正式确立为城市时，它们在各自区域内扮演着重要的角色。梅连基位于弗拉基米尔省的南部，这里的麻纺织品和其他商品贸易颇为发达，商品更多地服务于周边的农村居民。科夫罗夫位于克利亚济马河的下游，它位于河岸边，此处是很多船只的停泊点。基于此，科夫罗夫成为伏尔加河流域重要的商品集散地。来自伏尔加河地区的粮食和食盐等商品运抵科夫罗夫，然后通过陆路转运至弗拉基米尔省各城市②。

亚历山德罗夫市是弗拉基米尔省的工商业中心，这一点在亚历山德罗夫建立前的人口构成中就有所体现，它是由亚历山德罗夫工商业区转变而来。亚历山德罗夫人口构成如下：农民和皇室马厩办公厅相关工作人员总计 833 人，学徒工人 162 人，小商品生产者 142 人，居民总量为 1137 人③。值得一提的是，亚历山德罗夫市内还有一个著名的国有马场。显然，这座城市的皮革生产和贸易与马场紧密相关，也正因如此，该城市的皮革贸易颇为繁荣。贸易活动决定了之前亚历山德罗夫工商业区及后来基尔扎赫市的经济面貌。

因资料不多，苏多格达市和波克罗夫市的经济状况要依据其辖下居民的职业活动来判断。这两座城市的农业生产颇为发达，它们尚未成为周边居民重要的经济中心。苏多格达市的很多村庄位于弗拉基米尔、阿尔扎马斯至伏尔加河下游城市的邮路上，当地居民借此可获得一定的收入。尽管这两座城市的经济有所发展，但它们的人口都相对较少。波克罗夫市有 286 名男性居民，而苏多格达市则仅有 131 名男

---

① ЦГАДА，ф. Госархива，р. XVI. д. 636，л. 5.
② ЦГВИА，Ф. ВУА，д. 18860. л. 66；д. 18628，л. 61 об.
③ ЦГАДА，ф. Госархива，р. XVI. д. 636，л. 5.

性居民①。

显然，苏多格达市作为县政府所在地，行政功能与其经济状况是不相符的。这揭示了一个现象，有时行政区划与经济发展水平之间会脱节。弗拉基米尔省多个工商业村和定居点的经济发展水平接近城市，但仅因为它们是地主的私人财产，所以并没有被正式划定为城市。波克罗夫的大型贸易村切尔库蒂诺就是例证，该村庄作为周边地区的工商业中心，经济影响力不容小觑，但由于政府维护贵族的利益，它并没有被赋予城市的地位。

工商业村庄和定居点隶属于地主对其社会经济的发展产生了极大的负面影响，严重制约了经济的进一步发展。

皇室马厩办公厅所管辖的加夫里洛夫村的居民身份也发生了显著的变化。它原属于苏兹达尔，这里本来就有一部分居民长期从事工商业活动，已彻底放弃了农业生产。18 世纪 80 年代初，这里已有 454 名男性农民。然而，加夫里洛夫的土地数量不多，120 块土地中只有 13 俄亩被用作"花园和菜地"②。1789 年，这个曾经居民以工商业为生的定居点转变为城市，即加夫里洛夫市。居民的身份也随之发生变化，他们被划归为商人和市民③。但是，他们必须缴纳双重税赋。

以上状况足以说明，除经济因素推动新城市形成外，农奴制的影响也不能忽视，它给俄国城市的发展带来了沉重的负担，也导致 18 世纪下半叶新城市的形成过程变得非常复杂。

在伏尔加河上游地区，雅罗斯拉夫尔成为新的省城。它是一个大型的工商业中心，与全俄许多地区乃至国外市场均保持着密切的经济

---

① ЦГАДА，ф. Госархива，р. XVI. д. 636，л. 5.
② ЦГАДА，ф. Госархива，р. XVI，д. 638，ч. 2. л 110.
③ ПСЗ，т. XXIII. № 16765.

联系。雅罗斯拉夫尔转变为省城是其经济发展的必然结果。

雅罗斯拉夫尔省是在原莫斯科省下辖同名州的基础上重组而成。根据 1777 年 2 月 28 日的法令，新建的雅罗斯拉夫尔省制定了一份《行政区划草案》，该省由 12 个县城组成①。雅罗斯拉夫尔省的基内什马被划给了邻近的科斯特罗马省。科斯特罗马省的柳比姆市、佩列亚斯拉夫尔-扎列斯基省的罗斯托夫及其周边地区被划入雅罗斯拉夫尔省。此外，雅罗斯拉夫尔省中部城市还包括乌格里奇市。乌格里奇市原是乌格里奇省的省城，在地方政府机构改革中，该省被取消，乌格里奇市被划归雅罗斯拉夫尔省，并成为该省的一个县城。

18 世纪 60 年代的资料显示，当时乌格里奇并没有发达的手工业。乌格里奇商人所属的 3 家造纸企业位于城外，城内小商品生产和锻造手工业颇为发达。然而，这些商品主要是在当地市场销售，很少销售至其他地区，仅有少数商人能将乌格里奇的粮食、皮革和亚麻布等商品销售至圣彼得堡②。

因此，乌格里奇的行政地位相应下降，成为雅罗斯拉夫尔省的一个县城，这与其在该地区经济生活中的实际作用相符。

总的来说，雅罗斯拉夫尔省的行政规划已取得了阶段性的成果。接下来，政府开始了该省其余 6 个市县的重建工作。

为解决雅罗斯拉夫尔省的行政区划问题，1777 年 2 月 28 日参政院颁布法令，委任雅罗斯拉夫尔省省长梅尔古诺夫前往现场视察该省

---

① ПСЗ，т. XX. № 14590.

② Л. И. Бакмейстер. Топографические известия, служащие для пол-ного географического описания Российской империи, ч. 111. СПб.，1772. стр. 270；«Географическое описание реки Волги от Твери до Дмитриевска...». Город Углич；Ф. А. Полуние греки миллер, географический лексикон Российского государства, СПб.，1773. стр. 412.

各地区状况。梅尔古诺夫视察的主要任务之一就是报告"各城市的归属问题"，并提出自己的见解和建议①。此外，叶卡捷琳娜二世也命令他对未来省份的辖区进行详细的巡视，以确保政府能够基于实际情况选择最佳的新城地点。

梅尔古诺夫首先前往罗斯托夫，该城市的居民数量为 67602 人，这一数字远远超出 1775 年法律所规定的县城人口标准（每个县城 20000～30000 人）。鉴于这种情况，有必要对该城市进行重新划分。

在选择一个适合定居点成为新城市时，梅尔古诺夫遇到了挑战。他指出，罗斯托夫所辖区域"缺乏地理优势，如通航河流等"。在报告中，他列举了多个可以建立城市的定居点，维利科耶村就是其中之一，它距罗斯托夫 35 俄里。梅尔古诺夫指出维利科耶村居民更倾向于开展贸易活动，他们身体健壮但不从事农业生产②。村里设有集市，主要销售菜园内的蔬菜和少量粗麻布商品，每年 9 月还会举办一次展销会，交易场面热闹非凡。此外，鲍里斯格列布修道院前每周还会有集市，5 月份也会有展销会③。梅尔古诺夫特别强调，这个定居点的居民"很高兴能用贸易维持生计"，且"这里的土地从未被犁过"④。

与此同时，罗斯托夫所属部分村庄的工场手工业也有所发展。调查问卷数据显示，维利科耶村有一家造纸"工厂"，新罗日德斯特文诺耶村有一家丝织"工厂"，还有一家亚麻纺织"工厂"位于距罗斯托夫不远的伊什涅市。

---

① ПСЗ, т, XX, No 14590.

② ИГАДА, Ф. Госахива, р. XVI, д. 1012, ч, 1., л. 7-7об.

③ Л. И. Бакмейстер. Указ, соч., ч. II. СПб., 1772. сто. 114.

④ ИГАДА, ф, Госархива, р. XVI, д. 1012, ч. 1. л. 8об.

当时的罗斯托夫不仅没有工场手工业，甚至城市小手工业也并不发达。据全俄经济组织问卷调查数据，罗斯托夫市民的主业并不是手工业，而是将更多的精力投入至园艺业，但也有部分居民从事贸易，甚至有一部分人前往俄国其他城市开展贸易[1]。18 世纪末，罗斯托夫才出现了工场手工业[2]。

梅尔古诺夫对罗斯托夫的经济发展并不在意，出于行政目的考量，他选择了彼得罗夫斯克作为新城市的选址。梅尔古诺夫认为这里地理位置优越，很合适建立城市，它位于通往莫斯科的一条重要大道上，正好处于雅罗斯拉夫尔至莫斯科大道的中间，距罗斯托夫仅有22 俄里。彼得罗夫斯克村内共有 103 名男性农民[3]，但没有建立城市的经济基础。

在雅罗斯拉夫尔省梅什基诺村遗址上建城的决策中，行政和财政因素具有决定性作用。梅尔古诺夫之所以选择梅什基诺村，主要是因为其便利的地理位置，它位于伏尔加河沿岸，航运便利。此外，梅尔古诺夫还提到，虽然它是一个普通的村庄，但这里每周会举行一次集市，每年还举办大型展销会，经济发展状况可想而知。在伏尔加河上游地区有很多这样的村庄，但它们都没有成为雅罗斯拉夫尔省及其邻近地区的工商业活动中心。梅什基诺村有 183 名男性农民[4]。就他们的职业而言，与周边村庄几乎没什么不同。

就经济发展水平而言，雅罗斯拉夫尔省的一些地区已接近城市。诺斯克工商业村就是代表，它距离雅罗斯拉夫尔 12 俄里。它是制钉

① Л. И. Бакмейстер. Указ. соч., ч. 11. стр. 106, 112.
② «Топографическое описание Ярославского наместничества». Ярославль., 1794. стр. 38.
③ ЦГАДА, ф. Госархива, р. XVI, д. 1012, ч. 1. л. 8.
④ ЦГАДА, ф. Госархива, р. XVI, д. 1012, ч. 1. л. 9.

业生产的中心，其产品也大量销售至国内其他地区①。然而，诺斯克工商业村并没有成为城市。梅尔古诺夫认为，一个地方是否适合建立城市，不仅取决于该地的经济发展水平，还要受其地理位置、居民结构等因素的影响。诺斯克工商业村靠近雅罗斯拉夫尔，将其划归雅罗斯拉夫尔更为合适②。

省政府和地方行政机构也确实注意到了雅罗斯拉夫尔省与周边地区在经济和法律上的明显差距。在伏尔加河上游地区，一些大型过境贸易点虽然事实上已经具备了城市的规模和功能，但法律上仍没有确认其城市地位。雷布工商业区的情况尤为引人注目。这里不仅是当地居民的主要聚居地，通航期还有大量居民到此处工作。很明显，雷布工商业区已具备了城市的基本特征。梅尔古诺夫认为，除当地的商人和市民（638 人）外，雷布工商业区还有大量的外地商人。这里有大型的码头，大量船舶停泊于此，每周都有集市，每年还举办展销会③。

梅尔古诺夫认为，鲍里斯格列布工商业区也可能成为城市。他认为该地区位于伏尔加河沿岸，地理位置优越，下方就是知名的雷布工商业区，这里很多居民从事工商业活动。他还指出，这里有大量的商人和市民，共计 660 人④。

乌格里奇县城位于莫洛加河与伏尔加河交汇处，莫洛加工商业区也位于此处。这个地区的居民主要从事手工业和贸易，金属锻造、蜡烛制作和裁缝手工业较为发达，也有一些没有手艺和技能的居民在这

---

①　Сб. РИО，т. 93. стр. 297-303.

②　ЦГАДА，Ф. Госархива，р. XVI，д. 1012，ч. 1. л. 11.

③　ЦГАДА，Ф. Госархива，р. XVI，д. 1012，ч. 1. л. 10.

④　ЦГАДА，Ф. Госархива，р. XVI，д. 1012，ч. 1. л. 11.

里居住，这些居民可在沿伏尔加河前往上沃洛乔克水路的船只上找到工作①。梅尔古诺夫认为，在莫洛加地区建立新城是由其地理位置和居民职业特征决定的，特别需要强调的是，该地有 792 名商人和市民②。

梅尔古诺夫颇为关注柳比姆县城丹尼洛夫皇村贸易和手工业的发展，这里地理位置优越，位于通往沃洛格达省和阿尔汉格尔斯克省的大道上，村民们"主要从事贸易和手工业活动"③。丹尼洛夫皇村里有 100 多家商铺④，铁匠和木匠最为常见，皮革加工手工业也颇为发达。

将丹尼洛夫村划为城市适应了经济发展的需要。梅尔古诺夫就认为丹尼洛夫村适合建立城市，在村址上建立新城十分便利⑤。

在这种情况下，经济利益与政府的行政考量是一致的。但由 1775 年法案可知，政府考虑建城的首要因素是行政功能。

梅尔古诺夫关于雅罗斯拉夫尔省新城市建立的方案已初具雏形。据 1777 年 8 月 3 日叶卡捷琳娜二世颁布的法令，雅罗斯拉夫尔省成立，下辖 12 个县城。雅罗斯拉夫尔省的城市规划也发生了显著的变化。在先前就已存在的城市，诸如雅罗斯拉夫尔、乌格里奇、罗曼诺夫、罗斯托夫、柳比姆的基础上又增加了新的城市，如雷宾斯克（位于雷布工商业区的旧址）、鲍里斯格列布、在彼得罗夫斯科克村旧址上建立的彼得罗夫斯克、由梅什基诺村改建的梅什金，以及在丹

---

① ЦГАДА, ф. 397, д. 445/27. лл. 3–5.

② ЦГАДА, ф. Госархива, р. XVI, д. 1012, ч. 1. л. 9 об.

③ ЦГАДА, ф. Госархива, р. XVI, д. 1012, ч. 1. л. 9 об.

④ ЦГАДА, ф. Госархива, р. XVI, д. 1012, ч. 2. л. 92.

⑤ ЦГАДА, ф. Госархива, р. XVI, д. 1012, ч. 1. л. 11 об.

尼洛夫斯克村旧址上建立的丹尼洛夫。与此同时，波谢霍斯克县城前行政中心佩尔多姆经济村也被划入波谢霍斯克县城①，莫洛加工商业区也被划为县城。

雅罗斯拉夫尔省村镇转变为城市的历程表明，它们与其他许多省份的新城市一样，以其较高的经济发展水平而著称。以雷布工商业区为例，该地区正在不断扩张，并已经成为其所在地区的经济中心，还具备了城市的本质特征。鲍里斯格列布工商业区、莫洛加工商业区和和丹尼洛夫斯克村虽然经济发展水平稍显落后，但它们已在朝着城市的方向发展。由此可知，并非所有地区都适合成为城市。值得一提的是，梅什基诺村和彼得罗夫斯克村（以及别尔东村）虽然被划为城市，同时也是其所在县城的行政中心，但就经济形式而言，它与周边的农村并无明显区别。

伏尔加河上游地区的另一个省，即位于雅罗斯拉夫尔省旁边的科斯特罗马省，它的社会经济模式与雅罗斯拉夫尔省有许多共同之处。

科斯特罗马省包括之前科斯特罗马省和加利奇省的大部分地区，主要城市为加利奇、索利加利奇、楚克洛马，以及前尤里耶夫-波利斯克的卢赫、雅罗斯拉夫尔省的基内什马，还包括下诺夫哥罗德省的尤里耶夫茨-波伏尔日斯基。除这些城市外，卡迪、布伊、涅列赫塔和普列斯也被设立为城市。后 3 个城市以前是郊区，地方政府机构改革之后，它们升级为城市②。

众所周知，科斯特罗马省的最大城市是科斯特罗马。这座城市不仅是伏尔加河上游地区的一个大型工业中心，还以发达的麻纺织工业

---

① ПСЗ，т. XX. № 14635.

② ПСЗ，т. XX. № 14792.

而闻名。与雅罗斯拉夫尔一样，随着大工业的发展，科斯特罗马的小手工业生产也快速发展。科斯特罗马是伏尔加河上游的重要港口，它位于繁荣的贸易线路上，贸易颇为发达。

科斯特罗马之所以成为省城，与其在 18 世纪 70 年代末经济快速发展密切相关。

就麻纺织工业发展水平而言，基内什马紧随科斯特罗马之后①。基内什马市的徽章就足以凸显麻纺织工业和麻产品贸易在城市经济中的重要地位。徽章上绘制的两捆亚麻布图案，意为"这座城市的亚麻贸易十分闻名"②。

新城涅列赫塔也是麻纺织工业中心之一。科斯特罗马省成立之时，圣彼得堡商人格里戈里·阿布罗西莫夫在此就拥有一家大型麻纺织手工工场，工场内拥有 120 台机器，他还拥有其他大型手工工场③。加利奇市（加利奇省前行政中心）的工场手工业发展得相对缓慢。这里唯一的一家手工工场是当地商人马特维·斯科尼亚什尼科夫创办的，仅有 25 台机器，年产纺织品 4000 俄尺④。加利奇纺织业规模相对较小，但制革业较为发达，它在加利奇市的经济生活中发挥了重要作用。

加利奇在成为城市之后，虽然失去了往日省城的行政功能，但这并没有对它的经济发展产生显著影响。加利奇依然稳固地保持着地区经济中心的地位。而且，还辐射至城市周边地区。因此，在新的行政架构之下，虽然加利奇的行政功能弱化，由省城变为普通城市，但这

① ЦГАДА，ф. Госархива，р. XVI，д. 777，ч. 2. лл. 199–200.

② ПСЗ，т. XX. № 14884.

③ ЦГАДА，Ф. Госархива，т. XVI，д. 777，ч. 2. л. 199 об.

④ ЦГАДА，Ф. Госархива，т. XVI，д. 777，ч. 2. л. 199 об.

反而更加符合它作为城市周边农村经济中心的角色。

科斯特罗马省的其他城市也没有工场手工业。即便如此，在这些城市之中，各类小手工业生产活动仍然十分活跃，麻纺织手工业和皮革加工手工业最为繁荣。布伊市的居民以生产帆布和亚麻布为生。卢赫市位于该省南部，与加利奇一样，都是皮革加工手工业中心。新城市普列斯的经济实力相对薄弱。城市建立之初，这里几乎没有商人的身影，仅有 300 人成为市民①。

科斯特罗马省的温扎之前属于加利奇省。之前，这个省位于伏尔加河流域的森林地带，在温扎河和韦特卢加河的河谷处。据最新的行政区划，温琴斯卡亚省被划分为 4 个县城。马卡里耶夫市是该省的县城之一，它建立在温扎河畔的马卡里耶夫工商业区旧址之上。另一个县城是瓦尔纳，这里原本是经济委员会所属的一个偏僻修道院，称为瓦尔纳-维纳修道院，现已完成了改造。至于剩下的两个县城，法令中还没有明确它们的具体位置，只是将它们命名为韦特卢加和科洛格里夫，最终的位置由梅尔古诺夫确定②。科洛格里夫市和韦特卢加市之前属于加利奇省，现在已被划归温扎省。

韦特卢加县城的情况颇为特殊。当时，这个地区还没建立一座城市，从行政管理的角度而言，选择一个合适的村庄作为城市新址也十分困难。然而，梅尔古诺夫很快便找到了一个理想的地方。他选中了瓦尔纳镇上方韦特卢加河畔的上瓦尔纳-沃斯克雷谢尼村，该村庄位于瓦尔纳市上方。梅尔古诺夫认为，相较于其他所有地区，这个村庄更具备发展为城市的潜力。因位于韦特卢加河畔，梅尔古诺夫决定将

① ЦГАДА，ф. 248，кн. 4585，д. 12. л. 315.

② ПСЗ，т. XX. № 14792.

此处命名为"韦特卢加",并着手将其建设成为一个新的城市。然而,这个村庄是私人财产,属于贝洛塞尔斯卡娅女大公所有。

政府在权衡利弊后,决定在此处建立新城韦特卢加,因别无选择,只能从女大公手中购买这个村庄。最终,该村庄以 8600 卢布成交①,此后村庄被收归国有。之后,村里的居民,无论是以前的地主,还是现在的国家农民,都被转为市民②。然而,上述从私人手中购买村庄建立城市的状况是罕见的。在通常情况下,政府都尽量避免将地主村庄改造成城市。

温扎省城市的特征与科斯特罗马省不同,主要是城市数量相对较少。在这个面积达到数百平方俄里的地区,仅有 4 个县城,其中的 3 个县城更是在地方政府机构改革时才建立。然而,这些城市并非其所在地区的经济中心。韦特卢加仅有 81 名市民,他们都是最近刚从农民身转变而来的;在瓦尔纳,虽有 127 名市民,但这些人也同样是刚转变为市民。值得一提的是,这些市民仍与农业生产保持着密切联系,只有马卡里耶夫例外。在科斯特罗马省成立时,马卡里耶夫已有 12 名商人和 678 名市民③。至于科洛格里夫,18 世纪 80 年代它就已经存在,这里既没有商人,也没有市民④。

显然,这些城市主要作为其所在县城的行政中心存在,该地区所属居民的经济活动大多不在这些城镇进行,这与它们作为行政中心的职能有很大关系。这种情况并非偶然。温扎省是一个以农业为主业的省份,这里的居民主要从事农业生产和木材加工手工业。相比之下,

---

① ЦГАДА,ф. Госархива,р. XVI,д. 1012,ч. 1. л. 69 об.
② ЦГАДА,ф. 248,кн. 4585,д. 12. л. 314.
③ 据其他信息,马克里耶夫创建时共有 8 名商人、552 名市民。
④ ЦГАДА,ф. Госархива,р. XVI,д. 777,ч. 1. л. 148.

科斯特罗马省则是一个大型工业区，工场手工业和小手工业生产均蓬勃发展。在科斯特罗马省的新城市中，涅列赫塔特别引人注目，它已成为伏尔加河上游地区重要的麻纺织工业中心之一。

温扎省和科斯特罗马省被人为地并为一个省，这两个省的城市之所以类型不同，主要源于它们手工业生产的专业化程度不同，最主要的原因是它们的生产力发展水平不同。

莫斯科省是最后一个在中部工业区建立的省份，究其原因是，政府有必要加强对偏远省份的行政管理，旧的行政区域划分方案已与该地区的经济生活条件不符。基于这样的考量，政府决定在之前的省份基础上创建新莫斯科省，但是省城的边界变化不大，很多旧城市得到保留。

1781 年 9 月 5 日法令规定，莫斯科省被划分为 14 个县城。除莫斯科这座城市本身之外，在原有的城市基础上建立了几个新的城市，如科洛姆纳、谢尔普霍夫、兹韦尼哥罗德、鲁扎、莫扎伊斯克、沃洛科拉姆斯克、克林和德米特罗夫。这些城市均保留了它们原有的行政功能和地位。法令还指定了一些城市作为县级行政中心。沃斯克列先斯克是由沃斯克列先斯克修道院改建而来，波多利斯克是在波多尔经济村旧址上建立，博戈罗茨克原名为亚姆斯克罗戈扎村，布龙尼齐则直接沿用了原有村落的名称。值得注意的是，这些新城市中，如尼基茨克，其名称来源于科雷切沃皇村的尼基茨克皇室马厩办公厅①。1782 年，因莫斯科省人口迅速增加，出现了"人口拥挤"问题，政府决定设立第 15 个县城。这个新县城的中心选定在韦雷亚市②，它

---

① ПСЗ，т. XXI. № 15245.

② ПСЗ，т. XXI. № 15398.

之前便是莫斯科省的一个县。

莫斯科无疑是俄国最大的城市，它不仅是古都，更是当今俄罗斯重要的政治和经济中心。18 世纪下半叶，莫斯科不仅继续巩固了其政治和经济中心地位，还成为大型工业中心，此处纺织工业尤为发达。从这个意义来讲，莫斯科在国家行政区划中的作用不容忽视。

农民纺织工业的发展为经济水平接近城市的工商业村和工商业区成为周边地区的经济中心，乃至莫斯科近郊主要城市奠定了基础。

博戈罗茨克市和波多利斯克市就是在这种工业基础上发展起来的，丝织业在其经济结构中变得越来越重要①。

后来，博戈罗茨克市成为莫斯科郊区大型纺织工业中心之一，位于科洛姆纳上方莫斯科河畔的布龙尼齐市的工商业也颇为发达。这些工商业区的状况完全与尼基茨克不同。尼基茨克原是一个村庄，村内居民从事农业生产。在原农村定居点的土地上直接建立新城镇也是顺其自然。

1782 年，圣三一谢尔吉耶夫修道院（谢尔吉耶夫波萨德）附近的村庄变成工商业区②。这个村庄的居民放弃了农业生产，长期从事贸易和手工业，玩具制造业尤为发达。

从一定程度而言，莫斯科省的城市不仅是其所在地区的行政中心，也是经济中心。这在很大程度上与其所在地区小手工业生产和贸易的繁荣相关。

地方政府机构改革之后，中部工业区共建立了 35 个新城市。其中 1/3 的城市经济较为发达，另外 1/3 是工商业区和村镇。即便部分

---

① И. В. Мешалии. Текстильная промышленность крестьян Москов-ской губернии в XVIII и первой половине XIX в. М. -Л. , 1950. стр. 78.

② ПСЗ, т. XXI. № 15371.

新城市建立之时经济相对落后，它们的经济增长潜力也是毋庸置疑的。最后 1/3 的城市经济落后，它们很快衰落，最终被取缔。

在伏尔加河上游、莫斯科省东部和弗拉基米尔省邻近地区建立了很多新城市。大多数情况下，新城市的形成与小手工业的繁荣，以及各类手工业部门的发展相关。基于此，皮革工业是奥斯塔什科夫市的经济基础，博戈罗茨克的纺织工业发达。后者与梁赞省北部的波多利斯克和叶戈里耶夫斯克一同形成了莫斯科以东一个新的纺织工业区（棉纺织工业尤为发达）。

其他城市（涅列赫塔和维亚兹尼基）经济增长的基础则是麻纺织工业。

在大多数情况下，城市的发展与其便利的交通位置密切相关，很多城市位于当时的贸易动脉伏尔加河上。最典型的例子是雷宾斯克市，它是伏尔加河上游的一个大型贸易基地和转运点。而位于伏尔加河畔雅罗斯拉夫尔和特维尔之间的其他新城市，如鲍里斯格列布、莫洛加、卡利亚津规模较小，但它们作为重要贸易点和转运点在伏尔加河水路贸易中仍发挥了较大的作用。

随着新城市的建立，一些落后的城市村镇被废除。这些被废除的城市村镇共有 5 个，即波戈雷洛、沃罗廷斯克、杰迪洛夫、佩切尔尼基和格列米亚乔夫。此外，因尼基茨克市附近新城市的建立，很快它又被划归为农村定居点。

地方政府机构改革之后，在中部工业区的莫斯科、弗拉基米尔、卡卢加、科斯特罗马、特维尔、图拉、梁赞和雅罗斯拉夫尔等省共有 114 个城市。改革之前，这些土地上只有 75 个城市，改革后城市的数量增加了 39 个。

值得注意的是，在中部工业区地方政府机构改革之后建立的城市居民点的构成后来并没有发生实质性的变化。只有一小部分城市后来被划归外省，被称为非县城中心城市、编外城市。这些城市的代表是弗拉基米尔省的基尔扎赫，雅罗斯拉夫尔省的彼得罗夫斯克，科斯特罗马省的卡迪、卢赫和普列斯，特维尔省的克拉斯尼霍尔姆，卡卢加省的谢尔佩斯克，以及莫斯科省的沃斯克列先斯克，共计 8 个城市①。其中，卢赫市和谢尔佩斯克市在地方政府机构改革之前就已存在。

西北部地区

西北部地区各省的行政区划在诺夫哥罗德省地方政府机构改革之前就已实施，极大地促进了西北部地区政府机构改革工作的顺利推进。据 1776 年 8 月 24 日法令，新成立的诺夫哥罗德总督区并没有发生重大变化。它包括两个省，即诺夫哥罗德和奥洛涅茨。第一个省由以前的诺夫哥罗德、斯塔罗斯基、瓦尔代、博罗维奇、诺沃拉多加、季赫温、乌斯秋日纳和别洛焦尔斯克组成。

在该地区以前的城市和县城中心的基础上，又增设了两个城市，即克列斯捷茨和基里洛夫。它们均是所在县城的中心。克列斯捷茨的创建主要源于诺夫哥罗德省行政区划的开展，基里洛夫是从别洛焦尔斯克划出部分领土建立的②。

克列斯捷茨市坐落于莫斯科—圣彼得堡大路诺夫哥罗德和瓦尔代路段之上，由克列斯捷茨工商业区改建而成。该定居点在经济上虽然

---

① «Первая всеобщая перепись населения Российской империи в 1897 г.». СПб.，1905. стр. 12-16，75-78，92-93，115-119，229-235，178-185，269.

② ПСЗ，т. XX. № 14500.

稍显落后，但它位于从内陆至圣彼得堡的繁忙贸易道路上，作为重要的转运点发挥了作用①。

基里洛夫市位于诺夫哥罗德省的最东北部，在基里洛-别洛焦尔斯克修道院所在地上建立而成。新城位于沃洛格达—圣彼得堡大道上②。位于白湖源头的克罗欣斯卡亚码头成为一个定居点。这里的居民享有市民权，他们与附近别洛焦尔斯克市的居民紧密合作，形成了一个紧密的经济共同体③。政府改造了河流下游地区，逐渐呈现出城市的面貌。在舍克斯纳河和苏达河交汇处形成了一个新的城市，被称为切列波夫斯基修道院工商业区，这里后来发展成为切列波韦茨市。切列波韦茨建立的目的是促进交通运输的发展，它成为伏尔加河和谢克斯纳河到圣彼得堡水路的重要节点，但该划分导致乌斯秋日纳和别洛焦尔斯克新城的地域变小④。

奥洛涅茨省包括奥洛涅茨、彼得罗扎沃茨克、维泰格拉、帕丹斯克和卡尔戈波尔县城⑤。奥洛涅茨和卡尔戈波尔历史悠久，且远近闻名。维泰格拉是一座新城市，它于 1773 年地方政府机构改革不久后建立。尽管维泰格拉具有行政功能，但该城市的经济潜力巨大，逐渐成为周边地区的经济中心。

彼得罗扎沃茨克市成为彼得罗扎沃茨克县城中心。它建立于 1777 年，原址是 18 世纪初建立的彼得罗夫冶铁手工工场，后来发展为工商业区⑥。彼得罗夫手工工场是奥洛涅茨冶金工业区的中心。工

---

① ПС3，т. XX. № 14500.

② ПС3，т. XX. № 14500.

③ ПС3，т. XX. № 14677.

④ ПС3，т. XX. № 14676.

⑤ ПС3，т. XX. № 14500.

⑥ ПС3，т. XX. № 14602.

商业区与工厂一起发展起来。当它转变为城市时，已成为一个重要的工商业中心①。由此可知，1777 年 3 月 21 日关于将工商业区划为城市的法令足以反映其在过去几十年中的经济发展进程。1784 年，彼得罗扎沃茨克成为奥洛涅茨省独立的行政中心，奥洛涅茨则成为县城。此时，它已不是 18 世纪上半叶的县城了，与之前相比，它的面积小得多。

政府的举措符合彼得罗扎沃茨克和奥洛涅茨市的经济发展进程。

除诺夫哥罗德省和奥洛涅茨省外，西北部地区还包括普斯科夫省和圣彼得堡省。

在普斯科夫省，新行政区划工作分两个阶段完成。1776 年，第一次瓜分波兰之后，俄国的边界明显扩张，波兰部分地区被划归为该省。在这些土地上还形成了一个独立的波洛茨克。此时，普斯科夫省除保留原大卢克省和普斯科夫省的大部分地区，还增加了诺夫哥罗德省博尔霍夫和格多夫县城。除此之外，在法令颁布之前的一段时间内，普斯科夫省保持了其原有的行政区划基础②。

1777 年，普斯科夫省创建了 10 个县城③。大多数县城中心以及行政区中心的经济意义毋庸置疑。普斯科夫、奥波奇卡、奥斯特罗夫位于亚麻种植区内。基于此，在这些城市的经济生活中，亚麻的粗加工手工业颇为发达，它们的产品在圣彼得堡，以及其他波罗的海港口的贸易中发挥了重要作用。

在大卢克，皮革手工业是它最繁荣的手工业部门。皮革和冶铁手工业，以及逐渐繁荣的贸易成为托罗佩茨县城的经济基础。

---

① IC3，T. XXII. № 15999.

② ПС3，т. XX. № 14499.

③ ПС3，т. XX. № 14636.

　　新成立的城市是博尔霍夫、卢加、霍尔姆和新勒热夫。新勒热夫市取代了已被取缔的扎沃洛奇耶市，扎沃洛奇耶市之前就已完全衰败。人们认为新勒热夫市比扎沃洛奇耶市更加合适，它除位于县城中心外，"还处在从普斯科夫至大卢克的大道上"。霍尔姆市是由洛瓦季河畔的同名定居点改造而成的，它位于普斯科夫省的东北部。卢加市是在流入卢加河的弗列夫卡河河口附近建立的①。1781 年，卢加市和格多夫被划入了圣彼得堡省②。值得一提的是，1782 年，普斯科夫省还成立了佩切尔县城，其中心是佩切尔市，是由同名的修道院改建而成③。

　　与此同时，一些小城镇被取缔，诸如伊兹博斯克、弗列夫、维什哥罗德、韦列、科比耶、杜布科夫、克拉斯尼、沃罗涅奇等，它们曾经是俄国西北部边境的重要防御工事和要塞，长期以来承担着军事和行政的功能。18 世纪之前，这些城镇并没有得到足够的重视，其经济发展水平更是落后。随着俄国西北部边境向波罗的海沿岸的推进，以及诸多新堡垒的修建，上述居民点开始逐渐衰落，已不再是国家的军事和行政管理中心。地方政府机构改革之后，这些城镇逐渐被取缔。

　　俄国西北部地区最后一个进行地方政府机构改革的省份是首都所在地圣彼得堡省。1780 年 1 月 1 日，叶卡捷琳娜二世颁布法令，在圣彼得堡省设立 7 个县城，即圣彼得堡、什利谢尔堡、索非亚、罗日杰斯特文斯克、奥拉宁鲍姆、扬堡和纳尔瓦。皇室委员会所属的罗日杰斯特文斯克村、奥拉宁鲍姆村和索非亚也成为城市。索非亚市建在

---

①　ПСЗ, т. XX. No 14636.

②　ПСЗ. т. XXI. No 15297.

③　ПСЗ, т. XXI. No 15426.

皇村附近，它位于圣彼得堡至诺夫哥罗德与波尔霍夫大道的交汇处①。所有这些城市虽然都是其县城的行政中心，但在城市建立过程中并不是没有任何经济依据②。

在以前存在的县城之中，纳尔瓦尤为重要，此地木材、大麻纤维和粮食等货物的国际贸易颇为发达。18 世纪下半叶，什利谢尔堡的军事意义明显高于经济意义。这座要塞位于涅瓦河至拉多加湖的河口处，军事防御功能尤为重要。涅瓦河在保卫俄国西北边境，尤其是圣彼得堡的防御功能方面发挥了重要作用。

省城圣彼得堡是俄国的首都，其地位更是举足轻重。圣彼得堡始建于 18 世纪初，建立之后就成为俄国的重要城市，很快就成为西北部地区，乃至全国最大的工商业中心③。同时，圣彼得堡在推动其周边地区经济发展中的作用不容忽视，它还促使西北部地区经济地位的提升。

在将新的行政区域划分方案在西北部地区推行时（按照 1775 年法律方案），该地区的城市网络发生了明显变化。首要变化是城市数量明显增加。至 18 世纪 70 年代初，西北部地区只有 36 个城市和 2 个工商业区。各省地方政府机构改革之后，西北部地区已有 50 个城市和 2 个工商业区。需着重强调的是，城市的构成和城市村镇的特征发生了变化。之前的一些位于俄国西北部边境的小堡垒城镇已消失。这些城镇失去了原有的战略地位，经济不再发展，因此

① ПСЗ, т. XX. № 14958.
② 政府承认了圣彼得堡省城市经济发展的脆弱性，在 1789 年以索菲亚城商人数量较少和城市收入不足为由，允许在这里建市政自治机关以代替市政厅（市政府）。参见 ПСЗ, т. XXIII. № 16770。
③ 《Очерки истории Ленинграда》, т. I. Л. , 1955. стр. 52-93.

彻底衰败，共有 10 个这样的要塞城市被政府取缔。与此同时，该地区建立了许多新城市（25 个城市和两个工商业区）。基于此，因地方行政机构改革的实施，西北部地区新建的城市数量约为城市总量的 2/3。

在地方政府机构改革期间，城市的位置也发生了巨大变化。如果说以前它们主要分散在西北部地区外围，那么现在这些城市更多均匀地分布在整个区域之内。例如，在大诺夫哥罗德和特维尔之间，以及伏尔加河经谢克纳湖、白湖和奥涅加湖通往圣彼得堡的水路沿线上，出现了许多新城镇。

在 25 个新城和 2 个工商业区中，至少有一半居民点的经济基础是手工业生产，或者说它们是有一定经济潜力的居民点和村庄。一些城市因大型工场手工业而兴起，其代表是彼得罗扎沃茨克。从某种意义而言，洛杰伊诺耶波列市也是因工场手工业而兴起，这里造船业颇为发达。

许多城市的形成是基于西北地区贸易的蓬勃发展，尤其是过境贸易的繁荣。在上沃洛乔克水路地区和莫斯科—圣彼得堡大道上的众多大型贸易村镇转变为城市，其代表是博罗维奇和瓦尔代，它们位于通往波罗的海国家和波兰的贸易路线上，同样波列奇耶和克拉斯尼位于从西部和南部省份至圣彼得堡的水路和陆路道路的交汇处。

其他一些作为行政中心而新建的城市，由于经济基础较差，很快就完全衰败或彻底消失，这一切都证明经济因素的重要性，其代表就是普斯科夫省的佩切里，圣彼得堡省的罗日杰斯特文、索非亚，奥洛涅茨省的帕丹斯克。

中部黑土区

18 世纪下半叶，随着生产专门化趋势的凸显，经济因素的影响愈发突出。中部黑土区的城市构成也发生了重大变化。此处粮食生产日益专业化，牲畜贸易也颇为繁荣。黑土区南部地区成为俄国最重要的粮仓。随着农产品商品率的逐步提升，粮食、肉类、油脂、毛线和其他产品的贸易日渐繁荣，许多老城市的经济进一步发展，新工商业中心逐步建立。

然而，行政区划与 18 世纪下半叶的经济发展态势大相径庭。之前的城市布局已显得不合时宜，它们大多沿白城防御线而建立，这条防御工事线始建于 18 世纪中叶，旨在抵御克里米亚和诺盖鞑靼人对俄国南部边境的侵扰。这条防御工事始于沃尔斯克拉河上的阿赫季尔卡，穿越霍特米日拉，绵延数百俄里，途经霍特米日斯克、卡尔波夫直至白城。随后，它继续向东延伸，途经科罗查、雅布洛诺夫、新奥斯科尔、乌谢尔德等地，之后转向东北，经过奥尔尚斯克、科罗托亚克、乌雷夫、沃罗涅日、奥尔洛夫、乌斯曼、卡拉米舍沃、索科尔斯克、多布里、科兹洛夫等城镇，最终抵达茨涅河上的坦波夫。这条线路向南可推进至北顿涅茨河上的楚格耶夫，而防御线以北最具战略意义的是切尔纳夫斯克和叶夫雷莫夫。

18 世纪下半叶，随着俄国边境不断向南扩展至黑海和亚速海沿岸，白城防线逐渐失去了原有的战略和战术意义。防线上的许多城市，过去曾是坚固的要塞和堡垒，但由于缺乏适当的经济支持，这些城市年久失修，逐渐走向衰败。在一定程度上它们仅作为行政管理点存在，与周围的农村相比已无太大差异。这些城市当时的状态显然已不符合 18 世纪下半叶社会经济发展的需求，也显得不合时宜。需要强调的是，在白城防御线路上，随着一些旧城市经济的逐渐发展，新型城市村镇也开始涌现。这些新定居点大多由大型村庄或工商业区演变而来。

因此，尽管俄国政府在地方政府机构改革时主要着眼于警察-财政目标，中部黑土区在进行新的行政区域划分时也必须考虑这些因素。

1775～1785 年地方政府机构改革之前，中部黑土区由两个大省组成，即沃罗涅日省和白城省，第一个省由之前的 4 个省组成，即沃罗涅日、叶列茨、坦波夫和沙茨克，第二个省由之前的 3 个省组成，即白城、谢夫斯克和奥廖尔。根据新的行政区划纲领，政府在此处设立了奥廖尔省和库尔斯克省两个独立的省份，坦波夫省也从沃罗涅日省分离出来。

奥廖尔省最早成立。根据 1778 年 2 月 28 日圣彼得堡发出的"示范时间表"，奥廖尔省包含 12 个县城。中央政府要求地方行政长官对该省各地区和边界进行实地考察，并向斯摩棱斯克和白城总督列普宁提交相关意见①。10 个城市被选定为各县城的行政中心，分别是奥廖尔、卡拉乔夫、布良斯克、特鲁布切夫斯克、谢夫斯克、克罗米、利夫尼、叶列茨、姆岑斯克和博尔霍夫。同时，政府打算重建两座城市，列普宁认为，卢甘皇村和阿尔汉格尔斯克经济村最适合②。

上述这些城市有的曾是谢夫斯克省的一部分，而叶列茨和利夫尼及其周边地区则是从沃罗涅日省划过来的。列普宁曾向相关部门

---

①　ПСЗ，т. XX，№ 14711；ЦГАДА，ф. Госархива，р. XVI，д. 952，ч. 1. л. 22.

②　ЦГАДА，ф. Госархива，р. XVI，д. 952，ч. 1. л. 22 об.

提出一个问题，即是否应将切尔纳夫斯克市及其属于奥廖尔省的辖区纳入新的行政区划中，只因这些地区恰好位于这两个省份之间。考虑到切尔纳夫斯克紧邻叶列茨和利夫尼，且其辖区范围相对较小，总督建议对该区和切尔纳夫斯克市进行整顿。他指出，切尔纳夫斯克的居民主要由在役士兵、退役士兵、军队文官构成，并不具备城市的特征。

基于此，总督提议将这些文职官员转到其他城市，此后切尔纳夫斯克不再作为一座城市存在，仅是一个普通的定居点①。因此，尽管切尔纳夫斯克在名义上仍被称作城市，但实际上，它与周边的农村已无明显区别。

列普宁的这些建议均反映在 1778 年 9 月 5 日关于建立奥廖尔总督区的法令中。根据该法令，政府在原有 12 个县城的基础上，增设了一个新的县城，即德什金诺县城。新县城建立的基础是之前的卢甘皇村、经济委员会下辖的德什金诺村和阿尔汉格尔斯克村②。

值得注意的是，所有这些政府新指定的城市之前都是普通村庄，居民们以农业为生。具体而言，卢甘皇村仅有 326 名男性居民，阿尔汉格尔斯克村（后来更名为小阿尔汉格尔斯克）有 471 名男性居民，德什金诺村的居民数量最少，仅有 163 名男性居民③。

基于此，距姆岑斯克仅 20 俄里的德什金诺市很快被清理，其辖区也自然归属于姆岑斯克县城。同样，卢甘县城也被废除，取而代之的是新成立的德米特洛夫县城，该县城的中心是德米特洛夫斯克

① ЦГАДА，ф. Госархива，р. XVI，д. 952，ч. 1. л. 22.

② ПСЗ，т. XX. № 14793.

③ ЦГАДА，Ф. Госархива，р. XVI，д. 952，ч. 1. лл. 24 об. -25，69-69 об.

市①。至于切尔纳夫斯克市，它之前曾是白城（位于利夫尼和叶列茨之间）防御线的重要组成部分，由于失去了所有的军事和经济功能，它也被清理。

奥廖尔省共有12个县城。除个别建立不成功的新城之外，奥廖尔总督区的其余城市不仅是各县城的行政中心，还是经济中心。

在奥廖尔省许多城市的经济发展过程中粮食转运贸易发挥了重要作用。在这些县城中，姆岑斯克、谢夫斯克、特鲁布切夫斯克的粮食和大麻贸易最为繁荣②。

值得一提的是，奥廖尔市的意义最为突出，它是俄国南部最大的粮食市场之一，每年大量的粮食、大麻、黄油、油脂和其他农产品运至奥廖尔码头。此处的农产品不仅通过奥卡河运往卡卢加和莫斯科等城市，还可通过陆路运往格扎茨克和其他地区③。基于此，将奥廖尔定位为省城是完全合理的。

与此同时，在新城市中，地方政府的行政、司法和警察职能逐步强化。在1779年3月29日奥廖尔总督舍尔比宁提交给中央政府的报告中提到，奥廖尔总督区成立一年之后，随着新的行政和区域划分政策的推行，地方政府能更好地履行它的警察职能。总督指出，每年会有大量的人聚集在奥廖尔市乘船外出，其中不乏逃兵和可疑人员，而现在，市长和警察局长正竭力清除这些人。

舍尔比宁特别指出，最近在奥廖尔抓获了两名逃兵和一名地主农民，"他们在德什金诺市拿着印好的护照，打着漂流船雇工的幌子隐

---

① ПСЗ, т. XXI. № 15444.

② ЦГАДА, ф. Госархива, р. XVI, д. 765. лл. 3–12.

③ ЦГАДА, ф. Госархива, р. XVI, д. 951. л. 125.

藏"①，两名逃兵和两名地主农民最终被拘留②。

奥廖尔省的地方政府机构改革与其他省份一样，首要目标是确保专制制度的核心职能有效实施，保障广大农民和城市居民无条件地服从沙皇的统治。

从邻近的库尔斯克省可以观察到其他情况。库尔斯克于 1779 年建立，由 15 个县城组成。一部分县城是之前就存在的城市，如库尔斯克、雷利斯克、普蒂夫尔、苏扎、奥博扬、白城、旧奥斯科尔、新奥斯科尔和科罗查。此外，还有 6 个新建的县城，分别是法捷日、什奇格里、蒂姆、博加蒂伊、德米特里耶夫和利戈夫。前 4 个县城建立在农民村镇之上，后两个县城则是由同名的经济村和工商业区发展而来③。

这些转变为城市的农村大多呈现出经济快速增长趋势，它们正式转变为城市足以反映 18 世纪下半叶该地区经济总体复苏的状况。

同样的过程也在一些老城市出现。库尔斯克市的经济发展最为成功，它成为大型粮食和其他农产品贸易中心。

库尔斯克成为该省行政中心，原来的省城白城也变为城市，这一切均是经济发展的必然趋势，也是诸多客观因素发展的结果。白城曾作为白城防御线的军事和行政中心，后来因此发展成为大型城市。与库尔斯克不同，在该地区经济发展过程中白城的作用有限。因此，在新成立的省级行政体系中，白城与库尔斯克交换了位置。

过去的白城防线上有许多城市，现在它们的经济十分落后，诸如沃尔尼、涅热戈尔斯克、卡尔波夫、米罗波利耶、波拉托夫、多布

---

① ЦГАДА，Ф. Госархива，р. XVI，д. 951. л. 21 об.
② ЦГАДА，Ф. Госархива，р. XVI，д. 951. л. 22.
③ ПСЗ，т. XX. № 14880.

里、亚布洛诺夫、博尔霍韦茨、奥列什尼亚、萨尔托夫和米罗斯拉夫茨。在库尔斯克总督区建立之后，这些城市均被取缔。

沃罗涅日省的城市构成也发生了重大变化。在新的行政区划中，沃罗涅日省是在原来同名省份的基础上建立的。与其他省城相似的是，新省城成立之前，省长瓦西里·切尔特科夫领导的地方行政机构开展了初步工作，旨在确定该省的城市和它们的具体位置。在《关于新成立的沃罗涅日省及其城市说明》中，他们的工作得到了很好的阐述。这份说明出台的主要动机是保障城市的警察-财政职能，但城市的经济状况也是重要的参考因素。

在这份说明中指出，沃罗涅日依然保留其省城的地位，这不仅源于它过去是此处的最大城市，而且其优越的地理位置也不容忽视，它位于沃罗涅日河（顿河支流）沿岸。沃罗涅日的城市人口持续增长，切尔特科夫证实沃罗涅日不断"增添新的石制和木制建筑"。切尔特科夫还注意到了沃罗涅日与国内其他省城间广泛且多样化的贸易联系。他特别指出，当地商人"在西伯利亚、下诺夫哥罗德，以及圣彼得堡和塔甘罗格等地进行贸易，贸易规模很大，春季他们还会向顿河畔的罗斯托夫、塔甘罗格，以及俄国南部的其他城市发送满载谷物的船只"。据切尔特科夫所述，相较于其他城市，沃罗涅日"更为卓越，地位更为尊贵"。此外，沃罗涅日还拥有相当数量的纺织企业，其工业发展也备受关注①。当时，沃罗涅日是大型呢绒工场手工业中心。

继沃罗涅日之后，奥斯特罗戈日斯克市的经济形势也较好，这里

---

① ЦГАДА，ф. Госархива，p. XVI，д. 654. л. 95.

酿酒业发达，其产品在南部地区较为畅销，且粮食贸易颇为活跃①。

在沃罗涅日省众多新建城市中，切尔特科夫特别提到了扎东斯基修道院工商业区，该修道院位于莫斯科大道上，修道院内每年还有两个规模较大的展销会。博古查尔工商业区位于顿河河畔，还处于通往顿河畔罗斯托夫水路和陆路的交汇处②。

鉴于科斯滕斯克的地理位置，切尔特科夫建议在其附近建立一座城市波布洛瓦亚，亦可称之为工商业区，计划每周举办集市，每年举办展销会。对于科斯滕斯克，切尔特科夫认为它"地理位置不佳，建筑规模较小，且离省城沃罗涅日过近"，所以建议将其降级为农村居民点。出于同样的考虑，切尔特科夫还提议清理奥尔洛夫市，因为该市的居民全部是农民，且它在周边村庄中并无显著地位③。

切尔特科夫建议将博古查尔工商业区设为城市，取代乌谢尔达市。他指出这样做的原因是通往白城和哈尔科夫的道路恰好经过博古查尔工商业区，很多贸易都在此处进行。相比之下，乌谢尔达"既没有良好的城市建筑，也没有活跃的贸易，居民还十分稀少"。此外，有官员提议用利文卡工商业区取代逐渐衰败的维尔霍索先斯克。利文卡工商业区位于通往亚速省的繁忙道路之上，这条路穿过瓦卢基，且每年在这里都有展销会举办。

卡利特瓦工商业区也发展为城市，这里不但地理位置优越，且村庄数量众多，工商业区内的房屋状况优良。此外，这里还举办展销

---

① ЦГАДА，ф. Госархива，p. XVI，д. 654. л. 98 об.
② ЦГАДА，Ф. Госархива，p. XVI，д. 654. л. 95 об.，97–98.
③ ЦГАДА，Ф. Госархива，p. XVI，д. 654. л. 95 об.

会，展销会举办期间外国商人携带各种商品和大批牲畜来此出售①。

切尔特科夫提出的许多建议均被政府采纳。据 1779 年 9 月 25 日法令，沃罗涅日省设立 15 个县城。除沃罗涅日之外，奥斯特罗戈日斯克、科罗托雅克、泽姆良斯克、瓦卢基、巴甫洛夫斯克也被指定为县城。大多数县城都是新城镇，诸如扎顿斯克（由扎顿斯克市修道院的一个小村庄改建而成）、博布罗夫和别洛沃茨克（前皇室工商业区）、下杰维茨克（在下杰维茨克的独院小地主村镇上建立起来），以及其他一些所谓在军事遗址上建立的城镇，诸如比柳奇、利文斯克、卡利特瓦、库皮扬斯克和博古查尔②。

与此同时，沃罗涅日积极地开展对辖区内衰落城市的清理工作。除之前说明中已提及的城市之外，维尔霍索先斯克、科斯滕斯克、乌谢尔达和奥尔洛夫等城市，以及原属白城的别洛科洛茨克、塔夫罗夫和梅洛瓦茨基等城市，均被纳入了清理范围，它们都被降级为农村定居点。

随后，中部黑土区成立了坦波夫省，弗拉基米尔总督沃龙佐夫对该省进行了深入调查，调查的目的旨在确定合适的建城中心，他随后被任命为坦波夫省省长。沃龙佐夫认为，在选择城市时，应优先考虑它的地理位置是否有利于设立新的行政区。基于这一原则，他提议将坦波夫、沙茨克、科兹洛夫、乌斯曼、鲍里索格列布斯克、列别姜、特姆尼科夫和卡多姆这些已有一定基础的老城区改建为县城③。

由于沃罗涅日省与弗拉基米尔和坦波夫省相邻，所以在地方行政

---

① ЦГАДА，Ф. Госархива，р. XVI，д. 654. лл. 96-97.

② ПСЗ，т. XX. № 14922.

③ ЦГАДА，ф. Госархива，р. XVI，д. 636. л. 3 об.

机构改革时沃龙佐夫就提议与周边省份共同商讨，如叶拉托姆县城的一部分土地位于梁赞省境内，所以就该县城的建制问题就要与梁赞省商讨，后来这一问题还涉及坦波夫省，所以也需要与该省行政负责人共同商讨①。

最初的计划是将 5 个农村居民点改造为城市，并将其变成县城中心。首先，沃龙佐夫选中了位于沙茨克 60 俄里、坦波夫 80 俄里处的莫尔沙皇村。沃龙佐夫认为，该村交通便利，位于河道之上，其小额粮食贸易相当活跃，有助于改善居民的生活状况。他认为粮食贸易将带来非常可观的收入，并相信该村有潜力发展成为一座城市②。事实证明，该村庄很快发展为莫尔沙市，成为坦波夫省重要的工商业中心。

沃龙佐夫还提出，在沃罗纳河畔的基尔萨诺夫皇村旧址上建立一个新的城市。这个村庄以其创始人农民基尔萨·祖巴欣的名字命名，总督区建立之时，这个村庄便已人口众多，居民们热衷于从事各种工商业活动，且具有非凡的活力③。

就经济发展水平而言，基尔萨诺夫已接近城市，政府将其改为城市，使其作为该地区的经济中心，这也与其行政中心的定位相一致。

沃龙佐夫认为，斯帕斯科耶村因优越的地理位置和多样化的经济模式，具备成为城市的潜力。在乌斯曼至霍佩尔要塞线之内，考虑到两座城市间的距离，沃龙佐夫建议将村庄格瓦兹迪划为城市④。然而，这一提议最终被否定。这座本可作为地区经济中心的城市并未像

① ЦГАДА，ф. Госархива，р. XVI，д. 636. л. 9–9 об.

② ЦГАДА，ф. Госархива，р. XVI，д. 636. л. 34 об.

③ ЦГАДА，Ф. Госархива，р. XVI，д. 636. л. 8 об.

④ ЦГАДА，Ф. Госархива，р. XVI，д. 636. л. 9.

人们预期的向前发展，很快便回归了农村的状态。

然而，当地行政长官坚决支持建立利佩茨克市。他指出，索科尔斯克市和罗曼诺夫市，包括它们之间的利佩茨克工厂，以及多布里和杰姆辛斯克等城市，与之前的白城类似，建立的目的是防止鞑靼人袭扰，共同构成了一道防御线路，所以彼此间的距离很近①。尽管有人提出异议，认为这些地区建筑物稀少，居民十分贫穷，不利于建立城市，但沃龙佐夫却持不同看法。他认为，利佩茨克冶铁厂所属区域具备建立城市的最佳条件。这里已成为本地区居民经济生活的中心。就如沃龙佐夫指出的那样，众多罗曼诺夫的商人都选择在这里安家落户，他们建造了石屋和商店，并开展了相关的贸易活动②。

利佩茨克市是在利佩茨克工厂周边一个定居点基础上建立的，它在该地区经济发展的过程中发挥了重要作用。

政府同意了沃龙佐夫的建议。1779 年 9 月 16 日的法令规定坦波夫省共有 15 个县城③。该法令的特别之处在于，霍珀斯克集镇改造而成的新霍珀斯克市，也因此成为一个县城。不过，后来该地被划归萨拉托夫省。

坦波夫市是一个大型的工商业中心。由于该地畜牧业发达，所以这里的呢绒工业相对发达。至 1788 年，坦波夫省共有 13 家呢绒手工工场，其中 8 家建立于 1788 年④。

当地廉价的农业原料促进了油脂"工厂"、蜡烛"工厂"和皮革

①　ЦГАДА，Ф. Госархива，р. XVI，д. 636. л. 8 об.

②　ЦГАДА，Ф. Госархива，р. XVI，д. 636. л. 8 об. -9.

③　ПСЗ，т. XX. № 14917.

④　«Известия Тамбовской ученой архивной комиссии»，вып. XIX. Тамбов，1888. Прилож. 4. стр. 27.

"工厂"的建立①。与此同时，这里的粮食贸易也颇为发达，粮食主要销往莫斯科、伏尔加河流域的城市和国际市场。鉴于坦波夫重要的经济地位和发展潜力，将其划为省城无疑是符合其利益的明智之举。

曾举办过马术比赛的列别姜和沙茨克市（沙茨克省的前行政中心）因贸易发展而引人注目。乌斯曼和科兹洛夫是前白城省的边界城市，在地方行政机构改革之后仍然存在，它们还是县城中心，其经济也逐步发展。随后，它们也成为本地区居民的经济生活中心。

奔萨省位于中部黑土区的东部。这里的地方行政机构改革也是在沃龙佐夫的主持下进行的，他成为总督之后，不只弗拉基米尔和坦波夫归其管辖，奔萨省也由其负责。

奔萨省是由原奔萨省、坦波夫省和沙茨克省的部分县城重新组合而成。沃龙佐夫提出在新省设立 13 个县城，这些县城的中心都是历史悠久的城市，其中一部分城镇还是前白城防线的重要组成部分。这些城镇包括上洛莫夫、下洛莫夫、因萨尔、萨兰斯克、克伦斯克、莫克尚斯克、纳罗夫恰特、克拉斯诺斯洛博茨克以及特罗伊茨克。沃龙佐夫还建议将切姆巴尔、戈罗迪什切和谢什克耶夫升级为新县城。其中，前两个地方原本只是村庄，而谢什克耶夫则是城郊。在 1780 年 9 月 5 日的报告中，地方行政长官详细阐述将这些居民点升级为城市的理由。地方官员指出，戈罗迪什切村因人口众多、居民行业多样化，非常适合改建为同名的城市。鉴于周边地区工商业发展薄弱，将该村改建为镇将更利于推动地方经济发展。同样，切姆巴尔的亚萨克村和谢什克耶夫境内也存在贸易活动，后者甚至拥有数家商店。此

---

① И. Ф. Зиненко，М. Я. Гуревич. Города Тамбовской области（экономико-географический очерк）. Тамбов.，1956. стр. 11.

外，这两个地方还从事食盐贸易，这足以证明该地区具有一定的经济潜力。沃龙佐夫对此表示赞同，他认为这些地方交通便利，地理位置优越，非常适合建立新的城镇①。

在建立奔萨省新县城时，除行政方面的考虑外，还考虑了其他因素，如居民点的人口数量、居民点内的贸易规模等。然而，仅提及这些居民点具有市场并不能衡量其经济发展水平。莫克尚斯克、戈罗迪什切、切姆巴尔和谢什克耶夫的居民主要从事农业生产，其他城市也保留了相同的农业特征。

沃龙佐夫的提议被接受。1780 年 9 月 15 日法令规定，奔萨省成立，下辖 13 个县城②。沃龙佐夫提议的城市成为当地的行政中心。

随着中部黑土区行政区划工作的开始，城市的构成发生了显著的变化。在地方政府机构改革之前，这一区域内共有 67 个城市。在沃罗涅日省、库尔斯克省、奥廖尔省、奔萨省以及坦波夫省的土地上，白城防御线上的 23 座城市已经衰败。与此同时，新设立了 25 个新城市和县城。因 18 世纪末 19 世纪初社会运动的蓬勃发展，一些原本已经发展起来的城市再次发生了变化。如卡利特瓦、库皮扬斯克、利文斯克和别洛沃茨克等地变为农村居民点，卡多姆、博加蒂、特罗伊茨克、舍什基耶夫和上洛莫夫等城镇逐渐成为编外城市。

基于此，该地区的城市总量几乎没有变化（地方行政机构改革前为 67 个，19 世纪初则为 69 个）。然而，黑土区南部地区，无论是原有城市，还是新建城市，都变得更加适合成为各自地区的经济

---

① ЦГАДА，ф. Госархива，р. XVI，д. 637. л. 11.

② ПСЗ，т. XX. № 15061.

中心。

在这种情况下，这些地区的农村居民转变为市民就颇为合理。确实，许多城市居民仍与农业有着密切的联系。出现这一状况并非偶然，当时很多城市的工业还很薄弱。

然而，总体而言，在地方行政机构改革过程中，中部黑土区的城市结构发生了变化，这无疑反映了其经济的快速发展。这一发展得益于该地区生产专业化的趋势进一步深化，以及农业和畜牧业的快速发展。

伏尔加河中下游地区

根据地方行政机构改革方案，在伏尔加河中游地区创建了 3 个省，即下诺夫哥罗德省、喀山省和辛比尔斯克省。

据 1779 年 9 月 5 日法令要求，下诺夫哥罗德省被重新划分为 13 个县城。在此之前，该地区仅有 4 个城市，即下诺夫哥罗德（同时也是省城）、阿尔扎马斯、巴拉赫纳和瓦西里苏尔斯克。除此之外的其他城市都是新建的，其中，戈尔巴托夫、鲁科亚诺夫和佩列沃兹市都是由同名经济村改造而来的，马卡里耶夫（前修道院定居点）、阿尔达托夫、克尼亚金宁也是由同名的经济村转变而来，除此之外，还有谢苗诺夫（经济委员会和皇室办公厅下属的村镇）、谢尔加奇，以及波钦诺克（之前近卫军骑兵团所属村镇）[1]。

下诺夫哥罗德是下诺夫哥罗德省的行政中心。在下诺夫哥罗德

---

① ПСЗ，т. XX. № 14908.

的工商业企业中，制绳厂的意义最为突出①。此外，下诺夫哥罗德市各种手工业生产也颇为发达②。下诺夫哥罗德位于伏尔加河和奥卡河交汇处，便利的交通和优越的地理位置使下诺夫哥罗德在俄国国内外贸易中发挥着重要作用，它是俄国最繁忙的地方市场之一。

阿尔扎马斯曾是下诺夫哥罗德省的省城，改革后它只是下诺夫哥罗德省的一个普通城市，以手工业生产快速发展而闻名，肥皂加工、皮革加工和制鞋手工业颇为发达③。

巴拉赫纳市的经济以贸易和手工业为主，制鞋、冶铁和造船业也粗具规模。商人在此处进行粮食贸易，他们还与伏尔加河上游城市的商人签署了供盐合同④。

之前喀山省斯维亚日斯克所属的瓦西里苏尔斯克市现划归至下诺夫哥罗德总督区，在农业村镇中其并无优势可言，该地人口并不多，仅有 227 名男性市民和 61 名屯田兵，除从事农耕之外，他们还从事小额农产品贸易，用船只将货物运送到不同的城市⑤。

下诺夫哥罗德总督区新建的所有城市和县城中心都遇到了以下这样的状况。总督阿斯图皮申的报告中指出，戈尔巴托夫和鲁科亚诺夫的居民主要依赖农业为生，前者男性居民的数量为 370 人，后者为

---

① ЦГАДА, ф. Госархива, р. XVI, д. 757, ч. 2. л. 84.

② ЦГАДА, ф. 397, д. 445/30. лл. 6, 26, 28 – 28 об., 50 об.; ф. Госархива, р. XVI, д. 777, ч. 2. л. 85.

③ ЦГАДА, ф. Госархива, р. XVI, д. 777, ч. 1. л. 97.

④ ЦГАДА, ф. Госархива, р. XVI, д. 777, ч. 1. лл. 48, 131 – 131 об.; ф. 397, д. 445/2, лл. 15–18.

⑤ ЦГАДА, ф. Госархива, р. XVI, д. 777, ч. 1. л. 35.

469 人①。波钦诺克、谢尔加奇、克尼亚金宁和谢苗诺夫的居民则通过从事其他行业来贴补家用，波钦诺克的居民从事冶金手工业，克尼亚金宁的居民从事冶铁、皮革和制帽手工业，谢苗诺夫的居民主要制作木制餐具，谢尔加奇的居民主要从事木工、制鞋、制鞍、冶铁和染色手工业，等等②。佩列沃兹的居民大多是经济农民，大部分农民以务农为主，最富有的农民还在本区域内从事牲畜贸易③。虽然戈尔巴托夫的居民也没有放弃农耕，但很多居民从事园艺业和贸易，部分居民还在河船上工作。与下诺夫哥罗德省其他新建城市不同的是，戈尔巴托夫有一家大型纺纱手工工场，主要产品为绳索和渔具，年均产品产量高达 1737 普特。手工工场的主人是当地居民米哈伊尔·阿法纳西耶夫和他的朋友们④。

因马卡里耶夫展销会的举办，马卡里耶夫城市的居民已不再是传统的农民。在地方行政机构改革之前，他们就从事木工和裁缝等手工业。马卡里耶夫市的前身马卡里耶夫修道院最初只是一个小村镇，在政府机构改革时，这里仅有 246 名男性居民⑤。显然，马卡里耶夫展销会的经济快速增长并没有改变它的地位，而是政府的立法行为推动其转变为城市。

以上数据足以说明，下诺夫哥罗德省新城市的行政意义与其当时的经济状况并不相符。该地区生产力的发展并没有刺激大量城市（本地区经济中心）的崛起。

---

① ЦГАДА，ф. Госархива，р. XVI，д. 777，ч. 1. лл. 106，111.

② ЦГАДА，ф. Госархива，р. XVI，д. 777，ч. 1. лл. 30，65，102，115.

③ ЦГАДА，ф. Госархива，р. XVI，д. 777，ч. 1. л. 25.

④ ЦГАДА，ф. Госархива，р. XVI，д. 777，ч. 1. ч. 2. л. 196 об.

⑤ ЦГАДА，ф. Госархива，р. XVI，д. 777，ч. 1. ч. 1. л. 40-40 об.

1775 年地方政府机构改革之前，喀山省管辖着从伏尔加河中游至乌拉尔山北部的广阔领土。它包括喀山省本土，以及斯维亚日斯克州、辛比尔斯克州、阿拉特尔斯克州、彼尔姆州、维亚特卡州和奔萨州。在这片广袤的土地上，居住着 1257831 名男性居民，居民的总量超过 250 万人。省内居民分布得极不均匀。喀山县城的居民为 312216 人，辛比尔斯克县城为 188358 人，一些距省城较远的偏远县城的人口数量则仅为 1 万～1.3 万人①。

喀山省地域辽阔，不便于政府进行管理，为此新的行政区划工作已迫在眉睫。省长梅谢尔斯基深知地方行政机构改革的重要性，他指出喀山省行政机构对当地许多居民都缺乏正常的监督。他们中的大部分居民是国家农民，也有很多操不同语言和生活习惯的异族人，哪怕是地主农民，因距离国家中部地区很远，他们甚至都没见过自己的主人，地方警察机构更是无力管理边远地区②。遗憾的是，梅谢尔斯基并未提及在喀山省进行行政划界的其他原因。

在地方政府机构改革进行时，政府的警察-财政目标一览无遗。喀山省与其他欧俄各省差异较大，当地的非俄罗斯人以鞑靼人、楚瓦什人和摩尔多瓦人为主。俄国政府对这些民族的居民实行殖民统治，完全无视民族界限，导致当地人口分布极其不均。在切博克萨雷、齐维尔斯克和亚德林斯克县城，楚瓦什人占多数。而科兹莫杰米扬斯克和察雷沃科克沙伊斯克县城的居民还包括马里人、俄罗斯人和楚瓦什人，斯维亚日斯克居民则以楚瓦什人、俄罗斯人和鞑靼人为主③。新行政区划之后，许多楚瓦什人、鞑靼人、摩尔多瓦人和马里人被分到

① ЦГАДА，Ф. Госархива，р. XVI，д. 725，ч. 1. л. 46-46 об.
② ЦГАДА，Ф. Госархива，р. XVI，д. 725，ч 1. лл. 46 об. -47.
③ В. Д. Димитриев. История Чувашии XVIII в. Чебоксары. , 1959. стр. 42.

不同的省份之中。

在新的行政区划结束之后，喀山省的领土面积明显缩小，甚至小于原来的区域范围。现在的喀山省位于伏尔加河中游，由于其经济不断发展，它与周边地区的联系日趋紧密。1781 年 9 月 28 日法令进一步确认了喀山省的行政构成，它由 13 个县城构成。原来的县城，诸如喀山（同时也是省城）、切博克萨雷、科兹莫杰米扬斯克、察雷沃科克沙伊斯克、亚德林斯克、齐维尔斯克、斯维亚日斯克仍是该省的县城。此外，阿尔斯克、莱舍夫、特秋希（原来是城郊）、在经济村旧址上新建的斯帕斯克和马迪什，以及从在册农民村庄转变而来的奇斯托波尔，这些城市均是新成立的县城。

辛比尔斯克省也是伏尔加河中游地区的省份，是在原有辛比尔斯克省基础上重组而创建的新省份，但新省份建立后它的面积有所缩减。据 1780 年 9 月 15 日法令要求，该省共有 13 个县城①。这些新的城市，近一半都是之前的县城，包括辛比尔斯克、库尔梅什、阿拉特尔、塞兹兰、斯塔夫罗波尔和萨马拉。其他的县城均为新建的，分别是布因斯克、阿尔达托夫、塔盖、科佳科夫、科尔孙、森吉莱和卡纳德伊。

辛比尔斯克省的另一个特征是居民的民族成分较为复杂，新行政区划在规划时并没有考虑民族差异。辛比尔斯克县城的居民以俄罗斯人、楚瓦什人和鞑靼人为主，阿拉特尔县城则是俄罗斯人、鞑靼人和摩尔多瓦人的聚居地，库尔梅什县城的民族构成则更为多元②。即便如此，辛比尔斯克省的主体居民仍是俄罗斯人。

---

① ПСЗ, т. XX. № 15060.

② В. Д. Димитриев. Указ. соч. стр. 42.

伏尔加河流域城市中经济发达的是辛比尔斯克、萨马拉、塞兹兰等城市，辛比尔斯克更是它们中的翘楚。当辛比尔斯克成为省城时，其贸易规模颇大，粮食贸易最为发达。

萨马拉和塞兹兰等城市在经济发展过程中的贸易特征也十分显著。斯塔夫罗波尔的商人也进行了贸易，虽然他们的数量不多，但是很富有。

阿拉特尔曾是省城，现在则转变为普通城市，即便如此，它仍是伏尔加河上游地区运送粮食的中转站。库尔梅什的状况也大致相同，它位于阿拉特尔的下方。

至于由农村居民点建立起来的新县城，其经济发展水平与周边村落并无太大差别。省长梅谢尔斯基就是这样描述由科佳科夫村改建的科佳科夫市。他认为，"没有一个国有村庄可以达到城市的水平"，即使是该地最好的科佳科夫村，也没有一个居民具有市民的身份和尊严，该村转变为城市也不会带来太多好处①。

尽管如此，科佳科夫与其他类似的农村居民点一样，被转变为城市，这是政府出于行政和财政考量的结果。

与伏尔加河中游地区不同的是，伏尔加河下游各省地方行政机构改革确定的行政边界完全与经济区划不一致。1780 年，萨拉托夫总督区从之前的阿斯特拉罕省分离出来②。萨拉托夫省的范围十分广阔。其西部边界距坦波夫超过 100 俄里，距沃罗涅日（新霍珀斯基区）不到 150 俄里，其东部边界直接与乌拉尔哥萨克军团辖区接壤。为了更好地划分萨拉托夫，1782 年政府将阿斯特拉罕省的察里津、阿赫图宾斯基丝织手工工场，以及切尔尼亚尔市都划入总督区③。

---

① ЦГАДА，ф. Госархива，р. XVI，д. 725，ч. 1. л. 58 об.
② ПСЗ，1. XX. № 14967.
③ ПСЗ，т. XXI. № 15376.

1785 年，阿斯特拉罕省的部分地区被划归高加索总督区，阿斯特拉罕省的疆域最终确定。最后阿斯特拉罕省由 4 个县城构成，分别是阿斯特拉罕、克拉斯诺亚尔斯克、恩诺塔耶夫斯克和切尔诺亚尔斯克。这些县城均是从萨拉托夫省划过来的①。

高加索地区与伏尔加河下游地区毗邻，18 世纪下半叶，北高加索地区已正式并入俄国。据 1785 年 5 月 5 日法令规定，该省被划分为 6 个县城，行政中心分别是斯塔夫罗波尔、亚历山大罗夫斯克、格奥尔基耶夫斯克、莫兹多克、叶卡捷琳诺格勒和基兹利亚尔②。这些城市位于库班—特尔斯克防御线上，它们主要作为军事据点而存在，最主要的任务是为边疆地区的军队服务。就经济角度而言，这些城市的重要性并不高。

伏尔加河下游阿斯特拉罕、萨拉托夫和察里津等大型贸易城市的重要意义并不局限于其所在地，而是远远超出了其地理界限。这些城市坐落于伏尔加河畔，在全俄贸易网络中发挥着举足轻重的作用。它们与俄国其他诸多地区保持着密切的贸易往来，此外，阿斯特拉罕还是俄国与东方国家间的贸易中心。

伏尔加河流域生产力的发展并没有刺激新的和重要经济中心的出现。然而，由于新行政区划的推行，伏尔加河下游地区的城市村镇数量仍有所增加，尤其是萨拉托夫省建立了 6 个新县城。其中，索斯诺维·奥斯特罗夫、马利科夫卡、纳雷什基诺和巴拉绍夫就是在皇村遗址上建立的 4 个县城。屯田兵居住的叶特卡拉和大塞尔多巴村也被改造成了阿特卡尔斯克和谢尔多布斯克县城③。沃尔斯克的状况值得深

① ПС3，т. XX11. № 16193.
② ПС3，т. XX11. № 16193.
③ ПС3，т. XX. № 15080.

究，该地的贸易非常活跃，粮食贸易尤为繁荣。在居民的经济活动中，手工业扮演着非常重要的角色①。

萨拉托夫总督区内其他新建城市的经济面貌与普通村庄并无太大差异②。这些新建的行政中心不久之前还是工商业区或村庄，是政府出于警察-财政原因设立的行政中心，尚不具备相关的经济基础。在法律上，它们的居民成为市民，他们并没有停止之前的农业活动。

伏尔加河中下游地区的新城市都是在地方行政机构改革之后建立的，它们的行政意义最为突出。这也是 18 世纪下半叶俄国政府进行行政区划和设置城市的最主要特征之一。

乌拉尔及其附近地区

乌拉尔地区的行政区域划分也经历了重大变革。在 1775 年地方政府机构改革之前，乌拉尔工业区被多个省份分割。其中，西部地区，如切尔登、索利卡姆斯克和昆古尔等城市归属于喀山省，南乌拉尔和外乌拉尔在行政上则隶属于西伯利亚各省。很显然，这种划分方式与乌拉尔整体的经济发展利益相悖，也不便于政府管理。当政府打算在这片广阔的领土上进行地方行政机构改革时，首先决定在经济最为发达的乌拉尔中部地区设立一个独立的省份。

新省被命名为彼尔姆省，并任命 E. П. 卡什金为省长。据 1780 年 5 月 7 日法令的要求，卡什金负责巡视彼尔姆省的领土疆域，并研究是否将其进一步划分为两个省（彼尔姆省和叶卡捷琳堡省），以及

---

① E. И. Индова. Дворцовое хозяйство в России. Первая половина XVIII в. M., 1964. стр. 264-268.

② ЦГАДА, ф. Госархива, р. XVI, д. 918, ч. 2. лл. 25, 33 об.

设立新城市的可行性。此外，卡什金还需确定哪些城市具备成为新城市的条件①。

1780 年秋，巡视工作已基本完成。在卡什金和喀山省省长梅谢尔斯基的推荐下，叶戈希哈工厂附近的一个地点被精心挑选为省城所在地②。在该地区现有的城市中，并没有任何一个城市被直接提升为省城，这在俄国地方行政机构改革所有案例之中也是独一无二的。尽管乌拉尔地区不乏大城市，如叶卡捷琳堡和昆古尔等，但政府却决定采取一种创新的策略，选择了彼尔姆作为省会，究其原因还是基于彼尔姆极其优越的地理位置③。

彼尔姆市建立于叶戈希哈工厂所在的卡马河畔，距丘索瓦亚河与卡马河交汇处不远。卡什金在巡视期间，就注意到了该地区是重要的转运贸易点，其作用愈发突出。在这里，沿丘索瓦亚河运输铁器和铜器的商队可装载货物，还可为沿卡马河航行的船只和木筏提供食物，这一切均刺激了该地区贸易的发展④。

至于叶戈希哈工厂本身，它在工商业区的经济生活中没有发挥任何重要作用，相反却日渐衰落，并于 1781 年完全关闭。但该工厂是私人所有，省城建立（1780 年 11 月 26 日）之后，国家出资购买了该工厂。与此同时，新省城也开始建设政府办公楼⑤。

据 1781 年 1 月 27 日法令的要求，彼尔姆总督区定于同年 10 月正式成立，下辖彼尔姆和叶卡捷琳堡两个省。每个省划分为 7 个县城，具体划分如下：彼尔姆省包括彼尔姆、昆古尔、索利卡姆斯克、

① ПСЗ，т. XX，№ 15013. стр. 936–937.
② Л. Е. И офа. Города Урала. М.，1951. стр. 230.
③ ПСЗ，т. XX. № 15085.
④ Л. Е. И офа. Указ. соч. стр. 228–229.
⑤ ПСЗ，т. XX. № 15085.

切尔登、奥布文斯克、奥萨及克拉斯努菲姆斯克；叶卡捷琳堡省包括
叶卡捷琳堡、沙德林斯克、多尔马托夫、卡梅什洛夫斯克、维尔霍图
尔斯克、阿拉帕耶夫斯克和车里雅宾斯克。但后者很快（1783 年）
被并入奥伦堡省①。

　　当然，在成立时当地官员就意识到，新建省城彼尔姆的行政意义
大于经济意义。但这种差异逐渐缩小，不久后彼尔姆就成为乌拉尔中
部地区最重要的经济中心之一。

　　在该地区的经济生活中，昆古尔同样发挥着重要的作用；在新的
行政区划开始之前，它是彼尔姆省最大的城市。昆古尔的手工业生产
颇为发达（制皮和铁匠手工业）。然而，在其经济结构中最重要的则
是粮食贸易②。即便昆古尔后来成为彼尔姆省的一个普通城市，它仍
是该地区重要的经济中心。

　　上霍特乌尔斯卡亚海关关闭后，索利卡姆斯克乃至切尔登的经济
地位都下降了。这些曾在北乌拉尔地区经济生活中发挥重要作用的古
城，如今已成为彼尔姆省的普通城市。

　　在地方政府机构改革之前的 1744 年，奥萨和克拉斯努菲姆斯克
便已经是其所在地区的行政中心，当时它们还隶属于奥伦堡省。在彼
尔姆总督区，奥萨和克拉斯努菲姆斯克仍继续扮演着行政中心的角
色。有所不同的是，奥萨被正式划为城市，而克拉斯努菲姆斯克则是
建立较早，1744 年就以要塞城市的身份出现，它不仅具有军事和行
政的功能，同时也是一个重要的过境贸易和运输枢纽，在这里各种货
物可顺流而下送往乌法，也可转运至卡马河流域③。

---

①　ПСЗ，т. XXI. № 15113.

②　Л. Е. Иофа. Указ. соч. стр. 187–188.

③　Л. Е. Иофа. Указ. соч. стр. 150.

奥布文斯克和奥汉斯克也被建立为新的城市。然而，这两座城市的经济发展水平并不高，主要还是其所在地区的行政中心。

叶卡捷琳堡成立于 1723 年，因其优越的地理位置，它很快就成为乌拉尔矿区的行政和经济中心，在彼尔姆总督区建立之时，它已是乌拉尔地区最大的城市之一。叶卡捷琳堡的经济发展最初依赖于冶金工业。随后，黄金和宝石开采在该地区经济中的重要性日渐突出，采矿业的多元化发展刺激了叶卡捷琳堡金属和有色宝石加工业，以及相关手工业部门的发展。

阿拉帕耶夫斯克也是一座冶金工业发达的城市。它本是阿拉帕耶夫斯克工厂附近的一个小村庄。这座城市以阿拉帕耶夫斯克工厂的名字命名，始建于 1704 年。阿拉帕耶夫斯克工厂最初是一家国有企业，后来卖给私人。1766 年，阿拉帕耶夫斯克工厂，以及位于该地区的辛亚奇欣斯基工厂、上苏萨斯基工厂和下苏萨斯基工厂被著名企业家萨瓦·雅科夫列夫收购。1779 年，在距离阿拉帕耶夫斯克工厂 8 俄里的地区建立了上阿拉帕耶夫斯克工厂[1]。由此可知，阿拉帕耶夫斯克市被冶金工厂包围，它也成为该地的行政中心。

阿拉帕耶夫斯克是乌拉尔地区唯一一个因冶金工业而兴起的城市。叶卡捷琳堡省其他城市也是在冶金工业的基础上创立的。其中，伊尔比特最值得关注，它是南乌拉尔地区的展销会中心。著名的伊尔比特展销会就在此处举办，它不仅在乌拉尔和西伯利亚地区，乃至在俄国许多地区的经济生活中均发挥了重要作用。伊尔比特展销会的壮大刺激了该地经济的发展，并促使它向城市转变。

---

[1] Н. И. Павленко. История металлургии в России XVIII в. М. , 1962. стр. 250-255.

　　然而，在将伊尔比特工商业区转变为城市的过程中，叶卡捷琳娜二世政府并非完全出于经济方面的考量。实际上，1773～1775 年农民起义期间，伊尔比特工商业区居民的表现与乌拉尔其他地区居民大相径庭，他们不仅没有参与起义，反而手持武器对抗叛乱分子①。俄国政府关注到了这一情况，并于 1775 年 2 月 3 日迅速颁布法令，将伊尔比特工商业区正式划为城市，其居民也转变为市民②。这一举措再次凸显了叶卡捷琳娜二世政府地方行政机构改革的首要目的是警察－财政因素。

　　叶卡捷琳堡省其他新设立的城市为卡梅什洛夫斯克、多尔马托夫和沙德林斯克，它们均是叶卡捷琳堡、特罗伊茨克和车里雅宾斯克至伊尔比特和秋明线路上重要的行政点和地方贸易转运点。

　　南乌拉尔地区行政区划的基础是巴什基尔地区，在此处建立了乌法总督区。乌法总督区的建设准备工作是在奥伦堡省省长 И. В. 雅可比的领导下进行的。最后的决议是在乌法省和奥伦堡省两个部分的范围内建立新的总督区。总督区和乌法省的行政中心是乌法。在这个地区内有 7 个城市。这些城市包括之前的城市乌法、比尔斯克、门泽林斯克和布古马。计划建立的新城市为布古鲁斯兰、贝莱贝伊和斯特里塔马克。

　　布古鲁斯兰市是在同名的国有农民工商业区上建立的，贝莱贝伊市是在新加入基督教的别列贝耶沃村上建立的，斯特里塔马克市原来

----

① 根据 1775 年数据，伊尔比特村组建城市时居民数量如下：男性国家农民 31 人；布拉格达茨基山各工厂所属的农民 178 人；在上涅都利亚和叶卡捷琳堡地区任职，按人头领取工资的工商业者 29 人；在上涅都利亚和秋明地区供职的驿站车夫 45 人。共计 283 人。参见 ЦГАДА，ф. 248，кн. 369/3940. л. 483-483 об。
② ПСЗ, т. XX. № 14243.

是斯特里塔马克盐业码头附近的村镇。

政府计划在奥伦堡省设立 4 个城市。除奥伦堡外，还包括上乌拉尔斯克和布祖鲁克要塞，以及谢尔吉耶夫斯克工商业区。这些城市分别被命名为上乌拉尔斯克、布祖鲁克和谢尔吉耶夫斯克①。

雅可比的提议得到了采纳，但后来又进行了一些补充。据 1781 年 12 月 23 日关于设立乌法省的法令，最终设立了 12 个城市，而非最初的 11 个。增加一个城市的原因是车里雅宾斯克市及其辖区从彼尔姆省划归乌法省。因此，车里雅宾斯克成为乌法省的一部分②。1784 年，政府对车里雅宾斯克、上乌拉尔斯克及部分邻近城市进行了重新拆分，乌法总督区内又增设了第 13 个城市，即特罗伊茨克。特罗伊茨克市是特罗伊茨克县城的行政中心，它由同名的要塞点发展而来，得益于其优越的地理位置和活跃的贸易③。

乌法总督区的城市数量增加了 1 倍多，这并不是出于对该地区经济发展的考量。部分城市的居民数量很少，有些地区从事工商业活动的居民在总人口中的占比非常低，低得可以忽略不计。总体而言，地方政府机构改革，特别是新城市和县城行政中心的建立，更多的是出于警察-财政因素的考量。鉴于该地区不久前还饱受普加乔夫领导的农民起义的困扰，政府迫切希望加强该地的警力，借机增加城市数量来缓解当地矛盾。此外，奥伦堡无法被选为省城也并非偶然，它位于巴什基尔地区的中间地带，这里还是 И. Н. 扎鲁宾奇卡领导的叛军活动最为频繁的区域。尽管就经济层面而言，相较于奥伦堡，乌法并无优势可言，但政府仍决定将省城从奥伦堡迁至乌法。

---

① ЦГАДА, ф. Госархива, р. XVI, д. 932. лл. 2–4 об.
② ПСЗ, т. XXI. № 15307.
③ ПСЗ, т. XXII. № 15992.

在这种状况下，南乌拉尔地区的行政区划一直保留至 1796 年。从 1796 年起，之前的乌法省更名为奥伦堡省①。省内各县城的构成和边界同时也发生变化。据 1796 年 12 月 31 日法令要求，奥伦堡省设置 10 个县城，而不是之前的 13 个县城，贝莱贝伊、布古鲁斯兰和谢尔吉耶夫斯克则转为编外非常设城市②。1797 年 3 月 23 日，俄国政府颁布法令，奥伦堡市再次成为省行政中心（省城）③。

随着边疆地区的进一步开发，奥伦堡的经济意义不断增强。奥伦堡始建于 1744 年，很快成为乌拉尔地区最大的城市。与此同时，奥伦堡仍然是俄国东南部地区重要的政治和军事据点。

在西部，与彼尔姆省和乌法省毗邻的是维亚特卡省。据 1780 年 9 月 11 日法令，在之前喀山省、斯维亚日斯克省部分地区和维亚特卡省基础上成立维亚特卡省，下辖 13 个县城④，主要的城市为之前就存在的维亚特卡（赫雷诺夫）、斯洛博德斯科伊、凯戈罗多克、奥尔洛夫、科捷尔尼奇、雅兰斯克、察里沃桑丘尔斯克和乌尔朱姆。新成立的县城为叶拉布加和萨拉普尔（前皇村）、马尔梅日（前郊区）、诺林斯克（之前为经济委员会下辖村庄）和格拉佐夫（前乌德穆尔特农民居住的村庄）。

除格拉佐夫外，乌德穆尔特人还居住在萨拉普尔、叶拉布加、马尔梅日和斯洛博德斯科伊等县城。这些县城中乌德穆尔特人的数量不容忽视。1775～1785 年地方政府机构改革的结果是，18 世纪初，大多数乌德穆尔特人归入了维亚特卡省，只是他们归属于 3 个不同的行

---

① ПСЗ，Т. XXIV. № 17634.
② ПСЗ，Т. XXIV. № 17702.
③ ПСЗ，Т. XXIV. № 17888.
④ ПСЗ，т. XX. № 15058.

政区域之内①。

但城市内几乎没有乌德穆尔特人居住，他们几乎全部生活在农村。

在维亚特卡省，不仅大多数新城市，且大多原有城市也是其所在地区的行政中心，而不是经济中心，只有维亚特卡和斯洛博德斯科伊市例外。在所有新城市中，萨拉普尔和叶拉布加在维亚特卡省建立时经济发展潜力就不容忽视。

按照新的行政区划，将乌拉尔地区和乌拉尔山脉西麓地区划分为彼尔姆、乌法和维亚特卡总督区，城市网络也发生了巨大的变化。地方政府机构改革之后，这里的城市数量从 19 个增加到 41 个，增加了 1 倍多。但城市数量的增长与它们在该地区经济生活中的重要作用并不相符。绝大多数新城市尚未成为其所在地区的经济中心，它们仍是俄国边疆地区重要的军事行政据点。

在乌拉尔地区的新城市中，有一些城市在俄国具有重要意义。伊尔比特和特罗伊茨克的作用最为突出，它们成为俄国大型展销会所在地。彼尔姆的作用也不容忽视，虽然这座城市早期主要是行政中心，但它很快就在乌拉尔及其周边地区的经济生活中发挥重要作用。

地方政府机构改革还提升了某些之前就存在的城市的行政功能。在某些情况下，这与城市在周边地区经济生活中日渐提升的作用相一致。此时，必须提及的是叶卡捷琳堡，它成为城市已久，但它受制于工厂管理机构。直至 1781 年，叶卡捷琳堡才成为一个真正的城市，其居民也才脱离了工厂管理机构的管制②。这意味着叶卡捷琳堡在摆

① 《Очерки истории Удмуртской АССР》，т. I. Ижевск.，1958. стр. 66-67.

② 《Труды Пермской ученой архивной комиссии》，вып. 111. Пермь.，1897. отд. 11，стр. 36.

脱封建依附关系方面又迈出了一步，不但促进了经济的发展，还促进了人口的增加。

在其他情况下，城市日益增加的行政意义与其经济状况并不相符。如后来成为省城的奥伦堡，其经济发展水平明显高于之前该省的行政中心乌法。

乌拉尔其他城市的作用受制于其所在地区的规模。

彼尔姆、乌法和维亚特卡省的地方政府机构改革颇为复杂，它反映了政府城市设置政策的阶级保护性质，同时也反映了乌拉尔地区经济生活的变化。

北部地区

据新的行政区划方案，北部地区由两个省份组成，即沃洛格达省和阿尔汉格尔斯克省。在地方政府机构改革之前，沃洛格达省就已经建立，政府最初也打算将原来的阿尔汉格尔斯克省纳入其管辖范围[①]。不久之后，政府仍将阿尔汉格尔斯克单独设省。

沃洛格达省由两个州组成，即沃洛格达州和大乌斯秋格州。沃洛格达州包括 5 个城市，即沃洛格达、托季马、韦利斯克、卡德尼科夫和格里亚佐维茨。大乌斯秋格州包括 7 个城市，即大乌斯秋格、索利维切戈茨克、亚伦、乌斯季西索尔、拉尔、尼科尔和克拉斯诺博尔斯克。

沃洛格达省最大的城市是沃洛格达。它是重要的工场手工业（纺织业）和小商品生产中心。同时，沃洛格达也是俄国北部重要的

---

① ПСЗ，т. XX. № 14973.

地区市场。沃洛格达的行政地位因地方政府机构改革而提升，与它在该地区经济生活中的作用相呼应。

托季马是沃洛格达省的重要城市，此处手工业和贸易，特别是粮食贸易颇为发达。其余的城市，包括韦利斯克，以及新建的格里亚佐维茨和卡德尼科夫，规模太小，无法对其所在地区的经济生活产生任何影响。在沃洛格达省刚建立时，辖下每个城市男性居民的数量不超过 200 人[①]。毫无疑问，它们只是管理其所在区域的行政中心。

继沃洛格达市之后，沃洛格达省的第二大城市是大乌斯秋格，它是北部沿海地区的大型经济中心，小商品生产和贸易颇为发达。在欧洲北部地区与俄国中部地区的经济交往中，大乌斯秋格的作用不容忽视。

北部沿海城市中具有工商业特征的城市是索利维切戈茨克和亚伦。新城市拉尔（之前的同名工商业区）和乌斯季西索尔的工商业也颇为发达，这些城市的居民主要从事木材加工、骨雕、金属锻造和其他手工业活动。商人主要从事毛皮贸易，他们在北部沿海地区的展销会上销售自己的货物。

克拉斯诺博尔斯克和尼科尔也是新建的城市。克拉斯诺博尔斯克建立在原有的毛皮贸易线路上，它位于北德维纳河谷，曾是重要的毛皮交易中心[②]，只是贸易并没有推动该地区经济的快速增长。克拉斯诺博尔斯克建市时男性人口的数量不超过 208 人。至于尼科尔，它只是名义上的城市，境内只有 65 名男性农民[③]。尼科尔还是所在地区

---

① ЦГАДА，ф. Госархива，р. XVI，д. 1012，ч. 1. л. 356.

② Б. Б. Кафенгауз. Очерки внутреннего рынка России первой поло-вины XVIII в. М.，1958. стр. 154.

③ ЦГАДА，Ф. Госархива，р. XVI，д. 1012，ч. 1. л. 357.

的行政中心。

白海之滨的阿尔汉格尔斯克省下辖城市的特征与邻近的沃洛格达省有许多相似之处。据 1784 年 3 月 26 日法令，该省开展了新的行政区划工作①。

就面积而言，阿尔汉格尔斯克省比沃洛格达省要大。阿尔汉格尔斯克省西起挪威边境和摩尔曼斯克半岛，东至伯朝拉河口和新地岛，只是这里的城市十分罕见。它们彼此间距离很远，要么位于滨海地区，要么像沃洛格达省那样位于河岸边。

阿尔汉格尔斯克省唯一的大城市是省城阿尔汉格尔斯克。阿尔汉格尔斯克的重要性主要取决于它是俄国北部的海洋大门。

在阿尔汉格尔斯克省所有城市之中，霍尔莫戈里是小手工业和贸易中心。

其余的城市，无论是原有的城市（申库尔斯克、梅津），还是新建的城市（奥涅加、皮涅加、凯姆、科拉），在经济上都没有特色。这些城市的男性居民不超过 400 人，甚至更少②。它们尚没有成为周边广袤领土的经济中心。一般而言，工商业活动主要在城市之外独立进行。

在欧俄北部地区，由于进行地方政府机构改革，城市的数量几乎增长了 1 倍。包括卡尔戈波尔在内，北部沿海地区原有的 11 个城市，根据新的行政区划方案，被交由奥洛涅茨总督区管辖，另外又增设了 10 个新城市。但后来建设的大多数城市都是小城镇，与其说是其所在地区的经济中心，还不如说是行政中心。北部沿海地区新城市的建

① ПСЗ, т. XXII. № 15968.

② ЦГАДА, ф. Госархива, р. XVI, д. 1012, ч. 1. л. 356 об.

立进一步证明了俄国政府政策的阶级本质，沙皇在进行地方政府机构改革时主要考虑的是警察-财政因素。因此，北部沿海地区的大多数新城市都出于这一因素设立。

西伯利亚

根据新的行政区划方案，在广阔的西伯利亚土地上，政府打算建立 3 个新的省份，即托博尔斯克、科雷万和伊尔库茨克。托博尔斯克省成立于 1782 年 1 月 19 日，是在之前的托博尔斯克和托木斯克省基础上建立①。托博尔斯克省的主要城市是托博尔斯克、塔尔斯克、鄂木斯克、伊希姆、库尔干、库尔斯克、托木斯克、亚卢托洛夫斯克、秋明、都灵斯克、别列佐夫斯克和苏尔古特。托木斯克省主要的城市有 6 个，分别是托木斯克、阿钦斯克、叶尼塞斯克、图鲁汉斯克、纳雷姆和坎斯克。

托博尔斯克省最大的城市是省城托博尔斯克，这里经济增长的基础是贸易，毛皮贸易尤为发达，商人主要用毛皮换取欧俄地区的商品。

贸易和小手工业生产是西伯利亚旧城的经济基础，诸如秋明、托木斯克和叶尼塞斯克。

新城市库尔干、亚卢托洛夫斯克、鄂木斯克等逐渐成为其所在地的经济中心。随着农业的发展，该地区的粮食产量稳步增长。这些城市逐渐成为西西伯利亚地区粮食贸易中心。大量的粮食运至亚卢托洛夫斯克和库尔干，这促进了这些城市粮食加工业的发展，磨坊和碾磨

---

① ПС3，Т. XXI. N 15327.

机的数量大增。

1783 年 3 月 6 日，在西伯利亚南部地区成立了科雷万省，该省的主要城市是科雷万（也是省城）、塞米巴拉金斯克、库兹涅茨克、比斯克和克拉斯诺亚尔斯克①。这些城市均是在要塞基础上建立的，它们均分布在额尔齐斯和科雷万-库兹涅茨克的边境要塞上。

这种状况影响了科雷万省城市的特征。尽管政府立法将它们划归为城市，但在大多数情况下，这些城市仍保留着原有的军事行政点特性。

只有少数要塞在转变为城市之时经济发展水平较高，如科雷万省的塞米巴拉金斯克要塞就成功转型，成为该地与哈萨克斯坦地区重要的粮食贸易中心②。

伊尔库茨克省覆盖了东西伯利亚的广阔领土，并在它基础上划分了 4 个州，即伊尔库茨克州、涅尔琴斯克州、雅库茨克州和鄂霍次克州。其中，伊尔库茨克州由 4 个城市组成，即伊尔库茨克、上新金斯克、下新金斯克和基仁斯克。涅尔琴斯克州同样下辖 4 个城市，分别是涅尔琴斯克、多罗宁、巴尔古津和斯列滕。雅库茨克州下辖 5 个城市，即雅库茨克、奥列克明斯克、奥连斯克、日甘斯克和扎什维尔斯克。鄂霍次克州包括 4 个城市，分别是鄂霍茨克、伊日金斯克（也被称为吉金斯克）、阿克兰和下勘察加③。

伊尔库茨克作为该省最大的城市，贸易和小商品生产颇为发达。涅尔琴斯克拥有大量的银矿和铅矿，因制银业发达刺激了行政区的产生，最终产生了涅尔琴斯克市。

---

①　ПСЗ, Т. XXI. No 15679.

②　Н. Г. Апполова. Экономические и политические связи Казахстана с Россией в XVIII — начале XIX в. М., 1960. стр. 232, 233.

③　ПСЗ. Т. XXI. N 15675.

东西伯利亚的所有城市，与西西伯利亚地区大部分城市一样，经济均较为落后。

这些城市的主要功能仍是军事和行政管理功能，而非经济或文化功能。对于西伯利亚而言，要塞城市的数量众多。

地方政府机构改革并没有改变西伯利亚地区城镇的特征，它们仍是军事要塞点。与欧俄地区的城市相比，西伯利亚地区城市数量的增加更多是出于对警察-财政因素的考量，而非经济发展的结果。

笔者在研究 1775 年俄国地方政府机构改革进程中俄国的城市状况后发现，改革对它们的发展产生了十分深远的影响，其首要表现是俄国的城镇总量显著增加。至 1785 年改革基本完成时，俄国境内共有 216 个新城市[1]。1787 年官方数据显示，俄国共有 499 个城市[2]。地方政府机构改革过程中建立的新城市几乎占全俄城市总量的一半。诚然，在 1775~1785 年地方政府机构改革期间建立的新城市中，在 18 世纪末有近 1/4 的城市仍具有军事防御功能。18 世纪下半叶这一状况仍存在，在地方政府机构改革过程中表现得尤为明显。

地方政府机构改革的结果不仅仅表现在城市数量增加上，其他影响也不容忽视。更重要的是，随着国家新行政区划的推行，城市的构成和性质也发生了变化。

18 世纪中叶之前，在俄国西北部和南部边境地区，很多小城市的建立均出于防御目的。随着时间的推移，这些小城镇逐渐失去了军

---

① ПСЗ, Т. XXII. N 16188.

② Данная цифра установлена на основании подсчета городов, имевших почтовые отделения (см. указ Сената 4 октября 1787 г. «о присылке денег в Государственный заемный банк через почту. С приложением таблицы, показы. вающей, в котором городе, за сколько дней до срока к платежу заемщики должны вносить деньги». — ПСЗ, т. XXII. № 16583).

事意义。至 18 世纪中叶，这些古城镇因年久失修，其面貌与农村相差无几。1775 年的地方政府机构改革在一定程度上打破了这种状态。

然而，在地方政府机构改革之后，一些旧的军事行政点依然存在。在这种情况下，它们的官方地位与其经济状况并不相符，但足以体现俄国政府在城市设置时的等级政策。沙皇将贵族地主的利益放在首位，不希望以任何方式触及他们的特权。因此，很多城市虽经济落后，之前还是重要的防御工事，但仍作为行政中心发挥着重要作用。

西伯利亚地区军事行政城市的数量特别多。在北高加索、南乌拉尔和乌拉尔新建立的城市中也可发现同类型的要塞城市，它们之前均是沙皇政府的军事殖民点。由于地方政府机构改革的实施过程中没有考虑到不同民族居住点和种族间的界限，加剧了政府民族政策的负担。在地方政府机构改革过程中，同一民族居民不仅在行政区划过程中被划至不同城市，甚至被划分到不同的省份，这在摩尔多瓦人、马里人、楚瓦什人、鞑靼人等居民中表现得尤为明显。

无论俄国政府在地方政府机构改革过程中等级政策的目标如何，18 世纪中叶俄国社会分工和商品生产逐步发展都导致了一个结果，即新城市逐步取代之前衰落的城市，成为其所在地区的工商业中心。在大多数情况下，新城市是由经济发展水平接近城市的居民点演变而来。在这种情况下，立法行为仅限于将其合法登记为城市。

在俄国中部地区城市数量的增加尤为明显，正如列宁所说，这些地区拥有"古老的工业文化"[①]。18 世纪下半叶，这些地区的小手工业生产颇为发达，手工工场数量大增，在此基础上贸易也逐步繁荣。

---

①　В. И. Ленин. Полное собранне сочинений，т. 3. стр. 336.

正是在这些地区，工商业村镇和工商业区的数量众多，它们的经济水平接近城市，它们先是实际上已成为城市，然后才在法律上成为城市。

这些工商业中心的出现和发展是新城市建立的经济基础。这些城市往往位于重要的水陆贸易路线上，它们均由之前的村庄发展起来。如莫斯科—圣彼得堡大道和上沃洛乔克水路上同时出现了许多新城镇。18 世纪 70 年代初，在特维尔和大诺夫哥罗德之间的区域出现了 4 个新城镇，即瓦尔代、上沃洛乔克、奥斯塔什科夫和博罗维奇，不久后又出现了第 5 个城镇，即克列斯齐，这些城镇间的距离并不是很远。

伏尔加河上游地区出现了许多新城镇。首先是过境贸易中心雷宾斯克，它因粮食贸易而闻名，其地位明显超越周边地区。鲍里索格列布市、丹尼洛夫市、莫洛加市和卡利亚津市的经济潜力虽然不如雷宾斯克，但它们的经济快速发展，这一点毋庸置疑。新城涅列赫塔与雅罗斯拉夫尔、科斯特罗马和基涅什马一样，纺织工业发达，它们共同在伏尔加河上游地区形成了一个庞大的纺织品工业区。

莫斯科东南部和东部地区的城镇数量大幅增加。首先需提及的是叶戈里耶夫斯克、波多利斯克、博戈罗茨克，作为当地的纺织和棉纺织业中心，它们愈发重要。与它们相邻的是弗拉基米尔省的新城市亚历山德罗夫、梅连基、科夫罗夫和维亚兹尼基，它们的出现与该地区的小商品生产和贸易繁荣相关。俄国中部省份的其他新城市均是于 1775～1785 年地方政府机构改革过程中建立起来的，其经济也逐步发展。

地方政府机构改革之后很多旧城市振兴，在它们的行政意义逐步提升的同时，其经济也逐步繁荣，这些城市的代表是卡卢加、图拉、雅罗斯拉夫尔、科斯特罗马、特维尔、库尔斯克、奥廖尔等，它们因工商业发展不仅成为省城的经济中心，而且行政地位愈发突出。

总体而言，在地方政府机构改革之后，城市网络分布与俄国各地区经济发展水平和人口分布情况更相符，这主要体现于俄国中部历史悠久和人口最稠密的地区。

与此同时，省城和城市的数量增加，地方政府的行政、司法和警察权力的加强，均有助于加强封建农奴制的专制制度。从该角度而言，新的行政区划符合贵族地主等级的利益。

在地方政府机构改革的过程中，政府的政策聚焦于警察-财政目标，这无疑使城镇和城市人口的形成过程变得更加复杂。在这种情况下，许多居民开始依靠工商业活动过活。值得注意的是，只有那些经济发达且正式转为城市的工商业区和村庄，才能获得城市的权利和特权，但并非所有的村庄和工商业区都能获得城市待遇。那些私人所有的村庄和工商业区，即便它们的经济发展水平很高，通常也不会被划分为城市。前文已提及，如图拉省的博戈罗季茨克村、科斯特罗马省的上瓦尔纳-沃斯克雷谢尼村，以及斯摩棱斯克省的瑟乔夫卡村都转变为城市。相反，政府出于行政原因，有时会做出一些与经济状况不符的决定，如一些并不具备成为城市所需经济基础的村镇，却被政府划定为城市。

值得一提的是，18 世纪下半叶新建城市的起源和外观差异很大。一些城市建立的基础与国家生产力的发展相符，而另一些城市则不具备必要的经济基础，政府完全出于行政因素考量将其设为城市。

在具备相关客观条件时，城市的建立是经济发展的必然结果。城市成为本地区的经济生活中心，其地位也逐步提升，奥伦堡和彼尔姆就是代表。奥伦堡最早是俄国东南部地区的要塞，军事和行政意义突出，政府建立彼尔姆时就出于行政考虑。然而，奥伦堡和彼尔姆不但成为当地的经济中心，而且在俄国经济发展中的作用也不容忽视。这一切均源于它们经济快速发展的基本条件已具备。

如果政府建立新城市只出于行政考量，那么劳动社会分化过程和商品生产的增长并不会刺激城市经济的发展，它们也不能成为本地经济的中心。然而，历史发展的进程不可阻挡，作为军事行政点的诸多城市注定逐步衰落。

总体而言，1775～1785 年的地方政府机构改革加速了城市的发展。然而，俄国固有的社会政治条件，改革过程中官僚主义的盛行，以及封建农奴制关系均阻碍了地方政府机构改革的进程。

第4章　18世纪七八十年代城市的
社会经济地位

在 18 世纪最后几十年的俄国城市发展历程之中，俄国封建农奴制的解体和资本主义生产关系的形成展现得淋漓尽致，相较而言，这种现象在 18 世纪中叶之前表现得并不明显。

上述过程的首要表现是城市居民（工商业区居民）的数量快速增加。城市中男性居民数量由 1769 年的 22.8 万人增加至 1782 年的 40.1 万人，1769 年俄国第五次人口调查之时，城市男性居民的数量增至 65.0 万人。如果加上城市内女性居民的数量，城市居民的总量达 130 万人。同期，城市居民在俄国总人口中的比重从 3.1% 增至 4.1%。笔者认为，18 世纪，俄国政府进行的数次人口调查不足以剖析整个俄国城市居民状况，究其原因是俄国政府的第三次和第四次人口调查只核算了城市内的工商业区居民，其他城市居民并没有列入其中，而第五次人口调查普及的范围太广，将白俄罗斯、波罗的海和乌克兰东部地区居民全部纳入其中，之前数次人口调查并未核算这些地区的居民，所以这些城市居民的数据没有很强的可比性。第五次人口调查涉及的是全部城市居民，不但统计了城市纳税居民，还统计了非纳税居民，所以机械地对比这些人口调查数据不足以展现城市人口的发展历程。

需要强调的是，并非所有在册居民都是城市居民，他们中间的很多人不久前还是农民，还有一部分人虽过渡为城市居民，但与农村的关系并没有完全中断，在一定程度上他们仍属于农民范畴。18 世纪下半叶，类似的情形在俄国十分常见。18 世纪末，俄国的很多城市，尤其是南部城市，还保留着农业特征，很多人虽然是城市居民，但他们的主业仍是农业生产。

需着重强调的是，当时城市人口调查的目的并非想囊括所有居民，但实际调查过程中只要居住在城市内的居民就被纳入其中。当时外来居民不断进入城市，他们是城市居民增加的主要源泉之一，这也导致人口估值过高。18 世纪下半叶，赴城市务工的外来居民数量越来越多，他们成为城市居民的重要来源。值得一提的是，城市内农民工商业者（贸易农），甚至农民工场主都没有获得城市居民的同等权利，因他们的流动性较强，所以在部分时期人口调查时并没有将他们纳入其中。在很多城市之中，特别是大型工商业中心，政府人口调查的数据明显偏低。换言之，人口调查不仅反映了俄国居民的社会经济地位，也反映了其法律地位。

遗憾的是，笔者并未掌握 18 世纪末城市居民数量的其他相关信息，即便如此，人口调查数据也足以证明当时俄国城市居民的数量缓慢增长。18 世纪末，俄国居民中城市人口的增长率首次超过 1%。仔细研究 18 世纪下半叶俄国城市居民数据就会发现，虽然城市居民数量有所增加，但在俄国总人口中城市居民的占比并不是很高。俄国城市居民增长缓慢的最根本原因是俄国是农奴制国家，国家经济发展受农奴制的桎梏。资本主义生产关系虽然在封建经济的土壤中破土而出，但发展十分缓慢，这与西欧资本主义生产关系有明显的区别①。

　　俄国封建城市演变为资本主义类城市的首要表现是农民大规模进城务工，部分居民也因此转变为城市居民，但这一切的前提是他们需彻底摆脱农奴制的束缚。在俄国，这一过程只有在彻底废除农奴制之后才能完成。18 世纪下半叶，俄国封建农奴制逐步强化，甚至臻于顶峰，依靠农民补充城市居民还是一个比较艰难和复杂的过程。

　　研究 18 世纪俄国城市居民和农村居民的总体关系可发现，城市居民占比较低的状况十分普遍。只有在少部分地区，如新纳入俄国的波罗的海沿岸各地和白俄罗斯地区，城市居民的占比较高。俄国其他地区，由于经济落后或没有被开发，城市居民的占比较低。俄国边疆地区的开发总是伴随着居民流动的过程（大部分居民是自由移民），其表现是内地省份逐渐向边疆地区移民。当时，边疆区生产力增长主要依靠的是农业居民。在边疆区，城市的数量更加稀少，即便有，它们之前也大多是军事行政点。由此可看出，1775 ~ 1785 年省级行政机构改革中规划增加的城市数量（计划建立 216 个新的行政单位）与国家发展需求并不相符。

　　省级行政机构改革带来了城市数量的变化，同时行政规章也在俄国全新的行政规划系统中开始推广。18 世纪最后 30 年，城市居民点的状况还是比较复杂。之前的工商业区和村镇逐渐转变为新城市，但它们的经济发展水平各异。新建城市的外观各异，与之前的城市外观有所区别，同时它们在国家经济生活中的作用也各不相同。

---

① 　Переход от феодализма к капитализму в России. М. , 1956. стр. 46.

当时，俄国的城市类型与之前大致相同，主要有二：第一类城市是本区域的经济中心；第二类城市是军事行政点。在俄国，上述两种城市类型均比较常见，有时也会发现一个城市兼具上述两种功能的状况。虽然各地区的城市存在共性，但每个城市都有自己的独特性。基于此，研究城市治理改革后俄国城市的社会经济地位应按区域进行，由于第 3 章对西部区域（斯摩棱斯克省）和西伯利亚地区的城市经济发展状况进行了分析，本章就不再讨论这些地区内城市的社会经济状况。

本章着重研究城市的经济地位、工商业发展水平，以及 1775～1785 年地方政府机构改革之后各城市间的经济联系。在现有文献资料的基础上，笔者着重研究政府推动城市村镇经济各种措施的有效性，以及在国家旧经济制度形式下这些城市保持封建特征的后果。笔者最后关注的问题也是资产阶级历史学家颇为关注的内容，即俄国城市的弱点和地方政府机构改革的无序性。

中部工业区

笔者先从中部工业区展开研究的主要原因如下：一是中部工业区是俄国最大的工商业中心，城市数量众多；二是该区域的城市因经济颇为发达，产生了全新的资本主义生产关系。

在莫斯科省、雅罗斯拉夫尔省、科斯特罗马省和其他部分省份，经济生活中的新现象与工商业发展交织在一起。各城市工业发展均有自己的特色，有些地区城市的发展依靠手工工场，有些地区城市的发展依靠小手工业和贸易。在俄国国内贸易中，莫斯科一直具有重要作用。加工业对于莫斯科和所有中部工业区省份都有着特殊的意义，纺织业的作用尤为突出。莫斯科拥有大量的呢绒、丝织和棉纺织手工工场，它们中的一部分采用资本主义生产方式，即使用雇佣劳动力和机器生产[1]。因莫斯科附近郊和中部工业区部分地区的呢绒和亚麻工业快速发展，18 世纪最后 20 年，莫斯科的麻纺织工业和呢绒工业丧失了主导作用，失去了往日的辉煌[2]。

总体而言，俄国纺织手工工场中莫斯科手工工场所占的比重逐步降低（见表 4-1），其他城市中此类手工工场数量增加。

表 4-1　1769 年和 1799 年俄国和莫斯科纺织手工工场的数量

单位：家

手工工场种类	1769 年		1799 年	
	俄国	莫斯科	俄国	莫斯科
呢　绒	73	20	158	29
亚　麻	85	5	318	3
丝　织	66	32	367	113
总　计	224	57	843	145

资料来源：И. В. Мешалин. Текстильная промышленность крестьян Московской губернии в XVIII и первой половине XIX в. М. , 1950. стр. 82；История Москвы. Т. II. М. , 1952. стр. 242；ЦГАДА. ф. Госархива р. XVI. д. 40. лл. 128, 131, 218–221。

在莫斯科所有工业部门中，丝织手工工场的数量增速最快，呢绒手工工场的数量增速缓慢，麻纺织工业衰落得最为明显，亚麻手工工场的数量甚至开始下降。

《莫斯经济评论》信息显示，1781 年，莫斯科共有 204 家企业，

---

① История Москвы. Т. II. М. , 1952. стр. 267.

② Е. И. Заозерская. Рабочая сила и классовая борьба на текстильных мануфактурах в 20–60-х гг. XVIII в. М. , 1960. стр. 104–106.

包括 87 家"工厂"和 54 家"化工厂"①。毫无疑问,这些企业并不全是手工工场,按生产规模而言,很多企业是大型皮革、制砖、面粉企业,它们均属于手工作坊。虽然如此,这些数据足以证明莫斯科是18 世纪俄国工业快速发展的城市代表。

莫斯科也是正在发展中的全俄统一市场的中心②。

莫斯科省其他城市的工商业发展水平远落后于莫斯科,所以阐释它们没有必要。笔者认为,对比 18 世纪 70 年代莫斯科和莫斯科省其他城市的经济发展水平需要考虑诸多因素,居民的社会构成指标就是其一,具体状况详见表 4-2。

表 4-2 中数据足以证明,在全俄城市中莫斯科的工商业发展水平占优势。莫斯科部分商人和市民财力雄厚,他们一跃成为工商业企业主。值得一提的是,在当时,并非全体手工业者都在行会内登记,很多人被遗漏,而且诸多从事手工业的市民没有登记在册。一般而言,省城经济会影响周边县城的经济发展水平,若省城经济发达,周边诸多县城的经济会被其带动。经济发达省城周边的县城大多数是当地的小商品生产中心和贸易中心,县城经济发展亦会推动全省经济的进一步发展,使得省城工商业企业的生产专业化程度日渐提升。

莫斯科东南部各县城的经济发展最为迅速,以谢尔普霍夫和科洛姆纳最具代表性,这里建立了大型的手工工场。这两个县城是莫斯科省大型纺织工业中心,具体数据详见表 4-3。

---

① ЦГАДА. ф. 1355. Экономические примечания по Московской губ. , д. 38. л. 1.

② История Москвы. Т. II. М. , 1953. стр. 268–304.

表 4-2 莫斯科省省城市居民的社会成分

单位：人

城市	商人和市民	行会人员	工厂在册人员	农民		车夫和城郊居民	炮匠	车夫	公职人员	哥萨克	总计
				经济农民	皇室农民						
莫斯科	9555	109	10724	—	—	1483	—	—	—	—	21871
谢尔普霍夫	2741	—	—	—	—	—	—	—	—	—	2741
科洛姆纳	1949	—	—	—	—	—	—	445	—	—	2394
韦列亚	1870	—	—	—	—	—	—	—	—	—	1870
德米特罗夫	1312	—	—	77	—	—	—	—	—	—	1389
莫扎伊斯克	650	—	—	51	—	—	—	307	342	—	1350
沃斯克列先斯克	200	—	—	893	—	—	—	—	—	—	1093
波多利斯克	341	—	—	506	—	—	—	—	—	—	847
鲁扎	819	—	—	—	—	—	—	—	—	—	819
布龙尼齐	—	—	—	—	784	—	—	—	—	—	784
沃洛科拉姆斯克	531	—	—	—	—	—	31	—	—	177	739
尼基茨克	169	—	—	—	450	—	—	—	—	—	619
克林	—	—	—	—	—	—	—	523	—	—	523
兹韦尼哥罗德	385	—	—	—	—	—	—	—	—	—	385

资料来源：ЦГАДА. ф. 1355. Экономические примечания по Московской губ., д. 1. л. 1。

表 4-3　1775 年和 1781 年谢尔普霍夫和科洛姆纳纺织手工工场的数量

单位：家

手工工场类型	1775 年		1781 年	
	谢尔普霍夫	科洛姆纳	谢尔普霍夫	科洛姆纳
呢绒	2	1	1	1
亚麻	—	2	5	2
丝织	5	3	7	2

资料来源：ЦГВИА. ф. ВУА. д. 18860. Описание городов Московской губ. 1776 г. л. 25 об。

由表 4-3 可知，谢尔普霍夫的经济发展水平更高。相较而言，科洛姆纳的纺织工业相对落后，但也出现了大型手工工场。商人伊万·梅夏尼诺夫的手工工场有 40 台呢绒车床和 4 台毛纺织车床。值得一提的是，这家手工工场的劳动模式发生了明显变化。1771 年，手工工场主要依靠农奴工作，数年后自由雇佣劳动力占据主导。1778 年末，手工工场内有 259 名工人，其中 181 名是农奴工人①。

除纺织工业外，科洛姆纳其他的工业部门也有所发展。相关信息显示，1776 年，城市内共有 14 家麦芽"工厂"、15 家皮革"工厂"、4 家瓷砖"工厂"、27 家制砖"工厂"和 9 家陶瓷"工厂"，它们中的很多已不再是手工作坊，其生产规模已很大，如制曲"工厂"年均麦芽糖产量为 3.0 万俄石②。每家制曲"工厂"的年均麦芽糖产量为 2143 俄石。众所周知，平常手工作坊的产量不能达到如此之高。此外，城市内屠宰手工业也发展迅速，科洛姆纳年均屠宰 1.6 万头有角牲畜，这些牲畜主要从乌克兰或其他南方省份运进。城市内每年还

---

① ЦГВИА. ф. ВУА. д. 18860. лл. 25 – 25 об., 38 – 38 об.; ЦГАДА. ф. 135. Экономические примечания по Московской губ., д. 28. лл. 3-5; д. 46, л. 1-1об.

② ЦГВИА. ф. ВУА. д. 18860. л. 38; ГБЛ ОР. ф. 37. д. 132, л. 38.

会生产 15.0 万普特肉和 3.5 万普特以上油脂运至其他地区，主要出售至莫斯科和圣彼得堡①。

科洛姆纳位于莫斯科河上，还是莫斯科河和奥卡河的交汇处，便利的交通促进了当地粮食和农产品贸易的发展，很多粮食和农产品都运至此地销售。科洛姆纳向南的陆路运输较为发达，北部的商品可经此运至黑土区和伏尔加河下游诸城市。在科洛姆纳的奥卡河沿岸地区停泊着众多内河露舱货船和驳船，冬天南部地区的农产品使用陆路运至于此，其中粮食、皮革、肉和大麻等数量众多，春夏季节一部分货物经水路运至俄国其他城市，一部分也经陆路运往国外。少部分粮食被磨成面粉，大部分粮食直接发往莫斯科、圣彼得堡和其他城市。值得一提的是，专门购买食品的乌拉尔运铁商队也在科洛姆纳采购商品，他们从乌拉尔地区经此处去往欧俄各城市销售商品，途中会在此处补给。

除过境贸易之外，科洛姆纳的城市贸易也颇为发达。据统计，18 世纪 70 年代中期，城内共有各类店铺 370 家②。

就经济发展水平而言，位于科洛姆纳之后的城市是德米特罗夫。与科洛姆纳不同的是，德米特罗夫的小商品手工业较为发达。18 世纪 70 年代中期，德米特罗夫有 5 家皮革"工厂"、5 家制曲"工厂"和 1 家陶瓷"工厂"。麦芽糖和陶瓷主要在当地市场销售，皮革（黑白软革）一部分在德米特罗夫当地销售，另一部分运至莫斯科③。

与中部地区其他城市一样，德米特罗夫还有其他工业部门。这里的印花厂年均可生产 500 俄尺印花布④，因产量较低，它们中有的不

---

①　ЦГВИА. ф. ВУА. д. 18860. л. 38.

②　ГБЛ ОР. ф. 37. д. 132. л. 38.

③　ГБЛ ОР. ф. 37. д. 132. л. 5 об-6 об.

④　ЦГВИА. ф. ВУА. д. 18860. л. 6 об.

能被称为"工厂"或"手工工场",只能被称为"手工作坊"。有些工业部门发展情况较好,开始使用机器生产(所有"工厂"共有 8 台呢绒机器和 3 台金银丝机器),呢绒机器年均可产 6000 俄尺呢绒,而金银丝机器年均可产 3120 俄尺金银丝带。生产呢绒的毛线和生产金银丝带的材料均从莫斯科采购,生产出的成品也大多运至莫斯科销售①。虽然部分手工工场已引进了机器,但它们的数量有限,产品的主要生产者是手工业者,当时此类小商品手工业在城市内颇为流行。

德米特罗夫富裕商人对粮食贸易兴趣盎然,他们从伏尔加河下游各地采购粮食,经水路运至德米特罗夫,然后经陆路运至圣彼得堡,年均粮食运输量达 30 万普特。

德米特罗夫的一部分居民还栽培蔬菜和种植果树,他们的一部分农产品在本地销售,也有一部分产品销售至莫斯科。М. Д. 丘尔科夫指出:"德米特罗夫的苹果新鲜多汁。"②

韦列亚是小商品生产中心,这里有 15 家锻造"工厂"、11 家制砖"工厂"、2 家啤酒"工厂"和 5 家制曲"工厂",但其规模有限,只有个别"工厂"规模较大,如制砖"工厂"每年可生产 50 万块砖③。韦列亚的居民十分友爱,他们和睦相处,美名远扬。

韦列亚有一部分居民专门种植蔬菜,他们种植的主要作物是葱和大蒜,每年上述两种产品的产量可达 1.0 万俄石。

韦列亚的部分居民还去俄国其他城市经商,有的商人还去往很远的地方。他们交易的商品主要是大麻油、粮食、大麻和亚麻。一些富

---

① ГБЛ ОР. ф. 37. д. 132. л. 6.

② М. Д. Чулков. Историческое описание российской коммерции. т. VI. кн. IV. М., 1786. стр. 199.

③ Л. Максимович., А Щекатов. Географический словарь Российского государства. Ч. I. М., 1801. стр. 806.

有的商人还在圣彼得堡格扎茨克码头、里加和国外部分码头（柯尼斯堡和格但斯克）开展业务①。

莫斯科省其他城市的经济发展水平不高。布龙尼齐的一部分居民源于皇室农民，他们不从事贸易，主要从事农业生产②。沃斯克列先斯克、尼基茨克和波多利斯克的农民（经济农民和皇室农民）数量众多，当地居民也主要从事农业生产③。与兹韦尼哥罗德一样，这些城市的居民中，除商人和市民外，大部分居民仍从事农业生产。克林市民的主要职业之一是车夫。莫扎伊斯克的很多居民是与原来的公职人员一同迁居而来，他们的数量众多。沃洛科拉姆斯克商人和市民的数量众多，但这些城市内很大一部分居民仍从事农业生产④。

因此，莫斯科省的一半城市是新型城市，虽然居民的社会成分变化不大，但其经济面貌足以证明这一点。18 世纪下半叶，国家中部地区的城市仍具有农业特征，虽然谢尔普霍夫、科洛姆纳、德米特罗夫和韦列亚的经济快速发展，但也具有该特征。

莫斯科是莫斯科省的经济中心，它的工商业发展最为迅速。莫斯科周边部分城市经济落后的根本原因是经济关系中农奴制占主导，制约了当地社会经济的发展。18 世纪下半叶，沃洛科拉姆斯克、兹韦尼哥罗德、莫扎伊斯克都有联系着南部黑土区和北部工业区的商路，

① Ф. А. Полунин., Г. Ф. Миллер. Географический лексикон Российского государства. М., 1773. стр. 51; М. Д. Чулков. Указ. соч. т. VI. кн. IV. стр. 187.

② ЦГАДА. ф. 1335. Экономические примечания по Московской губ., д. 17. л. 1.

③ ЦГАДА. ф. 1335. Экономические примечания по Московской губ., д. 19. л. 1; д. 41. л. 1; д. 39, л. 1.

④ ЦГАДА. ф. 1335. Экономические примечания по Московской губ.,. д. 15. л. 15; д. 26. л. 3–3 об.

经过这些线路还可到达西部的格扎茨克码头。

一些新城市，如波多利斯克、布龙尼齐、沃斯克列先斯克，因建立的时间不长，所以农奴制生产关系稍显薄弱，与旧城市的经济发展状况略有不同，这也影响了它们以后的发展方向。

莫斯科省西南部地区的纺织工业颇为发达，以卡卢加及其周边地区最具代表性。这里主要生产粗帆布、各种麻布和大麻制品。1775 年数据显示，卡卢加有 4 家麻纺织手工工场和 1 家棉纺织手工工场。其中，最大手工工场有 256 台机器①。1785 年，卡卢加有 5 家帆布厂，工厂内织工和各类工人的数量达 400 人，细纱工的数量达 1000 人②。需要强调的是，卡卢加城市附近共有 3 家麻纺织手工工场，有车床217 台，自由雇佣工人 370 名，农奴工人 55 名。卡卢加企业所产的产品主要销售至圣彼得堡③。

史料中曾指出，卡卢加有呢绒和棉纺织手工工场，还有 4 家制帽厂，只是关于产品产量的信息缺失。除此之外，卡卢加还有"制糖厂"，每年的糖产量达 5000 普特。因产品产量很高和设施规模较大，众多手工作坊可称为大型手工工场④。

除此之外，卡卢加城内还有大量小企业，如有 12 家从事亚麻粗加工的缫丝"工厂"、34 家榨油"工厂"、11 家制曲"工厂"、12家皮革"工厂"、6 家熟制毛皮"工厂"、4 家鬃毛"工厂"、15 家制砖"工厂"，只是这些企业的规模有限，与大工厂相差甚远⑤。卡卢加企业所产的皮革（主要是黑白软皮革）和麦芽糖主要出售至莫

① ЦГАДА. ф. Госархива. р. XVI. д. 730. л. 4.
② Топографическое описание Калужского наместничества. СПб., 1785. стр. 20.
③ Хрестоматия по истории СССР. XVIII в. М., 1960. стр. 321.
④ Топографическое описание Калужского наместничества. СПб., 1785. стр. 21.
⑤ Топографическое описание Калужского наместничества. СПб., 1785. стр. 21.

斯科、圣彼得堡和其他城市。卡卢加手工业发达的主要原因是城内手工业者众多，据统计，工商业者的数量合计为 503 人，他们主要从事亚麻粗加工、皮革压制、鞋子生产和制砖行业。

城市工业发展促进了贸易繁荣。卡卢加城内一部分商人十分富有，他们在国内外市场上从事着各种贸易活动。卡卢加运出的商品主要是粮食、亚麻、粗帆布、麻布、大麻油、皮革、短髭、蜂蜡和油脂。卡卢加是俄国大型的地方市场之一。18 世纪 70 年代中期，卡卢加有 381 家店铺，除出售本国商品之外，还销售从伦敦、里昂、阿姆斯特丹和汉堡运来的商品[①]。18 世纪 80 年代，卡卢加商人的流动资金总额达 55.0 万卢布[②]。

就经济发展水平而言，卡卢加与莫斯科类似，领先于周边各城市，1782 年该省各城市居民数量详见表 4-4。

表 4-4　1782 年卡卢加省各城市居民数量和居民户数

单位：户，人

城市	户数	居民数量	城市	户数	居民数量
卡卢加	3564	7925	莫萨利斯克	219	585
博罗夫斯克	790	2440	季赫温	171	456
科泽利斯克	425	1257	日兹德拉	167	552
梅绍夫斯克	261	773	谢尔佩伊斯克	165	686
佩列梅什利	245	435	梅登	118	360
小雅罗斯拉韦茨	243	697	塔鲁萨	83	333
			总　计	6451	16499

资料来源：ЦГАДА. ф. Госархива. р. XVI. д. 729. ч. 1. л. 80。

[①]　ЦГАДА. ф. Госархива. р. XVI. д. 730. л. 3；ЦГВИА. ф. ВУА. д. 18860. л. 98 об.
[②]　Топографическое описание Калужского наместничества. стр. 18.

由表 4-4 可知，除卡卢加外，只有两个城市男性居民的数量超过 1000 人，即博罗夫斯克和科泽利斯克，剩余城市中只有 5 个城市的居民数量超过 500 人，其余城市居民数量均低于该数值。关于居民户数的信息也十分耐人寻味，在一定程度上它可体现城市的布局和规模，此外，城市户数可以清晰反映出居民的住宅需求量。总体而言，卡卢加每户约有居民 2.6 人。卡卢加大部分居民在自己院子中从事以下生产业务，如揉搓亚麻、安装脚蹬纺车等。因卡卢加小商品生产和贸易颇为发达，所以部分居民房屋还专门用于存放商品。

卡卢加省各城市经济状况受其居民社会成分的制约，1780 年该省所属各城市居民的社会成分详见表 4-5。

表 4-5　1780 年卡卢加省所属城市居民的社会成分

单位：人

城市	商人和市民	车夫	工厂主	僧侣	公职人员及其后代	经济农民	总计
卡卢加	15473	931	192	482	—	—	17078
博罗夫斯克	2342	—	100	173	423	—	3038
科泽利斯克	1607	—	—	135	1163	—	2905
日兹德拉	1829	—	—	42	—	—	1871
小雅罗斯拉韦茨	1546	—	—	76	—	—	1622
佩列梅什利	876	—	—	213	216	84	1389
莫萨利斯克	1071	—	—	79	98	—	1248
梅绍夫斯克	1468	—	—	90	50	—	1608
季赫温	783	—	—	120	108	—	1011
谢尔佩伊斯克	805	—	11	98	51	—	965
梅登	757	—	—	28	—	—	785
塔鲁萨	562	—	—	15	—	—	577

　　由表 4-5 中数据可知，在卡卢加城市居民中商人和市民占主导。与第四次人口调查数据相比，卡卢加大部分城市的居民数量均有所增加，其中卡卢加市的居民增加数量最为显著。据同时代的人描述，卡卢加是俄国当时人口众多的大型城市之一。居民数量增加主要是因为农民进入城市，他们在城市内从事工商业活动或受雇于工场主，在手工工场内做工。

　　地方政府机构改革之后，城市中除纳税阶层之外，还有特权等级，其代表是贵族和官员，他们也开始在城市内定居。总督区创建后的 10 年间，卡卢加市就建造了 60 幢贵族房屋和 23 幢官员房屋[①]。贵族主要居住在省城，地方政府机构改革之后，各地行政机构中贵族的作用逐渐提升。

　　总体而言，卡卢加省城市居民的比重超过全俄平均水平。18 世纪 80 年代中期，卡卢加省各城市中市民的占比已达 4.8%[②]。第五次人口调查数据显示，俄国总人口中城市居民的占比不高于 4.1%。

　　在卡卢加省之中，除卡卢加市外，经济发展最为迅速的是博罗夫斯克。博罗夫斯克共有 5 家亚麻手工工场，史料中曾指出手工工场的规模很大，仅其中一家的工人数量就达 250 人。1770 年初，城市内仅有两家亚麻手工工场，短时期内亚麻手工工场的数量就增加了 1.5 倍。部分市民在亚麻手工工场内工作，还有大量工人来自周边的农村。也有部分市民在帆布手工工场内制作麻绳，还有市民在皮革和制曲手工工场内工作。除此之外，很多市民还从事蔬菜种植业，他们将自己所产的葱、蒜运至市场上销售。他们种植的蔬菜主要销售至莫斯

---

① ЦГАДА. ф. Госархива. р. XVI. д. 729. ч. 1. л 226 об.

② Топографическое описание Калужского наместничества. стр. 10-11.

科，年均销售额可达 4000 卢布①。

博罗夫斯克的贸易也较为发达。值得一提的是，这里不但本地贸易规模较大，与其他城市间的贸易往来也十分频繁，主要的交易商品是大麻、棉花、粗麻布和粗帆布。贸易机构数量也可证明博罗夫斯克的贸易规模，据统计，城内共有 50 个粮仓和 113 家店铺，每 22 名城市男性居民就拥有一家店铺②。

尽管博罗夫斯克的工业快速发展，但城市的经济增速并不明显。即便大量的当地商人和市民都参与各种形式的贸易活动，贸易的作用也并非很大。

佩列梅什利的经济发展模式具有自身的独特性，这里建立了亚麻手工工场，约有 550 名工人，每年可生产 4000 匹粗帆布。虽然亚麻手工工场的规模较大，但毕竟只有一家，不能代表佩列梅什利的经济水平。佩列梅什利位于奥卡河之上，便利的交通运输促进了城市经济的快速发展。当地商人在奥廖尔和姆岑斯克采购粮食，贩卖至格扎茨克码头③。

佩列梅什利有一家超大的手工工场，城内还有 3 家规模较大的手工工场，其中，彼得·巴塔舍夫手工工场共有 120 台车床。谢尔佩伊斯克的状况与之相似，1760 年，城内除罗季翁·格林科夫水力和脚蹬纺织手工工场外，还有两家手工工场，虽然其中一家建立时间较晚，但到 1770 年已有车床 33 台④。

工业并不是城市经济的唯一支柱，很多居民还从事其他行业，

---

① Топографическое описание Калужского наместничества. стр. 56.
② ЦГВИА. ф. ВУА. д. 18756. лл. 56—57.
③ ЦГВИА. ф. ВУА. д. 18756. л. 107 об.
④ Хрестоматия по истории СССР. XVIII в. стр. 321.

一部分佩列梅什利和谢尔佩伊斯克商人最后成为工业企业主。佩列梅什利和谢尔佩伊斯克工场手工业的发展均可证实，卡卢加省众多城市的经济均有所发展，这足以证明 18 世纪末该省经济快速增长。

在研究时期内，卡卢加省大部分城市的经济生活中小商品生产和贸易具有重要作用。科泽利斯克就是这方面的典型，当时的很多文献均指出，科泽利斯克是卡卢加省最富有的城市之一，经济较为繁荣①。这里有 3 家皮革"工厂"、4 家制曲"工厂"、1 家制砖"工厂"和 9 家陶瓷"工厂"。此外，科泽利斯克盛产高质量的明矾、钾碱和焦油，且在国内市场上十分畅销②。科泽利斯克城内还有石制的院落，院内有 34 家店铺，主要从事丝织品、棉纺织品、毛纺织品和各种小商品的贸易。有些商人专门从农民手中购买纱线，然后将其出售给科泽利斯克城中的麻纺织手工工场。富有的商人还在乌克兰购买牲畜、油脂、大麻和粮食，然后将它们销售至格扎茨克码头和尤赫诺夫③。

卡卢加省其他城市的大麻加工业、麦芽糖加工业、肉制品加工业、油脂加工业、皮革制作手工业均颇为发达，且这些商品的贸易也较为繁荣。有许多人受雇于这些手工业机构，他们在这里担任工匠和工人；有一部分居民从事马车运输业，或在船只上工作；还有一部分居民成为店铺的伙计或货物看守人（货物大多运往莫斯科等城市）。

值得一提的是，塔鲁萨城的部分居民在谢尔普霍夫亚麻纺织手工

---

① Топографическое описание Калужского наместничества. стр. 26.

② Ф. А. Полунин, Г. Ф. Миллер. Указ. срч. стр. 138.

③ Топографическое описание Калужского наместничества. стр. 26.

工场内做工①。1760 年史料曾指出，塔鲁萨居民主要从事农耕，他们很少从事手工业活动，只知道在自己的土地上劳作②。18 世纪 80 年代，农业不再是塔鲁萨居民唯一的职业，很多居民已不再从事农业生产。因塔鲁萨距大工业中心莫斯科和谢尔普霍夫较近，它们的经济和居民生活方式对该地产生了很大的影响。在这些因素的影响下，一部分塔鲁萨居民开始从事工商业活动，同时代的部分居民甚至将该地看成莫斯科近郊的城市之一。

卡卢加省其他小城市的商人和市民，如小雅罗斯拉韦茨居民主要从事各种手工业，进行小商品和食品贸易，还有一部分居民在其他城市的店铺内做伙计③。

莫萨利斯克、季赫温、梅绍夫斯克的商人和市民还从事粮食、蛋类产品和其他商品的贸易，也有少数居民从事农业生产④。这些城市虽然没有成为经济中心，但贸易繁荣，为以后的经济发展奠定了基础。

只有两个城市，即梅登和日兹德拉保留了之前的农业面貌。这两个城市的大部分居民之前是经济农民，他们虽然成为市民，但仍保留原来的生活方式。梅登局部地区的皮革手工业逐渐繁荣，日兹德拉的一部分居民从事木材的浮运工作，他们沿日兹德拉河和奥卡河将木材运至卡卢加。即便这些地区的生产方式较为落后，但经济仍向前发展。日兹德拉处于大麻种植区内，当地大麻和大麻油贸易颇为发达。

---

① Топографическое описание Калужского наместничества. стр. 52.
② Л. И. Бакмейстер. Топографические известия, служащие для полного географического описания Российской империи. ч. I. СПб. , 1771. стр. 78.
③ Топографическое описание Калужского наместничества. стр. 35.
④ ЦГАДА. ф. 1355. Экономические примечания по Калужской губернии. д. 27. л. 2; д. 16, л. 3; лл. 1 об-3.

部分史料曾指出："城市建立后,大麻和大麻制品的交易量就开始降低,究其原因是人们开始讨论,是否应该将交易地点设在产量最为丰富的地区。"[1] 以上资料足以说明,日兹德拉除保留了行政功能之外,也开始迈出了发展经济的第一步。

18 世纪最后 20 年,卡卢加省各城市的经济逐步繁荣。省城卡卢加和部分县城如博罗夫斯克和佩列梅什利均是大型工场手工业中心,它们与谢尔普霍夫和科洛姆纳一起成为莫斯科南部的纺织工业区。这些城市的大工业均发展迅速,因此经济也快速崛起。除小商品生产外,很多城市的粮食、大麻和农产品贸易颇为发达。虽然卡卢加省部分城市经济快速发展,但也有一部分城市经济发展缓慢,它们的经济仍以农业生产为主。

俄国大型纺织工业中心主要位于伏尔加河上游各省,除上文提及的莫斯科省和卡卢加省之外,弗拉基米尔省的纺织工业也十分发达,它是全俄亚麻粗加工生产基地。弗拉基米尔省很多城市均从事麻纺织生产,在雅罗斯拉夫尔的麻纺织工业中也具有重要作用。18 世纪下半叶,各城市的纺织工业发展迅速,具体数据详见表 4-6。

雅罗斯拉夫尔手工工场所产的商品在国内市场销售,大部分产品运至莫斯科和圣彼得堡销售。

除纺织工业外,雅罗斯拉夫尔还有诸多其他工业部门,具体数据详见表 4-7。

---

① Топографическое описание Калужского наместничества. стр. 60, 65.

表 4-6　18 世纪下半叶雅罗斯拉夫尔纺织手工工场工人数量、车床数量和产品产量

手工工场种类及其所有人	1760 年		1778 年		1797 年		
	工人（人）	车床（台）	工人（人）	车床（台）	工人（人）	车床（台）	产品价值（卢布）
麻纺织工业							
萨夫瓦·雅科夫列夫	1631	688	3309	726	—	667	200000
伊万·扎特拉佩兹诺夫	1308	386	790	293	—	—	125399
丝织工业 *							
格里高里亚·古里耶夫	173	87	—	—	329	69	17786
瓦西里·克罗索夫	110	72	126	68	169	100	28625
伊万·扎特拉佩兹诺夫 **	71	61	—	—	880	100	29844
伊万·科丘洛夫	100	—	245	40	136	20	13987

　　注：* 雅罗斯拉夫尔经济注解数据显示，18 世纪末共有 9 家丝织手工工场。** 1760 年企业属于萨夫维·雅科夫列夫所有。

　　资料来源：Хрестоматия по истории СССР. XVIII в. М. , 1963. стр. 316，322-323；Л. Максимович，А. Щекатов. Указ. соч. ч. VII. СПб. , 1809. стр. 389-391。

表 4-7　雅罗斯拉夫尔工业企业内工人数量和产品价值

工厂	工人（人）	产品价值（卢布）
金银线和拉丝工厂	12	960
染料工厂	7	1044
制矾工厂	1	4890
皮革工厂 *	77	48000

　　注：* 共有 11 家工厂。

　　资料来源：Новый иполный географический словарь Российского государства или лексикон. ч. VI. М. , 1789. стр. 282。

　　皮革生产也颇具代表性。由企业产品价值和工人数量数据可知，此类机构可被称为大企业，也可将其称为手工工场，各类手工业者均在它们中工作。雅罗斯拉夫尔的手工工场多使用雇佣劳动力，但这些手工工场多位于城郊，研究时期内手工工场的数量明显增加。如果将郊区企业纳入总数据之中，那么雅罗斯拉夫尔共有 32 家皮革"工厂"。除此之外，此处还有众多榨油、酿酒、锻造、胶水、淀粉、制曲、制帽"工厂"，还有众多小企业①。这里还居住着大量的手工业者。在各类城市手工业之中，最流行的手工业是生产铜制和锡制容器、铸造时钟。雅罗斯拉夫尔共有 36 家铁匠铺。手工业发展促进了城郊经济的繁荣，第五次人口调查数据显示，雅罗斯拉夫尔城市居民总量为 18854 人，郊区居民的数量为 7654 人②。工业发展引发的工业区扩张足以证明资本主义生产关系逐渐普及。

大小工业的发展促进了贸易繁荣，雅罗斯拉夫尔很多商人和市民均从事贸易，城内共有 770 家店铺。雅罗斯拉夫尔手工工场生产的麻布和丝绸，以及皮革在整个俄国市场销售，以销售至莫斯科和圣彼得堡的数量最多。雅罗斯拉夫尔的桌布和餐巾也十分畅销，部分产品甚至出口至荷兰③。

之前从事粮食贸易的富商在当地工业品贸易中也发挥了重要作用。18 世纪末，雅罗斯拉夫尔的贸易流动资金达 100 万卢布④。

与省会不同的是，省内其他城市的经济相对落后，但也有大量居民从事贸易和手工业。

各城市大工业的规模有限。只有罗斯托夫建立了一家不大的麻纺织手工工场，属于当地商人米哈伊尔·谢列布列尼科夫所有。1778

---

① ЦГАДА. ф. 1355. д. 56. Описание города Ярославля и его уезда лл. 3–4 об.
② ЦГАДА. ф. 1355. д. 56. Описание города Ярославля и его уезда лл. 2 об ; д. 5. Краткая табель Ярославской губ.
③ ЦГАДА. ф. 1355. д. 5.
④ Л. Максимович, А. Щекатов. Указ. соч. ч. VII. стр. 389.

年，该手工工场有 10 台车床，共有 26 名工人。在罗曼诺夫县城中还有其他类型的手工工场，属于罗曼诺夫商人德米特里·比亚基申所有，手工工场内共有 25 名工人，车床数量为 16 台①。由于当地手工工场的规模有限，只凭它们不足以确定城市经济的面貌。在罗斯托夫居民的经济生活中，展销会的作用不容忽视，此地展销会具有全俄意义，罗曼诺夫的很多居民在罗斯托夫工作，他们中的一部分居民在船上工作，一部分居民种植蔬菜。

雅罗斯拉夫尔省各城市的经济状况可从第五次人口调查中有关当地居民社会成分的数据窥见一二，具体数据详见表 4-8。

表 4-8　雅罗斯拉夫尔省城市居民的社会成分

城市	商人	市民	行会工人	知识分子	贵族	公职人员及其家人	僧侣	总计
乌格里奇	2261	2039	313	661	32	395	327	6028
罗斯托夫	1814	1836	258	935	38	182	349	5412
雷宾斯克	689	1049	187	226	31	426	51	2659
莫洛加	158	2205	41	134	38	13	48	2637
罗曼诺夫	593	1177	167	182	20	16	149	2304
波谢霍尼耶	440	945	57	207	38	31	38	1756
丹尼洛夫	375	673	103	158	16	47	24	1396
柳比姆	166	1014	20	106	21	10	74	1411
梅什金	367	123	20	146	12	34	31	733

资料来源：ЦГАДА. ф. 1355. д. 5。

与其他城市不同的是，在雅罗斯拉夫尔省的居民构成中并没有农民。也有部分文献资料显示，乌格里奇有 70 户农民，丹尼洛夫有 5

①　Хрестоматия по истории СССР. XVIII в. стр. 320.

个经济农民①。这些数据足以证明城市中农民数量不多。雅罗斯拉夫尔省所有城市中很少见到农民，究其原因是这些城市均位于伏尔加河上游，当地手工业发达，很少有农民外出务工。但有文献材料指出，雅罗斯拉夫尔省很多城市居民从事手工业生产，同时也继续相关的农业活动来贴补家用，但也有部分居民因生活贫困外出打工。雅罗斯拉夫尔省尔部分城市的农民距离雅罗斯拉夫尔较近，他们中很多人在工厂内工作，也有一部分居民到莫斯科、圣彼得堡和俄国其他城市当瓦工、泥水匠或马车夫。生活在诺尔斯克郊区的居民以生产各类铁钉为生，他们生产的马镫、嚼子、扣环主要销售给军队和个人②。

　　冶铁手工业和金属加工业在雅罗斯拉夫尔省其他地区同样流行，莫洛加就是代表。这里的农民购买生铁，或自己冶炼生铁，用它们制作铁钉、铁锅和犁铧，这些产品在国内市场颇为畅销。由于很多村庄位于伏尔加河沿岸，当地部分居民建造驳船，从事造船手工业，冬季他们伐木，春季将木材浮运至城市之中。梅什金和波谢霍尼耶的经济也具有其特殊性。丹尼洛夫的居民主要生产羔羊和牛皮帽子。丹尼洛夫、柳比姆、雷宾斯克和乌格里奇的部分居民充当随军商贩，他们在首都和各城市内开小酒馆、店铺和小饭馆③。

　　很多农村居民从事手工业和贸易，他们中的部分人或是完全放弃了农业生产从事手工业，或是进城务工，或是专门从事商业活动。当时，工商业成了他们的主业。值得一提的是，因与伏尔加河上游诸多城市，包括经济发达的圣彼得堡、莫斯科和其他大型工商业中心联系密切，雅罗斯拉夫尔的部分城市在伏尔加河流域各城市的转运贸易中

---

① ЦГАДА. ф. 1355. Экономические примечания по Ярославской губ., д. 9. л. 1.
② ЦГАДА. ф. 1355. Экономические примечания по Ярославской губ., д. 3. л. 3.
③ ЦГАДА. ф. 1355. д. 1. Описание Ярославской губ., л. 3 об.

发挥了重要作用。

在雅罗斯拉夫尔省各城市之中，罗斯托夫的贸易最为繁荣，这里有远近闻名的罗斯托夫展销会，一般而言，展销会持续两周。18 世纪末，展销会的年均贸易额达 340 万卢布①。除展销会外，罗斯托夫的固定贸易也颇为发达，店铺数量众多。据史料记载，城市中店铺的数量达 570 家②。有史料提及，平均每 9 个人就有一家店铺。以上数据足以证明罗斯托夫居民热衷于贸易。罗斯托夫有许多小商贩，城内的手工业规模明显逊色于贸易规模。М. Д. 丘尔科夫指出，城内有很多居民并不从事手工业，很多居民在菜园内劳动，专门种植蔬菜③。的确有很多市民种植蔬菜，他们前往城市的目的是销售蔬菜，菜农销售最多的蔬菜是葱。以上信息足以表明城市内行会众多。城中一大部分居民是菜园主，其余很多居民也是各自行会组织的成员。

18 世纪末，很多城市居民的社会成分与雅罗斯拉夫尔和罗斯托夫一样，富商数量众多，乌格里奇就是代表。雅罗斯拉夫尔省很多城市居民中商人数量占优势，他们善于经商，将当地生产的软革和粗麻布运往圣彼得堡，还将粮食运至伏尔加河沿岸各城市销售④。据统计，乌格里奇的总贸易流通额达 70 万卢布⑤，明显低于罗斯托夫。在乌格里奇居民的日常生活之中，手工业同样具有重要意义，该城市冶铁、制银、皮革、制靴、服装和熟羊皮加工等手工业部门均颇为繁荣。乌格里奇的皮革加工企业每年生产黑色和有色软革的价值可达 2.9 万卢布，这些企业有工人 130 名。当地居民生产的马鞍和杆秤远

① ЦГАДА. ф. 1355. д. 1. Описание Ярославской губ., л. 1 об.
② ЦГАДА. ф. 1355. д. 5.
③ М. Д. Чулков. Указ. соч. т. VI. кн. IV. стр. 268.
④ М. Д. Чулков. Указ. соч. т. VI. кн. IV. стр. 289.
⑤ Л. Максимович, А. Щекатов. Указ. соч. ч. VI. М., 1808. стр. 535.

近驰名①。

雷宾斯克之前就是重要的过境贸易点，18 世纪末，运至该地的各类货物迅速增加，这些货物主要源自伏尔加河下游和卡马河流域各城市，货物主要运至伏尔加河上游。随着货流量的逐年增加，雷宾斯克的造船业快速发展，以河运船只的数量最多。雷宾斯克本地和外地商人从事的手工业生产已具有工业特征。最大的企业主是商人和锯材工场主叶菲姆·塔夫列耶夫，1760 年，他在雷宾斯克郊区使用从托尔若克浮运而来的木材建造驳船。1763 年，他制作的船只数量已超过 400 艘。当地商人安德烈·伊利英使用粗糙木板建造了 200 艘驳船。商人们在沃洛格达和波谢霍尼耶的农民处购买建造船只所需的材料。农民按照当地和其他城市居民的订单建造船只②。

值得一提的是，由于伏尔加河下游运至上游的货物量激增，雷宾斯克码头生产的船只已不能满足商人的货运需求。当地商人只能从雅罗斯拉夫尔、波谢霍尼耶和白湖订购船只③。还有商人从谢利格尔湖、伏尔加河上游和茨纳河订购船只，只是数量不多④。

18 世纪末，每年春天伏尔加河上游的莫洛加河和舍克斯纳河方向有大量船只驶入雷宾斯克，驳船和小型平底货船的数量达 2000 艘。因货流量巨大，为保证船只顺利通过雷宾斯克，每年有成千上万的外出务工人员来到雷宾斯克务工，他们大多是伏尔加河流域各县城的农民，有些史料提及其数量达 50 万人⑤。为保障来雷宾斯克务工人员的生活

①　М. Д. Чулков. Указ. соч. т. VI. кн. IV. стр. 289.

②　ЦГАДА. ф. 37. д. 445/43. лл. 14，20–21，29–30.

③　ЦГАДА. ф. 37. д. 445/43. л. 20.

④　ЦГАДА. ф. 291. оп. 1. д. 1554. л. 66.

⑤　ЦГАДА. ф. 1355. д. 1. Описание Ярославской губ.，л. 2.

物资和货物顺利通行，1796 年，该地建立了水运线路专门办事处①。

贸易码头的建立推动了雷宾斯克贸易的进一步繁荣。据统计，这里共有 220 家店铺，每 12 名当地居民就拥有一家店铺②。各店铺的贸易均颇为活跃，它们主要销售河船运来的货物。雷宾斯克行会人员中，面包商、蜜糖饼干商和其他食品生产商与销售商的数量众多③。

雷宾斯克和罗斯托夫在全俄市场中具有重要意义，雅罗斯拉夫尔省其他城市的作用则逊色得多，但部分城市的经济仍快速发展，丹尼洛夫就是该省经济中心之一。从丹尼洛夫建城之日起，城内的小商品生产就颇为发达，正因为如此，该地贸易也颇为繁荣。丹尼洛夫共有 6 家蜡烛手工工场和 2 家染料手工工场，还有 8 家铁匠铺。城内店铺数量从 1760 年的 100 家增加至 1780 年中期的 115 家，年均贸易流通额达 3000 卢布④。

与上述城市相比，柳比姆的经济相对落后。市民也从事各种手工业，手工业是他们收入的重要来源⑤。梅什金是该县城的行政中心。18 世纪末，彼得罗夫斯克和鲍里索格列布斯克的军事功能颇为突出，它们不再是县城的政治与经济中心。

除雅罗斯拉夫尔省之外，科斯特罗马省的工场手工业也颇为发达。科斯特罗马同样是俄国大型纺织中心，该省纺织手工工场的规模和销售地详见表 4-9。

---

① ЦГАДА. ф. 1355. д. 47. Описание города Рыбинска. л. 4.

② ЦГАДА. ф. 1355. д. 5.

③ ЦГАДА. ф. 1355. д. 47. Описание города Рыбинска. л. 3.

④ ЦГАДА. ф. 1355. Экономические примечания по Ярославской губернии. д. 14. л. 1; Новый и полный географический словарь Российского государства. ч. I. М. , 1788. стр. 234.

⑤ М. Д. Чулков. Указ. соч. т. VI. кн. IV. стр. 225.

表 4-9　科斯特罗马省纺织手工工场的规模和销售地

手工工场	机器数量（台）	产量（千俄尺）				销售地
		帆布	粗帆布	麻线	斜纹布	
科斯特罗马						
科济马和彼得·乌格列恰尼诺夫的手工工场	535	197.5	275	108.8	6	圣彼得堡，部分在本省销售
伊万·斯特里加列夫及其子女的手工工场	120*	115	25	128		圣彼得堡，部分产品出口国外
谢苗·阿沙斯京及其儿子瓦西里耶姆的手工工场	325	111	250	90		圣彼得堡
伊万·沃尔科夫兄弟的手工工场	60**	90.8	221.4	27		圣彼得堡，部分产品出口国外
基莫菲伊·佩平的手工工场	100	25	100	6		圣彼得堡
斯捷潘·乌格列恰尼诺夫的手工工场	70	7.5	15	9.9		圣彼得堡，部分产品出口国外
亚历山大·杜雷金兄弟的手工工场	150	35	15	9.5		圣彼得堡
费多尔·卡拉什尼科夫的手工工场	100	10	50	—		圣彼得堡和莫斯科
德米特里·马斯连尼科夫的手工工场	25	10	25	2		莫斯科
科斯特罗马省其他县城						
伯爵 Р.И. 沃龙佐夫在奥巴里赫村创建的手工工场	160	5	32	55.9		圣彼得堡
中校 С.С. 瓦斯克里在波波夫克村创建的手工工场***	15	0.6	0.6	0.7		主要用于家庭需求

注：*科斯特罗马县城各农村中有 230 台机器。**科斯特罗马县城各农村中有 180 台机器。***部分股份属于涅列赫塔商人米哈伊尔·巴斯杜霍夫。

资料来源：ЦГАДА. ф. Госархива. р. XVI. д. 777. ч. 2. лл. 198-199。

众所周知，科斯特罗马是俄国大型麻纺织工业中心。有关城市工场手工业的文献材料曾指出，科斯特罗马省的麻纺织工业发达，各城市纷纷建立了亚麻手工工场①。科斯特罗马省城的麻布质量很好，它们不但在国内市场十分畅销，还大量出口至国外。

手工工场主要使用自由雇佣劳动力，也有部分农奴工人在手工工场内工作。18 世纪 70 年代，科斯特罗马手工工场内劳动力数量和类别详见表 4-10。

表 4-10　18 世纪 70 年代科斯特罗马手工工场内工人数量和类别

单位：人

手工工场所有者	1771 年工人数量		工人类别	1778 年工人数量		工人类别
	男性	女性		男性	女性	
科济马和彼得·乌格列恰尼诺夫	198	—	购买工人	185	—	购买工人*
科济马和彼得·乌格列恰尼诺夫	3	—	政府赏赐工人	—	—	—
科济马和彼得·乌格列恰尼诺夫	361	15	自由工人	228	—	自由工人
阿列克谢·阿沙斯京兄弟	3	5	购买工人	—	—	—
阿列克谢·阿沙斯京兄弟	8	—	政府赏赐工人	—	—	—
阿列克谢·阿沙斯京兄弟	613	20	自由工人	480	85	自由工人
伊万·斯特里加列夫	305	23	自由工人	—	—	—
德米特里·沃尔科夫	206	29	自由工人	112	19	自由工人
基莫菲伊·佩平	—	—		64	9	自由工人
斯捷潘·乌格列恰尼诺夫	—	—		36	4	自由工人
费多尔·卡拉什尼科夫	—	—		73	6	自由工人
总　计	1697	92	—	1178	123	—

＊此处的"购买工人"指手工工场主为生产商品通过各种方式购买而来的工人。——译者注

资料来源：Хрестоматия по истории СССР. XVIII в. стр. 323-324。

---

① ЦГАДА. ф. Госархива. р. XVI. д. 777. ч. 2. лл. 199.

1770 年末科斯特罗马手工工场内工人的数量减少，究其原因是当年俄国很多地区暴发了瘟疫，工场内农奴工人（政府赏赐工人和购买工人）的数量降低，由 217 名降至 185 名，在所有工人中自由工人的比重开始提升，从 12.6% 增加至 14.1%。有学者指出，在科斯特罗马纺织工业中自由雇佣劳动力占主导。

手工工场工人的社会成分十分复杂。首先必须提及的是市民。很多史料都指出科斯特罗马部分市民在城中的纺织手工工场内工作。《科斯特罗马经济通讯》中曾提及，部分商人和市民以在手工工场内纺织麻布为生①。Э. А. 涅尔谢索夫也曾指出，1770～1771 年瘟疫横行时期，约有 8% 的市民是科斯特罗马手工工场的工人②。大部分自由雇佣工人来自农村，他们均是外出打工者。

值得一提的是，研究时期内，很多手工工场内固定工人阶层开始形成，这些工人大多源自农民。1760 年，在手工工场内工作的外出务工者，只有 500 人在农忙期间回村从事农业生产，占比为 28%，其余自由雇佣工人并没有返乡务农，他们在农忙时仍留在手工工场内工作③。

众所周知，虽然手工工场内的大部分工人来自农村，但也有不少工人来自科斯特罗马市周边郊区，他们纷纷到城内务工。这些工人主要来自五个区，即莫纳斯特尔斯克·波利扬斯基、皮夏利尼·波利扬

---

① Е. Дюбюк. Полотняная промышленность Костромского края во второй половине XVIII и первой половине XIX в. Кострома. , 1921. стр. 59.

② Э. А. Нерсесова. Экономическое состояние Костромской провинции Московской губернии по хозяйственным анкетам 1760 - х годов. - Исторические записки. т. 40. стр. 167.

③ Э. А. Нерсесова. Экономическое состояние Костромской провинции Московской губернии по хозяйственным анкетам 1760 - х годов. Исторические записки. т. 40. стр. 168.

斯基、基尔皮齐尼、雷布和雅姆斯克。上述区域均是科斯特罗马的工业区，这里的很多居民在城市手工工场内工作。部分文献资料指出，皮夏利尼·波利扬斯基区的很多居民曾承认他们在手工工场从事各类工作。邻近的莫纳斯特尔斯克·波利扬斯基区居民也在亚麻手工工场内担任雇佣工人①。由此可见，科斯特罗马省的纳税居民和其他周边郊区居民均在手工工场内务工②。

1760 年，科斯特罗马工业区所有居民的总量达 734 人，地方政府机构改革之后，这些工业区内居民的生活方式发生变化，已具有城市生活的某些特征。只有皮夏利尼·波利扬斯基区居民成为市民的时间较晚，1806 年，他们才彻底获得城市居民的资格③。

科斯特罗马工业区的形成和居民数量的增加可证明它们已逐渐成为城市的一部分，也可证实 18 世纪下半叶资本主义生产关系已在城市工商业生产中破土而出，但当时俄国农奴制生产关系仍占主导。

如果将郊区居民和在手工工场内务工的外来人员计算在内，1770 年，科斯特罗马的居民总量为 9900 人。与 1740 年相比，城市居民增加了 85%④。在此期间，城市居民的数量明显增加，其增速明显高于当时俄国城市居民的总体增速。

18 世纪末，科斯特罗马已成为科斯特罗马省的经济中心，已是各类纺织手工工场的聚集区。当地商人在积累了一部分资金之后，开始从事工业生产，建立手工工场。需要强调的是，科斯特罗马的手工工场主均是城市商人。E. 丘别克曾指出，18 世纪，不只是贵族在农

---

① Е. Дюбюк. Указ. соч. стр. 59.

② Э. А. Нерсесова. Указ. соч. стр. 158.

③ Памятная книжка Костромской губернии на 1862 г. Кострома., 1862. стр. 257, 263-268.

④ Э. А. Нерсесова. Указ. соч. стр. 159.

村发展工业,城市商人也在城市建立了大型麻纺织手工工场①。

18 世纪最后 10 年,科斯特罗马的亚麻工业继续发展。《经济评论》数据(E. 丘别克在研究专业文献后确认其正确性)显示,1788 年科斯特罗马已有 11 家亚麻手工工场,这些手工工场均是大企业。例如,在乌格列恰尼诺夫手工工场内有 600 名工人,瓦西里·阿沙斯京手工工场内共有工人 250 名,伊万·斯特里加列夫和亚历山大·杜雷金手工工场内均有 200 名工人。这些手工工场的厂房都是石制建筑,很多文献材料都证实它们的生产规模很大②。市政府信息显示,1801 年,科斯特罗马共有 14 家亚麻手工工场,每年各类亚麻产品的产量均达数千俄尺③。

除大工业外,科斯特罗马的小商品生产也颇为发达,以皮革手工业最具代表性。М. Д. 丘尔科夫指出:"城内可以加工出精品软皮革。"④ 18 世纪 80 年代,科斯特罗马共有 12 家"皮革厂"。除此之外,这里还有 6 家呢绒厂,年均加工毛线 1.0 万普特,还有"染色厂"和"榨油厂"。这些企业内的工作人员均可纳入市民行列⑤。

科斯特罗马工业与贸易增长促使城市居民的生活发生了变化,城市的面貌也随之改变。城内建了一系列建筑,除市政府外,还新建了很多石制房屋,即手工工场和贸易机构。工业和贸易生活引发了一系列连锁反应,省内诸多地区的经济快速发展,科斯特罗马和周边县城均是如此⑥。

---

① E. Дюбюк. Указ. соч. стр. 31.

② E. Дюбюк. Указ. соч. Прилож. 1. стр. 111.

③ E. Дюбюк. Указ. соч. Прилож. 2. стр. 113.

④ М. Д. Чулков. Указ. соч. т. VI. кн. IV. стр. 220.

⑤ Э. А. Нерсесова. Указ. соч. стр. 169-170.

⑥ E. Дюбюк. Указ. соч. стр. 22.

就纺织工业发展水平而言,排在科斯特罗马之后的是基涅什马。1780 年初,基涅什马已有 3 家麻纺织手工工场,它们的经营状况良好,其中规模最大的企业是安德烈兄弟和格里高利·塔拉诺夫所有的麻纺织手工工场,夏天有 125 台机器运转,冬天运转机器数量达 475 台。德米特里·塔拉诺夫、科济马、格里高利·格里亚兹诺夫所有的两家手工工场的机器数量也较多,夏天有 30~40 台机器工作,冬天有 80~120 台机器工作。这些手工工场生产的亚麻产品不但销售至圣彼得堡,还远销国外①。基涅什马亚麻工业的作用意义非凡,这一点在城市徽章中就有所体现,在徽章中有亚麻图案②。

18 世纪末,基涅什马的纺织工业迅速发展,所有手工工场的产品均有部分销售至圣彼得堡。市政府信息显示,1801 年,基涅什马共有 4 家亚麻手工工场,但能查到具体信息的只有 3 家,相关信息详见表 4-11。

表 4-11　1801 年基涅什马亚麻手工工场的生产规模

所有者(基涅什马商人)	流动资金(千卢布)	亚麻生产量(千俄尺)
德米特里·塔拉诺夫	70	200~250
亚历山大·格里亚兹诺夫兄弟	40.1	150~200
谢尔盖·格里亚兹诺夫	30	100~150

资料来源:Е. Дюбюк. Указ. соч. Прилож. 2. стр. 114–115。

亚麻工业是涅列赫塔最重要的工业部门。18 世纪七八十年代,涅列赫塔共有两家手工工场,即米哈伊尔·巴斯杜霍夫手工工场和格

---

① ЦГАДА. ф. Госархива. р. XVI. д. 777. ч. 2. лл. 199–200.

② ПСЗ. т. XX. № 14384.

里高利·阿布罗西莫夫手工工场，其车床数量分别为 150 台和 120 台①。18 世纪最后 10 年，涅列赫塔已有 3 家手工工场②。上述企业所产的亚麻纺织品质量上乘，手工工场内男工和女工的技术十分熟练，他们多为自由雇佣工人。手工工场生产的产品不但在涅列赫塔销售，还远销至科斯特罗马和雅罗斯拉夫尔。

普廖斯的亚麻工业也颇为繁荣。18 世纪末，普廖斯已有 3 家手工工场，分别属于当地商人伊万·叶尔莫林、伊万·祖巴列夫和叶戈尔·希什莫林，年均生产帆船布 11.0 万俄尺、粗帆布 12.0 万俄尺③。

在提及科斯特罗马省的纺织工业时，必须提及加里奇，它是伏尔加河上游工场手工业较为发达的城市之一。加里奇的纺织工业虽也快速发展，但明显逊色于省内其他城市，如商人马特维·斯科尔尼亚什尼科夫的手工工场仅有 25 台机器，在当地属于中等规模。该企业的年均亚麻布产量为 4000 俄尺④。

19 世纪初，科斯特罗马省的纺织工业仍快速发展，E. 丘别克曾指出："1800~1801 年该省共有 35 家亚麻手工工场，其中 22 家位于城市之内，城内手工工场的规模很大。"⑤

特维尔省城市中也出现了工业生产专业化趋势加强的现象，这里大麻纺织工业颇为发达。18 世纪 70 年代中期，勒热夫共有 15 家"大麻纺纱厂"，年均产品价值超 10 万卢布。1782 年，勒热夫运至圣

① ЦГАДА. ф. Госархива. p. XVI. д. 777. ч. 2. л. 200.

② Е. Дюбюк. Указ. соч. стр. 8.

③ Е. Дюбюк. Указ. соч. стр. 59；Прилож. 2. стр. 114–115.

④ Хрестоматия по истории СССР. XVIII в. стр. 326；ЦГАДА. ф. Госархива. p. XVI. д. 777. ч. 2. л. 120.

⑤ Е. Дюбюк. Указ. соч. стр. 7–9.

彼得堡的大麻产品价值达 208374 卢布①。此外，在勒热夫有 1 家"油脂厂"和 2 家"蜡烛厂"，年均产品价值为 1500 卢布；有 3 家"涂料厂"，年均产品价值为 4700 卢布；还有 2 家"皮革厂"，年均产品价值为 1500 卢布。18 世纪末，部分企业已发展成手工工场，它们的产品产量大增，部分产品除在国内市场销售外，还出口至国际市场，其中绳索出口量最大②。

特维尔的金属加工业也发展迅速。18 世纪末，城内共有 143 家铁匠铺，主要生产各类铁钉。除此之外，特维尔还有 15 家制曲手工工场、5 家皮革手工工场、8 家纺纱手工工场和 1 家亚麻手工工场③。除此之外，很多手工业企业的规模均已达到手工工场水平④。

除特维尔外，托尔若克和勒热夫在伏尔加河至圣彼得堡的商路中也发挥了重要作用。

在地方政府机构改革过程中产生了一系列新城市，其中必须提及的是奥斯塔什科夫。奥斯塔什科夫的经济基础是皮革工业。18 世纪末，该地皮革工业发展更为迅速。俄国科学院院士 Н. Я. 奥泽列茨科夫斯基（Н. Я. Озерецковский）认为："19 世纪初，奥斯塔什科夫共有 28 家皮革企业，年均产品价值达 50 万卢布。"⑤ 就规模而言，这些企业在一定程度上可被称为手工工场。与此同时，城内小商品生产

① Генеральное соображение по Тверской губернии，извлеченное из подробного топографического и камерального по городам и уездам описания 1783 – 1784. Тверь.，1873. стр. 117.

② В. Покровский. Историко-статистическое описание Тверской губернии. т. I. отд. I. Тверь.，1879. стр. 153.

③ ЦГАДА. ф. 1355. Экономические примечания по Тверской губ. д. 66. л. 1.

④ В. Покровский. Указ. соч. стр. 132.

⑤ Н. Я. Озеррецковский. Путешествие на озеро Селигер. СПб.. 1817. стр. 148–149.

也颇为发达。18 世纪 80 年代，奥斯塔什科夫共有 76 家铁匠铺。18 世纪末，奥斯塔什科夫冶金手工业的发展更为迅速，仅落后于皮革和制鞋工业。

18 世纪，奥斯塔什科夫居民的工商业活动更耐人寻味，从史料中可知，居民的手工业活动由直接生产逐渐向工商业活动转变①。

上沃洛乔克的工业也有所发展，19 世纪初共有 20 家铁匠铺，还有绳索、蜡烛和皮革生产企业。金属加工业的发展和锁具生产的扩大均与该地的贸易发展密切相关，18 世纪末，上沃洛乔克运河的货流量明显增加。绳索企业内工作着 15 名自由雇佣工人。蜡烛和皮革企业内工人的数量也几乎持平，蜡烛企业年均产品产量为 1000 普特，皮革企业年均各类皮革的产量为 220 卷。这些企业主要使用自由雇佣劳动力和强制劳动力工作。因有众多船舶停靠和通行，上沃洛乔克居民主要从事河运船只维护工作。以上活动均推动了该地贸易的繁荣，商人主要为当地居民从外地采购商品②。

18 世纪下半叶，从伏尔加河上游向南的省份之中，弗拉基米尔省的工业发展速度较快，以纺织工业的规模最大。与其他伏尔加河上游省份不同的是，弗拉基米尔省的工业集中程度稍低。纺织工业主要分布于弗拉基米尔省的北部县城，如舒亚、维亚兹尼基、苏兹达尔、尤里耶夫-波利斯克、佩列亚斯拉夫尔-扎列斯基。除大城市之外，很多村镇也发展成为大型工场手工业中心。18 世纪末，伊万诺沃镇

①　Ю. Р. Клокман. Торгово-промысловая деятельность населения Осташковских слобод в середине XVIII в. Первоначальное накопление в России. М. , 1958. стр. 376–409.

②　Х. Д. Сорина. Очерк социально-экономической истории г. Вышнего Волочка во второй половине XVIII и в начале XIX в. Ученые записки Калининского гос. пед. института. т. 35. Калинин. , 1963. стр. 126–127 и др.

成为全新的大型纺织工业中心。同时代的人指出，伊万诺沃所产的粗麻布数量最多，这些产品在全俄市场销售①。

《弗拉基米尔总督区地理描述》中指出，1784 年，伊万诺沃镇有众多石头"工厂"，到处都在生产粗麻布和呢绒，它们均登记在 Б. П. 舍列梅捷夫伯爵名下。除这些"石制工厂"外，伊万诺沃镇还有众多的印花手工工场和"粗麻布厂"②。在伊万诺沃镇知名的农民手工工场主是 И. И. 格拉乔夫、И. М. 加列林和 И. М. 雅马诺夫斯基等。相关数据显示，1800 年伊万诺沃有 161 家"工厂"，工人数量为 1063 名。"工厂"的劳动力主要是伊万诺沃的农民，还有部分是以谢列梅捷夫名义购买的农奴③。除大企业之外，伊万诺沃还有众多小型工业企业，这些企业多属农民所有，主要生产麻布和印花布。伊万诺沃镇居民完全不从事农业生产，一部分居民生产各种粗麻布，一部分居民给土布染色，还有一部分居民从事食品贸易。冬天，伊万诺沃很多农民会外出打工，他们主要在手工工场内生产粗麻布④。

从 1790 年开始，诸多学者专门研究伊万诺沃镇，他们均指出这里拥有众多超大型的纺织手工工场，其中亚麻纺织手工工场和棉纺织手工工场的数量众多，它们生产的产品主要在国内市场上销售⑤。尽管伊万诺沃只是一个村镇，但其工业规模与城市无异，它已逐渐转变为城市，可惜的是它属于私人所有。虽然伊万诺沃的工业快速发展，但在农奴制改革之后它才真正转变为城市。

---

① М. Д. Чулков. Указ. соч. т. VI. кн. IV. стр. 205.

② ЦГВИА. ф. ВУА. д. 18628. лл. 10, 39.

③ А. М. Разгон. Промышленные и торговые слободы и села Владимиской губернии во второй половине XVIII в. Исторические записки. т. 32. 1950. стр. 142-143.

④ ЦГВИА. ф. ВУА. д. 18628. лл. 39-40.

⑤ А. М. Разгон. Указ. соч. стр. 142-150.

在弗拉基米尔省还有很多与伊凡诺沃类似的村镇和工业区，就经济发展水平而言，它们与城市相差无几。舒亚市下辖的很多村镇都是如此，如瓦西里耶夫和杜尼洛夫村、苏兹达尔市下辖的的加夫里洛夫城郊、波克罗夫斯基市下辖的的切尔库季诺等。18 世纪最后 10 年，瓦西里耶夫和杜尼洛夫村中建立了很多手工工场。

弗拉基米尔省工商业村镇的数量增长证明了该地大工业逐渐从农业中分离的过程，这些均是资本主义生产关系产生的表现。工商业区和工业村镇成为大多数新城市创建的基础①。

弗拉基米尔省城市中大型纺织工业的代表是麻纺织手工工场、丝织手工工场和棉纺织手工工场。1780 年，该省手工工场的数量和地理分布详见表 4-12。

表 4-12　弗拉基米尔省各城市纺织手工工场的数量

单位：家

城市	丝织手工工场	麻纺织手工工场	印花手工工场*
尤里耶夫-波利斯克	1	4	2
舒亚	—	3	—
维亚兹尼基	—	3	—
佩列亚斯拉夫尔-扎列斯基	—	2	—
穆罗姆	—	1	—
戈罗霍韦茨	—	1	—
苏兹达尔	1	—	—
总　计	2	14	2

　　*此时棉纺织工业中最为发达的是印花工业。——译者注

　　资料来源：ЦГВИА. ф. ВУА. д. 18628. лл. 26，32 об，37，41 об，45 об，64；д. 18629，л. 16。

---

①　А. М. Разгон. Указ. соч. стр. 146-147.

弗拉基米尔省大部分县城都有纺织手工工场分布。与科斯特罗马省不同的是，这些手工工场的规模不大，不能支撑起城市的工业。

八品文官阿列克谢·乌格里莫夫在佩列亚斯拉夫尔-扎列斯基创建了弗拉基米尔省最大的亚麻手工工场。18 世纪 70 年代末至 80 年代初，该手工工场有 310 台车床和 262 名工人[1]。阿列克谢·乌格里莫夫在该县城还有其他手工工场，这些手工工场内共有 12 台机器[2]。维亚兹尼基县城中的亚麻手工工场属于商人之妻普拉斯克维亚·克拉皮夫尼科娃所有，手工工场内共有 50 名工人，30 台机器[3]。

有史料指出，1784 年，弗拉基米尔省共有 1602 名男工和 1556 名女工[4]。

值得一提的是，部分纺织工场主原来是技师。有史料曾提及，1770 年初，舒亚有两家棉纺织"工厂"，它们生产各类麻布，产量达 3000 匹。也有消息指出，在城内重新建立了 3 家"工厂"。同时，商人们也在家中生产衬衫和裤子所用的亚麻布和花粗布。有史料指出，两家居民房屋内生产了 1200 块布料，此外，每家还生产 30 俄尺染色的亚麻粗布、200 块头巾和手帕。1784 年《弗拉基米尔省总督区地理消息》中指出，舒亚县城已注册了 3 家麻纺织"工厂"[5]。

很多手工工场源自当地的小商品生产作坊。在苏兹达尔和尤里耶夫-波利斯克也出现了类似状况。1770 年，苏兹达尔只有 1 家丝织手

---

① Хрестоматия по истории СССР. XVIII в. стр. 322；ЦГВИА. ф. ВУА. д. 18628. л. 26.

② М. Д. Чулков. Указ. соч. т. VI. кн. IV. стр. 266.

③ Хрестоматия по истории СССР. XVIII в. стр. 320.

④ ЦГВИА. ф. ВУА. д. 18628. л. 9 об.

⑤ ЦГВИА. ф. ВУА. д. 18628. Топографическое описание Владимирского наместичества. 1784 г. л. 37.

工工场，尤里耶夫-波利斯克有 1 家亚麻手工工场和 4 家印花"工厂"①。实质上这些"工厂"均是小企业。苏兹达尔手工工场拥有 6 台机器，年均丝线的消耗量为 10 普特，尤里耶夫-波利斯克"工厂"有 25 台机器，年均消耗丝线 20 普特。后来，一部分手工作坊逐渐发展为手工工场。1780 年，苏兹达尔只有一家丝织手工工场，尤里耶夫-波利斯克丝织"工厂"的数量增加到 4 家，产品产量较高。印花"工厂"的数量降低，由 4 家降至 2 家②。即便如此，产品产量也明显增加。

需着重强调的是，18 世纪下半叶，弗拉基米尔省各城市产生了新的工业部门，即丝织和纺织手工工场，一度成为该地区的主导产业。

众多史料均证实弗拉基米尔省诸多城市的纺织手工业快速发展，很多城市产生了纺织作坊和手工工场。18 世纪最后 10 年，弗拉基米尔各城市的工业继续发展。如 1775 年俄国地方政府机构改革之前，弗拉基米尔没有大型企业，18 世纪末该城市已有 2 家亚麻手工工场，它们的机器数量分别为 18 台和 23 台。第一家手工工场每年可生产粗花布 14049 俄尺，第二家每年可生产粗帆布 3.0 万俄尺、粗棉布 15300 俄尺。弗拉基米尔共有 3 家皮革"工厂"，其中两家可被称为手工工场，其机器数量分别为 12 台和 15 台，年均牛皮产量为 5500 张③。部分"工厂"还可生产红色的皮革，М. Д. 丘尔科夫指出："当地手工工场的产品质量上乘，很多销售至圣彼得堡。"④ 除此之

---

① ЦГВИА. ф. ВУА. д. 18860. лл. 66 об, 68-68 об。舒亚县城 5 家企业为亚麻布染色。

② ЦГВИА. ф. ВУА. д. 18628. лл. 20, 32 об.

③ ЦГАДА. ф. 1355. Экономические примечания по владимирской губ. д. 4. л. 9 об.

④ М. Д. Чулков. Указ. соч. т. VI. кн. IV. стр. 192.

外，弗拉基米尔省麦芽糖的产量也很高。

两家石制制曲工厂的年均麦芽糖产量为 1000 俄石①。

需着重强调的是，所有纺织、皮革和制曲企业均使用自由雇佣劳动力。工人中既有城市居民，也有外来居民。受各种因素的制约，工人的数量波动较大。工匠的主力是城市居民。官方数据显示，18 世纪末 19 世纪初，弗拉基米尔居住着 35 名工人（男女两性）②。除此之外，还有很多居民从事工业生产，如行会工人和市民等。

在弗拉基米尔大工场手工业快速发展的同时，传统的小手工业也蓬勃发展，其中最具代表性的是金属加工、服装、制鞋、制砖和染色等行业。与此同时，果蔬贸易也逐步繁荣。当时有关弗拉基米尔的一部作品中曾指出，这里的商人和市民在城内拥有樱桃园和苹果园，数量达 300 家③。

舒亚县城内工业企业的数量也明显增加，产品产量大增，麻纺织手工工场的数量增加了 4 倍，达 15 家，其中部分手工工场的规模很大，机器数量达 100~250 台。其他种类手工工场的规模较小，最大手工工场内的工人数量不超过 14 人，机器数量不超过 10 台。这些手工工场的劳动力均以自由雇佣劳动力为主④。

在维亚兹尼基也能看到类似的场景。1730 年，维亚兹尼基建立了第一家亚麻纺织手工工场，该手工工场属于莫斯科手工工场主伊

---

① ЦГАДА. ф. 1355. Экономические примечания по владимирской губ. д. 4. л. 9 об.

② ЦГАДА. ф. 1355. Экономические примечания по владимирской губ. д. 4. л. 9 об−10.

③ ЦГАДА. ф. 1355. Экономические примечания по владимирской губ. д. 4. л. 10 об.

④ ЦГАДА. ф. 1355. Экономические примечания по владимирской губ. д. 5. л. 4 об−5 об.

万·奥沃希尼科夫①。1778 年，手工工场的所有人变为普拉斯克维耶·克拉皮夫尼科夫，手工工场内有 15 台机器，农奴工人和自由雇佣工人的数量分别为 42 名和 33 名②。18 世纪末，维亚兹尼基已有 11 家亚麻手工工场。其中 5 家手工工场的机器数量超过 100 台，每家手工工场的工人数量均超过 150 人。除一家手工工场外，其余手工工场均使用自由雇佣劳动力工作③。

值得一提的是，弗拉基米尔省纺织工业的发展模式与伏尔加河上游诸省不同，村镇内手工工场的数量明显超过城市。1789 年信息显示，弗拉基米尔省城市内共有 27 家手工工场，占全省手工工场总量的 25%；乡镇和郊区共有 80 家手工工场，占比达 75%。1793～1797 年，城内共有 48 家手工工场，乡村和郊区共有 76 家手工工场，占比分别为 39% 和 61%④。18 世纪末，弗拉基米尔省纺织工业仍主要集中在乡村，但已开始向城市转移。由此可知，随着弗拉基米尔省城市数量的不断增加，它们已逐渐成为周边地区的工业中心。

除纺织工业外，弗拉基米尔省各城市还有其他类型的企业。这里有皮革"工厂"、肥皂"工厂"、制曲"工厂"、制砖"工厂"、磨坊"工厂"、碾米"工厂"和其他企业。它们中的部分企业规模较大，产品产量和工人数量远超一般的手工作坊。舒亚县城的皮革工业快速发展。18 世纪最后 10 年，舒亚县城内共有 8 家皮革"工厂"，最大"工厂"内工作着 33 名自由雇佣工人，有 24 个大桶槽，第二大"工

---

① Е. И. Заозерская. Рабочая сила и классовая борьба на текстильных мануфактурах в 20–60-х гг. XVIII в. стр. 90, 230.

② Хрестоматия по истории СССР. XVIII в. стр. 320.

③ ЦГАДА. ф. 1355. Экономические примечания по владимирской губ. д. 7. лл. 2–3.

④ А. ММ. Разгон. Указ. соч. стр. 135.

厂"内有 15 名工人和 13 个大桶槽。其余"工厂"的工人数量为 5~
12 人不等①。舒亚县城的制皂业也颇具规模。М. Д. 丘尔科夫曾指
出："这里生产的肥皂质量上乘，在全俄各地均十分畅销。"② 制皂
"工厂"主要使用自由雇佣劳动力工作。此时，舒亚县城的很多企业
可被称为手工工场。弗拉基米尔省其他城市的经济发展模式也各具特
色。尤里耶夫-波利斯克除 1 家丝织、1 家亚麻和两家印花手工工场
外，还有 8 家皮革"工厂"和 4 家染色"工厂"。穆罗姆市有 3 家亚
麻手工工场、16 家皮革"工厂"和 7 家制曲"工厂"③。

以上数据均证实，18 世纪末，弗拉基米尔省许多城市成为大型
经济中心，大小工业均十分发达。舒亚县城的纺织工业发达，皮革
"工厂"规模也较大；维亚兹尼基的手工业生产规模也逐步扩大，开
始向手工工场转变。

在弗拉基米尔省诸多城市中，大工业的作用并不突出。在很多城
市中，传统的贸易还发挥着重要意义，以粮食、亚麻、大麻、粗棉布
和大麻油贸易最为繁荣。很多史料中均提及，18 世纪末弗拉基米尔
省很多城市的居民从事果树栽培和蔬菜种植业。苏兹达尔和维亚兹尼
基居民拥有樱桃园和苹果园，穆罗姆市民种植本地品种的黄瓜，而罗
斯托夫与其他县城不同，当地居民主要种植葱。在尤里耶夫-波利斯
克、梅列尼科和基尔扎奇，种植蔬菜的种类较杂④。

① ЦГАДА. ф. 1355. Экономические примечания по владимирской губ. д. 5. л. 6.
② М. Д. Чулков. Указ. соч. т. VI. кн. IV. стр. 297.
③ ЦГАДА. ф. 1355. Экономические примечания по владимирской губ. д. 21. л. 10 об; д. 36. л. 15–16.
④ ЦГВИА. ф. ВУА. д. 18628. Топографическое описание Владимирского наместничества. 1784 г. лл. 20 об, 33, 42, 53, 67; М. Д. Чулков. Указ. соч. т. VI. кн. IV. стр. 253, 268.

　　弗拉基米尔省各城市的地理位置优越，它们位于重要的贸易线路和邮政线路上，所以贸易颇为发达。波克洛夫、苏多格达、亚历山大洛夫、佩列亚斯拉夫尔-扎列斯基的贸易均十分繁荣。波克洛夫和苏多格达的贸易线路连接了喀山和莫斯科，其余城市的贸易线路可通向北方的阿尔汉格尔斯克。上述城市均产生了众多的店铺、小饭馆和小酒馆。1780 年，波克洛夫共有 513 名居民，有 29 家店铺；亚历山大洛夫共有 1859 名居民，有 95 家店铺；佩列亚斯拉夫尔-扎列斯基共有 3638 名居民，有 146 家店铺和 10 家餐馆①。很明显，这些店铺足以满足当地居民的需求，除此之外，他们还为外来客商服务。18 世纪末，这些城市的经济专业化趋势逐步强化，随着货流量的增加，居民的流动性也明显增强。

　　弗拉基米尔省附近梁赞省的工业也有所发展，但纺织工业并没有全面普及。1778 年信息显示，梁赞只有 1 家亚麻纺织"工厂"，"工厂"内工作着 32 名农奴工人和 20 名自由雇佣工人，机器数量为 20台②。18 世纪末，梁赞省的纺织工业集中于东北部地区的叶戈里耶夫斯克。梁赞省所有城市的经济均快速发展，以小商品生产和贸易为主导。梁赞省小手工业部门的种类众多，其中发展较为迅速的是冶铁、制鞋、石材加工、制砖和木材手工业。凭借着便利的交通位置，梁赞省粮食、肉产品和其他农产品贸易颇为发达。城市内固定贸易也颇为活跃，店铺数量众多③。梁赞省经济规模处于第二位的是卡西莫夫。卡西莫夫是重要的河运码头，此处的粮食贸易颇为发达，伏尔加河下游诸多省份的粮食经此处运至莫斯科。除贸易外，卡西莫夫的造船业

---

①　ЦГАДА. ф. Госархива. р. XVI. д. 638. ч. 2. л. 114.

②　Хрестоматия по истории СССР. XVIII в. стр. 320.

③　М. Д. Чулков. Указ. соч. т. VI. кн. IV. стр. 265.

也很发达，与造船业相关的冶铁手工业也迅速崛起。扎兰斯克的工商业快速发展，在城内最发达的手工业部门是金属锻造，随后是皮革加工和制鞋等行业。当地的手工业产品大多销售至外地，每年扎兰斯克就有 3 个展销会，展销会举办期间商品交易量激增，展销会主要交易的商品是农产品和家庭日用品①。

梁赞总督区南部地区的城市还保留了农业生产的某些特征，代表性城市是米哈伊洛夫、普龙斯克、丹科夫和萨波若克。1770 年之后，这些地区才建立呢绒手工工场，只是文献材料中并未提及 18 世纪末这些手工工场的规模，只提及了一些工匠和工人的调动，记录了他们从一家企业转到另外一家企业工作②。

萨波若克附近（约 1 俄里处）建立了新型的手工工场（呢绒手工工场）。这家企业的产品主要供应给政府和军队。手工工场内的工人主要是萨波若克本地居民，还有一些商人和退伍军人也在这里工作③。居民在从事工业活动的同时并没有放弃农业生产，虽然经济形式落后，但手工工场的诞生足以证明萨波若克的经济有所发展。丹科夫的工商业也快速发展，这里有专门的马匹展销会④。

与中部工业区其他省份相比，图拉省的经济结构相对单一。图拉是莫斯科省附近冶金和金属加工工业较为发达的地区，该地生产的武器大多供应给军队。很多史料中均提及，图拉手工工场所产的冷兵器和枪支主要供应给俄国陆军和海军舰队⑤。除手工工场外，很多手工作坊也生产武器。部分研究者曾指出："图拉省的手工业颇为发达，

---

① М. Д. Чулков. Указ. соч. т. VI. кн. IV. стр. 78-79，203-204.

② Хрестоматия по истории СССР. XVIII в. стр. 309.

③ М. Д. Чулков. Указ. соч. т. VI. кн. IV. стр. 271-272.

④ ПСЗ. т. XX. № 14884.

⑤ Л. Г. Бескровный. Русская армия и флот в XVIII в. М.，1958. стр. 344-349.

工厂主借此积累了众多资金，很多小手工作坊发展为手工工场，部分手工业者因资金有限，只能成为手工工场的雇佣工人。"[1] 当然很多图拉省的军械员也成为大工厂主，如杰米多夫、巴塔舍夫和莫索洛夫等。

除此之外，图拉的贸易也十分繁荣，它是俄国重要的地方市场之一。图拉和雅罗斯拉夫尔、科斯特罗马、特维尔、卡卢加和奥廖尔一样，是 18 世纪下半叶中部地区的大城市之一，年均贸易流动资金达数百万卢布[2]。商人们将部分贸易流动资金用于工业生产，一部分用于投资建立手工工场，也有一部分资金用于小商品生产。当地商人的贸易活动遍布全俄，他们除在欧俄地区经商外，还赴西伯利亚和远东地区销售商品，很多商人的业务还涉足波兰、普鲁士和波斯等国[3]。

与图拉市相比，图拉省其他城市的经济相对落后，它们只是区域经济中心，不具有全俄意义。别廖夫的小商品生产颇为发达。Ф. А. 波卢宁指出："18 世纪中叶，别廖夫的锻造和皮革手工业快速发展，这里生产的餐刀不但在本地畅销，还远销至国内其他城市。"[4] 别廖夫手工业生产专业化趋势一直持续至 18 世纪末，但大型工场手工业却发展缓慢。别廖夫商人也在中间贸易中获取了高额利润[5]。别廖夫每年向圣彼得堡运出大量粮食、大麻和皮革，也有很多工商业品经此处转运至南部城市。

图拉省北部地区也存在类似城市，如卡希尔和阿列克辛。韦尼奥

---

①　Н. И. Павленко. История металлургии в России XVIII в. М. , 1962. стр. 71.

②　Н. Л. Рубинштейн. Внешняя торговля России и русское купечество во второй половине XVIII в. -Исторические записки. т. 54. стр. 344.

③　М. Д. Чулков. Указ. соч. т. VI. кн. IV. стр. 286.

④　Ф. А. Полунин. , Г. Ф. Миллер. Указ. соч. стр. 43.

⑤　М. Д. Чулков. Указ. соч. т. VI. кн. IV. стр. 185.

夫的城市商人主要从事粮食贸易①。图拉省南部的城市，如叶皮凡、切尔尼、叶夫列莫夫、诺沃西利等均保留了农业特征。

研究时期内，中部工业区很多城市的经济快速发展，一部分城市发展为大型工场手工业基地。在所有工业部门中纺织工业发展最为迅速，其中亚麻、丝织和呢绒工业颇具代表性。中部工业区最大的纺织工业中心是莫斯科，此处的呢绒、麻纺织和丝织手工工场数量最多。莫斯科郊区谢尔普霍夫和科洛姆纳的纺织工业也快速发展。

莫斯科西南方向各省的纺织工业均颇为发达，建立了众多手工工场，其代表是卡卢加，以及卡卢加省的博罗夫斯克和佩列梅什利。虽然工场手工业有所发展，但并没有完全改变城市的经济面貌。在博罗夫斯克和佩列梅什利的居民生活中，手工业、贸易和蔬菜种植业颇为发达。

在伏尔加河上游地区，纺织手工工场均集中于城市之中。工场手工业发达的城市是科斯特罗马、雅罗斯拉夫尔、基涅什马和涅列赫塔，这些城市之中亚麻手工工场的数量最多。

弗拉基米尔省的经济状况有其独特性。弗拉基米尔省的纺织工业快速发展，在城市和农村中均产生了大型手工工场，其中最为知名的是伊万诺沃。研究时期内，伊万诺沃已成为俄国最大的纺织工业中心之一。就经济发展水平而言，伊万诺沃的地位丝毫不逊色于弗拉基米尔省其他城市，因很多工厂主是伯爵舍列梅捷夫的农奴，所以农奴制改革前政府并没有确定它的城市地位。

弗拉基米尔省纺织工业的发展使城市经济面貌发生了变化。18

---

① М. Д. Чулков. Указ. соч. т. VI. кн. IV. стр. 177, 187, 220.

世纪中叶，政府颁布商人训令之后，舒亚的制皂业和皮革加工业快速发展①。18 世纪末，随着城市内工场手工业专业化趋势的加强，纺织工业迅速崛起，随后建立了一批手工工场。在弗拉基米尔和省内其他城市均建立了纺织手工作坊，只是它们的规模各异。虽然大工业迅速崛起，但小纺织作坊仍迅速发展，它们中的一部分发展成为手工工场。需强调的是，虽然弗拉基米尔省各城市的工商业快速发展，但纺织工业仍主要分布在农村之中。

莫斯科、卡卢加、弗拉基米尔和其他中部省份纺织工业快速发展的同时，皮革工业也迅速发展，此外，肉类产品加工、油脂和制曲企业的数量也明显增加。研究时期内，部分工厂的产品产量明显增加，就生产特征、劳动力构成和机器数量而言，它们中的一部分企业可被称为手工工场。很多城市均出现了类似现象，如科洛姆纳、舒亚和维亚兹尼等。

大部分城市的小企业已逐渐从手工作坊向手工工场过渡。

除工场手工业外，中部工业区各城市的小商品生产手工业也十分发达。

大小工业快速发展、农产品商品化率提升均刺激了贸易繁荣。中部工业区各城市的贸易颇为发达。省城图拉、卡卢加、科斯特罗马和雅罗斯拉夫尔均成为大型的地方市场。莫斯科郊区城市谢尔普霍夫、克罗姆和德米特罗夫均位于交通干线之上，贸易颇为发达，其中粮食、肉产品和大麻贸易尤为发达，这些货物主要运至莫斯科。穆罗姆商人还参与黑海地区的粮食贸易，他们将粮食运至雅罗斯拉夫尔的莫尔尚斯克码头。

---

① Сб. РИО. т. 93. стр. 362–363.

中部工业区许多城市都有展销会和地方市场。罗斯托夫的展销会贸易最为繁荣。虽然城市固定贸易规模较小，但仍有诸多居民从事该行业。很多城市中有大量的店铺，即便那些工业不发达的小县城，店铺数量也不容忽视。城市贸易繁荣促进了城市蔬菜种植和果树种植业的发展，莫斯科近郊城市和弗拉基米尔省各城市均是如此。

还有很多城市经济落后，莫斯科附近的很多城市均具有该特征。一些老牌城市如克林、兹韦尼哥罗德、莫扎伊斯克、沃洛科拉姆斯克，新建城市尼基茨克、布龙尼齐和波多利斯克均是代表。卡卢加省的很多城市都具有农业特征，如梅登、日兹德拉，雅罗斯拉夫尔省的梅什金和彼得罗夫斯克等也是如此。

还有一部分城市虽仍是区域经济的中心，但是它们的经济地位逐渐降低，部分转变为城市村镇，如尼基茨克、梅什金和彼得罗夫斯克等。

西北部地区①

18 世纪中叶，西北部地区的工商业颇为发达，此后该特征一直保持。除城市外，其他地区的经济发展水平有限。贸易，尤其是圣彼得堡、里加、纳尔瓦和其他波罗的海港口的对外贸易发达。手工业之中，锻造、制靴、皮革，以及造船业颇为发达。18 世纪末，西北部地区在国家经济中的作用已不容忽视，其经济也快速发展。

---

① 本地区的研究主要参照笔者书籍 «Очерки социально-экономической истории городов Северо-запада России в середине XVIII в. ». М. , 1960。

一系列史料均可证实西北部地区经济的发展。随着劳动社会分化的逐步加深和商品货币关系的发展，波罗的海地区在俄国经济中的作用日渐突出，如圣彼得堡除是俄国的首都之外，它还是国家重要的贸易港口和大型工业中心。河运商路的形成促进了西北部地区经济的繁荣，圣彼得堡—莫斯科商路以及其他重要商业和战略性贸易空间的构建均发挥了重要作用。

莫斯科和俄国其他经济中心对西北部地区工商业的发展均产生了重要影响。上沃洛乔克运河沟通了波罗的海和伏尔加河流域，莫斯科与新首都间的经济联系更加密切。

在西北部地区经济发展过程中，圣彼得堡发挥了特殊作用。很多研究圣彼得堡经济发展的学者均指出，18 世纪下半叶，圣彼得堡不但成为区域经济中心，还是俄国巨大的经济中心之一。圣彼得堡及其附近地区共有近 20 家工业企业，包括大型造船手工工场、武器制造手工工场、金属加工手工工场和生产各类军事材料的手工工场。陆军部的订单以及城市订单的与日俱增推动了建材工业、木材加工业和制砖业的快速发展。例如，伊若拉锯材厂的规模很大，制砖厂年均砖块产量达 1500 万块。

圣彼得堡帆布、皮革、玻璃、纺织、造纸、印刷和日用百货工业均快速发展。此外，圣彼得堡还有众多食品加工企业，如磨面手工工场、碾米手工工场和啤酒手工工场。与此同时，首都圣彼得堡手工业也颇为繁荣，这些手工作坊生产的产品主要满足居民的日常需求，诸如食品、服装和鞋帽等商品①。

除大小工业外，贸易的作用也十分突出，西北部工业区的对外贸

---

① Очерки истории Ленинграда. т. I. Л. , 1955. стр. 71-79.

易尤为发达。圣彼得堡建立之后很快就成为俄国最重要的海运港口。18 世纪下半叶，俄国一半以上的国际货流量集中于圣彼得堡，很多数据足以证明。1772 年，俄国商品出口总额为 1569.0 万卢布，经圣彼得堡出口的商品价值为 582.0 万卢布；俄国商品进口总额为 1556.3 万卢布，经圣彼得堡进口的商品价值为 729.3 万卢布。1795 年，全俄出口商品总额为 5377.2 万卢布，圣彼得堡出口商品价值为 3176.8 万卢布；俄国进口商品总额为 3665.2 万卢布，圣彼得堡进口商品价值为 2301.9 万卢布[①]。

圣彼得堡对外贸易的发展是新首都与俄国内地经济联系强化的结果，更是全俄市场快速发展的结果。上沃洛乔克运河开通之后，圣彼得堡与伏尔加河水路连为一体，直接推动了西北部工业区经济的发展。

圣彼得堡坐落于芬兰湾沿岸，建立于 1703 年。距圣彼得堡不远的城市和村镇均纳入了西北部工业区的范畴，其中大诺夫哥罗德和普斯科夫的经济发展最为迅速。波罗的海出海口的获得直接推动了俄国经济的发展。大诺夫哥罗德和普斯科夫成为连接圣彼得堡、波罗的海各省的贸易点，它们均成为大型的货物转运地[②]。

西北部地区是俄国重要的亚麻种植中心，诺夫哥罗德和普斯科夫的亚麻粗加工工业较为繁荣，这些商品在圣彼得堡、里加和纳尔瓦贸易中均发挥了重要作用。

诺夫哥罗德和普斯科夫工业的发展规模有限，只有皮革工业的规

---

① Н. Л. Рубинштейн. Указ. соч. стр. 345, 348.

② 一方面，这条线路主要连接俄国内陆和波罗的海地区，主要是圣彼得堡；另一方面，它改变了大诺夫哥罗德和普斯科夫的经济意义。参见 Б. Б. Кафенгауз. Очерки внутреннего рынка России первой половины XVIII в. М., 1958. стр. 32—113。

模尚可。18 世纪末，诺夫哥罗德拥有 8 家皮革"工厂"①。

18 世纪，大型贸易线路上的城市数量持续增加，西德维纳河沿岸的托罗佩茨就颇具代表性，它在波罗的海区域与波兰地区间的贸易中发挥着重要作用。

18 世纪 70 年代初期，西北部地区新城市的经济作用不断提升。

因地理位置优越，贸易和手工业特别是过境贸易的繁荣，成为瓦尔代和博罗维奇经济发展的基础。瓦尔代位于莫斯科—圣彼得堡大道之上，博罗维奇位于通往圣彼得堡的水路莫斯塔河上。18 世纪末，瓦尔代和博罗维奇成为陆路和水路商路的重要交汇点。瓦尔代的金属锻造、马车铃铛铸造、大车和雪橇制造业均颇为发达，大部分商品被运至市场上销售。除此之外，小商品生产也颇为发达，食品贸易最为繁荣，面包的交易量最多②。博罗维奇居民主要从事造船手工业和航运业务。商人主要从事贸易，他们从各地大量采购粮食后运往圣彼得堡销售。博罗维奇有 3 家展销会，加上该城市下辖属地，共有 21 家展销会，以上数据足以证明该地区贸易的繁荣程度③。19 世纪初，博罗维奇的经济快速发展，它逐渐成为诺夫哥罗德省的大城市之一④。

圣彼得堡经舍克斯纳河、白湖和奥涅加运河与伏尔加河流域、卡马河流域诸地区的贸易刺激了维捷格拉和切列波韦茨的经济发展。

诺夫哥罗德省最大的贸易中心是沃谢耶加尼斯克。商人在当地收

---

① И. В. Мешалин. Промышленность г. Новгорода в XVIII в. - Новгородский исторический сборник. вып. 7. Новгород. , 1940. стр. 44-47.

② В. В. Терюхин. Город Валдай, основанный императрицею Екатериною II. СПб. , 1874. стр. 5, 20-21.

③ М. Д. Чулков. Указ. соч. т. VI. кн IV. стр. 53.

④ П. Плавинский. Город Боровичи Новгородской губернии. Боровичи. , 1909. стр. 4-5.

购铁钉、家庭日用品和农村手工业品，然后将它们销售至伏尔加河上游城市、莫斯科和圣彼得堡。还有大批市民采伐和浮运木材，他们沿莫洛加河向伏尔加河运输木材，主要运至雷宾斯克和雅罗斯拉夫尔。

卡利亚津位于伏尔加河上，其经济发展特征是粮食贸易繁荣，手工业也颇为发达。

彼得罗扎沃茨克的工场手工业颇为发达。18 世纪末，奥洛涅茨城市手工工场的衰落并没有导致城市衰败，此处还建立了新的冶金企业亚历山大制炮手工工场，直至 19 世纪中叶，该手工工场都是俄国军队和舰队的主要供货商之一①。

彼得罗扎沃茨克一直是奥洛涅茨省重要的经济中心，它逐渐超过奥洛涅茨成为省城，从中足以看出经济的重要作用。1782 年，彼得罗扎沃茨克成为奥洛涅茨省级行政中心，奥洛涅茨则降为该省的县城。

需要强调的是，彼得罗扎沃茨克毕竟是个例，并不是西北部地区城市的典型代表。彼得罗扎沃茨克的经济快速发展主要源于当地小商品生产发达，18 世纪末，很多小作坊已达到手工工场的水平，勒热夫和奥斯塔什科夫就是代表。此外，贸易繁荣也是西北部工业区部分省份经济发展的重要原因，瓦尔代和波洛维奇就是代表。

中部黑土区

18 世纪最后 10 年，黑土区南部仍是俄国的粮仓，这个地区向俄国国内市场供应了大量商品粮和肉类产品。中部黑土区经济的专业化

---

① Я. А. Балагуров. Олонецкие горные заводы в дореформенный период. Петрозаводск., 1958. стр. 3.

逐步确定了该地区城市的发展轮廓，大部分城市居民的职业活动仍保留了农业和畜牧业的某些特征，只不过他们所生产产品的商品化率较高。除省城和某些重要城市外，其他大部分城市的规模不大，在周边地区经济发展中的作用不大。

中部黑土区最大的省份是沃罗涅日。沃罗涅日总督区人口最多和规模最大的城市是沃罗涅日①，它不但是行政中心，还是中部黑土区居民经济生活的中心。

沃罗涅日逐步繁荣是社会经济发展的必然结果。从 1586 年创立起，沃罗涅日的经济就快速发展。17 世纪，沃罗涅日就已成为南俄重要的粮食贸易市场②。从 18 世纪中叶开始，沃罗涅日就已是巨大的粮食、肉产品、油脂、毛线、大麻贸易中心，此处的商品主要运至北方的莫斯科、圣彼得堡和其他城市，部分货物也运至顿河和高加索地区。1783 年，由沃罗涅日运至罗斯托夫的粮食就达 13.0 万俄石。18 世纪末，沃罗涅日的贸易快速增长，具体数据详见表 4-13。

表 4-13　1797 年沃罗涅日农产品产量和运出量

产品名称	年均产量	省内需求	运出量
黑麦粉*	1310976	945207	365769
小麦*	228921	199215	29706
脱皮谷粒*	291984	188943	103041
麦芽（酒曲）*	21972	21242	730
燕麦*	1057332	543407	513925
肉**	232514	90864	141650
牛肉**	40953	38239	2714

---

① Новый и полный географический словарь Российского государства. Ч. I. стр. 175.

② А. А. Новосельский. Из истории донской торговли в XVII в. Исорические записки. т. 26. стр. 198 – 216; Е. В. Чистякова. Воронеж в середине XVII в. и восстание 1648 г. Воронеж., 1953.

续表

产品名称	年均产量	省内需求	运出量
大麻油 **	25021	24855	346
牛油 **	23078	22312	766
猪油 **	45205	40646	4559
大麻 **	17445	16254	1191
羊毛 **	156561	121759	34802

注：* 单位为俄石，** 单位为普特。

资料来源：E. Болховитинов. Историческое，географическое и экономическое описание Воронежской губернии. Воронеж.，1800. стр. 22-26。

在城市中从事上述商品贸易的居民大多是富裕商人。

从 17 世纪末开始，在沃罗涅日的经济生活中，造船业发挥了重要作用。在随后的很长一段时间，特别是俄土战争期间，沃罗涅日的军事意义尤为突出。它成为俄国军队和舰队的粮食、武器和军资大型供应基地之一。

18 世纪中叶，南俄地区最发达的工业部门是呢绒工业①。呢绒工业的繁荣促进了各地养羊业的发展。沃罗涅日省也建立了呢绒手工工场，在该省所有城市中沃罗涅日的呢绒工业最为发达。1726 年，塔夫洛夫呢绒手工工场建立，由沃罗涅日贵族法杰伊·韦涅维季诺夫建立。入股该企业的还有沃罗涅日商人波塔普·加尔杰宁、彼得·萨哈洛夫、科列梅基·萨哈洛夫、马克西姆·图里诺夫。公司合伙人投入了 1.0 万卢布，机器数量达 50 台。呢绒手工工场的产品除供应政府部门和军队，还运至市场上销售②。E. 博尔霍维季诺夫曾指出："从本世纪初开始，在沃罗涅日就产生了呢绒手工工

---

① Материалы истории СССР. т. V. М.，1957. стр. 228-229.

② Е. Болховитинов. Указ. соч. стр. 79.

场。"① 第一批在沃罗涅日建立私人手工工场的是商人加尔杰宁、图里诺夫和波斯托瓦洛夫②。这些手工工场的产品大多是各类呢绒，主要供应给军队③。18 世纪中叶，上述手工工场每年供给国家的呢绒数量达数千俄尺。

当时销售至市场上的呢绒数量不多。例如，瓦西里·图里诺夫和雅克夫·加尔杰宁在将产品供应给国家之后，每年销售至市场上的呢绒价值仅为 5000 卢布。瓦西里·图里诺夫手工工场的呢绒主要销售至阿斯特拉罕和奥伦堡，雅克夫·加尔杰宁手工工场的产品主要销售至下诺夫哥罗德。商人售完产品返回沃罗涅日时还会携带丝绸、毛皮和其他外国商品，每次携带货物价值超 1.0 万卢布，他们的商品大多销售给本地商人④。

瓦西里·图里诺夫和雅克夫·加尔杰宁除从事工业生产外，还积极参与贸易活动。这是 18 世纪下半叶俄国最典型的现象之一，商业资本占据优势。

沃罗涅日呢绒企业的数量持续增加。1760 年，城内共有 5 家手工工场⑤。数据显示，1778 年，沃罗涅日已有超 6 家手工工场。18 世纪最后 25 年，沃罗涅日手工工场的工人数量、工人类型和机器数量详见表 4-14。

---

① Е. Болховитинов. Указ. соч. стр. 79.
② Е. И. Заозерская. Рабочая сила и классовая борьба на текстительных мануфактурах в 20-е гг. XVIII в. стр. 44.
③ С. Г. Гмелин. Путешествие по россии... из Санкт-Петербурга до Черкасска в 1768 и 1769 годах. ч. I. СПб., 1771. стр. 151.
④ ЦГАДА. ф. 397. д. 445/10. л. 7.
⑤ ЦГАДА. ф. 397. д. 445/10. Ответы на анкету ВЭО по Воронежской провинции. л. 180 об.

表 4-14　18 世纪晚期沃罗涅日手工工场工人数量、工人类型和机器数量

单位：人，台

所有者	工人					机器
	购买工人	在册工人	自由工人	购买和政府分配工人	政府分配工人	
瓦西里·杜里诺夫	33	73	407	—	—	58
安德烈·加尔杰宁	—	—	664	124	—	60
雅克夫·加尔杰宁	—	—	447	123	—	60
瓦西里和伊万·波斯托瓦洛夫	47		270	—	65	36
米哈伊尔·萨哈洛夫	52		210	—	—	30
亚历山大·格列科夫	—	—	90	—	—	20

资料来源：Хрестоматия по истории СССР. XVIII в. стр. 310。

18 世纪末，沃罗涅日已成为俄国大型的呢绒工业中心之一，当时呢绒手工工场的数量达 13 家，整个沃罗涅日省呢绒手工工场的数量为 29 家。需着重强调的是，沃罗涅日大部分手工工场使用自由雇佣劳动力工作。

在沃罗涅日的经济结构中，其他手工业部门也发挥了重要作用，但很多工业部门均与农业相关，具体数据详见表 4-15。

表 4-15　沃罗涅日的工业企业

单位：家

工场类型	沃罗涅日全省		沃罗涅日	
	石制企业	木制企业	石制企业	木制企业
染色手工工场	7	1	7	1
榨油手工工场	5	2	5	2
绒毛手工工场	3	—	3	—
制糖手工工场	1	—	1	—
啤酒手工工场	1	4	1	4
制曲手工工场	4	1	4	1

工场类型	沃罗涅日全省		沃罗涅日	
	石制企业	木制企业	石制企业	木制企业
皮革手工工场	2	5	2	3
涂料手工工场	—	1	—	1
肥皂手工工场	—	21	—	20
炼脂油手工工场	—	18	—	17
酿酒手工工场	—	94	—	—

资料来源：Е. Болховитинов. Указ. соч. стр. 29，76。

18 世纪下半叶，沃罗涅日的部分工业部门，如皮革加工、肥皂加工工业迅速发展，此外，油脂和啤酒的产量也明显增加。18 世纪末，在沃罗涅日市还出现了制糖"工厂"和胶水"工厂"[1]。

城市经济的快速发展促进了工商业区的形成。С. Г. 格美林曾指出："1760 年末，契若夫科郊区距离沃罗涅日 4 俄里。"[2] 18 世纪末，该郊区已与城市融为一体，沃罗涅日人将该郊区分为两部分，即契若夫科近郊和契若夫科远郊。在提及沃罗涅日郊区时还必须提及阿卡托夫和特罗伊茨基郊区，这里的居民主要是商人、工匠和知识分子。第五次人口调查数据显示，沃罗涅日城市手工工场共有 654 名工人。很多从事工商业活动的农民和独院小地主[3]均在郊区定居。

Е. 博尔霍维季诺夫曾指出："1779 年总督区成立之后，沃罗涅日的城市面貌焕然一新，开始闻名于世。城市居民，尤其是商人建立了诸多新式建筑，他们中间的很多人拥有 2~3 栋房屋。"[4] 很多地主

---

① Е. Болховитинов. Указ. соч. стр. 79.

② С. Г. Гмелин. Указ. соч. стр. 164.

③ 旧俄时期低级官吏出身的小土地所有者。——译者注

④ Е. Болховитинов. Указ. соч. стр. 62.

在省城中心安家。当时城市中最好的街道被称为贵族街，很多贵族的府邸建于此条街道之上。18 世纪末，沃罗涅日有 272 座私人石制房屋、2645 座木制房屋、303 家石制店铺和 7 家木制店铺。第五次人口调查数据显示，沃罗涅日共有居民 12407 人（贵族除外），其中商人和市民的数量分别为 2289 名和 3061 名。此后沃罗涅日居民的数量明显增加，1789 年达 14720 人①。

以上数据足以证明，沃罗涅日不但是行政中心，还是该区域的经济中心。

沃罗涅日省的第二大城市是奥斯特罗戈日斯克，位于索斯纳河沿岸，在沃罗涅日以南 96 俄里处。它是沃罗涅日省南部的经济中心。从 17 世纪末开始，奥斯特罗戈日斯克的经济迅速发展，它是当时大型的粮食市场，此处的大部分粮食运至顿河下游②。

18 世纪，奥斯特罗戈日斯克仍是重要的粮食贸易中心。由于中部黑土区农产品的商品化率不断提升，奥斯特罗戈日斯克境内的地主开始从事工业活动，酿酒业最为普及。С. Г. 格美林曾于 1769 年去过奥斯特罗戈日斯克，他对该城市的经济特征进行了描述："这里每年生产大量的酒类产品。年均酒类产品产量达 20 万桶。"科学院经济调查委员会数据显示，1781 年，奥斯特罗戈日斯克共有 151 家酿酒"工厂"③。酿酒"工厂"的粮食不但来自沃罗涅日省，还有一部分来自库尔斯克和奥廖尔省。当地酒产品不但在本地销售，还远销俄国其他地区。1781 年，奥斯特罗戈日斯克的经济逐渐衰退，如顿河集

---

① Е. Болховитинов. Указ. соч. стр. 76-77.

② А. А. Новосельский. Из истории донской торговли в XVII в. стр. 205-206.

③ С. Г. Гмелин. Указ. соч. ч. I. стр. 137; Материалы по истории Воронежской и соседних губерний. вып XVI. Воронеж., 1889. стр. 1948.

镇和其他地区酒产品的价值仅有 6.6 万卢布①。

除固定贸易（店铺）外，奥斯特罗戈日斯克的展销会贸易也颇为繁荣。这里每年举办三次展销会，莫斯科、沃罗涅日、库尔斯克和其他城市的商人均来到这里销售商品和购买货物。奥斯特罗戈日斯克展销会的马匹和有角牲畜的交易量很高②。奥斯特罗戈日斯克的贸易逐步繁荣，19 世纪初，该地的年均贸易额达 30 万纸卢布③。

需着重强调的是，18 世纪下半叶中部黑土区的展销会贸易颇为发达。各地均建立了展销会，整年都有展销会举办。当地商人十分踊跃地参加展销会，也有很多来自莫斯科、莫斯科附近城市和俄国南部地区的商人来此交易④。沃罗涅日省大部分城市和俄国其他南部省份一样，均具有农业特征。1775 年地方政府机构改革之后，这里建立的所有新城市之中，并不是全部居民都从事农业和畜牧业，有很多市民从事手工业活动。

只是这些地区的手工业普及范围有限，它只是农业的补充，农业在城市居民的生产活动中仍发挥重要作用，如科罗特托雅克和卡利特瓦⑤。

---

①　Материалы по истории Воронежской и соседних губерний. вып XVI. стр. 1948, 1956.

②　Г. М. Веселовский. Город Острогожск и его уезд. Воронеж., 1867. стр. 21; Материалы по истории Воронежской и соседних губерний. вып XVI. стр. 1946-1947, 1960.

③　Историческое, географическое и экономическое описание Воронежской губерниИ. Воронеж., 1811. стр. 387.

④　Материалы по истории Воронежской и соседних губерний. вып XVI. стр. 1846, 1848-1849, 1960-1961, 1971, 1978 и др.

⑤　Материалы по истории Воронежской и соседних губерний. вып XVI. стр. 1842, 1898.

在沃罗涅日部分县城的经济中，酿酒业具有重要作用。这里的居民（以前的军队居民）获得了特权，政府赋予了他们酿酒权。例如，比留奇和利文斯克的酿酒工业就颇为发达。这里的居民冬天酿酒，其余时间从事农业生产①。除士兵外，城内还有许多农民和独院小地主，因此，该城市保留了明显的农业特征。

沃罗涅日省各城市居民的社会成分详见表 4-16。

18 世纪末，沃罗涅日省某些县城的经济快速发展，究其原因有二：一是商品粮产量大增；二是该地畜牧业繁荣，牲畜的数量大增。泽姆良斯克、比留奇、博布罗夫和下杰维茨克等地粮食加工企业的数量明显增加，其中磨面"工厂"和碾米"工厂"数量众多。除粮食加工企业外，泽姆良斯克还建立了呢绒和皮革"工厂"②。

表 4-16　沃罗涅日省各城市居民的社会成分

城市	商人	市民	农民		独院小地主	军队居民	僧侣	军事官员	总计
			地主农民	经济农民					
巴甫洛夫斯克	513	750	148	—	212	—	73	121	1817
科罗托雅克	24	333	81	—	3593	—	—	—	4031
泽姆良斯克*	126	175	104	—	3717	516**	—	—	4638
扎顿斯克	309	547	45	649	1014	163	—	—	2727
瓦卢伊基	73	289	67	—	—	3958	—	—	4387
比柳奇	131	117	75	—	1017	—	—	—	1340
下杰维茨克	40	77	48	—	1742	—	—	—	1907

注：* 泽姆良斯克郊区居民计入其中。** 退伍士兵计入其中。

资料来源：Е. Болховитинов. Указ. соч. стр. 118，128，138，146，152，158，163，164。

---

① Материалы по истории Воронежской и соседних губерний. вып XVI. Воронеж.，1889. стр. 1641-1642；вып XVI. стр. 910.

② Е. Болховитинов. Указ. соч. стр. 152，158，163.

其他城市的经济模式都具有自己的独特性，如巴甫洛夫斯克和瓦卢伊基的果树种植业和蔬菜种植业发达，蔬菜和水果贸易规模也较大。E. 博尔霍维季诺夫曾指出："此处的蔬菜和水果甚至销售至乌克兰全境和莫斯科。"① 扎顿斯克市位于莫斯科至沃罗涅日大道上，很多居民从事食品贸易，他们的商品主要销售给路人②。

中部黑土区很多城市的经济增长依靠贸易。地方政府机构改革之后，新建城市奥廖尔、库尔斯克和坦波夫都成为俄国重要的粮食市场。这些城市的粮食、大麻、油脂、黄油、肉和其他农产品运至弗拉基米尔、莫斯科、卡卢加、特维尔和非黑土区其他城市之中。南部城市的一部分粮食经圣彼得堡和里加出口至国际市场。

奥廖尔是奥廖尔省最大的粮食和大麻贸易中心，居第二位的是姆岑斯克。

奥廖尔和姆岑斯克的大量粮食沿奥卡河运至俄国其他城市，1785年该地区的农产品运出量详见表4-17。

表 4-17　1785 年奥廖尔和姆岑斯克沿奥卡河运出的农产品数量

单位：俄石

产品	奥廖尔	姆岑斯克	总计
小麦	111131	1339	112470
黑麦	26835	9102	35937
燕麦	8255	5727	13982
荞麦	11924	3902	15826
黍米	2010	410	2420
大麻	100	—	100
上等面粉	4168	—	4168

---

① Е. Болховитинов. Указ. соч. стр. 119.

② Е. Болховитинов. Указ. соч. стр. 138.

续表

产品	奥廖尔	姆岑斯克	总计
黑麦粉	50119	18715	68834
过筛面粉	750	—	750
总　计	215292	39195	254487

资料来源：ЦГАДА. ф. Госархива. р. XVI. д. 827. л. 9。

1784~1785 年，由奥廖尔和姆岑斯克运出的黑麦 36629 俄石、燕麦 650 俄石、荞麦 2100 俄石、大麻 300 俄石、黍米 853 俄石、豌豆 20 俄石、上等面粉 4168 俄石、黑麦粉 2040 俄石，总计 46760 俄石。

奥廖尔还有大量的储备粮。不但附近省份的粮食运至奥廖尔，乌克兰地区的大量粮食也运至该地区，这是该地面粉加工业发展的结果①。这里有大量的磨坊和碾米手工作坊。

因克林展销会的规模不断扩大，库尔斯克的经济快速发展。值得一提的是，克林展销会具有全俄意义。1780 年展销会上销售的俄国、德国和亚洲商品的总价值超过 500 万卢布②。此处的马匹贸易也十分繁荣。库尔斯克的行政和经济功能增强之后，许多城内商人向银行申请获得去克林展销会交易的汇票，该汇票在库尔斯克省范围内均有效。奥廖尔和库尔斯克总督区总督 A. A. 普罗佐罗夫斯基曾提及，商人的行为并没有取得成功。政府认为保留原有交易方式更为稳妥。展销会主要在兹纳缅斯基修道院外墙附近举办，修道院也因租赁交易设施获得了高额收入。

18 世纪最后 10 年，除国内贸易扩大外，库尔斯克商人与国际

---

① ЦГАДА. ф. Госархива. р. XVI. д. 826. л. 130；Краткое землеописание Российского государства. СПб. , 1787. стр. 127.

② ЦГАДА. ф. Госархива. р. XVI. д. 826. л. 130–131 об.

市场的联系也愈发紧密。库尔斯克富商将商品发往莱比锡、格但斯克和维也纳，主要货物为薄亚麻布、呢绒和服饰①。此处与中国的贸易也十分繁荣，当地商人主要在恰克图与中国商人进行交易。库尔斯克一部分商人还将商品发往黑海北岸和亚速海沿海的赫尔松和塔甘罗格②。

库尔斯克市的工业发展相对薄弱，当地企业的主要业务是加工农业原料。这里有 36 家皮革"工厂"，7 家毛毡、油脂和陶瓷"工厂"，以及 15 家石灰加工"工厂"。当地大部分居民从事皮革和毛皮加工手工业，还有部分居民种植农作物和果树③。

坦波夫市的经济结构较为复杂。与奥廖尔和库尔斯克相同的是，坦波夫的粮食贸易较为繁荣，粮食主要运往伏尔加河沿岸城市和莫斯科，还有一部分粮食出口至国外。因养羊业较为发达，坦波夫的呢绒工业发展迅速。Ф. А. 波卢宁和 Г. Ф. 米勒均指出："因当地所产的羊毛质量上乘，所以在坦波夫市建立了两家呢绒手工工场，周边县城还有 7 家呢绒手工工场。"④ 由于有廉价的农业原料，坦波夫市的小手工业颇为发达，这里建立了蜡烛、皮革和油脂手工工场（更接近大型手工作坊）⑤。

坦波夫省各县城经济也具有自身特征，它们的经济发展模式受当地经济、土壤、气候等条件的制约。坦波夫总督区最北部的城市是奥

---

① С. Ларионов. Описание Курского наместничества из древних и новых о нем известий вкратце. М., 1786. стр. 46.

② В. Ф. Зуев. Путешественные записки. СПб., 1787. стр. 152.

③ С. Ларионов. Описание Курского наместничества из древних и новых о нем известий вкратце. М., 1786. стр. 46-47.

④ Ф. А. Полунин., Г. Ф. Миллер. Указ. соч. стр. 383.

⑤ И. Ф. Зиненко., М. Я. Гуревич. Города Тамбовской области (экономико-географический очерк). Тамбов., 1956. стр. 11.

卡河上的叶拉季马，最南部的城市是霍普尔河上中游的鲍里索格列布斯克，两个城市间的距离为 400 俄里。紧邻奥卡河、茨纳河与莫克沙河下游的北部县城有叶拉托姆、卡多姆和捷姆尼科夫，因这些县城并没有纳入黑土区范畴之内，所以这里居民的生产活动与该省南部县城差异较大。国库办公厅的报告中就曾提及北部城市的经济状况，也曾提及这些城市的产业结构与南部县城不同。1787 年 2 月的政府报告中指出，坦波夫省南部县城土壤肥沃，这里的农民不从事手工业生产，主要的职业是耕作土地和饲养牲畜。相反，叶拉托姆、卡多姆、捷姆尼科夫、沙茨克和斯帕斯基的居民份地很少，所以粮食产量不高，只能从事各类手工业。在当时，这些城市周边的大部分地区被森林覆盖，所以木材加工业相对发达（主要加工木制容器），还有很多居民从事造船业，春季一部分居民专门浮运木材。奥卡河、茨纳河与莫克沙河沿岸各地的造船业颇为发达，当地很多居民在船只上工作。冬天很多居民担任马车夫①。

除上述所列的城市之外，坦波夫省其他城市的经济具有同一性。当地居民主要从事农业原料加工业和粮食贸易。

首先必须提及的是新建城市莫尔尚斯克，它在中部黑土区东部各地的贸易中具有重要作用。莫尔尚斯克坐落在坦波夫南部的茨纳河上，从 17 世纪开始它就是知名的码头。南部许多县城的粮食都运至莫尔尚斯克，然后转运至俄国国内市场之上。此处的一部分粮食运至莫斯科和圣彼得堡，运至首都的粮食中，一部分向北运至白海和奥洛涅茨，另一部分粮食运至顿河、亚速夫和克里米亚地区。在莫尔尚斯克码头起航的船只可以到达卡马河、丘索瓦河和乌拉尔地区。莫尔尚

---

① ЦГАДА. ф. Госархива. р. XVI. д. 910. л. 109-109 об.

斯克码头的粮食主要使用船只外运，只有少量粮食由陆路运出。莫尔尚斯克码头的舵手、排水工和黑工主要为航运和船只服务，据统计，1765 年河运工人的数量达 10366 人，他们多是坦波夫和其他县城的农民①。坦波夫省省长 М. Ф. 卡缅斯基对当地造船业的描述如下："1781 年，莫尔尚斯克码头每年可建造船只 60~85 艘，每年运出粮食 10 万~20 万大袋②，价值 30 万卢布。"③ 粮食的外运量逐年增加。卡缅斯基还曾指出，1786 年，莫尔尚斯克码头 112 艘船只装载粮食的数量为 143275 俄石。除此之外，莫尔尚斯克还经陆路运出粮食 15 万俄石。每年莫尔尚斯克运至俄国国内市场上的各种粮食数量为 393279 俄石，总价值为 878078 卢布。有数据显示，1786 年，坦波夫省茨纳河、维夏河和莫克沙河共建造 142 艘船只，可运送粮食 431155 俄石，总价值 957766 卢布④。与其他城市相比，莫尔尚斯克码头建造的船只、发往其他城市的粮食数量最多。莫尔尚斯克码头坐落在伏尔加河至沙茨克河段，以及莫斯科的商路之上，所以航运发达。城市居民主要从事粮食贸易及其相关业务。基尔萨诺夫斯基和部分其他县城的很多居民从事粮食加工业务，1788 年，这里共有 79 个石磨（加工面粉），全省共有 556 个石磨。除坦波夫县城外，坦波夫省大部分县城的经济结构类似⑤。

---

① Е. И. Индова. Торгово-промысловая деятельность и предпринимательство дворцовых крестьян Черноземного центра в 20–60-х годах XVIII в. Проблемы общественно-политической истории России и славянских стран. М., 1963. стр. 309–311.

② 散体物旧计量单位，约合 5~9 普特。

③ ЦГАДА. ф. Госархива. р. XVI. д. 968. л. 18 об.

④ ЦГАДА. ф. Госархива. р. XVI. д. 910. л. 68.

⑤ Известия Тамбовской ученой архивной комиссии. вып. XIX. Тамбов., 1888. Прилож. 4. стр. 27.

利佩茨克的工业相对繁荣，此处最主要的工业部门是冶金工业。利佩茨克市就建立在利佩茨克冶金手工工场周围。18 世纪初，大部分手工工场产品（武器和军资）供应给军队①。工场倒闭之后，城市规模仍逐步扩大。第三次人口调查时，利佩茨克工商业区共有 2990名居民②。第四次人口调查时，利佩茨克工商业区共有 6700 名居民③。利佩茨克工商业区是坦波夫省西部居民经济生活的中心，城市贸易颇为繁荣。1785 年，利佩茨克工商业区共有 48 家店铺，每年还举办 3 个展销会，沃罗涅日、叶里茨、乌斯曼和科兹洛夫等地的商人均到此处经商④。

奔萨省坐落于中部黑土区中部，农业较为发达，也是俄国重要的产粮大省。因 18 世纪下半叶贵族拥有诸多特权，所以此处酿酒业较为繁荣⑤。М. Д. 丘尔科夫认为，奔萨省各县城的酿酒机构大多属于地主⑥。

奔萨省的经济也受农业的影响。奔萨省是中部黑土区经济较为落后的省份，所以其农业特征凸显。与沃罗涅日、奥廖尔、库尔斯克和坦波夫省不同的是，奔萨并不是大型工商业中心。与农民一样，城市居民耕作土地、种植粮食、培育瓜果和饲养牲畜。П. С. 巴拉斯指

---

① Б. Д. Греков. Избранные труды. т. III. М., 1960. стр. 247–248.

② П. Н. Черменский. Культурно-исторический очерк Тамбовской губернии. вып. 1. Тамбов., 1926. стр. 80；Известия Тамбовской ученой архивной комиссии. вып. XIX. Тамбов., 1888. Прилож. 4. стр. 38–39.

③ Известия Тамбовской ученой архивной комиссии. вып. XV. Тамбов., 1901. стр. 91.

④ Известия Тамбовской ученой архивной комиссии. вып. XV. Тамбов., 1901. стр. 91.

⑤ П. С. Паллас. Путешествие по разным провинциям Российской империи. Ч. I. СПб., 1773. стр. 117.

⑥ М. Д. Чулков. Указ. соч. т. VI. кн IV. стр. 265.

出："萨兰斯克并不出名，除手工业者和商人外，城内还有庄稼人。因萨尔市经济十分落后，所以'贫民窟'和'射击军居住地'是当地的代名词。"① 在奔萨旅行时，巴拉斯指出："这里的居民主要从事贸易，商人店铺内的商品来自莫斯科和其他城市。"②

奔萨省的新城市主要建立于地方政府机构改革之后，但它们只是行政中心，最初并不是居民经济生活的中心。1782 年，省长 П. С. 梅谢尔斯基指出："除公职人员外，当地还有农业居民。"③ 1780 年奔萨省城市居民的社会成分详见表 4-18。

表 4-18　1780 年奔萨省城市经济面貌和居民的社会成分

城市	居民类型								
	真正的市民	独院小地主	炮匠（炮兵）	城市纺织手工业者	看守人	士兵	农民	贫苦农民	总计
奔萨	740	39	13	23	46	831	—	—	1692
萨兰斯克	560	5	43	12	—	480	21	—	1121
上洛莫夫	169	497	—	—	—	—	11	—	677
下洛莫夫	77	511	—	—	—	—	5	—	593
基列尼斯克	102	470	—	—	—	—	10	—	582
纳罗夫恰特	82	277	—	—	—	—	50	—	409
特罗伊茨克	89	266	—	—	—	—	360	21	736
因萨尔	180	290	—	—	—	—	2	—	472
克拉斯诺斯洛博茨克	88	—	93	8	—	—	537	—	726

资料来源：ЦГАДА. ф. Госархива. р. XVI. д. 725. ч. 1. л. 262-263。

① П. С. Паллас. Указ. соч. ч. I. стр. 96，105.

② П. С. Паллас. Указ. соч. ч. I. стр. 116.

③ ЦГАДА. ф. Госархива. р. XVI. д. 725. ч. 1. л. 263 об.

就社会成分和生产活动特征而言，奔萨省大部分城市居民与农民的差别不大。市民中的"农业定居者"是独院小地主、公职人员、炮匠、士兵和农民。省长梅谢尔斯基指出："居住在城市内的大部分农民曾在军队中服役①。18 世纪末，奔萨省城市居民中农民的占比为5%～96%②。1782 年，城内农民和市民的耕地面积达 2.5 万俄亩③。"

奔萨市大部分居民从事农业生产，1690 户居民中有 950 户居民从事农业生产。省长梅谢尔斯基指出："1782 年 9 月 11 日，奔萨共有 2825 名男性市民，很多居民从事农业生产。"④ 市民耕种的土地与房屋和街道并排，最后一排街道只有 6 户住宅。农民与市民的房屋交替分布。梅谢尔斯基认为这样的场景有损城市形象，在市民的院内还有谷仓，这种状况对城市发展颇为不利，也容易发生火灾。梅谢尔斯基还曾建议将从事农业的居民赶出城市，将他们迁至郊外⑤。

梅谢尔斯基的建议没有得到政府批准，即便是在当时的首都圣彼得堡，该措施的成效也不佳。政府行政措施不能改变城市的经济面貌，也不能改变城市居民的社会成分，更不能让居民放弃传统的农业生产。

奔萨省的工业发展十分缓慢，很多城市小商品生产占主导。1780 年，奔萨已有 5 家肥皂和皮革"工厂"，它们的规模有限。此外，还产生了一些其他小企业。肥皂"工厂"有 2～4 个锅炉，有

---

① ЦГАДА. ф. Госархива. р. XVI. д. 725. ч. 1. л. 263 об.

② И. А. Булыгин. Об особенностях городов Среднего Поволжья во второй половине XVIII в. Города феодальной России. М.，1966. стр. 492.

③ И. А. Булыгин. Об особенностях городов Среднего Поволжья во второй половине XVIII в. Города феодальной России. М.，1966. стр. 493.

④ ЦГАДА. ф. Госархива. р. XVI. д. 725. ч. 1. л. 306.

⑤ ЦГАДА. ф. Госархива. р. XVI. д. 726. ч. 1. лл. 254，263 об.，306.

4~8 名工人工作，年均肥皂产量为 1500～3000 普特。皮革"工厂"的工人数量为 2～15 人，年均皮革产量为 300～500 张。18 世纪末 19 世纪初，奔萨还建立了亚麻手工工场，工场内共有 25 台机器，雇佣工人数量为 82 人，工人主要是基列尼斯克的市民和农民[①]。

奔萨商人主要从事粮食贸易。19 世纪初，奔萨省运出的粮食数量达 15.0 万普特[②]。

萨兰斯克的经济发展水平仅次于奔萨。萨兰斯克有皮革和肥皂"工厂"，它们大多建立于 18 世纪七八十年代，但规模不大。19 世纪初，萨兰斯克最大皮革手工工场的年均皮革产量不超过 3200 张。大部分"工厂"属于商人所有。市民除从事皮革加工手工业之外，还从事皮革染色、制鞋和其他手工业，亦从事食品贸易[③]。

奔萨省其他城市的手工业者主要为当地居民服务，即便手工业粗具规模，也多与农业相关。

中部黑土区各城市的经济模式各异，这里有沃罗涅日、库尔斯克和奥廖尔等大城市，它们在该地经济发展中的作用至关重要。中部黑土区新建城市的代表是莫尔尚斯克，它的经济快速发展。总体来看，18 世纪末中部黑土区各地经济均向前发展。

其他城市的经济生活保留了农业生产的某些特征，在中部黑土区各省中，奔萨省的农业生产特征最为突出，其经济也最为落后。劳动力的社会分化和商品关系的发展促进了新城市的诞生，它们逐渐发展为大型的经济中心。

18 世纪最后 10 年，虽然中部黑土区城市的经济模式差异较大，

---

① И. А. Булыгин. Указ. соч. стр. 494–495.

② И. А. Булыгин. Указ. соч. стр. 495.

③ И. А. Булыгин. Указ. соч. стр. 496.

各城市在国家经济中的作用也各异，但整体的经济仍向前发展。

城市经济快速发展的基础是黑土区南部各地经济生产的专业化趋势加强，该地所产的农产品和商品大量运至俄国国内其他地区，甚至出口国外。因此，农产品贸易带动了该地区的经济发展。

伏尔加河中下游城市

伏尔加河流域大部分城市的贸易十分繁荣。它们中很多城市的贸易逐步繁荣，城内工业企业的数量明显增加。伏尔加河下游的城市都具有该特征，中游的很多城市都是大型的工商业中心。

因下诺夫哥罗德的造船业发达，货流量巨大，所以该地最主要的工业部门是绳索加工和纤绳制作。

下诺夫哥罗德知名历史学家 С. И. 阿尔汉格尔斯基指出："18 世纪下半叶，下诺夫哥罗德的纺纱工业快速发展，手工工场逐渐排挤小手工业生产。18 世纪末，下诺夫哥罗德共有 6 家纺纱手工工场（主要产品是绳索和纤绳），有些精纺工还在家生产，后来他们中的很多人去商人纺纱手工工场内工作。"①

1797 年，《下诺夫哥罗德省消息报》数据显示，该地有 10 家纺纱手工工场，但 1 家已停业关闭，纺纱厂的产品产量详见表 4-19。

从手工工场的产品产量可窥见该工业部门的发展状况，部分史料亦可证明该工业部门的发展规模："当地每家手工作坊都生产绳索和纤绳，每家拥有 2~3 名工匠，它们还雇佣日工和周工工作，这些工

---

① С. И. Архангельский. Очерки по истории промышленного промышлетариата. Нижнего Новогорода и Нижегородской области XVII - XIX вв. Горький., 1950. стр. 68.

人的数量众多，只可惜没有具体的数据史料。"① 因此，这里的工厂内雇佣工人数量众多，但工人所属的社会等级并不固定。

表 4-19　1797 年下诺夫哥罗德手工工场绳索和纤绳的产量

单位：普特

手工工场所有者	绳索	纤绳
雅科夫·斯杰舍夫	3500	1500
尼古拉·伊兹沃利斯基	650	1000
雅科夫·普什尼科夫	500	400
雅科夫·谢佩季利尼科夫	2000	1000
费多尔·科马洛夫	3000	2000
阿列克谢·波罗金	5300	4300
彼得·佩列普列特奇科夫	3000	2000
彼得·加米涅夫	2500	1500
阿列克谢·斯米尔诺夫	400	450
总　　计	20850	14150

资料来源：ДНУАК. т. II. вып. 15. отд. III. стр. 21-23。

纺纱手工工场所需的原料来自众多省份，而所产的绳索和纤绳出售至伏尔加河沿岸诸多城市，还曾运至彼尔姆省的卡马河码头。

在下诺夫哥罗德的经济之中，其他工业部门的作用也不容小觑。史料中曾提及罗斯托夫商人伊万·彼得罗夫创建的卡巴诺夫手工工场，年均粗麻布产量为 2.5 万俄尺②。麻纺织工业的发展与造船业密切相关。1797 年市政府信息显示，下诺夫哥罗德共有 2 家制砖"工厂"、1 家陶瓷"工厂"、1 家炼钢"工厂"、1 家制曲"工厂"、1 家碾米"工厂"、1 家染色"工厂"和 3 家酿酒"工厂"③。

---

① ДНУАК. т. I. вып. 12. Нижний Новогород., 1894. стр. 120.

② ДНУАК. т. II. вып. 15. отд. III. стр. 21.

③ ДНУАК. т. III. отд. II. стр. 327.

17 世纪，下诺夫哥罗德各类手工业已颇具规模，多数与畜牧业相关，如皮革、靴子、手套、熟毛皮、蜡烛、肥皂、毛线和皮革加工手工业等。其中，皮革手工业的技术水平最高，某些手工作坊已可与手工工场相媲美①。18 世纪，因伏尔加河流域的货流量增加，城内冶金手工业快速发展（主要营生为锻造铁钉）。由于多条贸易线路途径下诺夫哥罗德，加上便利的交通运输，当地粗麻布生产颇为普及。18 世纪末，下诺夫哥罗德各类手工业部门的年均产品数量如下：德式连衣裙 385 件、俄式长袍 175 件、皮大衣 100 件、驿务用的哥萨克男长衫 75 件、俄式帽子 150 顶、定制帽子 300 顶、毛线套（罩）1000 对、线制套 1300 对、毛线手套 1200 副、线制手套 1000 副、皮鞋 1400 双、男靴 60 双、女靴 1300 双、女鞋 295 双、男性护额 25 对、染色土布 1200 俄尺、铁钉 57.5 万支、蜡烛 1350 普特②。

下诺夫哥罗德经济的迅速发展得益于伏尔加河水路贸易的繁荣，因伏尔加河和奥卡河均流经下诺夫哥罗德省，所以过境贸易在下诺夫哥罗德经济中发挥了重要作用。全国各地装载着粮食、铁制品、盐和其他商品的船只来到下诺夫哥罗德，每年贸易从业人员达 4 万人，个别年份的数量更多。部分时段，货物需从大船转到小船之上，工作人员和维修人员的需求量更多。省长 A. A. 斯图皮申曾指出："下诺夫哥罗德可被称为全俄的码头。"③ 此外，众多陆路线路也途经下诺夫哥罗德，莫斯科通往喀山、奥伦堡和西伯利亚的道路均途

---

① А. М. Орехов. Товарное производство и наемный труд в промышленности по переработке животного сырья в Нижнем Новгороде XVII в. Русское государство в XVII веке. М., 1961. стр. 77–88, 100–105 и др.
② ДНУАК. т. II. вып. 15. отд. III. стр. 24–25.
③ ЦГАДА. ф. Госархива. р. XVI. д. 777. ч. 1. лл. 84–85.

经此处。

与此同时，下诺夫哥罗德还是俄国地方市场最为活跃的地方。М. Д. 丘尔科夫指出："下诺夫哥罗德市商人与国内诸多城市有频繁的贸易往来，如圣彼得堡等，当地商铺林立，贸易繁荣。"① 下诺夫哥罗德市市场上交易的主要商品是粮食、鱼产品、铁、盐、纺织品、食品，等等。市政府信息显示，1787 年，城内共有 254 家石制店铺和 214 家木制店铺，还有很多仓库、货栈和其他保存商品的仓库②。4 年间（1783～1787 年）下诺夫哥罗德就建立了 27 家货栈和 30 家粮栈，当地的货栈可存下 510 万普特盐，存储其他商品的数量更多③。此外，由于下诺夫哥罗德位于水路线路的交汇处，这里有众多小旅店和小饭馆。很多市民将院子租赁给下诺夫哥罗德从事工商业的居民④。

下诺夫哥罗德是俄国最大的城市之一。1780 年，该市的居民数量已超过 1.0 万人。从 1789 年的居民登记信息中可窥见该市居民的社会成分。市政厅信息显示，当时城内共有 1957 户居民⑤。在上述居民之中，贵族 217 户、僧侣 184 户、官员 103 户、士兵 414 户、驿站马夫 91 户、贫困农民 13 户、农民 93 户。

工商业居民的数量最多，1791 年下诺夫哥罗德市民登记册数示，男性市民和行会工人的数量为 1901 人，男性商人的数量为 566 人⑥。

---

① М. Д. Чулков. Указ. соч. т. VI. кн. IV. стр. 255.
② ДНУАК. т. II. вып. 15. отд. III. стр. 3.
③ ДНУАК. т. VIII. Н. Новгород. 1909. стр. 169.
④ ДНУАК. т. II. вып. 15. отд. III. стр. 9.
⑤ ДНУАК. т. II. вып. 15. отд. III. стр. 6–7.
⑥ ДНУАК. т. II. вып. 15. отд. III. стр. 7.

下诺夫哥罗德工商业居民中马夫的数量众多。市政厅信息显示，马车夫的数量超过在店铺内从事小贸易的商贩和企业主，小商贩开始与商人展开竞争。为了生活，很多马车夫还从事铲煤工作①。马车夫的家主要位于城市郊区。此外，许多下诺夫哥罗德商人在城内还有房屋、货栈和工商业机构②。

除在展销会期间运输货物外，马车夫在平时还有自己的主业，即从事货物和乘客运输，这些业务也可纳入工商业活动之中，与工商业居民的职业活动相差无几。

值得一提的是，下诺夫哥罗德城内还有大量的农业居民。相关信息显示，1783 年，城内经济农民、地主农民和宫廷农民的总量为 230 人（部分农民的数量按照所颁发护照的数量确认，部分按照邻近居民对其的称谓确认）③。

省行政机构为农民颁发护照，获得护照的农民可进城务工，一般政府会根据第四次人口调查中纳税人的数量来确定本地外出或者从事其他工作的农民数量。那些没有护照的农民，主要是从各地逃跑出来的农民④。

进入下诺夫哥罗德的农民数量逐年增加。1783~1787 年，城市居民中就有 166 名经济农民和宫廷农民⑤。下诺夫哥罗德居民登记册数据显示，1800 年，在 743 户工商业区居民中，老住户的数量是 445 户，外来居民的数量为 298 户，占 40.1%⑥。

---

① ЦГАДА. ф. 397. д. 445/30. л. 28.

② ЦГАДА. ф. 397. д. 445/30. л. 28 об.

③ ДНУАК. т. III. отд. II. стр. 177.

④ ДНУАК. т. III. отд. II. стр. 178.

⑤ ДНУАК. т. I. вып. 11. стр. 580.

⑥ С. И. Архангельский. Указ. соч. стр. 63-64.

上述登记册之中，没有列入的城市等级是贵族，他们在城内也拥有住宅。与其他省份的贵族一样，地方政府机构改革之后很多贵族逐渐在省城内定居。与此同时，贵族在各地行政机构中的作用不断提升，他们在各类行政机构中任职。

下诺夫哥罗德是伏尔加河中游各省经济生活的中心。城市经济的特征在城市附近工商业区的经济生活中就有所体现，众多农民就生活在下诺夫哥罗德布拉戈维申斯基工商业区。

这个工商业区与下诺夫哥罗德郊区连为一体。布拉戈维申斯基工商业区的居民已很久不从事农业生产，他们主要从事贸易和手工业，也有一部分居民是雇佣工人。18 世纪 60 年代，布拉戈维申斯基工商业区的很多贸易农民像商人一样缴纳固定税。18 世纪，政府出台法律，规定没有任何职务和不承担任何市民税赋的居民可自由贸易，开展贸易的居民必须承担商人的义务。这些商人可在自己城内的货栈中销售各类商品，以粮食的数量最多，很多货物甚至销售至圣彼得堡和阿斯特拉罕。商人将皮革、纺纱、制曲、碾米手工工场所产的产品在诸多店铺、粮仓和货栈内销售，他们中的很多人在城内或工商业区内定居。布拉戈维申斯基工商业区贸易农的大规模的贸易业务，令下诺夫哥罗德商人感到十分愤怒和委屈①。

下诺夫哥罗德总督区建立之时，布拉戈维申斯基工商业区共有 520 名男性居民。省长 A.A. 斯图皮申曾指出："在居民中第一基尔德商人 4 人，第二基尔德商人 77 人，第三基尔德商人 100 人，

---

①　ЦГАДА. ф. 397. д. 445/30. лл. 6-6 об，14.

市民 339 人。布拉戈维申斯基工商业区居民的年均纳税额为 1926 卢布。"①

　　由于布拉戈维申斯基工商业区的工商业快速崛起，它们在向城市过渡时行政中心地位逐渐凸显。只是，布拉戈维申斯基的工商业业务仍由私人掌控。从 1762 年开始，工商业区归中尉 Н. И. 罗斯拉夫列夫所有，后来由国家赎回。虽然后来罗斯拉夫列夫同意将该郊区转交给政府，但也大幅提高了售卖价格。报告中指出，罗斯拉夫列夫认为布拉戈维申斯基工商业区农民每年的收入为 4000 卢布，并不同意低价售卖，如果将农民的副业计算其中，当时工商业区的总收入为 66700 卢布②。很明显，这个价格有些过高，政府核算时不只考虑了布拉戈维申斯基工商业区的农民数量，还考量了农民每年经商给罗斯拉夫列夫带来的额外收入。罗斯拉夫列夫曾指出："布拉戈维申斯基工商业区并入下诺夫哥罗德，当地居民转化为市民，减轻了商人的压力，每年约有 150 人转为商人。"③ 叶卡捷琳娜二世批准了政府购买布拉戈维申斯基工商业区的方案。布拉戈维申斯基工商业区居民逐渐成为下诺夫哥罗德的商人和市民④。布拉戈维申斯基工商业区并入下诺夫哥罗德之后，工商业区的范围进一步扩大，城市经济继续发展。18 世纪下半叶，下诺夫哥罗德在伏尔加河中游乃至整个国家经济生活中的作用逐渐提升。

　　就经济发展水平而言，仅次于下诺夫哥罗德的是阿尔扎马斯，它

---

① ЦГАДА. ф. Госархива. р. XVI. д. 777. ч. 1. л. 127–127 об.
② ЦГАДА. ф. Госархива. р. XVI. д. 777. ч. 1. л. 126.
③ ЦГАДА. ф. Госархива. р. XVI. д. 777. ч. 1. л. 126–126 об.
④ ЦГАДА. ф. Госархива. р. XVI. д. 777. ч. 1. л. 155 об.

之前是省城，后来成为下诺夫哥罗德总督区的一个县城。阿尔扎马斯市的皮革和肥皂手工业历史悠久①。在城市手工业之中，最为发达的是制银、锻造和裁缝行业，剩余的工业部门中制靴业最为繁荣②。П. С. 巴拉斯曾指出：“这里皮革手工业发达，很多手工业者直接用当地的皮革加工靴子，这些靴子以较高的价格销售至全俄各地。阿尔扎马斯也生产普通皮革，但只有少量‘工厂’生产软皮革。当时的人曾指出，它们是俄国最优良的皮革之一。”③

　　从居民的社会结构之中，就可看出小商品生产在阿尔扎马斯经济中的作用。1778 年，阿尔扎马斯共有 207 名男性商人，市民数量为 2007 人，马车夫为 150 人，有级别士兵的子女 42 人，地主 113 人，其他人员 2519 人④。众所周知，在城市居民中市民占优势。大部分居民是小商品生产者和商贩，他们在城市内从事各类工商业活动，一部分人已在城市内定居。

　　18 世纪最后 10 年，阿尔扎马斯的工业快速发展，产生了很多新的工业部门。П. С. 巴拉斯指出：“1768 年，阿尔扎马斯建立了第一

① В. И. 列佩辛也曾指出阿尔扎马斯市生产的专业化特征，他在 1768 年就指出，阿尔扎马斯的皮革和肥皂工厂发展迅速（И. И. Лепехин. Дневные записки. ч. I. стр. 70）。阿尔扎马斯统计机构的数据显示，皮革和肥皂工厂的工作人员约为 30 人（Ответы на анкету ВЭО по Арзамасской провинцы. л. 159 об.）。П. С. 巴拉斯对阿尔扎马斯经济的描述较为详细，他指出，1768 年，该城市并不是很整洁，城市状况也不好，城内一部分居民十分富有，很多居民依靠小手工业获得微薄的收入，但逐步建立了手工工场和工厂，很多产品供应给国家。除少量商人和公职人员外，还有很多皮革匠、肥皂加工匠、染色工和制靴匠（П. С. Паллас. Указ. соч., ч. I. стр. 73）。

② ЦГАДА. ф. Госархива р. XVI. д. 777. ч. 1. Донесения нижегородского генерал-губернатора А. А. Ступишина 1778 г. л. 97.

③ П. С. Паллас. Указ. соч. ч. I. стр. 73-74.

④ ЦГАДА. ф. Госархива р. XVI. д. 777. ч. 1. л. 97, 119 об.

家碳酸钾手工工场，后来建立了很多新的手工工场。当时的旅行者曾提及，城内染色手工业者仍为粗麻布染色。"① 18 世纪最后 25 年，阿尔扎马斯的粗布生产已颇为普及，产量很高②。据统计，阿尔扎马斯和其他县城的农民年均生产 155 万俄尺粗麻布。熟制毛皮手工业也颇为普及，当时阿尔扎马斯年均可加工 3000 张兔皮和 1500 张羊羔皮③。一部分毛皮由农村手工业者加工，他们按照商人的订单进行生产。对于阿尔扎马斯而言，最重要的经济现象是手工工场出现了。М. Д. 丘尔科夫指出："城内建立了丝织和棉纺织手工工场，县内还产生了亚麻和呢绒手工工场。"④

与之前一样，阿尔扎马斯的经济基础是肥皂工业和皮革加工工业。18 世纪中叶，肥皂和皮革手工工场的规模不大。В. И. 列佩辛在 1760 年对当地的肥皂工业的描述如下："居民直接在自己的房屋内工作，城内建立了很多专门销售肥皂的货栈，销售皮革的货栈数量也很多。"⑤ 18 世纪末，阿尔扎马斯每年的肥皂产量达 6000 普特⑥。基于此，该地皮革的产量逐年增加。此地手工工场所需的原料即油脂和皮革主要从南乌拉尔地区运进（途经奥伦堡）⑦。

下诺夫哥罗德总督区相关管理机构信息显示，1797 年，阿尔扎马斯皮革手工工场的皮革产量详见表 4-20。

① П. С. Паллас. Указ. соч. ч. I. стр. 75–76.

② М. Д. Чулков. Указ. соч. т. VI. кн. IV. стр. 178.

③ ДНУАК. т. III. от. II. стр. 246.

④ М. Д. Чулков. Указ. соч. т. VI. кн. IV. стр. 178–179.

⑤ И. И. Лепехин. Дневные записки. ч. I. стр. 84.

⑥ ДНУАК. т. III. от. II. стр. 246.

⑦ П. С. Паллас. Указ. соч. ч. I. стр. 351，422.

表 4-20　阿尔扎马斯皮革手工工场的皮革产量

单位：张

种类	产量
黑色皮革	24250
红色皮革	2700
羊皮	5020
白色皮革	700
鞋底用皮革	150

资料来源：ДНУАК. т. III. от. II. стр. 246。

就生产规模而言，某些皮革手工工场实际上只是小手工作坊。

肥皂和皮革手工工场所产的商品拥有广阔市场，它们销售至圣彼得堡、阿斯特拉罕、切尔卡斯基，以及马卡里耶夫、乌留平斯基和米哈伊洛夫斯基展销会[1]。

阿尔扎马斯工商业区形成后，它的社会经济面貌焕然一新，也产生了新的事物，在城市所在的乔沙河的对岸，即距离它约半俄里处建立了地主村镇，称为维耶兹德工商业区。18 世纪中叶，该村镇属于宫廷侍从 C. B. 萨尔特科夫所有，他的土地与阿尔扎马斯相邻。

就生产活动特征而言，维耶兹德工商业区的农民不能被称为市民。П. C. 巴拉斯曾于 1768 年到过这里，他指出："居民通过贸易和各种针线活养活自己，还有部分居民依靠农耕生活，当地的葱产量很高，甚至出售至俄国东部地区。"[2]

1764 年 4 月 20 日《阿尔扎马斯政府消息报》指出："维耶兹德工商业区居民几乎不进行农业生产，众多居民从事手工业生产，他们

---

① ДНУАК. т. III. от. II. стр. 246.

② П. С. Паллас. Указ. соч. ч. I. стр. 73.

在自己的皮革和制鞋手工作坊内工作，还有很多居民从事其他手工业，与'市民'相差无几。"① 换言之，这里居民从事的手工业门类众多，与阿尔扎马斯的经济门类相差无己。富裕的农民以阿尔扎马斯商人企业主为榜样，他们在本地建立了皮革、肥皂和炼脂手工工场，只是这些企业的所有人是地主。一部分企业的规模很大，阿尔扎马斯政府消息报中认为它们可被称为"工厂"。这些手工工场所需的原料、皮革、油脂和其他商品可在阿尔扎马斯县城购买，还可从附近县城采购②。阿尔扎马斯城市企业间的竞争较为激烈，《阿尔扎马斯政府消息报》中曾指出，部分企业因竞争激烈而倒闭。阿尔扎马斯小商贩所受的干扰和破坏最大，因他们同时还是小商品生产者，在竞争中纷纷落败。维耶兹德工商业区居民将手工业品带到市内自己的店铺中销售，也有一部分居民将产品直接运到城内集市销售，此时他们已是市民，而非农民。也有部分交易活动直接在维耶兹德工商业区内进行。此处交易的商品不只源自县城内的贸易农，还有部分商品是商人从其他城市运来的。为方便外来居民从事贸易，维耶兹德工商业区内还建立了固定贸易机构③。

很多史料和文献也曾提及维耶兹德工商业区农民和阿尔扎马斯县城农民积极参与贸易的场景（部分出现在乡村商人竞争的请愿书中）。辛比尔斯克、下诺夫哥罗德总督区行政机构的文献材料中都曾提及这些信息。1781 年 10 月，辛比尔斯克省政府致信给下诺夫哥罗德省长 A. A. 斯图皮申，信中提及应严格禁止阿尔扎马斯商人和市

---

① ЦГАДА. ф. 397. д. 445/2. л. 4.

② 下诺夫哥罗德总督区信息显示，18 世纪下半叶，维耶兹德工商业区每年的产品产量如下：黑色大皮革 2000 张，小牛皮 4000 张，牛犊皮 3000 张，小牛皮革 3000 张，鞋底用皮革 100 张。参见 ДНУАК. т. III. от. II. стр. 247。

③ ЦГАДА. ф. 397. д. 445/2. л. 2-4.

民、维耶兹德工商业区农民到阿尔达托夫、阿尔特拉，以及附近村镇从事零售贸易①。

阿尔扎马斯市和维耶兹德工商业区贸易的快速发展引起了辛比尔斯克省部分居民的不满，由于当地工商业发展相对落后，所以当地政府采取行政措施保护本地工商业发展。

众所众知，就经济关系而言，阿尔扎马斯市和维耶兹德工商业区是一体的②。但是，双方的居民由于等级隔阂，不能形成统一的市民等级。维耶兹德工商业区实际上可称为阿尔扎马斯市的郊区，政府并没有将其纳入城市范畴之内，它境内的居民也并没有转化为市民等级，究其原因是封建生产关系所致，当地村镇和居民仍依附于地主。

维耶兹德工商业区的状况足以证明封建农奴制阻碍了城市经济的发展。

巴拉赫纳的经济基础是采盐业。М. Д. 丘尔科夫指出："以前巴拉赫纳盐田每年的产盐量为 30.0 万普特。③" 18 世纪下半叶，这里的采盐量急剧下降，至 18 世纪末盐田的采盐量只能满足本地居民的需求④。城市居民的主要营生是各类手工业。

巴拉赫纳的制靴和锻造手工业颇为发达。除此之外，当地居民建造的木船和平底船也质量上乘，生产的火炉瓷砖亦十分畅销⑤。夏

---

① ДНУАК. т. III. от. II. стр. 114.

② 详见：М. Д. Чулков. Указ. соч. т. VI. кн. IV. стр. 195.

③ М. Д. Чулков. Указ. соч. т. VI. кн. IV. стр. 181.

④ 巴拉赫纳盐田最后属于商人雅科夫·拉杜辛。1790 年他签署了为期 3 年，年均产盐 12.0 万普特的合同。1791 年，拉杜辛没有完成该合同。1793 年 5 月，巴拉赫纳盐田只产盐 10.8 万普特。此后 4 年盐业合同的条款仍没有达成。详见ДНУАК. т. XVI. д. ч. 1. л. 48。

⑤ ЦГАДА. ф. Госархива р. XVI. д. 777. ч. 1. л. 48.

天，许多市民在伏尔加河上工作，他们驾驶船只沿伏尔加河流域航行①。

当地最富有的商人从事粮食贸易，他们从伏尔加河下游向下诺夫哥罗德运盐，然后将其销售至科斯特罗马、基涅什马、雅罗斯拉夫尔、特维尔和其他城市。因向政府供应粮食和盐，很多商人积累了大量财富后也开始从事工业活动。商人拉图欣就是代表。1770 年，彼得·拉图欣成为巴拉赫纳最富有的大商人和造船主之一②。他通过粮食和食盐批发贸易积累了大量资金，后来他儿子伊万创建了亚麻手工工场。18 世纪末，他们父子的亚麻手工工场年产帆船布 400 匹，还有 150 匹粗帆布，产品主要销售至圣彼得堡。

此外，部分自由商人还拥有皮革手工工场，年产红色软皮革 240 普特；其中一名商人的纺纱手工工场每年可生产渔网 600 普特，还有 6 家陶瓷手工工场和数家制砖手工工场③。

就居民数量而言，在下诺夫哥罗德省，巴拉赫纳处于第三位，仅次于下诺夫哥罗和阿尔扎马斯。1770 年末巴拉赫纳的居民数量详见表 4-21。

巴拉赫纳的行政意义与其经济生活相符。

1775 年地方政府机构改革时，下诺夫哥罗德省其他县城并没有发现人口的快速增加现象。1790 年，省内居民的社会构成足以证明该特征，具体数据详见表 4-22。

---

① ДНУАК. т. III. от. II. стр. 239.

② П. Г. Рындзюнский. Городское гражданство дореформенной России. М., 1958. стр. 23.

③ ДНУАК. т. III. от. II. стр. 239.

表 4-21　1770 年末巴拉赫纳的居民数量

单位：人

居民类型	居民数量
商人	69
市民	1329
之前的市民子女	67
地主院内居民	18
总　计	1483

资料来源：ЦГАДА. ф. Госархива р. XVI. д. 777. ч. 1. л. 48。

表 4-22　下诺夫哥罗德省城市居民的社会构成

城市	商人	市民	农民	总计
波奇诺克	5	15	2444	2464
瓦西里苏尔斯克 *	227	627	59 **	913
鲁科亚诺夫	3	34	651	688
克尼亚基宁	156	87	397	640
马卡里耶夫	321	157	133	611
阿尔达托夫 ***	382	208	—	590
戈尔巴托夫	434	72	69	575
谢苗诺夫	342	126	104	572
谢尔加奇	69	37	327	433
佩列沃兹	17	11	252	280
总　计	1956	1374	4436	7766

注：* 瓦西里苏尔斯克的信息源自下诺夫哥罗德省经济注解数据（ЦГАДА. ф. 1355. д. 1. л. 1）。** 屯田士兵。*** 经济注解中指出，1790 年末阿尔达托夫共有 662 名男性农民。

资料来源：ДНУАК. т. III. от. II. стр. 218-222。

这些城市的农业特征均十分明显。波奇诺克、鲁科亚诺夫和佩列沃兹县城内商人和市民的数量不多，他们的数量明显少于农民。在戈尔巴托夫、瓦西里苏尔斯克、马卡里耶夫和谢苗诺夫，商人和农民的数量占优势，明显多于其他等级居民。

　　商人的财富差异很大，一部分商人虽登记为商人等级，但还是像以前一样居住在农村。下诺夫哥罗德总督管理委员会信息显示，1783年，瓦西里苏尔斯克共有 10 名商人，他们居住在科济莫杰米扬斯克县城，在各乡镇内租赁磨坊进行生产。在马卡里耶夫有 4 名居民属于商人等级，但他们一直居住在城市之外。谢苗诺夫也有 5 名市民居住在城市之外①。

　　当时很多市民和商人虽在城市内登记，但他们为方便贸易和从事手工业，一直居住在农村②。这些城市不是本区域的经济中心，虽然总督府试图将市民从农村迁移到城市，但是强制迁移的行政措施效果不佳。

　　1796~1797 年下诺夫哥罗德总督府公布的相关数据足以证明新建城市的经济发展后劲不足，从中亦可看出城市的发展特征和经济状态。这些城市中的一部分居民继续耕作土地，他们在业余时间从事贸易和小手工业。笔者在阅读相关史料后得知，手工业者除从事农耕外，还从事锻造手工业和肉类产品贸易。就佩列沃兹而言，这里没有手工作坊、没有手工业品、没有工场手工业，更没有贸易。鲁科亚诺夫只有制勺手工作坊，没有其他手工业部门。克尼亚基宁的状况也大致如此，商人向农民出售或与他们交换各种小商品，而农民主要从事农业生产。谢尔加奇的大部分商人只从事贸易，只有少量商人从事手工业生产，一部分居民从事冶金、马鞍、锻造和制靴手工业，还有一部分居民从事布匹染色，但他们中的大部分人仍从事农业生产。瓦西里苏尔斯克的市民也从事农业生产。因城市地理位置优越，位于水陆

---

① ДНУАК. т. III. от. II. стр. 177–178.

② ДНУАК. т. III. от. II. стр. 178.

两路的交汇处，居民还从事小型的食品贸易①。

只有当农业不再是城市居民的主业时，工商业的规模才会逐渐扩大，马卡里耶夫就是代表。马卡里耶夫的居民不再从事农业生产，究其原因是该地土壤贫瘠，粮食产量较低。城内贸易发达，手工业也缓慢发展。马卡里耶夫的手工业者每年都从外地采购亚麻，年均麻布产量达 5000 俄尺，这里每年还可生产箱子 1250 个。马卡里耶夫展销会改变了居民的生活方式，很多居民依靠出租店铺、货栈，经营小酒馆和小饭馆，当伙计过活②。

阿尔达托夫的居民主要生产马具，每年可生产 1.0 万套马具（马颈上的）、4000 个皮环和马笼头，以及 2500 副皮手套。生产所需的原料均源自当地皮革手工工场，这些皮革手工工场各类皮革年均产量可达 1900 张。在下诺夫哥罗德总督区，阿尔达托夫的工业意义不大。众所众知，阿尔达托夫的贸易和手工业十分发达，但它不能被称为真正的城市③。

戈尔巴托夫从创建时起经济就有所发展。1797 年数据显示，城内各类小"工厂"年产各类纤绳 5000 普特，产品主要销售至阿斯特拉罕和伏尔加河下游诸多城市④。此外，戈尔巴托夫还建立了炼钢手工工场，年均可产钢材 3000 普特。戈尔巴托夫还有 2 间铁匠铺，每年可生产 560 普特各类餐具、铜制品和小五金产品⑤。

戈尔巴托夫并不是下诺夫哥罗德省的金属加工中心，它下辖的巴

---

① ДНУАК. т. III. от. II. стр. 239, 243, 244, 252-254.

② ДНУАК. т. III. от. II. стр. 221, 238.

③ ДНУАК. т. III. от. II. стр. 219, 248.

④ ДНУАК. т. III. от. II. стр. 244.

⑤ ДНУАК. т. II. вып. 15. отд. III. стр. 38.

甫洛沃乡镇才是金属加工中心，它属于伯爵 H. П. 谢列梅捷夫。18 世纪末，巴甫洛夫的皮革和肥皂产量降低，铁制品的产量却逐年增加。1797 年，巴甫洛沃的钳工手工工场、铁匠铺每年可生产 2.0 万把刀具、1.5 万把剪刀和 9000 把锁头。就生产特征而言，巴甫洛沃工业可被称为散射性的手工工场①。值得一提的是，谢苗诺夫的小商品生产发展迅速。谢苗诺夫居民已不再从事农业生产。谢苗诺夫的粗麻布加工、皮革加工和制帽业均快速发展，这里年均生产 7300 俄尺粗麻布和 3600 张皮革，还可产出 4000 顶各类帽子②。谢苗诺夫最知名的工业部门是制勺手工业，每年可加工 100 万套木勺和木碗，这些产品的年均销售额可达 2.0 万卢布③。

对于下诺夫哥罗总督区成立后新建的城市，俄国政府并不承认它们是真正的城市。尽管如此，大部分城市的经济均颇为繁荣。1796 年 12 月 31 日参政院承认的城市只有谢尔加奇、波奇诺克和克尼亚基宁④。据 1797 年 12 月 26 日参政院命令，马卡里耶夫和佩列沃兹才被政府确认为城市。政府这样做的原因是马卡里耶夫城位于伏尔加河沿岸，很多县城都与它建立了频繁的经济往来。确认城市地位之后，政府要进行相关行政机构划分工作，对于政府和个人而言，最优的做法是取缔佩列沃兹，以新建的克尼亚基宁取而代之，佩列沃兹的大部分地区并入了克尼亚基宁⑤。

在一定程度上，政府这么做是出于行政动机。

之前的马卡里耶夫县城有大工业村镇，如雷斯科沃、穆拉申基诺

---

① С. И. Архангельский. Указ. соч. стр. 100–101.

② ДНУАК. т. III. от. II. стр. 249.

③ ДНУАК. т. II. вып. 15. отд. III. стр. 40–41.

④ ДНУАК. т. III. от. II. стр. 251.

⑤ ДНУАК. т. III. от. II. стр. 261–262.

和拉波特基。它们的经济发展水平超过了马卡里耶夫、佩列沃兹、克尼亚基宁和下诺夫哥罗德其他新建城市。И.И. 列佩辛指出："1768年，穆拉申基诺村镇的规模丝毫不逊色于城市。城内男性居民的数量为 3000 人。当时的旅行者曾指出，穆拉申基诺农民从事各类手工活计，此处随处可见锡匠、铜匠、肥皂匠、裁缝、皮革匠、鞋匠，等等。"[1] 18 世纪末，穆拉申基诺的皮革生产颇为普遍。1797 年数据显示，穆拉申基诺和雷斯科沃村均加工皮革，年加工马皮 4.25 万张、牛皮 3.5 万张、羊皮 6.75 万张、鞋底皮 1.5 万张。雷斯科沃和拉波特基也是知名的绳索生产中心。富有的农民成为手工工场所有人，18世纪末，这里每年可生产绳索 6000 普特[2]。

所有的工业村镇均属私人所有，这是它们过渡为城市的主要障碍。与这些发达的工业村镇相较，下诺夫哥罗德新建城市的经济发展相对落后。

М.Д. 丘尔科夫指出，伏尔加河中游最大的商业城市是喀山，该城市最重要的作用在于它是欧俄地区与东方国家贸易的中转地，除商人参与贸易外，当地哥萨克和鞑靼人也是重要的贸易参与者。

俄国各地区的商品，以及国外的商品均可运至喀山。从圣彼得堡运至喀山的货物主要是各种纺织品，国外进口的主要商品是镀锡、玻璃餐具、葡萄酒、染料、大米和糖，等等。莫斯科所产的丝织品、棉纺织品和五金产品运至喀山；阿尔汉格尔斯克的木制油脂、锡、铁皮和水果干经常运至喀山；沿伏尔加河和土路，阿斯特拉罕的鱼、鱼子酱、香料、丝织和棉纺织品、葡萄酒可运至喀山；东南部地区，经奥

---

① И.И. Лепехин. Дневные записки. ч. I. стр. 90-91.

② ДНУАК. т. III. от. II. стр. 238-239.

伦堡运至喀山的主要商品是牛油和羊油、马匹、牲畜、塔什干印花布、皮袄和棉花等；从伊尔比特展销会运来的商品主要是纺织品、茶叶、瓷制餐具和毛皮等。喀山运出的主要商品是粮食、软皮革、油脂、鱼、肥皂、纺织品、树脂和焦油①。

在所有商品中，软皮革和肥皂由喀山本地工商业机构所产。在喀山的工业部门之中，皮革和肥皂工业最为发达，这些产品在城市贸易中发挥了重要作用。

18 世纪末，喀山的"工厂"数量如下：肥皂"工厂"25 家、皮革"工厂"28 家、制曲"工厂"5 家、啤酒"工厂"3 家、制砖"工厂"21 家、陶瓷"工厂"5 家、瓷器"工厂"2 家、制钟"工厂"2 家、醋"工厂"1 家、胶水"工厂"1 家。

上述很多"工厂"的产品产量很大。例如，皮革"工厂"每年加工软革和羊皮的数量为 73650 张，鞋底用皮 3575 张，产品价值为1.0 万~1.5 万卢布②。

需强调的是，喀山所产的皮革制品全国出名，在各地均十分畅销。М. Д. 丘尔科夫指出："喀山山羊皮是上等皮革，在俄国各地展销会均十分畅销。"③

就产品数量而言，喀山产量最高的是肥皂"工厂"。肥皂"工厂"内共有 55 个锅炉，每年可产 12.5 万普特肥皂。喀山所产肥皂的质量明显好于其他城市。5 家制曲"工厂"年均生产小麦和燕麦麦芽糖的数量为 35800 普特④。

① М. Д. Чулков. Указ. соч. т. VI. кн. IV. стр. 212–213.
② Л. Максимович. , А. Щекатов. Указ. соч. ч. III. М. , 1804. стр. 108–109.
③ М. Д. Чулков. Указ. соч. т. VI. кн. IV. стр. 211.
④ Л. Максимович. , А. Щекатов. Указ. соч. ч. III. М. , 1804. стр. 108–109.

史料中并没有记载这些"工厂"的生产特征,毫无疑问,它们并没有脱离普通手工业生产的范畴。

喀山的官方信息数据中曾记载了这些手工工场。其中最具代表的是伊万·奥索金呢绒手工工场(之前属于伊万·德里亚布罗夫)。该手工工场拥有 96 台机器生产士兵呢绒,20 台机器生产其他麻纺织品。此外,喀山还成立了生产大红布和金银带子的"工厂"。大红布"工厂"有 20 台机器,每年可生产大红布 5000~6000 匹,金银带"工厂"有 4 台机器,产品产量也很高①。

城市工业逐渐向外扩张。1714 年,喀山城外建立了呢绒手工工场②。18 世纪下半叶,由于工商业快速发展,从事各类工商业活动的喀山居民数量明显增加,一部分之前在手工工场内工作的工匠和工人到周边地区工作,然后成为作坊主或企业法人。

按照喀山总督府的规划,喀山市的行政区域将大幅扩大。与城市相连的郊区和工商业区均要纳入喀山,包括阿尔汉格尔斯克经济镇的 274 户男性居民、普列捷尼镇的 125 户男性农民、波波夫克村的 35 名男性居民,以及服役鞑靼人居住的工商业区(老区和新区)。鞑靼人旧区的男性居民数量为 481 人,鞑靼人新区的男性居民数量为 470 人。就生产活动而言,这些村镇的居民与市民相差无几。M. M. 梅谢尔斯基省长曾指出:"这里的农民并不在居住地从事农业生产,他们在城市内获取的收入主要用于缴纳代役租。"③

由此可知,他们已是城市居民的重要组成部分。除原有居民之外,现居住在城内的车夫和某些其他等级的纳税居民亦可称为城市居

---

①　Л. Максимович., А. Щекатов. Указ. соч. ч. III. М., 1804. стр. 108-109.

②　ЦГАДА. ф. Портфеели Миллера. д. 385. портфель 1. л. 27.

③　ЦГАДА. ф. Госархива. р. XVI. д. 725. ч. 1. лл. 76 об., 262.

民。1780 年数据显示，喀山市男性居民的数量为 5854 人①。1788 年喀山市民的数量达 9163 人②。

喀山行政区域的扩张和居民数量的增加导致行政管理系统的变革。城市重新进行了行政区划。第一部分是带有堡垒的城市，它与喀山市和河流沿岸的工商业区邻近，城郊和郊区的街道也纳入了本部分。第二部分是城市工商业区，包括新旧鞑靼工商业区、普列捷尼镇和波波夫克村。此外，阿尔汉格尔斯克经济镇也被纳入了该街区。个别街区还建立了呢绒手工工场，手工工场连同所属居民共同被纳入了工商业区。其中工匠和工人的数量总计 1466 人③。

这就是喀山的工业郊区。

喀山是喀山省的工业中心，它的商品销售至伏尔加河中游大部分地区。

---

① ЦГАДА. ф. Госархива. р. XVI. д. 725. ч. 1. л. 78-78 об.

② 各地居民数量如下：

单位：人

种类	数量	种类	数量
军官	110	呢绒工厂的工匠和工人	1394
列兵	2432	乌克兰人	8
官员	150	经济农	16
商人	561	阿尔汉格尔斯克工商业镇居民	240
市民	956	普列捷尼镇居民	130
行会工人	821	波波夫克村居民	37
鞑靼人	47	车夫	147
居住在新旧工商业区的鞑靼人	1133	僧侣	190
奴仆	756		
非俄罗斯族农民	35		

资料来源：Л. Максимович., А. Щекатов. Указ. соч. ч. III. М., 1804. стр. 111。

③ ЦГАДА. ф. Госархива. р. XVI. д. 725. ч. 1. л. 260 об. 78.

在喀山省各县城中小商品生产和贸易占优势，切博克萨雷就是代表。城内有众多加工农业原料的企业，如磨坊、制曲"工厂"、碾米"工厂"和炼脂"工厂"。

皮革生产极其普遍。17 世纪末，切博克萨雷建立了 3 家皮革手工工场，分别属于亚历山大、格里高利和米哈伊尔·伊古姆诺夫，手工工场的年产量超 1000 普特（软皮革）①。18 世纪，切博克萨雷已成为伏尔加河中游最大的皮革生产工业中心之一。1774 年 5~6 月拜访过切博克萨雷的 И. Г. 格奥尔吉指出："这里有大型软皮革、鞋底皮革和上等羊皮革手工工场，3 家皮革手工工场的年均皮革产量达 7000~8000 张。"② 切博克萨雷大部分皮革"工厂"是小企业。18 世纪六七十年代城内共有 9 家不大的皮革生产企业，其产品足以满足本地市场的需求③。

切博克萨雷的小商品生产也颇为发达，以金属加工业最为知名，这里的技师主要生产铜制和锡制餐具、锅炉和教堂钟表④。

切博克萨雷地理位置优越，推动了该地过境贸易的发展。码头居民的主营业务之一就是为停泊此处的运粮船服务，以便它们顺利航行至伏尔加河上游诸港口⑤。18 世纪中叶，为切博克萨雷船只服务的纤夫数量就达 1500~2000 人，纤夫主要是外来农民。大量的粮食、油脂、皮革和其他货物在切博克萨雷码头装船。切博克萨雷的商人将货

① Е. И. Заозерская. Торги и промыслы гостиной сотни Среднего Поволжья-Петр Великий. т. I. М. -Л.，1947. стр. 227.

② J. G. Georgi. Bemerkungen einer Reise im Russischen Reich. B. II. St. -Petersburg，1775. S. 824.

③ В. Д. Дмитриев. История Чувашии XVIII в. Чебоксары.，1959. стр. 235.

④ Ф. А. Полунин.，Г. Ф. Миллер. Указ. соч. стр. 438.

⑤ ЦГАДА. ф. Госархива. р. XVI. д. 725. ч. 1. л. 117.

物运至莫斯科、阿尔汉格尔斯克、圣彼得堡和其他城市，船只数量可达 600~700 艘[1]。

切博克萨雷的经济发展水平逊色于之前斯维亚日斯克省的行政中心斯维亚日斯克。当斯维亚日斯克转变为县城之后，它在周边地区经济发展中的作用也开始下降。

所有新建城市中规模最大的是马马德什，城内共有 1272 名男性居民[2]。马马德什位于维亚特卡河上，距卡马河不远，基于此，此处造船手工业和食品贸易均颇为发达。

此区域粮食贸易的中心是奇斯托波尔，在城市徽章中就有所体现。这里各种粮食贸易发展迅速[3]。

喀山省其他城市都因地方政府机构改革而创建，它们的居民数量不多，一般城内男性居民的数量不超过 450 人，在居民中农民的数量最多，其余居民的生产活动或多或少与农业相关。这些城市主要是行政中心，对周边地区居民的吸引力有限。

伏尔加河中下游很多古老城市位于辛比尔斯克和萨拉托夫省之中，它们一直是重要的过境贸易中心。辛比尔斯克和萨拉托夫的贸易颇为繁荣。

从 17 世纪末开始，萨拉托夫就成为大型转运点。很多重要的商路都穿过该城市。伏尔加河将萨拉托夫和俄国许多省份连为一体，最具代表性的是从阿斯特拉罕至萨拉托夫，后延伸至喀山和莫斯科的波索里斯克大道。萨拉托夫还有苏尔斯克大道，经该道路可到达奔萨省。沿着上述道路可向莫斯科运送盐、鱼和来自东方的商品。由阿斯

---

① В. Д. Дмитриев. Указ. соч. стр. 214，222.

② ЦГАДА. ф. Госархива. р. XVI. д. 725. ч. 1. л. 117.

③ ПСЗ. т. XXXI. № 15260.

特拉罕和察里津经萨拉托夫至坦波夫和沙茨克的大道（沿伏尔加河沿岸）也促进了该地区的经济发展，牲畜群就由这条道路被驱赶至莫斯科①。

18 世纪，随着伏尔加河流域货流量的增加，萨拉托夫的经济作用迅速提升，逐渐成为伏尔加河流域重要的经济中心之一。1747 年，萨拉托夫的经济作用就已凸显，这与制盐业的发展密切相关。盐业委员会后来更名为基层盐业监督处。萨拉托夫建立了众多存储埃利通盐的仓库和货栈，由此转运至全俄各地。萨拉托夫有很多专门供盐的承包商②。农民外出打工者也来萨拉托夫工作，他们从事食盐的搬运工作，将食盐搬运到船只之上。

萨拉托夫的商人抱怨，该城市位于水陆两路交汇之处，所以外来居民的数量众多，给他们带来了诸多不便。1767 年法典编纂委员会的训令中指出，城外商人、不属于本地居民的外地人中的一部分人可被称为本地居民，他们不但在城内购买了店铺和货栈，还在当地娶妻生子③。

大量的贸易农跻身于商人等级。E. H. 库舍夫指出："1763～1772 年，约有 40 名地主农民和宫廷农民转变为萨拉托夫商人。"④

在城内定居的部分外来居民、逃跑农民成为市民。基层盐业监督处曾公布消息，很多逃跑农民在萨拉托夫居住已久，一个逃跑农民还成为班长，绰号"小公马"⑤。法典编纂委员会成员加夫里尔·罗蒙

①　Т. М. Акимоваи., А. М. Ардабацкая. Очерки истории Саратова（XVII и XVIII век）. Саратов., 1940. стр. 41.

②　Е. Н. Кушева. Саратов в третьей четверти XVIII в. Саратов., 1928. стр. 5.

③　Сб. РИО. т. 134. стр. 267.

④　Е. Н. Кушева. Указ. соч. стр. 13.

⑤　Е. Н. Кушева. Указ. соч. стр. 4.

诺索夫指出："萨拉托夫居民众多，有一部分居民为小村庄的农民、地主农民和其他类型农民。1767 年三四月份，为寻找自己的逃跑农民，地主来到了萨拉托夫，在当地警察的帮助之下寻找自己的农民。"① 萨拉托夫商人伊万·波尔特诺夫也曾提及："地主农民自己伪造护照，我们没法辨别出护照的真伪。"② 萨拉托夫商人也曾提及该事件，因贸易快速发展，需要大量的人手，完全不能确认雇佣工人证件的真伪。

由于外来居民（农民）的数量众多，18 世纪下半叶，萨拉托夫市民的数量明显增加。第二次人口调查数据显示，1746 年萨拉托夫工商业居民的数量达 2056 人③。18 世纪 70 年代中期，萨拉托夫在册居民的数量超过 6000 人，僧侣、官员、贵族和服役人员并没有核算在内④。

1767 年，从法典编纂委员会给地方商人的训令中可看出萨拉托夫贸易的活跃。训令中指出："伏尔加河水路经过萨拉托夫，上游城市运来的商品是粮食、木材和其他各类俄国和外国商品，阿斯特拉罕和其他下游城市的鱼产品等也运送于此。中东国家的货物也运至萨拉托夫，其中丝织商品的数量最多。此外，卡尔梅克人（在伏尔加河沿岸草原游牧）每年都会驱赶大量的牲畜，同时携带当地居民所需的商品运至萨拉托夫。"⑤ 18 世纪中叶，鱼产品贸易颇为发达。萨拉托夫将运至本地的鱼产品销售至全俄各地，主要运输方向有三：一是乌克兰；二是沿伏尔加河向上航行，随后经奥卡河和克利亚济马河运

---

① Сб. РИО. т. 4. стр. 123–124.

② Сб. РИО. т. 4. стр. 122.

③ А. А. Кизеветтер. Посадская община в России. XVIII ст. стр. 104.

④ Е. Н. Кушева. Указ. соч. стр. 4.

⑤ Сб. РИО. т. 4. стр. 267，270.

至中部工业区；三是由陆路经弗拉基米尔和科洛姆纳运至中部省份和圣彼得堡①。

从 1770 年开始，萨拉托夫运出的商品种类发生了改变。1771 年卡尔梅克人向外迁移，大量国家农民和地主农民迁移至伏尔加河流域，运至萨拉托夫的牲畜数量减少，牲畜贸易开始衰落，农产品贸易跃居第一位②。

18 世纪最后 10 年，萨拉托夫的贸易继续发展③。

萨拉托夫商人将贸易中获得的一部分资金投入工业领域。自由经济协会调查数据显示，萨拉托夫建立了制帽和制袜"工厂"，只是它们的规模不大。"工厂"内工人的数量为 5～30 人④。生产袜子的"工厂"总共才有 3 台机器⑤。1774 年这些"工厂"发生火灾，之后并没有翻新⑥。И. И. 列佩辛指出："1769 年萨拉托夫有绳索'工厂'。"⑦ 不久后数量增加至 3 家⑧，其中一家"工厂"属于商人阿凡纳西亚·梅夏尼诺夫。18 世纪下半叶，萨拉托夫其他等级居民和部分组织也开始从事工业生产，但成绩不佳⑨。

第四次人口调查数据显示，辛比尔斯克和其他大型商业城市共有 2050 名商人。他们在伏尔加河流域各城市进行贸易，从下向上运输

---

① Е. Н. Кушева. Указ. соч. стр. 6.

② Е. Н. Кушева. Указ. соч. стр. 58.

③ М. Д. Чулков. Указ. соч. т. VI. кн. IV. стр. 272.

④ Ответы на Анкету ВЭО ПО Саратовскому уезду. л. 16.

⑤ В. Орлов-Давыдов. Биографический очерк графа Владимира Григорьевича Орлова. т. I. СПб., 1878. стр. 49–50.

⑥ Е. Н. Кушева. Указ. соч. стр. 32.

⑦ И. И. Лепехин. Двеные записки. ч. I. стр. 360.

⑧ Е. Н. Кушева. Указ. соч. стр. 32.

⑨ Е. Н. Кушева. Указ. соч. стр. 32–33.

粮食、鱼产品和其他商品①。萨马拉的过境贸易繁荣。П. С. 巴拉斯曾指出："全俄各地前来萨马拉的居民数量增加，他们运来了大量牲畜，还进行鲜鱼、咸鱼和鱼子酱贸易。与伏尔加河流域其他城市一样，该地鱼产品贸易发达，鱼产品主要从雅伊克河（乌拉尔）运进。除上述商品外，萨马拉贸易中羊羔皮的交易量不容小觑，它们主要用于缝制皮袄。商人从卡尔梅克人和哥萨克处购买羊羔皮，然后将它们运至全俄各地销售。萨马拉运出的羊羔皮质量上乘，备受消费者青睐。"② 塞兹兰的贸易规模仅次于萨马拉，这里共有 1734 名商人，他们主要从事粮食和鱼产品贸易。大部分城市居民种植果树，城内有最好的苹果园③。伏尔加河上的斯塔夫罗波尔保留了军事功能，这里有坚固的堡垒，哥萨克和士兵在这里驻防。工商业区的很多居民专门为驻军服务，他们主要从事粮食和食盐贸易。П. С. 巴拉斯指出："在城市的商人居住区共有 450 户居民。"④

伏尔加河下游最大的城市是阿斯特拉罕。1770 年，阿斯特拉罕的居民数量达 7.0 万人，其中外国商人和市民的数量就达 3000 人⑤。Ф. А. 波卢宁指出，阿斯特拉罕范围甚广，郊区包围了城市，其中最大的是喀山工商业区、西伯利亚工商业区和鞑靼尔区工商业区。1746 年，阿斯特拉罕南部也出现了一个工商业区，这里的居民主要是亚美尼亚人，此处贸易颇为发达⑥。除在伏尔加河流域过境贸易中的作用不容忽视，阿斯特拉罕还是俄国与东方国家商品交易的中心，此处与

---

① М. Д. Чулков. Указ. соч. т. VI. кн. IV. стр. 272.

② П. С. Паллас. Указ. соч. ч. I. стр. 225，226–227.

③ М. Д. Чулков. Указ. соч. т. VI. кн. IV. стр. 280.

④ П. С. Паллас. Указ. соч. ч. I. стр. 177.

⑤ Л. Максимович.，А. Щекатов. Указ. соч. Ч. I. стр. 53.

⑥ Ф. А. Полунин.，Г. ф. Миллер. Указ. соч. стр. 16–17.

波斯的贸易最为繁荣。Л. 马克西莫维奇在著作中曾指出在阿斯特拉罕，俄国人与波斯人的贸易十分频繁①。18 世纪最后 10 年，阿斯特拉罕的丝织和棉纺织手工工场开始普及，这些手工工场使用自由雇佣劳动力工作②。

伏尔加河中下游新建城市中经济发展最快的是沃利斯克。18 世纪下半叶，沃利斯克共有 88 名商人和 2210 名市民。商人主要向伏尔加河下游城市运送粮食③。

这一区域内大部分的新城市具有农业特征，在很长一段时间内，居民的活动都与农业生产密切相关，其中巴拉绍夫最具代表性。巴拉绍夫的居民之前是皇室农民，城市建立后，这些农民成为市民，但仍从事农业生产。第四次人口调查数据显示，巴拉绍夫共有居民 743 人，均登记为市民。这些居民大部分来自伏尔加河上游各县城。第三次人口调查数据显示，之前的巴拉绍夫村镇只有 60 名男性农民，他们是新城市居民的主体④。巴拉绍夫居民仍从事农业生产，他们除耕作自己的土地外，还租赁国有土地从事农业生产⑤。值得一提的是，过渡至市民等级后，巴拉绍夫居民的经济状况开始恶化。毋庸置疑的是，巴拉绍夫和其他很多城市一样，只是行政中心，并不具备转变为经济中心的条件。

笔者研究伏尔加河中下游的城市后发现，18 世纪下半叶，伏尔加河中下游城市的数量远逊色于中部黑土区。在这些区域内，城市的

① Новый и полный географический словарь Российской государства. ч. I. стр. 53.

② Хрестоматия по истории СССР XVIII в. стр. 316-317.

③ Л. Максимович. , А. Щекатов. Указ. соч. Ч. I. стр. 171-172.

④ Л. Максимович. , А. Щекатов. Указ. соч. Ч. I. стр. 65.

⑤ Л. Максимович. , А. Щекатов. Указ. соч. Ч. I. стр. 327.

贸易功能占主导。与黑土区南部城市一样，这里粮食和动物产品的贸易颇为发达，伏尔加河中下游的各类商品都运至中部地区，贸易成为刺激这两个地区经济发展的重要因素。

伏尔加河流域的城市发展都有自己的独特性，它们分布于当时的贸易大动脉伏尔加河两岸。因商人等级的资金和实力雄厚，所有城市的贸易特征逐步强化。伏尔加河流域城市的贸易特征毋庸置疑。

从阿斯特拉罕运至国内市场的主要货物是鱼、鱼产品、盐和东方的货物。萨拉托夫交易的主要货物是粮食、鱼和皮革。辛比尔斯克、萨马拉和塞兹兰的粮食贸易逐步繁荣。喀山的商品种类众多，它的皮革和肥皂颇为畅销。下诺夫哥罗德除粮食贸易颇为繁荣外，绳索的产量也很高。

伏尔加河流域的商人在贸易中积累了大量资金，很大一部分资金用于工业生产。商业发达城市的代表是下诺夫哥罗德、喀山、阿斯特拉罕，这些城市的工场手工业快速发展，同时小商品生产也颇具规模。在工业发展的同时，大城市的工商业区逐步扩大，很多区域都纳入了城市范畴。随着城内农民数量的增加，城郊的规模也逐步扩大，喀山和下诺夫哥罗德均是如此。

工商业区形成之后，它们开始具有城市的某些特征，城市居民的数量随之增加，工商业的规模逐步扩大，喀山资本主义原始资本积累的过程已然开启，而下诺夫哥罗德早就开始了这一过程，只是它们仍属于封建城市的范畴。18 世纪下半叶，在俄国城市之中，资本主义原始资本积累过程已开始，只是由于封建制度的桎梏，该过程十分缓慢，却改变不了城市发展的方向，各城市内资本主义因素逐步扩展，封建城市逐渐向资本主义类型城市转变。

需着重强调的是，阿尔扎马斯的工业快速发展，该地肥皂和皮革工业发达。某些皮革和肥皂"工厂"的规模有限，通常只能称之为手工作坊。在阿尔扎马斯内还产生了其他工业部门，如棉纺织手工工场和丝织手工工场。阿尔扎马斯的经济发展证明了城市周边工商业区开始形成，即便政府并没有将其纳入城市范畴，它也已成为城市的重要组成部分。

伏尔加河中下游的很多城市具有农业特征。1775 年地方政府机构改革后建立的很多城市都具有该特征。除沃利斯克外，很多城市只是行政中心，在研究时期内一直如此。

18 世纪末，地方政府机构改革之后，很多城市并没有出现经济快速增长的现象，如之前的省城阿拉特里、县城库尔梅什和斯塔夫罗波尔，它们主要发挥行政功能。

乌拉尔及其附近地区

乌拉尔地区城市的经济面貌十分复杂。城内工业的状况足以展现其经济发展特征。18 世纪乌拉尔地区城市中大工业、工场手工业和小商品生产规模仍有差别，这里有很多城市的贸易颇为繁荣，贸易形式多样。出现这种状况的原因是乌拉尔地区位于俄罗斯帝国的边疆区，且领土广袤，因资源和交通等因素的制约，各地经济发展模式略有差异，也造就了乌拉尔地区独特的经济面貌，其中很多城市的产生与俄国政府的军事殖民政策相关，所以，众多城市长期保留了军事行政功能。

18 世纪下半叶，乌拉尔地区出现了各种类型的城市。乌拉尔是俄国大型工场手工业基地，冶金工业最为繁荣。这些城市的典型是叶卡捷琳堡，它是乌拉尔采矿工业的中心。矿物委员会官员管理着乌拉尔地区所有的手工工场。冶金工业是当地经济发展的基础。18 世纪下半叶，对于乌拉尔地区的城市经济而言，采矿工业发挥了重要作用。采矿工业快速发展这一特征在叶卡捷琳堡体现得最为明显，它刺激了城市金属加工和有色金属加工手工业的发展。

叶卡捷琳堡经济专业化的表现是这里有大量的冶金和其他类型手工工场，很多企业的规模很大，完全可以称之为大型手工工场，这极大地影响了城市居民的社会成分。研究时期内叶卡捷琳堡的居民主体是各类工厂的工作人员[1]。

叶卡捷琳堡除采矿工业发达之外，其他工业部门也颇为繁荣。《采矿工业行政消息报》中指出："叶卡捷琳堡虽然是城市，实质上犹如一家工厂，人口最多的地区是工人的居住点，商人的数量也不容忽视，工厂中人数最多的是在册农民（领有农民）。"[2]

值得一提的是，叶卡捷琳堡是乌拉尔采矿工业区的行政管理中心，很多政府官员和军事官员均生活在这里。

1781 年人口调查数据显示，叶卡捷琳堡的居民总量为 7969 人，具体的社会成分详见表 4-23。

表 4-23　1781 年叶卡捷琳堡居民的社会成分

单位：人

居民社会构成	男性	女性	不满 15 岁儿童	总计
工厂工人	754	980	1943	3677
农民	180	227	434	841
工作人员和奴仆	179	184	29	392
公职人员	140	174	297	611

---

① И. И. Лепехин. Дневные записки. ч. II. стр. 195.

② ЦГАДА. ф. 397. д. 445/6. л. 1 об.

续表

居民社会构成	男性	女性	不满 15 岁儿童	总计
商人、工商业区居民和行会人员	257	303	569	1129
僧侣	24	22	22	68
贵族	16	22	19	57
军人	227	282	392	901
其他	55	95	153	303
总　　计	1832	2289	3858	7979

　　知名城市史学家 M. A. 哥尔洛沃指出："1745 年至 18 世纪最后 30 年，叶卡捷琳堡城市居民数量超过了 3000 人。"[1] 值得一提的是，叶卡捷琳堡内手工业者的比重有所提升（超过 30%），究其原因是城内农民的数量大幅增加。1763 年，叶卡捷琳堡商人和行会人员的数量仅有 133 人，其中包括 44 名来自乌拉尔各县城和其他省份的农民[2]。18 世纪 80 年代，超过一半的基尔德商人源自国家农民和经济农民。据统计，92 名商人中有 59 人来自农民等级，他们现在已成为基尔德商人[3]。从 1775~1785 年地方政府机构改革开始，叶卡捷琳堡的矿物管理局就已转变为城市行政机构，改革后居民数量明显增加。18 世纪末，城市居民的数量达 1.0 万~1.1 万人[4]。

　　18 世纪末，叶卡捷琳堡的经济开始衰退，城市的面貌也发生了改变。除大工业、工场手工业之外，城内小商品生产逐步繁荣。手工业者的活计与手工工场密切相关，很多手工业者加工铁制品，诸如铁

---

[1]　M. A. Горловский. Население Екатеринбурга во второй половине XVIII в. Из истории рабочего класса и революционного движения. M., 1958. стр. 119.

[2]　ЦГАДА. ф. 291. д. 12278. лл. 7–11.

[3]　M. A. Горловский. Указ. соч. стр. 121.

[4]　Л. Е. Иофа. Города Урала. M., 1951. стр. 258.

匠、钳工和车工，还有其他从业者，如琢磨工、细木工和制轮匠人。很多小商品生产部门均蓬勃发展，它们已不再属于小手工作坊的范畴。1790 年，叶卡捷琳堡有 10 家炼脂"工厂"、6 家榨油"工厂"、20 家皮革"工厂"和 9 家制砖"工厂"等①。某些手工作坊的规模很大，如炼脂"工厂"每年可生产 13.0 万普特油脂，总价值 60 万卢布，其中商人列扎诺夫"工厂"的产品价值为 12.2 万卢布，卡扎尼采夫"工厂"的产品价值为 7.6 万卢布。除油脂外，叶卡捷琳堡每年还运出 2.5 万普特牛油，价值为 12 万~15 万卢布②。

叶卡捷琳堡的工业发展推动了贸易的繁荣，该地逐渐成为大型贸易基地。叶卡捷琳堡商人与欧俄地区、西伯利亚和中国市场均建立了密切的贸易联系。18 世纪末 19 世纪初，该地的年均贸易总额超过百万卢布（国家企业和手工业品的价值并未核算在内）。与此同时，彼尔姆和昆古尔的年均贸易额也达 20 万卢布③。

部分研究者曾指出，就经济轮廓而言，虽然 18 世纪末 19 世纪初叶卡捷琳堡是封建城市，但资本主义生产关系已萌芽。Л. Е. 约法写道："叶卡捷琳堡市焕然一新，但两种经济形式均存在，旧的封建国立采矿中心的地位仍然保留，新形式的工商业城市地位也逐步确立。与乌拉尔地区其他城市不同的是，叶卡捷琳堡的社会经济生活中出现了新特征，由于叶卡捷琳堡便利的地理位置，它是欧俄与西伯利亚和远东地区的交通枢纽，更是乌拉尔地区的经济中心。"④ 笔者认为，

① Н. С. Попов. Хозяйственное описание Пермской губерний. т. 2. СПб., 1804. стр. 80, 106, 131, 324.

② Н. С. Попов. Хозяйственное описание Пермской губерний. т. 2. СПб., 1804. стр. 323-324.

③ Л. Е. Иофа. Указ. соч. стр. 263.

④ Л. Е. Иофа. Указ. соч. стр. 263-264.

该说法有些片面，18世纪最后10年，叶卡捷琳堡产生了新的农产品加工工业，贸易同样繁荣，基于此，在研究时期内，乌拉尔地区的资本主义生产关系逐渐发展。

18世纪中叶，乌拉尔地区的采矿工业快速发展，新建了诸多冶金手工工场，不但影响了叶卡捷琳堡的经济发展，同样也影响了乌拉尔地区的其他城市。阿拉帕耶夫斯克市就是这方面的代表。

Л. Е. 约法写道："笔者在研究乌拉尔地区城市的经济地理状况时发现，自然地理因素对采矿工业的影响力下降。"[①] 18世纪，Л. Е. 约法到过乌拉尔地区的诸多工业中心，他认为此时中小手工工场才是当时城市经济发展的基础。可惜的是，作者并没有指出大小工业间的差别。即便如此，Л. Е. 约法仍指出："乌拉尔地区产生了10座'现代'城市，它们的产生与冶金业关系不大。这些城市的代表是阿拉帕耶夫斯克、涅维扬斯克、卡梅尼斯克、斯维尔德洛夫斯克（之前的叶卡捷琳堡）、彼尔姆、下塔吉尔、第一乌拉尔斯克、波列夫斯克、瑟谢尔季和列夫达，等等。"[②]

18世纪，很多城市均可纳入大商业城市的范畴，如叶卡捷琳堡和彼尔姆，阿拉帕耶夫斯克等城市的规模稍有欠缺。彼尔姆市的经济发展也与冶金业密切相关。

乌拉尔冶金工业的其他特征也需提及。18世纪，乌拉尔地区大部分冶金手工工场属于私人所有，手工工场内主要使用强制劳动力。手工工场的工人是工场主的私人农奴，或是政府赐予给手工工场的领有农民，部分农民最后过渡为市民，这就导致手工工场劳动力短缺。

---

① Л. Е. Иофа. Указ. соч. стр. 157, 162 и др.

② Л. Е. Иофа. Указ. соч. стр. 123.

以上状况足以证实封建生产关系遏制了俄国城市经济的发展。

工厂镇①居民的城市特征在他们的社会等级划分中足以表现，居民中数量最多的是各城市到此的手工业者和商人，以及与手工工场工作密切相关的逃亡农民。П. Г. 雷德琼斯基对该问题有独到的见解，他指出："乌拉尔冶金手工工场主要依靠强制劳动力，他们并不只是在工场内工作，有部分工场工人还从事工商业活动，刺激了城市社会经济的快速发展。"② 很多文献和材料可确认该事实。叶卡捷琳堡市政厅数据显示，1763 年，商人和行会人员的数量达 133 人③。

在乌拉尔各城市经济生活中，小商品生产和贸易的作用逐步提升，其中最具代表性的城市是昆古尔。И. И. 列佩辛在 1770 年到过昆古尔，他认为该城市的经济发展规模仅次于奥伦堡和叶卡捷琳堡。他在自己的日记中对昆古尔的描述如下："城内商人的数量达 2000 人，他们中很多人有皮革和肥皂'工厂'，还有部分居民建立了磨坊。城内最重要的手工业部门均与粮食相关，某些商人还从事农业生产。大部分商人依靠手工工场生活，甚至有一部分人充当伙计和看守人。"④

以上描述足以确定当时昆古尔的经济生活特征，在城市经济生活中粮食贸易发挥了重要作用，此活动可与工业生产相媲美。这种状况主要出现于 1775 年地方政府机构改革之前。彼尔姆市自建立起就是

---

① 工厂镇，俄国十月革命前存在的一种居民点形式，它们在行政功能上不能被称之为城市，工厂镇内工厂和工人数量众多，其规模远超于一般的城市，只是政府并没确认其城市地位。——译者注

② П. Г. Рындзюнский. Город-очерки истории СССР. Период феодализма. Россия во второй четверти XVIII в. М.，1957. стр. 190.

③ ЦГАДА. ф. 291. оп. 3. д. 12278. лл. 7–11.

④ И. И. Лепехин. Дневные записки. ч. II. стр. 224.

彼尔姆总督区的行政中心，昆古尔降为县城，由于它地处欧俄和西伯利亚与乌拉尔地区的商品运输线路上，它的贸易仍继续发展，只是它的贸易额降低。昆古尔的贸易规模逐渐让步于彼尔姆。所有这些因素均导致当地的商业资本逐渐流入工业①。

在昆古尔，最重要的工业部门是皮革工业。17 世纪末 18 世纪初，昆古尔的皮革工业就已颇具规模。这里除生产皮革外，还用皮革生产鞋子和皮大衣，以及马具等日用品。18 世纪中叶，昆古尔成为乌拉尔西部地区大型的皮革生产基地，这里有 10 余家企业，生产规模明显扩大②。18 世纪末，昆古尔市有 139 家皮革"工厂"，年均各类皮革产品的产值达 12.0 万卢布③。

19 世纪初，昆古尔的某些皮革"工厂"已成为大企业，具有手工工场的某些特征。昆古尔的商业资本流入了工业，推动了工业发展。值得一提的是，18 世纪末，昆古尔的资本主义生产关系快速发展。

很多研究者将 18 世纪昆古尔皮革工业的发展与乌拉尔的冶金工业联系在一起，工商业快速发展促进了乌拉尔地区的居民快速增加。昆古尔的皮革产品不但在乌拉尔及其附近地区销售，还远销至中亚④。

索利卡姆斯克的状况十分复杂，它之前曾是北乌拉尔地区的工商业和行政中心。1763 年上图里耶海关取缔之后，从欧俄地区向南至西伯利亚的商路发生了变化，运输商品的线路为昆古尔—叶卡捷琳

---

① Л. Е. Иофа. Указ. соч. стр. 254.
② А. А. Преображенский. Очерки колонизации Западного Урала в XVII - начале XVIII в. М., 1956. стр. 177.
③ Л. Е. Иофа. Указ. соч. стр. 255.
④ А. А. Преображенский. Указ. соч. стр. 179.

堡—秋明，索利卡姆斯克的过境贸易作用不再。此时，索利卡姆斯克经济的基础是制盐手工业，该工业部门逐渐成为它最重要的经济部门，也是索利卡姆斯克可以成为城市的重要因素①。И. И. 列佩辛在1771 年夏天曾到过索利卡姆斯克，他指出："当地制盐业的规模很大，产品产量很高。只是这里的盐不能与伏尔加河下游出售至俄国内部市场的盐相竞争。"②

索利卡姆斯克市商人的数量众多（第三次人口调查时男性居民的数量为 1354 人），他们主要在乌拉尔北部地区采购毛皮，然后将其销售至国内各地的展销会。城内大部分居民都从事手工业生产，他们主要的营生是金属加工、服装缝制和皮革加工等行业③。

索利卡姆斯克以北切尔登市的经济地位降低。切尔登是乌拉尔地区古老的城市之一，之前该地位于繁荣的贸易线路之上，18 世纪下半叶该地贸易一直颇为发达。1770 年到过切尔登的 Н. П. 雷奇科夫曾指出："很久以前斯拉夫人就在这里居住，他们中很多人因经商积累了大量财富。"④ 城市贸易繁荣，当地商人从卡马河流域运进粮食，从伯朝拉河流域运进鱼产品⑤。

上图里耶市的状况不佳。按照惯例，开春前商人从欧俄地区经此去往西伯利亚经商，上图里耶海关关闭后，商人不再经过此处，它的贸易地位开始降低。18 世纪末，上图里耶市男性居民的数量为 1220 人⑥。

---

① Н. В. Устюгов. Солеваренная промышленность Соли Камской в XVII в. М. , 1957.

② И. И. Лепехин. Дневные записки. ч. III. СПб. , 1780. стр. 129–135.

③ Н. Н. Рычков. Продолжение журнала или дневных записок пуешествия по разным провинциям Российского государства 1770 г. СПб. , 1772. стр. 96.

④ Н. Н. Рычков. Продолжение журнала или дневных записок пуешествия по разным провинциям Российского государства 1770 г. СПб. , 1772. стр. 124.

⑤ Л. Е. Иофа. Указ. соч. стр. 185.

⑥ И. И. Лепехин. Дневные записки. ч. III. стр. 78.

　　И. И. 列佩辛指出："上图里耶市的商人并不富有，他们中不少人依靠城内店铺过活，部分商人依靠采购和出售毛皮为生。某些商人还建立了皮革手工工场并从事捕鱼业。"① П. С. 巴拉斯也指出："上图里耶有一家大型软皮革'工厂'。"②

　　上图里耶市商人还从事精席贸易，И. И. 列佩辛指出："每年有大量的商人去西伯利亚采购精席。"

　　此外，上图里耶商人还将石灰和打磨过的石头运至城内，主要销售给图拉河附近的村镇居民。И. И. 列佩辛指出："城内有不少的工匠，还有商人和各类手工业者。1770 年，城内居民的数量是 531人。"③ 第三次人口调查时期居民的数量为 716 人④。由此可知，上图里耶工商业居民的数量开始降低。

　　乌拉尔地区部分城市成为展销会贸易的中心，其中最具代表性的是伊尔比特。伊尔比特逐渐成为南乌拉尔地区展销会贸易的中心。伊尔比特展销会的贸易额逐年增加，它不但在乌拉尔和西伯利亚地区，而且在国家其他地区中的作用也明显提升。И. И. 列佩辛指出，伊尔比特展销会的院内共有 203 家店铺、26 家小货栈，商品可划分两大类，即莫斯科商品和西伯利亚商品。交易院落附近是小商贩的聚集地，只是此处的交易设施十分简陋。18 世纪下半叶，伊尔比特展销会有来自全国各地的俄罗斯商人、来自恰克图的国外商人，以及鞑靼商人，商人的来源也可证明货物结构的变化。И. И. 列佩辛指出："在伊尔比特展销会上出现了希瓦人、布拉哈人、亚美尼亚人、希腊

① И. И. Лепехин. Дневные записки. ч. III. стр. 78.

② П. С. Паллас. Указ. соч. ч. II. кн. 1. СПб., 1786. стр. 337.

③ И. И. Лепехин. Дневные записки. ч. III. стр. 78.

④ Ф. А. Полунин., Г. Ф. Миллер. Указ. соч. стр. 54.

人，他们将本地商品运至展销会上销售。"① И. Г. 格美林指出：
"1733 年，布哈拉和希瓦商人来到伊尔比特，主要从事黄金和白银贸
易，他们将这些货物运至撒马尔罕销售。"② 奥伦堡建立之后，之前
盛行的贵重金属贸易均集中于这个新城市。

不久，伊尔比特失去之前国际贸易中心的地位。之前从希瓦汗
国和布哈拉汗国运来的商品，如棉花、丝绸纺织品、毛纺织品、毛
皮、骆驼绒、水果，现在都运至奥伦堡。从中国边境运来的纺织
品、陶瓷、茶叶等也运至奥伦堡。从西伯利亚运来的毛皮、油脂、
鱼、肉和原皮同样运至奥伦堡。乌拉尔运至伊尔比特的主要商品是
日常生活所需的铜制容器和铁制品。由阿尔汉格尔斯克、莫斯科和
其他欧俄城市运来的主要货物是呢绒、丝绸、糖制品和粗麻布等③。

除此之外，还有不少本地居民前来参加展销会贸易。18 世纪末，
伊尔比特共有男性居民 785 人，其中商人数量仅有 29 名。城内大部
分居民是市民和行会人员，其数量为 590 名（男性），男性知识分子
的数量为 166 人④。伊尔比特本地居民的主要收入来源是出租住宅和
贸易设施，还有部分居民从事服务业。伊尔比特居民数量增加得较为
缓慢。18 世纪最后 25 年，城内男性居民的数量增加了 502 人。伊尔
比特居民数量缓慢增长的原因是此处贸易具有展销会特征，只有在展
销会举办时当地贸易才繁荣，人口数量骤增。在展销会关闭时，贸易
几乎完全停止，只进行了零星的粮食贸易，人口数量锐减。虽然展销

① И. И. Лепехин. Дневные записки. ч. III. стр. 7–10.

② I. G. Gmelin. Reise durch Sibirien von des Innern von Russland. T. I. Gottingen.,
　 1751. S. 122.

③ И. И. Лепехин. Дневные записки. ч. III. стр. 8–9; Р. М. Кабо. Города Западной
　 Сибири. М., 1949. стр. 119.

④ Л. Максимович., А. Щекатов. Указ. соч. ч. II. М., 1804. стр. 788.

会的规模不大，但仍刺激了城市经济的发展①。

伊尔比特展销会上不能出售的商品运至奥伦堡，虽然奥伦堡的展销会也在春季举行，但这里的展销会是在伊尔比特展销会关闭后再举办。与伊尔比特展销会不同的是，奥伦堡展销会具有固定贸易的某些特征，展销会关闭后该地贸易仍继续繁荣。18 世纪 70 年代，奥伦堡已是乌拉尔地区最大的城市之一，它成为俄国与中亚国家贸易的中心。俄国科学院院士 И. П. 法尔克指出："当时仅俄国居民的数量就达5000 人。"② 在奥伦堡还居住着亚美尼亚人、波斯人，鞑靼人的数量特别多③。奥伦堡也形成了工商业区，称为谢伊托夫工商业区。在奥伦堡石制交易场所内共有 344 家店铺和 148 家货栈，单位店铺的年均交易额就达 5000 卢布④。此外，在距城市 2 俄里处还有商品交易场所。

奥伦堡展销会销售商品的种类众多。从俄国内地运至此处的商品主要是粮食、纺织品、软革、铜制餐具、金属制品、染料、糖，等等；从中亚运来的商品主要是棉花、棉纺织品、骆驼毛、丝线、水果和羊羔皮。哈萨克人将牲畜驱赶于此，也将骆驼毛、未加工的皮革、毛皮和俄国人所需的其他商品运至于此。1770 ~ 1780 年，驱赶至此处的牲畜数量为 16 万 ~ 25 万头。年均运至奥伦堡的哈萨克毛皮数量为3.4 万张，羊羔皮的数量超过 3.4 万张，其中熟羊羔皮超过 8000 张⑤。

---

① Л. Е. Иофа. Указ. соч. стр. 200.

② И. П. Фальк. Записки путешествия. Полное собрание ученых путешествий по России. т. 6. СПб. , 1824. стр. 240.

③ П. С. 巴拉斯指出，1769 年谢伊托夫工商业区有 300 座修建完好的石制房屋。П. С. Паллас. Указ. соч. ч. I. стр. 645.

④ Ф. А. Полунин. , Г. Ф. Миллер. Указ. соч. стр. 232.

⑤ Н. Г. Апполова. Экономические и политические связи Казахстана с Россией в XVIII-XIX в. М. , 1960. стр. 249, 262.

18 世纪 70 年代中期，奥伦堡的贸易规模已很大，海关关税收入达 4.5 万~5.0 万卢布①。

特罗伊茨克市也产生了展销会，只是其贸易规模明显逊色于奥伦堡。运至此处的主要商品是中亚货物，有角牲畜贸易的数量最多，当地居民主要与哈萨克人开展贸易。18 世纪中叶，特罗伊茨克市的关税收入已近 2.0 万卢布②。特罗伊茨克市居民还从事其他类型的工商业活动，只因一个展销会并不足以推动城市经济快速发展。18 世纪，特罗伊茨克市的规模不大。特罗伊茨克市的要塞主城产生于 1743 年，它是乌伊斯克碉堡线的要塞之一。18 世纪末，特罗伊茨克市才被政府定性为城市。此时，特罗伊茨克市只有 500 户居民，部分居民还是士兵。城内店铺、货栈和其他贸易设施的数量达 600 个③。毫无疑问，店铺和类似商业设施的数量已超过城市内部居民的需求量，这也能证明特罗伊茨克市的贸易特征，展销会举办期间很多外来居民来此处贸易。

奥伦堡与特罗伊茨克，尤其是奥伦堡在俄国与中亚等地的经济联系中发挥了重要作用。在这里，欧俄和乌拉尔地区的工业制品找到了新的销售市场，哈萨克人和俄国东南部地区的其他民族居民也将自己的产品运至展销会上销售，换取自身所需的俄国工业品④。

此外，乌拉尔地区很多城市的经济增长依赖于便利的地理位置，这里水路运输发达，彼尔姆就是代表，它是重要的转运贸易点。各地

① Н. Г. Апполова. Экономические и политические связи Казахстана с Россией в XVIII-XIX в. М.，1960. стр. 292.

② Н. Г. Апполова. Экономические и политические связи Казахстана с Россией в XVIII-XIX в. М.，1960. стр. 309.

③ Ф. А. Полунин.，Г. Ф. Миллер. Указ. соч. стр. 399.

④ Н. Г. Апплова. Указ. соч. стр. 233.

货物经陆路和水路运至彼尔姆，水路货物主要源自丘索瓦河流域，卡马河和伏尔加河流域的大量货物也运送至此。1782 年，俄国科学院院士 Н. Я. 奥泽列茨科夫斯基曾描述过彼尔姆的状况，他指出，新建城市还保留着工商业区的面貌，它就是在之前工商业区的基础上发展起来的，之前称为叶加西霍耶。城内较好地段和木制房屋均属官员所有，虽然现在发生了某些变化，但城市还略显荒凉，无法与它省城的称号相符。同时代的人也对彼尔姆的情况进行了描述，从中也可看出该城市经济发展特征和以后经济发展的方向，据记载："彼尔姆位于卡马河沿岸，这对当地居民十分有利，方便他们开展贸易。今年夏天装载各类商品的几艘船只从马卡里耶夫展销会返回。"①

在城市建立的最初几年，彼尔姆未来的经济发展方向就已确定，但在 18 世纪末之前，它的行政功能最为突出。

与乌拉尔工商业发达的城市相比，很多城市经济相对落后。乌法就是此类城市的代表，该城市的军事行政作用十分突出。从 1782 年开始，乌法就成为彼尔姆省的大城市之一。乌法的军事特征显著，居民之中龙骑兵、屯田兵和哥萨克的数量众多。1782 年，Н. Я. 奥泽列茨科夫斯基曾到过乌法，他指出，该地共有 767 座房屋，很多是破落的农民木屋，由于城市坐落于峡谷中间，所以它略显简陋②。

乌法城内从事工商业活动的居民数量不多。第二次人口调查至第三次人口调查期间，男性商人和行会工人的数量为 228～367 人③。

---

① Письмо Н. Я. Озерецковского И. И. Бецкому//Русский архив. 1876. № 3. стр. 41.

② Письмо Н. Я. Озерецковского И. И. Бецкому//Русский архив. 1876. № 3. стр. 49.

③ М. Д. Чулков. Указ. соч. т. VI. кн. IV. стр. 291.

П. C. 巴拉斯认为："城内有加工软皮革的皮革匠人。"① 小商品生产和贸易活动确定了乌法城以后经济发展的方向。

地方政府机构改革之后，很多新县城仍发挥着军事行政功能。此类城市的代表是奥萨、斯捷尔利塔马克、布古利马、别列别伊、布古鲁斯兰、缅泽林斯克和布祖卢克。这些城市的居民主要从事农业生产，即便如此，很多城市仍逐渐成为本区域的经济中心。从 18 世纪末开始，这些城市的经济快速发展。布祖卢克、布古鲁斯兰和缅泽林斯克就成为奥伦堡省西部地区的粮仓。东部地区经济相对发达的是车里雅宾斯克和叶尼塞斯克省的部分县城②。商品粮产量增加刺激了布祖卢克、布古鲁斯兰、缅泽林斯克和车里雅宾斯克的经济发展，它们也同样成为各自县城的贸易中心，很多兼有行政和经济双重功能。

上乌拉尔斯克市的经济也有所发展。1735 年，上乌拉尔斯克是上亚伊茨基碉堡线上的碉堡，乌拉尔河也流经此处，故此处航运颇为发达。18 世纪最后几年，上乌拉尔斯克的贸易意义颇为突出。这里的粮食和其他物资沿乌拉尔河向下运至上乌拉尔斯克③。

18 世纪下半叶，乌法总督区大部分城市的经济发展水平较低。很多居民仍属于军职人员范畴。1800 年数据显示，乌法、车里雅宾斯克和奥伦堡城市居民中军职人员和哥萨克的占比分别为 52.3%、60.6% 和 76.6%。乌法总督区内其他城市也出现了类似状况④。

西乌拉尔地区经济生活的中心是维亚特卡，其经济基础仍是过境

① П. С. Паллас. Указ. соч. ч. II. кн. 1. стр. 5.

② Н. Г. Апполова. Экономические и политические связи Казахстана с Россие XVIII-начала XIX в. стр. 282.

③ Л. Е. Иофа. Указ. соч. стр150.

④ Очерки по истории Башкирской АССР. т. I. ч. I. Уфа., 1956. стр. 258.

贸易。维亚特卡主要向北部城市供应粮食、油脂、肉和其他农产品。此处大量的粮食均发往伏尔加河流域和西乌拉尔地区。富裕的商人在总督区西部地区购买粮食，将粮食装船后沿水路运至全国各地，М. Д. 丘尔科夫也曾证实这些商人们十分富有①。还有少量的粮食从维亚特卡运至阿尔汉格尔斯克、圣彼得堡、纳尔瓦和里加，也有部分粮食出口至国际市场。维亚特卡的很多商品也运至伏尔加河流域，其中皮革和乌拉尔手工工场生产的冶金产品的数量众多②。

与此同时，维亚特卡的各类手工业相对发达，如皮革加工、锻造手工业等。维亚特卡还出现了皮革和肥皂"工厂"。城市居民主要从事食品和手工业贸易。大部分居民属于市民。第四次人口调查数据显示，维亚特卡男性市民的数量为 1337 人，男性商人的数量为 75 人③。

与维亚特卡状况相似的还有斯洛博茨基市，它位于维亚特卡河上方 28 俄里处。М. Д. 丘尔科夫指出，维亚特卡粮食、油脂、软皮革和大麻油的贸易均微不足道，这些商品主要发往阿尔汉格尔斯克和伏尔加河下游诸城市。斯洛博茨基富裕的商人早就与西伯利亚地区建立了频繁的贸易往来，他们将诸多西伯利亚商品运至伊尔比特展销会，其中的一大部分毛皮运至莫斯科。1780 年，斯洛博茨基共有 1036 名商人和行会手工业者。大部分居民依靠手工业生活，还有部分居民担任雇佣工人，也有少部分居民从事农业生产。很多手工业者专门生产铜炉子和铜制餐具，这些制品主要在本地市场销售④。城内还有肥皂

---

① М. Д. Чулков. Указ. соч. т. VI. кн. IV. стр. 292–293.

② ЦГАДА. ф. Госархива. р. XVI. д. 777. ч. 1. л. 287.

③ ЦГАДА. ф. Госархива. р. XVI. д. 777. ч. 1. л. 287 об；М. Д. Чулков. Указ. соч. т. VI. кн. IV. стр. 293.

④ М. Д. Чулков. Указ. соч. т. VI. кн. IV. стр. 276 – 277, 293；ЦГАДА. ф. Госархива. р. XVI. д. 777. ч. 1. л. 317.

和皮革"工厂"。城市居民在工商业活动中发挥重要作用，还有一部分居民饲养牲畜和从事养蜂业。И. И. 列佩辛指出："城市内有很多蜜蜂，道路泥泞不堪。"①

萨拉普尔市的经济发展水平与维亚特卡类似。萨拉普尔是乌拉尔地区的皮革工业中心。维亚特卡总督 А. А. 斯图皮申指出，1780 年，这里有 9 家皮革"工厂"，其中两家规模很大②。城市内大部分企业是小企业。普罗科皮·巴拉巴尼西科夫"工厂"每年可生产 150 张皮革，一部分在萨拉普尔出售，另一部分运至其他城市出售，总价值达 357 卢布。彼得·索济金"工厂"年均可生产皮革 500 张，价值 810 卢布③。萨拉普尔的制靴、锻造和裁缝手工业发达。此处商人主要从事粮食贸易，他们通过水路将粮食运至伏尔加河流域诸城市④。

除从事小商品生产外，还有部分居民种植蔬菜，叶拉布加就是此类城市的代表。叶拉布加金属加工、印花生产和圣象绘制等手工业颇为繁荣。此外，城市居民还种植大葱并出售。М. Д. 丘尔科夫指出："葱的产量很大，足以满足本地居民的需求，还有部分运至其他城市。"⑤

叶拉布加和萨拉普尔是维亚特卡总督区最大的新建城市。第四次人口调查数据显示，它们中男性居民的数量都达 1000 人以上⑥。

维亚特卡总督区其他城市的经济状况相差无几，它们的居民数量均不超过数百人。正常而言，城内大部分居民从事手工业、小贸易，

---

① И. И. Лепехин. Дневные записки. ч. III. стр. 225.

② ЦГАДА. ф. Госархива. р. XVI. д. 777. ч. 1. л. 463.

③ Очерки истории Удмуртской АССР. т. I. Ижевск., 1958. стр. 75.

④ ЦГАДА. ф. Госархива. р. XVI. д. 777. ч. 1. л. 463.

⑤ М. Д. Чулков. Указ. соч. т. VI. кн. IV. стр. 201.

⑥ ЦГАДА. ф. Госархива. р. XVI. д. 777. ч. 1. л. 447, 436.

也有一部分居民从事农业生产①。卡伊哥罗德的部分居民还从事捕鱼和农耕②。

维亚特卡总督区的城市居民或多或少从事农业生产，农业生产是格拉佐夫和马尔梅日居民的主要收入来源③。

新建城市诺林斯克的规模不大（约有 237 名男性居民），市民除从事农业生产外，还从事粮食和小商品贸易④。

研究乌拉尔和乌拉尔附近城市的发展模式后可确认，城市产生和发展的原因各异。毫无疑问的是，在乌拉尔地区城市发展过程中，大型冶金工业的推广至关重要。同时，各城市的状况颇为复杂。在研究乌拉尔城市形成过程时必须考虑该地区经济的多样性，但不能忽略冶金工业在当地经济发展中的重要作用。

乌拉尔冶金手工工场主要使用农奴劳动，这一点在城市社会经济发展过程中有所体现，冶金业也成为很多城市经济发展的基础，其中叶卡捷琳堡和阿拉帕耶夫斯克就是代表。这些城市的发展与资本主义生产关系普及并不相关，很多手工工场仍使用农奴劳动，此类城市的代表是昆古尔。18 世纪下半叶，皮革工业成为昆古尔最主要的经济部门，手工工场已开始使用雇佣劳动力。城市内还有其他工业部门，但仍使用农奴劳动。昆古尔的工商业逐步发展，部分工业部门还出现了手工工场。18 世纪末，该过程在叶卡捷琳堡就已有所体现，在城内产生了新的工业部门，即农产品加工业，同时农产品贸易也颇为发达。在西乌拉尔地区，各城市的小商品生产颇为发达，最为繁荣的是

① ЦГАДА. ф. Госархива. p. XVI. д. 777. ч. 1. л. 317，367，381.
② ЦГАДА. ф. Госархива. p. XVI. д. 777. ч. 1. л. 432，455.
③ ЦГАДА. ф. Госархива. p. XVI. д. 777. ч. 1. л. 436.
④ ЦГАДА. ф. Госархива. p. XVI. д. 777. ч. 1. л. 470.

皮革工业，萨拉普尔就是代表，只是其经济发展规模逊色于昆古尔。

在研究时期内，乌法的经济虽有所发展，但它仍是重要的行政中心。乌法省某些县城开始成为小商品生产基地（如车里雅宾斯克）。

乌拉尔很多城市的贸易意义颇为突出，包括老城市索利卡姆斯克、切尔登和上图里耶，以及不久后新建的城市伊尔比特、奥伦堡和特罗伊茨克。老城市是欧俄城市与西伯利亚地区贸易的转运地，但此时它们已开始衰落。因商路的改变，很多新城市如奥伦堡的经济快速发展。伊尔比特、奥伦堡和特罗伊茨克展销会的贸易日渐繁荣，也加速了商业资本的积累过程。此时，部分商人将贸易中赚取的利润投入了工业。因此，在伊尔比特、奥伦堡和特罗伊茨克不但产生了大工业，而且城市手工业也颇为繁荣。在乌拉尔西部地区，国际贸易最为繁荣的城市是维亚特卡和斯洛博茨克。

乌拉尔城市经济的快速发展与其优越的地理位置密切相关，彼尔姆就是代表，它在西伯利亚、北乌拉尔与欧俄地区贸易线路的形成过程中发挥了重要作用，它成为重要的货物转运点。即便如此，18 世纪末彼尔姆最主要的功能仍是行政职能。

与此同时，在乌拉尔还保留了很多堡垒城市，它们仍是重要的军事据点。

北部地区

18 世纪最后 25 年，北部地区的工商业也有所发展，这是该地区城市建立的基础，基于此，很多城市是贸易和手工业中心，但它们只是小商品生产中心。

在北部地区中，沃洛格达的作用逐步强化，它的工业快速发展，除工场手工业快速发展外，小手工业也蓬勃发展。纺织工业普及的范围最广。М. Д. 丘尔科夫指出："1780 年中期，在沃洛格达有 2 家丝织和 2 家棉纺织手工工场。"[①] 18 世纪中叶，这里只有 1 家生产普鲁士蓝的"工厂"[②]。18 世纪末，此类"工厂"的数量已增加至 3 家。软皮革"工厂"的数量增加至 21 家、制曲"工厂"的数量达 9 家，还有 11 家纺纱"工厂"、11 家蜡烛"工厂"和 13 家制脂"工厂"[③]。上述部分"工厂"的生产规模很大，它们的产品畅销国内外市场。

沃洛格达的小商品生产颇为繁荣，粗麻布生产和生铁加工手工业发达。沃洛格达粗麻布、铁钉、镰刀和斧头的外销量很大，甚至销售至外省。此地的面粉加工业和锯材手工业也颇为发达[④]。

工业发展刺激了贸易的繁荣。沃洛格达地理位置优越，它位于莫斯科至阿尔汉格尔斯克的大道之上，也是苏霍诺—德维纳水路的起点，它之前还是连接首都和国际市场的重要节点。18 世纪，圣彼得堡和上沃洛乔克区运河的地位提升，此条线路的意义开始下降，即便如此，沃洛格达仍是俄国北部重要的贸易中心。沃洛格达发往阿尔汉格尔斯克的商品是大麻、鱼、粮食、大麻和亚麻油、粗麻布、麻纺织品、软皮革和蜡烛，这些商品中的一大部分发往圣彼得堡。富裕的商人还参与国际贸易。在阿姆斯特丹、汉堡、伦敦，以及英国和挪威港口均可遇见沃洛格达商人[⑤]。此外，沃洛格达商人还与

---

① М. Д. Чулков. Указ. соч. т. VI. кн. IV. стр. 191.

② 1761 年参政院曾下发指令，指出在沃洛格达"工厂"生产的普鲁士蓝数量逐年增加，已逐渐能够满足国内市场需求。为此，政府颁布命令禁止国外同类商品进口，且允许该产品出口国外。参见 ПСЗ. т. XV. № 11249。

③ М. Д. Чулков. Указ. соч. т. VI. кн. IV. стр. 191.

④ П. Г. Любомиров. Очерки по истории русской промышленности. М.，1947. стр. 230，247，255，287-288；М. Д. Чулков. Указ. соч. т. VI. кн. IV. стр. 191.

⑤ М. Д. Чулков. Указ. соч. т. VI. кн. IV. стр. 190.

中国商人直接开展贸易（主要是在恰克图开展）。沃洛格达人的商品还远销至鄂霍次克海海域，部分居民还在勘察加半岛从事海洋手工业。此处的货流量逐步增加，东方的商品在此地销售，欧俄地区的商品从此处出口至国外，部分沃洛格达人还在莫斯科和其他城市销售东方商品①。

1780 年，沃洛格达男性居民的数量达 2508 人，其中商人和市民的数量分别为 2061 名和 447 名②。

在北部地区，经济发展规模仅次于沃洛格达的是大乌斯秋格。И. И. 列佩辛指出："它不但是北部区域最好的城市之一，与其他省份相比，它的工商业规模也丝毫不逊色。"③ 1784 年，大乌斯秋格男性居民的数量为 2292 人，其中市民和商人的数量分别为 2027 名和 265 名④。大乌斯秋格是北部地区最大的经济中心之一，此处小商品生产和贸易均颇为发达。这里有肥皂和皮革"工厂"，以及制脂"工厂"，其他手工业中最为流行的是金属和银饰加工业。大乌斯秋格在欧俄北部地区与中部地区的贸易中发挥了重要作用。此处连接着阿尔汉格尔斯克和俄国边疆区，经阿尔汉格斯克运至国外的商品主要是粮食、大麻、亚麻和牛油⑤。大乌斯秋格的部分商品来自沃洛格达，部分商品经韦特卢加河和其他线路从喀山运进⑥。

索利维切戈茨克的历史悠久，它位于海边，是当地的采盐业中

---

①　Л. Н. Рубинштейн. Указ. соч. стр. 357.

②　ЦГАДА. ф. Гасархива. р. XIV. д. 1012. ч. I. л. 356.

③　И. И. Лепехин. Дневные записки. ч. III. стр. 286.

④　ЦГАДА. ф. Гасархива. р. XIV. д. 1012. ч. I. л. 357.

⑤　М. Д. Чулков. Указ. соч. т. VI. кн. IV. стр. 291；И. И. Лепехин. Дневные записки. ч. III. стр. 299.

⑥　И. И. Лепехин. Дневные записки. ч. III. стр. 298–299.

心。经济形势较好时，索利维切戈茨克有 50 个盐井，18 世纪中叶，其数量仅剩下 2 家①。索利维切戈茨克制盐手工业衰落的原因是伏尔加河下游廉价盐的冲击，很多沿海城市均是如此。索利维切戈茨克商人为发展工商业活动付出了很多努力，该地的贸易具有直接贸易的某些特征，沃洛格达和大乌斯秋格等地均是如此。И. И. 列佩辛指出："索利维切戈茨克的商人并不富裕，他们大多外出经商。索利维切戈茨克发往阿尔汉格尔斯克的主要商品是粮食和油脂，商人返回时采购各种商品，他们还将海边货物和俄国商品运至恰克图销售，从恰克图返回时商人们携带的是中国商品和西伯利亚货物。"索利维切戈茨克工业规模较小，这里只有 1 家皮革"工厂"和 3 家炼脂"工厂"②。1784 年，索利维切戈茨克城内商人和市民的数量分别为 30 人和491 人③。

苏霍诺—德维纳河水路是重要的运粮线路，这决定了位于沃洛格达与大乌斯秋格之间托季马的经济面貌。托季马县辖下很多地区都开采食盐。М. Д. 丘尔科夫指出："这里有 19 个盐井。"④ 此处开采的盐主要满足周边居民需求。

拉利斯克也是此类城市的代表，它由工商业区发展而来。М. Д. 丘尔科夫也证实了这一观点，他指出："拉利斯克的商人向西伯利亚运送了大量商品，还有诸多商品运至阿尔汉格尔斯克和莫斯科。"⑤

18 世纪，连接俄国北部地区和西欧唯一的大城市和港口是阿尔

---

①　И. И. Лепехин. Дневные записки. ч. III. стр. 293；М. Д. Чулков. Указ. соч. т. VI. кн. IV. стр. 277.

②　И. И. Лепехин. Дневные записки. ч. III. стр. 292–293.

③　ЦГАДА. ф. Гасархива. р. XIV. д. 1012. ч. I. л. 356 об–357.

④　М. Д. Чулков. Указ. соч. т. VI. кн. IV. стр. 286.

⑤　М. Д. Чулков. Указ. соч. т. VI. кн. IV. стр. 223.

汉格尔斯克。阿尔汉格尔斯克的工业部门众多，这里生产的工业品一部分出口国外，另一部分满足国内市场的需求。这里有锯木"工厂"、绳索"工厂"，锻造工业也较为普及①。

阿尔汉格尔斯克出口的主要商品是粮食、大麻油、亚麻油、粗麻布、大麻布、油脂、生铁、软革和毛皮，南部地区和西伯利亚的俄国商品以及中国、波斯、土耳其和其他国家的商品也运至此②。通航期（7~9月）的贸易最为活跃。此处贸易具有展销会的某些特征，但实际上这些贸易属于固定贸易的范畴，城市贸易的时间主要受限于北部海域的通航条件③。18 世纪 80 年代中期，阿尔汉格尔斯克出口货物量占全俄出口货物总量的 38.7%，进口货物量的占比为 16.8%④。

在俄国国内贸易中阿尔汉格尔斯克也发挥了重要作用，它是全俄市场的有机组成部分。

欧俄北部地区其他城市与周边的村镇区别不大。这些城市彼此距离不远，它们是商品生产和交换的中心。当时居民的经济生活与白海沿岸地区的资源密切相关。在居民的生活之中，手工业具有重要作用，如海洋生物捕捉、狩猎，等等。许多城市居民也从事上述工作，这决定了当地经济和社会生活的特征。18 世纪末，它们还只具有行政功能。地方政府机构改革后建立的诸多县城均是如此，奥涅加、皮涅加、凯姆、科拉等城市都是代表。当地城市和周边居民并不从事农

---

① П. Г. Любомиров. Очерки по истории русской промышленности. М.，1947. стр. 165，493，704.

② М. Д. Чулков. Указ. соч. т. VI. кн. IV. стр. 245；И. И. Лепехин. Дневные записки. ч. III. стр. 375.

③ М. Д. Чулков. Указ. соч. т. VI. кн. IV. стр. 45.

④ В. Н. Яковцевский. Торговля. очерки истории СССР. Период феодализма. Россиия во второй половие XVIII в. М.，1956. стр. 122.

业生产。

俄国北部地区部分城市的居民并不在城内居住，而是在乡村居住。毫无疑问，这种状况可证明本地区城市经济并不繁荣。1782 年，叶卡捷琳娜二世曾指出，奥洛涅茨省很多城市的市民和商人并不居住在城市，而是留在城市周边的农村乡镇，在那里从事各类生产活动以维持生计。也有观点认为这种状况导致城市秩序杂乱无章，奥洛涅茨城内居住着众多农民，商人和市民分散在各县城之中。参政院建议当地政府采取措施将市民禁锢在城市之内，目的是让居民在自己的行政区域内从事生产活动①。

强制措施很难改变白海沿岸地区居民的经济生活方式。商人经济活动的双重性、依附于商人的农民即对分制佃农②在当地经济生活中均发挥着重要的作用。

笔者认为，不能主观地断定居住在城市外的商人和市民只从事农业生产。当地居民的经济活动十分多样化，除农业生产外，他们还从事贸易和手工业生产。工商业区居民的经济活动具有明显的企业活动特征。1767 年法典编纂委员会训令就涉及奥洛涅茨农民。奥洛涅茨县城各地均有农民分布，奥洛涅茨市和周边乡村均居住着各类工商业区居民，他们中的很多居民从事工商业活动，与农民不同的是，"他们中的很多人有自己的农业用地"，"与俄国其他城市居民不同的是，商人也拥有土地，而且耕种它们"③。其他训令中也曾指出："奥洛涅茨工商业居民与其他工商业区居民一样，从事贸易和手工业，他们中很多人去外地展销会、圣彼得堡和其他城市的店铺购买商品。商人建

---

① ПСЗ. т. XXI. № 15360.

② 即农民的收入分成两部分，一部归属于自己，一部归属于商人。——译者注

③ Сб. РИО. т. 115. стр. 135，140-141.

造平底帆船和各类海运船只，他们在船上销售商品，携带各类商品到城市销售，除上文提及的商品之外，还有国家所需的食物和饲料等。一部分商品销售给外地商人，另一部分商品直接在商人的店铺内销售。商人赚取的货币一部分留作自用，另一部分投资生产活动，如建立生铁、制钢、铸铁、蜡烛和锯材手工工场。"①

И. И. 列佩辛证实，雅列尼斯克县城内的许多商人都拥有土地，他们使用对分制佃农劳动，将收获的粮食出售至阿尔汉格尔斯克。

通过以上信息可确定俄国北部地区城市生活的特征。劳动力的社会分化过程和商品生产的增长刺激了城市经济的发展，很多城市逐渐成为农业区的经济中心。大部分商人和市民的工商业活动均在城市范围内展开。当地商人的贸易活动也反映出沿岸居民贸易的某些特征。富裕农民进入商人行列可证明很多居民专门从事工商业活动，他们放弃了农业生产，这可证实农民等级发生了分化。18 世纪下半叶，在俄国遥远的北方，资本主义生产关系萌芽，它在俄国经济生活中发挥的作用日益突出。

18 世纪最后 30 年，俄国城市的数量明显增加，它们在国家经济生活中的作用逐年提升。随之而来的是城市居民数量的增加，只是城市居民的总体增长率并不明显。18 世纪末，城市内共有 65.0 万名男性居民，占俄国全体男性居民总量的 4.1%。此外，俄国城市居民的分布不均衡。在历史悠久和很早就被开发的省份之中，城市居民的占比也并不高，如卡卢加省城市居民的占比为 4.8%。

俄国城市居民增长缓慢的重要原因是农奴制的阻碍，众所周知，补充城市居民的主力是农民，但此时的农民被桎梏在地主土地之上，

---

① И. И. Лепехин. Дневные записки. ч. III. стр. 288.

很难进入城市。即便如此，俄国城市社会经济仍不断发展，也逐渐从封建城市向资本主义城市转变。

农民持续向城市流动，这在国家工业发达省份表现得尤为突出。18 世纪下半叶，俄国工业发展、贸易规模扩大使大量农民外出打工者和农民企业主进入城市，他们在城市逗留的时间越来越长，之后逐渐在城市定居。农民进入城市从事工商业活动促进了城市经济的发展和稳固。

封建城市资本主义生产关系发端的重要指标是大城市周边形成了工商业区，即所谓的工商业村镇。这些区域与城市融合为一体，官方也承认它们的城市特征（在地方政府机构改革期间），居民也逐步向市民转化（代表性的城市是下诺夫哥罗德、喀山和科斯特罗马）。只是城市附近的工商业村镇和工商业区大多属于地主，封建依附关系阻碍了它们经济的发展。

各城市的经济面貌各异。有的城市小商品生产和大工业生产并存，在 18 世纪最后 30 年这是推动大多数城市发展的决定性因素。

工场手工业成为少量城市经济快速发展的基础。俄国冶金区域内 3 个城市的发展均与该因素密切相关，它们是乌拉尔地区的叶卡捷琳堡、西北部地区的彼得罗扎沃茨克和中部黑土区的利佩茨克。图拉市的金属加工和武器制造业也十分发达，正因如此，图拉也成为俄国冶金工业中心之一。与此同时，18 世纪，欧俄很多地区和乌拉尔地区冶金工业均快速发展。

在城市中，发展最快的工业部门是纺织工业。莫斯科和莫斯科附近的诸多城市（如卡卢加）、伏尔加河上游诸多城市（如雅罗斯拉夫尔、科斯特罗马、基涅什马和涅列赫塔）均是大型的纺织工业中心。

18 世纪末，商人纺织手工工场主要使用自由雇佣劳动力劳动。

在城市，很多纺织企业有大量工人，几百人至上千人不等。

与其他纺织工业中心相比，弗拉基米尔省部分村镇也是大型纺织工业中心。

18 世纪下半叶，工商业村镇和工商业区的数量明显增加，就经济发展水平而言，它们可以被称为城市，这是俄国资本主义生产关系萌芽的重要表现。该过程在很多地区或多或少都出现过。在很多村镇和工商业区，小商品生产已过渡至工场手工业，手工工场的数量大幅增加，典型代表就是弗拉基米尔省舒亚县城的伊万诺沃镇，这里的很多农民都拥有大企业。因伊万诺沃镇属于地主私有，虽然它已与城市无异，但政府并没有确认其城市身份。

由此可知，封建农奴制度阻碍了俄国城市的发展进程。

与纺织工业相关的小商品生产快速发展，并向工场手工业过渡。18 世纪末，俄国很多城市的亚麻、皮革、制曲等工业部门均出现了该特征。

其他城市的发展则主要依靠贸易，过境贸易发挥了十分重要的作用。伏尔加河流域和西北部地区的很多城市均是如此。贸易在中部黑土区城市的经济生活中发挥了重要作用。在乌拉尔，展销会贸易的作用尤为突出，奥伦堡、特罗伊茨克和伊尔比特都是代表。与此同时，俄国很多小城市仍保留农业生产的某些特征，在俄国边疆区和西伯利亚地区的诸多城市中该特征表现得最为明显①。

以上状况足以证明 18 世纪俄国城市形成过程仍没有完成。

---

① М. М. Громыко. Западная Сибирь в XVIII в. Новосибирск. 1965. стр. 50 – 57; А. А. Кондрашенков. Занадносибирский посад в конце XVIII в. Города феодальной России.

结　语

研究 18 世纪下半叶俄国社会经济面貌之后，可确定十月革命前与俄国城市相关的（资产阶级）著作具有一定的错误性和片面性。资产阶级历史学家有关俄国城市发展特殊性的论述片面地强调了俄国城市的落后性特征，他们认为与西欧城市相比，俄国的城市经济更为落后。该问题十分复杂，需进一步分析。18 世纪俄国城市的发展具有多元性特征，但资产阶级作家的描述具有一定的矛盾性。俄国城市发展历史虽具有自己的独特性，但与西欧城市也有一定的共性。

俄国是落后的封建国家。毫无疑问，不但经济落后于西欧的资本主义国家，文化和社会生活领域也明显落后。就经济而言，18 世纪俄国城市明显落后于英国和荷兰等资本主义国家。拥有众多殖民地的英国和荷兰交通便利，地理位置优越，它们的经济率先腾飞。阿姆斯特丹是欧洲贸易的中心，也是金融业中心。作为世界港口，伦敦的作用日渐提升。曼彻斯特、诺丁汉、伯明翰和利物浦都是大型的工业中心。18 世纪下半叶，英国开始了工业革命进程。19 世纪初，英国成为工业强国，约有一半的劳动力在工业、运输业和贸易领域工作①。

笔者认为资产阶级历史学家提出的西欧资本主义国家的城市化水平更高，比俄国城市更具优越性的论断有待考证，但他们的论断足以证实西方资本主义类型城市的经济发展水平更高。18 世纪，无论是俄国，还是很多欧洲国家的城市都在封建经济的条件下发展。

事实上，整个 18 世纪，部分欧洲大国的资本主义生产关系快速发展，法国大革命也是于 18 世纪末开始的。虽然在法国资本主义手工工场已逐渐普及，但在国民生产总值中农业仍具有主导作用。法国最大的工商业中心是巴黎，在国家经济生活中很多滨海城市也发挥了重要作用，如南特、波尔多、迪耶普、拉罗谢尔、勒阿弗尔和马赛②。当时，法国很多小城市居民从事果树种植、蔬菜种植等行业。

欧洲各国的社会经济发展过程极其不平衡。例如，在德意志不但农奴制被保留，而且在 18 世纪开始强化，工业发展十分缓慢。18 世纪，德意志大部分地区的工业模式仍是行会手工业。德意志神圣罗马帝国分裂成诸多公国，数量达 300 多个，由于封建关系的盛行，它们之间的经济联系相对较弱③。此状况影响了城市的状态，很多城市并没有成为自己所在区域的经济中心。И. И. 季佳京曾专门研究西欧诸国的城市体制，他指出德意志神圣罗马帝国莱茵河诸省到处分布着"农村—城市"④。这些城市的经济面貌与周边的村镇相差无几。

---

① Всемирная история. т. V. М.，1958. стр. 481–482.

② Всемирная история. т. V. М.，1958. стр. 114.

③ Всемирная история. т. V. М.，1958. стр. 403–411.

④ И. И. Дитятин. Устройство и управление городов России. т. II. Ярославль.，1877. стр. 322. "农村—城市"即城市经济中农业的作用不容忽视，很多市民还从事农业生产。——译者注

意大利城市衰落之后，它在与利万特①国家贸易中的垄断地位丧失。当时，保留君主专制制度的西班牙城市不能为自己庞大的殖民地服务②。

与西欧国家一样，俄国的城市类型各异。在西欧，除作为资本主义国家大型工商业中心的城市之外，还有一些城市，它们的经济具有明显的农业特征。这点，与18世纪的俄国相差无几。所以，现代国外资产阶级历史学家提出的俄国与西欧国家城市无法相提并论的结论是错误的。

俄国经济落后于西欧毋庸置疑。此外，这种落后在18世纪并非一成不变。彼得一世改革后，经济和文化领域均取得了一定的成就，还建立了正规军队和舰队。18世纪下半叶，俄国黑色冶金业的发展十分迅速，金属产量曾跃居世界第一位，金属产品大量出口国外。生产力的发展促进了资本主义生产方式的产生，与此同时，生产力发展与封建生产关系的矛盾日渐突出。与西欧相比，俄国资本主义生产关系的发展具有自己的特殊性。俄国封建农奴制阻碍了生产力的发展，也限制了资本主义生产关系的进一步发展。与此同时，俄国沙皇专制制度臻于顶峰。

这一切均决定了俄国城市的发展特征、经济地位、农奴制改革前城市居民的法律地位。俄国城市的落后还在于，它在很多方面都具有封建性质。即便是这样，社会经济也向前发展。

在整个国家的居民构成中，市民的数量及其占比开始提升。诚

---

① 地中海东部地区国家的总称，指叙利亚、黎巴嫩、埃及、土耳其、希腊、塞浦路斯和以色列。——译者注

② Ф. Я. Полянский. Городское ремесло и мануфактура в России XVIII в. М., 1960. стр. 10-11.

然，在俄国各地该增长率并不明显。18 世纪末，城内共生活着 65.0
万名男性市民，城市居民数量占俄国人口调查居民总量的 4.1%①。
此时期市民的增长率稍高于前一阶段（18 世纪上半叶）。17 世纪下
半叶至第三次人口调查期间，城市男性居民的数量增加了 16.0 万人，
至第四次人口调查时，城市男性居民增加了 18.2 万人，至第五次人
口调查初期，城市男性居民增加了 24.0 万人。人口调查数据足以证
明城市居民社会成分的变化，也可看出城市居民数量的缓慢增长。

　　城市居民主要划分为两个等级，即商人和市民。但等级划分并不
能完全反映市民生产活动的某些特征。俄国南部城市很多居民的生产
活动都带有明显的农业特征，他们种植粮食、饲养牲畜，生产和生活
方式与农民无异。俄国北部地区大部分城市和农村居民的生产活动差
异不大，手工业在市民经济生活中发挥了重要作用，当地居民主要从
事捕鱼、狩猎、木材加工和骨头加工等行业。就法律地位而言，这些
市民与周边农业居民的差别不大。

　　值得一提的是，当时城市之外还居住着诸多工商业居民，他们大
多是工商业村镇和工商业区居民。就社会地位而言，他们不如市民，
但就经济特征而言，他们与市民无异。基于此，人口调查数据不能完
全体现出俄国工商业居民的数量。

　　表面上，城市居民数量的增加主要依靠农民，实质上，这是封建
城市向资本主义城市过渡的必然过程。毫无疑问，这个过程符合 18
世纪下半叶的历史发展规律，但也受封建农奴制的桎梏。在中部地

---

①　其他数据显示，此时城市居民的占比为 7.5%。В. К. 亚聪斯基引用了 В. М. 卡
　　布赞未公布的数据，其占比更高，达 8.3%。详见：В. К. Яцунский. Некоторые
　　вопросы методики изучения истории феодального города в России//Города
　　феодальной России. М., 1966. стр. 87。

区，进入城市务工的农民数量最多，究其原因是俄国经济发达省份均位于此处，这里集中了俄国大部分城市居民。

封建城市向资本主义城市转变的表现是城市周边形成了工商业区。地方政府机构改革之后，它们虽正式纳入了城市范畴（如下诺夫哥罗德、科斯特罗马和喀山），但受封建农奴制关系的制约，大部分工商业区和村镇均为地主所有（如布良斯克和阿尔扎马斯）。

虽然城市成为各地经济生活的中心，但它们发展的内部条件各异。城市数量增加与手工工场和小商品生产密切相关。资本主义生产关系在封建生产方式内部形成，导致城市生活中产生了新的现象。

日渐发展的工场手工业使城市成为俄国重要的工商业中心。在此过程中，纺织工业发挥了重要作用，很多城市均是如此。当时，几乎欧俄所有城市均有纺织工业分布①。大型纺织生产中心是莫斯科、莫斯科周边诸城市、卡卢加、雅罗斯拉夫尔、科斯特罗马、基涅什马和涅列赫塔。弗拉基米尔、莫斯科和其他省份的很多城市均是纺织工场手工业的中心，产生了很多专业化村镇，如伊万诺沃。

在商人手工工场之中，尤其是在丝织和麻纺织手工工场之中，工场主主要使用自由雇佣劳动力工作。劳动力市场的主体是农民，他们中部分居民已不再从事农业生产，开始到城市手工工场务工。这一特征在俄国非黑土区省份十分显著，当地的农民主要缴纳代役租。

需强调的是，并非所有城市居民均参与手工业和贸易活动，城市中的一部分市民仍从事农业生产活动。塔鲁萨就是代表。18 世纪最后几十年，塔鲁萨的一部分市民仍从事农业生产，一部分市民在谢尔

① П. Г. Любомиров. Очерки по истории русской промышленности XVIII-первой половины XIX в. М.，1947. стр. 128.

普霍夫亚麻手工工场工作，还有一部分市民从事工商业活动。

18 世纪下半叶，城市与周边农业区的经济联系加强也可证实城市经济快速发展。在当时的很多小城市中均可看到这一过程。

笔者并没有详细研究俄国城市大工业的分布问题，但可确认的是，城市内已产生了各类工业部门，它们属于早期资本主义类型的手工工场，如皮革、制曲和大麻等"工厂"。这些企业均是从小商品生产和日渐扩大的手工作坊中成长起来的，因此，必须考虑俄国工业发展过程中城市的作用。

首先必须提及的是采矿工业，它是使用农奴劳动的代表。18 世纪，在采矿和冶金基地基础上诞生的城市只有叶卡捷琳堡、彼得罗扎沃茨克和利佩茨克。

手工工场只是俄国经济发展的一个代表，在当时的经济中它并不具有决定性作用。

18 世纪下半叶，在俄国经济和城市生活中，工场手工业快速发展的同时，小商品生产也日渐繁荣。由于手工业的发展，以及工商业村镇和工商业区数量的增加，很多新建城市发展为当地的经济中心。

很多城市的经济发展依靠贸易，过境贸易的作用尤为突出，伏尔加河沿岸的很多城市就是代表，当时很多城市均位于贸易线路之上。西北部城市均位于水陆两路贸易线路之上，国内市场的货物可经此运至圣彼得堡和波罗的海其他港口。18 世纪下半叶，粮食贸易尤为活跃，带动了中部黑土区城市经济的繁荣。展销会贸易推动了乌拉尔一系列城市经济的发展，奥伦堡、特罗伊茨克和伊尔比特就是代表。

政府改革的作用具有双面性。地方政府机构改革意义非凡，它使城市居民的社会成分发生了变化。1785 年地方政府机构改革基本完成之时，俄国建立了 216 座新城市。官方数据显示，1787 年俄国城市数量达 499 座。因此，很多新城市因地方政府机构改革而建立，它们几乎占俄国城市村镇总量的一半。

1797 年，1/4 的新建城市还有防御功能，还有一部分城市是行政中心。18 世纪下半叶，俄国城市数量的增加已毋庸置疑，反改革时期也是如此。对于君主专制国家而言，城市数量增加本身具有一定意义。18 世纪下半叶，俄国城市发展的总体过程均可确定该特征。

与此同时，城市居民和城市自身发展特征也发生了重要变化。1775~1785 年地方政府机构改革过程中清除了很多小城市，它们之前是俄国南部和西北部地区的军事据点。它们的经济没有发展起来，又丧失了国防意义，导致军事行政点的功能丧失，最终衰落。由于被时代淘汰，它们消失在历史长河之中。其他城市因是本地区的经济中心，在政府推行新的行政改革之前它们的地位就十分突出。与此同时，很多工商业村镇和工商业区也发展为城市，在俄国很多省份均存在这类城市。俄国地方政府机构改革赋予了部分工商业村镇和工商业区正式的城市地位，它们经济中心的地位越发稳固。

由于俄国封建农奴制占主导，抑制了城市的发展。在进行地方政府机构改革时，政府赋予城市的首要功能是警察和财政职能。对于新城市而言，政府首先关注的是统治阶级的利益。政府不希望触及地主利益，只想维系君主专制地位，所以并没有赋予私人所属的工商业区和村镇以城市地位，只有隶属于国家的村镇才得以转变为城市。但在实际操作过程中，部分被确认为城市的村镇并没有成为重要的经济基地。很明显，沙皇政府的政策抑制了城市经济的增长速度，俄国城市的发展过程十分复杂。

地方政府机构改革之后，俄国还保留了十分复杂的城市结构，每个城市都有自己独特的经济面貌。在俄国很多地区，除工商业发达的大城市之外，还有经济较为落后的小城市，就经济发展规模而言，它们与周边农业村镇的状况相差无几。在俄国边疆区，如乌拉尔地区、西伯利亚，城市堡垒的数量众多，它们的主要功能仍是军事行政功能，这些城市的作用明显逊色于工商业发达的城市。

在经济发展的压力之下，沙皇政府被迫审视城市生活中的新现象，出台了一系列法律标准，着手城市体制改革，但此过程进行得十分缓慢。在君主专制制度之下，政府出台的政策多变，缺乏连续性，导致城市发展十分不稳定。

1744 年俄国政府颁布法令，废除了工商业区居民依附于自身村社的法令。政府取缔了之前在工商业区推行的居民登记制度，但之前的制度仍被保留，居民从一个工商业区向另外工商业区过渡的程序十分复杂，限制了居民的自由流动。1736 年法律保留并强化了居民对工商业区封建依存性的法令，导致很多市民的债务增加。

政府重新审视了对商人征收双重税赋问题，最后拒绝了这一提案。1782 年 7 月 2 日规章重新确认了加入城市等级时必须支付双重税赋。1785 年城市规章推行时，该条款并没有变更。

叶卡捷琳娜二世主导的城市行政机构改革仍没有触及国家的根本，改革后城市自治组织严格处于国家机构的监督之下。这也可以解释俄国社会经济发展的特征，即当时是农奴制和绝对君主主义的繁荣期。

18 世纪西欧国家之中，城市自治组织的活动也处于政府行政监管之下。革命前俄国历史学家 Н. И. 卡列耶夫指出："当时法国城市丧失了最后的独立地位。在德意志神圣罗马帝国，城市总量达 51 个，专制政府领导着麻木的市民，而其他城市'社会独立性'完全受制

于 18 世纪建立的特有官僚体系。"① И. И. 季佳京也指出："18 世纪
法国和德国所有公职人员和城市地位均体现于政府行政组织的设立之
中。"② 在比利时也发生了同样的状况，市政府完全失去了自己独立
的地位③。法国大革命的胜利使欧洲大陆很多城市的制度发生了变
化。因此，市民政治上无权力绝对不只是 18 世纪俄国城市的专有特
征，当时西欧很多国家也是如此。

当时的资产阶级历史学家指出，18 世纪俄国城市的历史发展轨
迹与西欧是完全对立的，这一点也是有迹可循的。

虽然具有一定的限制，但《全俄帝国各省管理条例》颁布之后，
发展中的俄国资产阶的级经济地位越发稳固。商人中的富裕阶层获得
了新的特权，他们在城市社会经济生活中逐渐占据了主导地位。1785
年《俄罗斯帝国贵族权利、自由和特权诏书》颁布之后，城市居民
的等级归属更加广泛，城内又出现了新的特权等级，即贵族和僧侣。
工商业村社等级封闭性的根除和城市公社成分的扩大，均是封建城市
逐步向资本主义城市转变的标志。

18 世纪末，所有的法律已逐步符合城市经济发展和居民数量增
加的需求。还有一个至关重要的问题，即农民如何进入城市？他们是
城市居民的重要补充，但此时的法律带有明显的阶级特征。农民从农
村进入城市，政府却不断提高加入商人等级的标准，他们被完全禁止
进入市民等级。这样陈旧的法律条文限制了农民在城市中开展贸易。

① Н. И. Кареев. История Западной Европы в новое время. т. III. СПб. , 1913. стр. 53, 90-91, 120-121.

② И. И. Дитятин. Устройство и управление городов России. т. II. Ярославль. , 1877. стр. 65.

③ И. И. Дитятин. Устройство и управление городов России. т. II. Ярославль. , 1877. стр. 52.

尽管如此，农村居民仍持续涌入城市。这一切表明专制制度的尝试再次失败，政府出台的法律标准在一定程度上适应了社会发展进程，很多城市仍成为周边地区的经济中心。

18 世纪城市经济逐步活跃伴随着居民社会矛盾的逐步尖锐。市民们持续进行着反对封建专制制度的斗争。阶级矛盾激化证明了 18 世纪下半叶俄国社会已开始发生变化。

18 世纪下半叶，俄国城市居民的主体是商人、小商品生产者和手工业者。在部分发达的城市，工人数量众多，工业资产阶级也开始形成。18 世纪下半叶，城市并不是大工业生产的唯一聚集地。很显然，手工工场诞生不能说明工业完全与农业生产相分离。众所周知，资本主义发展的高级阶段就是大机器工业阶段[①]。很多手工工场在一定程度上可称为工厂，地理环境对它们的影响较大。在俄国同样也是如此，有部分手工工场分布于乡村。即便如此，俄国小商品生产仍占主导。

城市成为周边地区经济中心这一过程揭示了俄国农奴制逐步解体的历史进程，但当时俄国农奴制仍占主导地位。研究 18 世纪下半叶俄国城市进程后可确认，此时的城市发生了本质性的变革。综上所述，尽管受封建专制制度的桎梏，但俄国城市仍沿着资本主义的道路向前发展。

---

① См. В. И. Ленин. Полное собрание сочинений. т. 3. стр. 433; см. также стр. 547.

参考文献

一 马列著作

1. Маркси К. , Энгеьс Ф. Сочинение. Т. 1. Полное собрание сочинений. М. , 1955.

2. Маркси К. , Энгеьс Ф. Сочинение. Т. 2. Полное собрание сочинений. М. , 1955.

3. Маркси К. , Энгеьс Ф. Сочинение. Т. 3. Полное собрание сочинений. М. , 1955.

4. Маркси К. , Энгеьс Ф. Сочинение. Т. 4. Полное собрание сочинений. М. , 1956.

5. Маркси К. , Энгеьс Ф. Сочинение. Т. 5. Полное собрание сочинений. М. , 1956.

6. Маркси К. , Энгеьс Ф. Сочинение. Т. 6. Полное собрание сочинений. М. , 1956.

7. Маркси К. , Энгеьс Ф. Сочинение. Т. 7. Полное собрание сочинений. М. , 1956.

8. Маркси К. , Энгеьс Ф. Сочинение. Т. 8. Полное собрание сочинений.

М. , 1957.

9. Маркси К. , Энгеьс Ф. Сочинение. Т. 9. Полное собрание сочинений. М. , 1957.

10. Маркси К. , Энгеьс Ф. Сочинение. Т. 10. Полное собрание сочинений. М. , 1958.

11. Маркси К. , Энгеьс Ф. Сочинение. Т. 11. Полное собрание сочинений. М. , 1958.

12. Маркси К. , Энгеьс Ф. Сочинение. Т. 12. Полное собрание сочинений. М. , 1958.

13. Маркси К. , Энгеьс Ф. Сочинение. Т. 13. Полное собрание сочинений. М. , 1959.

14. Маркси К. , Энгеьс Ф. Сочинение. Т. 14. Полное собрание сочинений. М. , 1959.

15. Маркси К. , Энгеьс Ф. Сочинение. Т. 15. Полное собрание сочинений. М. , 1959.

16. Маркси К. , Энгеьс Ф. Сочинение. Т. 16. Полное собрание сочинений. М. , 1960.

17. Маркси К. , Энгеьс Ф. Сочинение. Т. 17. Полное собрание сочинений. М. , 1960.

18. Маркси К. , Энгеьс Ф. Сочинение. Т. 18. Полное собрание сочинений. М. , 1961.

19. Маркси К. , Энгеьс Ф. Сочинение. Т. 19. Полное собрание сочинений. М. , 1961.

20. Маркси К. , Энгеьс Ф. Сочинение. Т. 20. Полное собрание сочинений. М. , 1961.

21. Маркси К. , Энгеьс Ф. Сочинение. Т. 21. Полное собрание сочинений. М. , 1961.

22. Маркси К. , Энгеьс Ф. Сочинение. Т. 22. Полное собрание сочинений. М. , 1961.

23. Маркси К. , Энгеьс Ф. Сочинение. Т. 23. Полное собрание сочинений. М. , 1962.

24. Маркси К. , Энгеьс Ф. Сочинение. Т. 24. Полное собрание сочинений. М. , 1962.

25. Маркси К. , Энгеьс Ф. Сочинение. Т. 25. Полное собрание сочинений. М. , 1962.

26. Маркси К. , Энгеьс Ф. Сочинение. Т. 25. Полное собрание сочинений. М. , 1963.

27. Маркси К. , Энгеьс Ф. Сочинение. Т. 26. Полное собрание сочинений. М. , 1963.

28. Маркси К. , Энгеьс Ф. Сочинение. Т. 27. Полное собрание сочинений. М. , 1963.

29. Ленин В. И. Полное собрание сочинений. Т. 1. М. , 1958.

30. Ленин В. И. Полное собрание сочинений. Т. 2. М. , 1958.

31. Ленин В. И. Полное собрание сочинений. Т. 3. М. , 1958.

32. Ленин В. И. Полное собрание сочинений. Т. 4. М. , 1958.

33. Ленин В. И. Полное собрание сочинений. Т. 5. М. , 1958.

34. Ленин В. И. Полное собрание сочинений. Т. 6. М. , 1958.

35. Ленин В. И. Полное собрание сочинений. Т. 7. М. , 1958.

35. Ленин В. И. Полное собрание сочинений. Т. 8. М. , 1958.

37. Ленин В. И. Полное собрание сочинений. Т. 9. М. , 1958.

38. Ленин В. И. Полное собрание сочинений. Т. 10. М. , 1958.

39. Ленин В. И. Полное собрание сочинений. Т. 11. М. , 1958.

40. Ленин В. И. Полное собрание сочинений. Т. 12. М. , 1958.

41. Ленин В. И. Полное собрание сочинений. Т. 13. М. , 1959.

42. Ленин В. И. Полное собрание сочинений. Т. 14. М. , 1959.

43. Ленин В. И. Полное собрание сочинений. Т. 15. М. , 1959.

44. Ленин В. И. Полное собрание сочинений. Т. 16. М. , 1959.

45. Ленин В. И. Полное собрание сочинений. Т. 17. М. , 1959.

二　其他著作

1. Плошяиский Л. О. Городское, или среднее, состояние русского народа в его историческом развитий от начала Руси до новейших времён. СПб. , 1852.

2. Пригара А. Опыт истории состояния городских обывателей в Восточной России. Ч. I. Происхождение состояния городских обывателей в России и организация его при Петре Ведиком. СПб. , 1868.

3. Корсак А. О формах промышленности вообще и о значении домашнего производства в Западной Европе и России. М. , 1861

4. Дитятин И. И. Устройство и управление городов России. Т. I. Города России в XVIII столетии. СПб. , 1875.

5. Кизеветте А. А. Посадская община в России XVIII в. М. , 1903.

6. Кизеветте А. А. Городовое положение Екатерины II 1785 г. Опыт исторического комментария. М. , 1909.

7. Кизеветте А. А. Русский город в XVIII в. //Исторические очерки.

М. , 1912.

8. Милюков П. Очерки по истории русской культуры, Ч. I. СПб. , 1909.

9. Клокман Ю. Р. Русский город XVIII в, в современной буржуазной историографии. // « Критика буржуазных концепций истории России периода феодализма». М. , 1962.

10. Кафенгауз Б. Б. Город и городская реформа 1785 г. // «Очерки истории СССР. Период феодализма. Россия во второй половине XVIII в. » М. , 1956.

11. «Очерки истории Ленинграла». Т. 1. Л. , 1955.

12. «История Москвы». Т. II . М. , 1953.

13. Рындзюнский П. Г. Города. // « Очерки истории СССР. Период феодализма. Россия во второй четверти XVIII в. » М. , 1957.

14. Рындзюнский П. Г. Городское гражданство дореформенной Россни. М. , 1958.

15. Рындзюнский П. Г. Новые города Россин конца XVIII в. // « Проблемы общественно－политической историй России и славянских стран ». Сб. статей к 70－летию академика М. Н. Тихомирова. М. , 1963.

16. Полянский Ф. Я. Городское ремесло и мануфактура в России XVIII в. М. , 1960.

17. Кареев Н. И. История Западной Европы в новое время. т. III. СПб. , 1913.

18. Рубийштейн Н. Л. Русская ярмарка XVIII в. // «Ученые записки Московского обл. ни-та им. Н. К. Крупской», вып. 1. М. , 1939.

19. Самсонов В. И. Курская Коренная ярмарка. // «Ученые записки Курского гос. пед. ин-та», вып. 2. Курск., 1949.

20. Архангельский С. И. Очерки по истории промышленного пролетариата Нижнего Новгорода и Нижегородской области XVII–XIX вв. Горький, 1950.

21. Клокман Ю. Р. Очерки социально - экономической истории городов Северо-Запада России в середиие XVIII в. М., 1960.

22. Сербина К. Н. Очерки из социально - экономической истории русского города. Тихвинский посал в XVI–XVIII вв. М. –Л., 1951.

23. Дружинква Е. И. Северное Причерноморье в 1775–1800 гг. М., 1959.

24. Горловский М. А. Социальный состав населения Екатеринбурга во второй половине XVIII в. - «Из истории рабочего класса и революционно - го движения». //Сб статей памяти академика А. М. Панкратовой. М., 1958.

25. Кабо Р. М. Города Западной Сибири. М., 1949.

26. Громыко М. М. Западная Сибирь в XVIII в. Новосибирск., 1965.

27. Орлов - Давыдов В. Биографический очерк графа Владимира Григорьевича Орлова. Т. I–II. СПб., 1878.

28. Заозерская Е. И. Рабочая сила и классовая борьба на текстильных мануфактурах в 20–50 гг. XVIII в. М., 1960.

29. Павленко Н. И. История металлургии в России XVIII в. М., 1962

30. Полянский Ф. Я. Городское ремесло и мануфактура в России XVIII в. М., 1960.

31. Полунин Ф. А., Миллер Г. Ф. Географический лексикон Российского государства. М., 1773.

32. Семовский М. Великие Луки и Великолукский уезд. СПб. , 1857.

33. Устюгов Н. В. Солеваренная промышленность Соли Камской в XVII в. М. , 1967.

34. Бакмейстер Л. И. Топографические известия, служащие для полного географического описания Российской империи, Ч. II. СПб. , 1772.

35. Греков Б. Д. Избранные труды, Т. III. М. , 1960.

36. Новосельский А. А. Борьба Московского государства с татарами в первой половине XVII в. М. -Л. , 1948.

37. Мешалин И. В. Текстильная промышленность крестьян Московской губернии в XVIII в. и первой половине XIX в. М. , 1950.

38. Алефиренко П. К. Крестьянское движение и крестьянский вопрос в России в 30-50-х годах XVIII в. М. , 1957.

39. Крестинин В. В. Краткая история о городе Архангельском. СПб. , 1792.

40. Латкин В. Н. Законодательные комиссии в России в XVIII ст. , Т. I. СПб. , 1887.

41. Павленко Н. И. Идеи абсолютизма в законодательстве XVIII в. // «Абсолютизм в России (XVII—XVIII вв.)». Сб. статей к 70 - летию Б. Б. Ка-фенгауза. М. , 1964.

42. Чулков М. Д. Историческое описание российской коммерции. Т. VI. кн. 1. М. , 1786

43. Семевский В. И. Крестьяне в царствование имп. Екатерины 11. Т. 1. СПб. , 1903.

44. Корф С. А. Дворянство и его сословное управление за столетие

1762-1855 гг. СПб., 1906.

45. «Топографическое описание Калужского наместничества». СПб., 1785.

46. «Топографическое описание Ярославского наместничества». Ярославль., 1794.

47. Мешалии И. В. Текстильная промышленность крестьян Московской губернии в XVIII и первой половине XIX в. М. -Л., 1950.

48. «Первая всеобщая перепись населения Российской империи в 1897 г.». СПб., 1905.

49. Зиненко И. Ф., Гуревич М. Я. Города Тамбовской области (экономико-географический очерк). Тамбов., 1956.

50. Димитриев В. Д. История Чувашии XVIII в. Чебоксары., 1959.

51. Индова Е. И. Дворцовое хозяйство в России. Первая половина XVIII в. М., 1964.

52. Павленко Н. И. История металлургии в России XVIII в. М., 1962.

53. «Труды Пермской ученой архивной комиссии». Вып. 111. Пермь., 1897.

54. Кафенгауз Б. Б. Очерки внутреннего рынка России первой половины XVIII в. М., 1958.

55. Апполова Н. Г. Экономические и политические связи Казахстана с Россией в XVIII-начале XIX в. М., 1960.

56. Переход от феодализма к капитализму в России. М., 1956.

57. Заозерская Е. И. Рабочая сила и классовая борьба на текстительных мануфактурах в 20-60-х гг. XVIII в. М., 1960.

58. Максимович Л., Щекатов А. Географический словарь Российского государства. Ч. I. М., 1801.

59. Топографическое описание Калужского наместничества. СПб. , 1785.

60. Бакмейстер Л. И. Топографические известия, служащие для полного географического описания Российской империи. Ч. I. СПб. , 1771.

61. Дюбюк Е. Полотняная промышленность Костромского края во второй половине XVIII и первой половине XIX в. Кострома. , 1921.

62. Покровский В. Историко - статистическое описание Тверской губернии. Т. I. отд. I. Тверь. , 1879.

63. Озеррецковский Н. Я. Путешествие на озеро Селигер. СПб. , 1817.

64. Сорина Х. Д. Очерк социально-экономической историии г. Вышнего Волочка во второй половине XVIII и в начале XIX в. Ученые записки Калининского гос. пед. института. Т. 35. Калинин. , 1963.

65. «Очерки социально - экономической истории городов Северо - запада России в середине XVIII в. ». М. , 1960.

66. Терюхин В. В. Город Валдай, основанный императрицею Екатериной II. СПб. , 1874.

67. Балагуров Я. А. Олонецкие горные заводы в дореформенный период. Петрозаводск. , 1958.

68. Болховитинов Е. Историческое, географическое и экономическое описание Воронежской губернии. Воронеж. , 1800.

69. Веселовский Г. М. Город Острогожск и его уезд. Воронеж. , 1867.

70. Ларионов С. Описание Курского наместничества из древних и новых о нем известий вкратце. М. , 1786.

71. Зиненко И. Ф. , Гуревич М. Я. Города Тамбовской области (экономико-географический очерк). Тамбов. , 1956.

72. Черменский П. Н. Культурно - исторический очерк Тамбовской

губернии. вып. 1. Тамбов. , 1926.

73. Известия Тамбовской ученой архивной комиссии. вып. XV. Тамбов. , 1901.

74. Паллас П. С. Путешествие по разным провинциям Российской империи. Ч. I. СПб. , 1773.

75. Булыгин И. А. Об особенностях городов Среднего Поволжья во второй половине XVIII в. // Города феодальной России. М. , 1966.

76. Орехов А. М. Товарное производство и наемный труд в промышленности по переработке животного сырья в Нижнем Новгороде XVII в. Русское государство в XVII веке. М. , 1961.

77. Дмитриев В. Д. История Чувашии XVIII в. Чебоксары. , 1959.

78. Акимоваи Т. М. , Ардабацкая А. М. Очерки истории Саратова (XVII и XVIII век). Саратов. , 1940.

79. Орлов – Давыдов В. Биографический очерк графа Владимира Григорьевича Орлова. Т. I. СПб. , 1878.

80. Горловский М. А. Население Екатеринбурга во второй половине XVIII в. Из истории рабочего класса и революционного движения. М. , 1958.

81. Попов Н. С. Хозяйственное описание Пермской губерний. Т. 2. СПб.. , 1804.

82. Устюгов Н. В. Солеваренная промышленность Соли Камской в XVII в. М. , 1957.

83. Преображенский А. А. Очерки колонизации Западного Урала в XVII–начале XVIII в. М. , 1956.

84. Рычков Н. Н. Продолжение журнала или дневных записок

пуешествия по разным провинциям Российского государства 1770 г. СПб. , 1772.

85. Апполова Н. Г. Экономические и политические связи Казахстана с Россией в XVIII-XIX в. М. , 1960.

86. Любомиров П. Г. Очерки по истории русской промышленности XVIII-первой половины XIX в. М. , 1947.

87. Яковцевский В. Н. Торговля. очерки истории СССР. Период феодализма. Россиия во второй половие XVIII в. М. , 1956.

88. Громыко М. М. . Западная Сибирь в XVIII в. Новосибирск. 1965.

89. Полянский Ф. Я. Городское ремесло и мануфактура в России XVIII в. М. , 1960.

三 文章

1. Преображенскяй А. А. , Тихонов Ю. А. Итоги изучения начального этапа складывания всероссийского рынка (XVII в.) // «Вопросы истории», 1961, № 4.

2. Клокман Ю. Р. Историография русских городов второй половины XVII-XVIII в. // «Города феодальной России». Сб. статей памятп Н. В. Устюгова. М, 1966.

3. Алефиренко П. К. «Чумный бунт» в Москве в 1771 г. // «Вопросы истории», 1947. № 4

4. Лаппо Ф. И. Курск в период разложения крепостных отношений (вторая половипа XVIII вёка) . //« Курск. Очерки из истории города». Курск. , 1957

5. Борисов В. Село Кохма в Шуйском уезде Владимирской губернии. //

«Владимирские губернские ведомости», 1856. № 12.

6. Клокман Ю. Р. Города Белгородской черты в губернской реформе 1775 г. // «Вопросы социально-экономической истории и источниковедения периода феодализма в России». М., 1961.

7. Клокман Ю. Р. Очерки социально-экономической истории городов Северо-Запада России в середине XVIII в. М., 1960.

8. Письмо Н. Я. Озерецковского И. И. Бецкому // Русский архив. 1876. № 3.

9. Сидоров А. Л. Некоторые проблемы развития российского капитализма в советской исторической вауке. // «Вопросы истории». 1961.

译后记

《18 世纪下半叶俄国城市史》是苏联知名历史学家、历史学博士、苏联科学院研究员 Ю. Р. 科洛克曼的著作，本书是俄国社会史研究的奠基之作，史料和学术价值颇高。全书共分为 5 个部分，梳理了 18 世纪下半叶俄国城市的发展历程。首先，汇总了国内外关于俄国城市研究的理论成果，在此基础上，阐释了 18 世纪 60 年代俄国城市行政机构改革前城市的现状，对此之前城市的数量、分布、社会与经济生活等内容进行了分析。本书文献和史料丰富、内容翔实，具有突出的理论和现实意义，用大量史料、文献和统计学分析方法展示了 18 世纪下半叶俄国城市的方方面面，填补了俄国史研究的空白，具有很大的参考价值和借鉴意义。

因水平有限，书中难免存在错误和疏漏之处，恳请各位方家批评指正。本书的翻译分工如下：前言、第一章和第二章由王梓云博负责，第三章由荆菁负责，第四章和结语部分由邓沛勇负责，邓沛勇负责全书校对。

最后感谢颜林柯和高雁老师的大力帮助，在她们的支持下本书才能顺利出版。

图书在版编目（CIP）数据

18 世纪下半叶俄国城市史／（苏）科洛克曼著；邓
沛勇，王梓云博，荆菁译．--北京：社会科学文献出版
社，2025.3.--ISBN 978-7-5228-5105-1

Ⅰ.K951.25

中国国家版本馆 CIP 数据核字第 202509NV91 号

18 世纪下半叶俄国城市史

著　　者／〔苏〕Ю.Р.科洛克曼（Клокман Ю.Р.）
译　　者／邓沛勇　王梓云博　荆　菁

出 版 人／冀祥德
组稿编辑／高　雁
责任编辑／颜林柯
责任印制／岳　阳

出　　版／社会科学文献出版社·经济与管理分社（010）59367226
　　　　　　地址：北京市北三环中路甲 29 号院华龙大厦　邮编：100029
　　　　　　网址：www.ssap.com.cn
发　　行／社会科学文献出版社（010）59367028
印　　装／三河市龙林印务有限公司

规　　格／开本：787mm×1092mm　1/16
　　　　　　印张：24　字数：300 千字
版　　次／2025 年 3 月第 1 版　2025 年 3 月第 1 次印刷
书　　号／ISBN 978-7-5228-5105-1
定　　价／138.00 元

读者服务电话：4008918866